JN327132

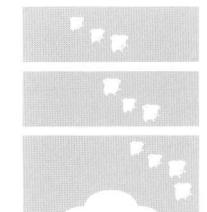

和食の英語表現事典

亀田尚己・青柳由紀江・
J.M.クリスチャンセン 著
成瀬宇平 編集協力

The Comprehensive Guide to
Washoku in Japanese and English

丸善出版

まえがき

　我が国の食生活の内容（食文化）は、第二次世界大戦以降、現在に至る半世紀の間に大きく変化してきました。そのような時代背景のもと今日では世代を超えて和食に対する意識が希薄になっているとさえいわれます。しかし、そうした国内の状況に対し海外では和食ブームといわれ、和食は美味しく、健康的で、かつ安全であると人気が高まっています。その傾向は次のようなデータによって裏づけることができます。

● 「外国人が好きな外国料理」の第1位は「日本料理（66.3%）」、第2位が「イタリア料理（46.4%）」、第3位が「中国料理（42.5%）」〔複数回答可、回答者数に対する回答個数の割合、自国の料理は選択肢から除外。出典：日本貿易振興機構による「日本食品に対する海外消費者意識アンケート調査」（2014年3月）〕

● 外国人観光客が「訪日前に期待すること」の第1位は「日本食を食べること（76.6%）」、第2位が「ショッピング（57.5%）」、第3位が「自然・景勝地観光（49.7%）」、第4位が「繁華街の町歩き（43.2%）」〔訪問前・複数回答可。出典：日本政府観光局による「旅行目的アンケート調査」（2014年7～9月期）〕

● 海外の日本食レストランの数は、2006年に約2万4,000店であったものが、2013年には約5万5,000店になり、2015年には8万9,000店に増加している〔出典：外務省調べ、農林水産省推計〕

　和食は、見た目の美しさ、香り、美味しさ、肌合い、おもてなしの心、という五感で味わうものといわれます。和食料理店では、床の間に飾る花や壁の絵画、ふすまや障子に至る「しつらい」までも四季の変化に応じて変えるところが多くあります。これは、和食はその味わいや見た目だけではない、五感を総合したものであるという一例ですが、このようなことは他国の料理には見られないものです。「和食」がユネスコ

無形文化遺産に登録されたのは、実はこれらの点を含む「伝統的な食文化」としての和食であり、次の4つの特徴からなるものでした。

1. 多様で新鮮な食材とその持ち味の尊重
2. 栄養バランスに優れた健康的な食生活
3. 自然の美しさや、季節の移ろいの表現
4. 正月などの年中行事との密接な関わり

　料理は文化の縮図であるといわれますが、「文化」とは幾世代にもわたり伝承され育まれていくものです。和食も例外ではなく、我が国固有の長い歴史と豊かな伝統に裏打ちされています。私たち筆者は、和食の「和」には次のような意味が含まれていると考えます。「大和心」に通じる「日本」を意味する「和」、「和をもって尊しとなす（和を以て貴しと為す）」の「協調」の「和」、そして自然界や祖霊との共存を大切にする「調和」の「和」です。

　本書は、そのように世界的にも高く評価されるようになった和食の料理、調味料、漬物、菓子類に至るまで約300点を取り上げ、その各々の食文化から見た歴史や周辺事情をわかりやすく日本語で説明し、それを平易な英語で紹介する事典です。付録には、和食のマナーに関する英語問答集、調理器具や和食器の英語、旨みや「こってり」などの英語表現、「もちもち」「つるつる」といったオノマトペ（擬音語・擬声語）の英語表現などを掲載し、和食を英語で説明する際にすぐに使える事典となるよう心がけました。本事典の構成は次のようになっています。

　プロローグ　和食の魅力を理解し英語で伝える
　第Ⅰ部　季節・土地・格式にまつわる和食を理解し英語で伝える
　第Ⅱ部　料理・食材・調味料・菓子などにまつわる和食を理解し伝える
　第Ⅲ部　調理法（煮、揚、焼、蒸など）にまつわる和食を理解し英語で伝える
　付　録

本書の執筆にあたっては、前々著『和製英語事典』、前著『日英ことばの文化事典』を著した3人が以下のように三者三様の特徴を活かし担当しました。亀田が和食の魅力や特色、季節や土地また格式による違い、刺身や寿司について（プロローグ、第Ⅰ部のすべて、そして第Ⅱ部の一部）、そしてクリスチャンセンが外国人の立場から見た和食（第Ⅱ部の一部と付録のすべて）を、青柳が煮る、揚げる、焼く、蒸す、など実際に料理をつくる家庭人の目線から見た和食（第Ⅱ部の一部と第Ⅲ部のすべて）を分担執筆し、その後にお互いの原稿のすり合わせをしました。

　なお、本事典の内容全般にわたり、和食に造詣が深く、『和食の常識Q＆A百科』の著者でもある鎌倉女子大学名誉教授の成瀬宇平先生に編集協力として、記述内容の正確さについて見ていただきました。同先生からは多くの箇所で、細部にわたり懇切丁寧なご指導とご助言をたまわり、そのおかげにより本事典の信頼性は高いものになったものと自負しています。成瀬先生のご指導に対し改めて心から御礼申し上げる次第です。

　本書は、私たち3名による前著2つの事典に続く第3作目となります。いわゆる英語表現事典としての三部作の完結版となりますが、その出版が可能となったのは、丸善出版(株)企画編集第二部長の小林秀一郎氏のお力によるものです。本事典の企画から出版に至るまでの長い間にわたり、寛大にも遅れがちな原稿執筆にお付き合い下さり、ご辛抱いただいた同氏に対し深甚なる感謝の意を表します。

2016年8月

著者を代表して
亀 田 尚 己

目　　次

プロローグ　和食の魅力を理解し英語で伝える

【和食とは】
和食を育んできた日本の自然と風土　　3
和食に活かす調理の知恵　　4
だしや発酵調味料を活かした和食の旨み　　5
【和食と四季】
日本の四季と行事　　7
和食に見る五味と五色　　7
四季と食材　　8
【和食の魅力】
健康食としての和食　　9
おもてなしの心としての和食　　10
日本人の心としての和食　　10

第Ⅰ部　季節・土地・格式にまつわる和食を理解し英語で伝える

1. 季節による分類：Classification by season　　14
〔1〕春の和食：Washoku of Spring　　14
　①ひな祭り：Hina-matsuri; Girls' Festival　　16
　②端午の節句：Tango no Sekku; Children's Day　　17
〔2〕夏の和食：Washoku of Summer　　18
　①お盆：Obon; Bon Festival　　20
　②土用の丑の日：Doyo no Ushi no Hi; The Day of the Ox　　21
〔3〕秋の和食：Washoku of Autumn　　22
　①七五三：Shichi-Go-San; A Celebration of 3, 5, and 7-year-old Children　　24
　②お月見と秋の行楽：Full Moon Viewing and Autumn Events　　25

目　次		v

〔4〕冬の和食：Washoku of Winter　　26
　①大晦日：Ohmisoka; New Year's Eve　　28
　②お正月：Oshogatsu; New Year's Day　　29

2. 土地による分類：Classification by region　　30

〔1〕北海道料理：Hokkaido Ryori; Hokkaido Cuisine　　30
　・ジンギスカン鍋：Jingisukan; Mongolian Mutton Barbecue　　30
　・石狩鍋：Ishikarinabe; Salmon and Vegetable Stew Hot Pot with Miso　30
〔2〕東北料理：Tohoku Ryori; Tohoku Cuisine　　32
　・せんべい汁：Senbei Jiru; Rice Cracker Soup　　32
　・きりたんぽ鍋：Kiritanpo Nabe; Rice Stick Hot Pot　　32
〔3〕江戸料理：Edo Ryori; Edo Cuisine　　34
〔4〕加賀料理：Kaga Ryori; Kaga Cuisine　　36
　・治部煮：Jibu-ni; Jibu Stew　　36
　・鯛の唐蒸し：Tainokaramushi; Steamed Sea Bream　　37
　・かぶらずし：Kaburazushi; Sandwich made of Turnips and Yellowtail　37
〔5〕能登料理：Noto Ryori; Noto Cuisine　　38
　・寒ブリ：Kanburi; Winter Yellowtail　　38
　・昆布じめ：Kobujime; Cod Wrapped in Kelp　　38
　・ズワイガニ：Zuwai-gani; Snow Crab　　38
〔6〕京料理：Kyo Ryori; Kyo Cuisine　　40
　・京会席料理：Kyo-kaiseki Ryori; Kaiseki Cuisine　　40
　・精進料理：Shojin Ryori; Buddhist Cooking　　40
　・おばんざい料理：Obanzai Ryori; Kyoto Style Home Cooking　　41
〔7〕瀬戸内料理：Setouchi Ryori; Setouchi Cuisine　　42
　・カキの土手鍋：Kaki-no-dotenabe; Miso-flavored Oyster Pot　　42
　・鯛めし：Tai-meshi; Rice with Sea Bream　　42
　・ふぐ料理：Fugu Ryori; Pufferfish Cuisine　　42
　・うずみ：Uzumi; Bowl of Rice with Ingredients Buried inside　　43
　・ワニ料理：Wani Ryori; Shark Meat Sashimi　　43
　・幽霊寿司：Yurei Sushi; Stuffless Pressed Sushi　　43
　・いとこ煮：Itokoni; Hotchpotch of Beans, Potatoes, etc.　　43

〔8〕中国料理（山陰・山陽料理）：Chugoku Ryori (San'in-Sanyo Ryori); Chugoku Cuisine 44
・あご野焼き：Ago-noyaki; Grilled Flying Fish Paste 44
・カニ鍋：Kani-nabe; Crab Hot Pot 44
・しじみ汁：Shijimi-jiru; Shijimi Clam Soup 44
〔9〕土佐料理：Tosa Ryori; Tosa Cuisine 46
・かつおのたたき：Katsuo-no-tataki; Seared Skipjack tuna Fillets 46
・皿鉢料理：Sawachi Ryori; A Platter Filled with Sushi, Sashimi and Other Foods 46
・鯛そうめん：Tai-somen; Sea Bream Noodles 47
〔10〕沖縄料理：Okinawa Ryori; Okinawa Cuisine 48
・沖縄そば：Okinawa Soba; Okinawa Noodles 48
・チャンプルー：Champuru 48
〔11〕各地の代表的な駅弁：Representing Ekibens across Japan 50
・牛肉どまんなか：Gyuuniku Domannaka; Beef Domannnaka 52
・いかめし：Ikameshi; Squid Rice 52
・チキン弁当：Chicken Bento; Chicken and Rice Boxed Lunch 52

3. 格式による分類：Classfication by status 56

〔1〕本膳料理：Honzen Ryori; A Ritualized Form of Serving Food 56
〔2〕有職料理：Yusoku Ryori; A Highly-refined Cuisine Prepared for the Royal Court 58
〔3〕精進料理：Shojin Ryori; Devotion Cuisine 60
〔4〕懐石料理：Kaiseki Ryori; Tea Ceremony Dishes 62
〔5〕会席料理：Kaiseki Ryori; Japanese Haute Cuisine 63
〔6〕大衆料理：Taishu Ryori; Popular Cuisine 64
〔7〕家庭料理：Katei Ryori; Home Cuisine, Home Cooking 66

第Ⅱ部　料理・食材・調味料・菓子などにまつわる和食を理解し英語で伝える

1. 生食：namashoku; fish and meat eaten raw 70

〔1〕魚の刺身［お造り］：sashimi; fresh sliced raw fish 70

目　　次　vii

- アジの刺身：aji-no-sashimi; horse mackerel sashimi　　　　　　70
- カツオのたたき：katsuo-no-tataki; patted skipjack tuna sashimi　　70
- マグロの刺身：maguro-no-sashimi; tuna sashimi　　　　　　　　71
- マダイの薄造り：madai-no-usuzukuri; thinly sliced red sea bream　71
- づけ：zuke; tuna marinated with soy sauce　　　　　　　　　　72
- てっさ：tessa; pufferfish sashimi　　　　　　　　　　　　　　72

〔2〕動物の刺身：dobutsu-no-sashimi; meat sashimi　　　　　　　　76
- 牛肉のたたき：gyuuniku-no-tataki; seared beef slices　　　　　76
- 馬刺し：basashi; horsemeat sashimi　　　　　　　　　　　　　76
- 鳥刺し：torisashi; chicken sashimi　　　　　　　　　　　　　76

2. 寿司：sushi　　　　　　　　　　　　　　　　　　　　　　　78

〔1〕早寿司——握り寿司：nigirizushi; hand-shaped sushi　　　　　82
　①赤身：akami; red flesh fish　　　　　　　　　　　　　　　　82
　②大トロ：MAGURO OTORO; tuna otoro, marbled toro　　　　　84
　③中トロ：MAGURO CHUTORO; tuna chutoro, chutoro belly meat　85
　④白身：shiromi; fish with white flesh, white-fish　　　　　　　86
- マダイ：MADAI; red sea bream　　　　　　　　　　　　　　　86
- アマダイ：AMADAI; tilefish　　　　　　　　　　　　　　　　86
- ヒラメ：HIRAME; Japanese flounder　　　　　　　　　　　　86
- カワハギ：KAWAHAGI; threadsail filefish, skinpeeler　　　　　87
- カンパチ：KANPACHI; great amberjack　　　　　　　　　　　87
- キス：KISU; sillago　　　　　　　　　　　　　　　　　　　　87
- シマアジ：SHIMAAJI; striped jack, white trevally　　　　　　　87
- スズキ：SUZUKI; Japanese sea bass　　　　　　　　　　　　　87
- ブリ：BURI; Japanese amberjack, yellowtail　　　　　　　　　87
　⑤イカ・タコ：ika・tako; squid, octopus　　　　　　　　　　　90
- アオリイカ：AORIIKA; bigfin reef squid, oval squid　　　　　　90
- スミイカ：SUMIIKA; Japanese spineless cuttlefish　　　　　　90
- ヤリイカ：YARIIKA; spear squid　　　　　　　　　　　　　　90
- タコ：TAKO; common octopus　　　　　　　　　　　　　　　90
　⑥エビ：ebi; prawns, shrimp, lobster　　　　　　　　　　　　92

- クルマエビ：KURUMAEBI; Japanese tiger prawn　92
- アマエビ：AMAEBI; pink shrimp, deep-water shrimp　92
- ボタンエビ：BOTAN-EBI; botan shrimp　92
- シャコ：SHAKO; mantis shrimp, squilla　93
- ⑦貝：kai; shellfish　94
- アオヤギ：AOYAGI; Japanese orange clam, Chinese mactra (surf) clam　94
- アカガイ：AKAGAI; bloody clam, ark shell　94
- 小柱：KOBASHIRA; clam muscle, adductor muscle　94
- タイラガイ：TAIRAGAI; Japanese pen shell, razor clam　95
- トリガイ：TORIGAI; Japanese cockle, cockle　95
- ハマグリ：HAMAGURI; hard clam, common orient clam　95
- ホタテガイ：HOTATEGAI; scallop　96
- ホッキガイ：HOKKIGAI; Sakhalin surf clam, surf clam　96
- ミルガイ：MIRUGAI; Pacific gaper, shell siphon, giant clam　96
- ⑧アワビ：AWABI; abalone　98
- ⑨光り物：hikarimono; silver-skinned fish　99
- アジ：AJI; Japanese jack mackerel, horse mackerel　99
- イワシ：IWASHI; sardine　99
- サバ：SABA; mackerel　100
- サンマ：SANMA; Pacific saury　100
- サヨリ：SAYORI; Japanese halfbeak　100
- コハダ：KOHADA; mid-sized konoshiro gizzard shad　101
- シラウオ：SHIRAUO; Japanese ice fish　101
- 〔2〕早寿司──軍艦巻き：gunkanmaki; battleship roll　103
- ウニ：UNI; sea urchin　103
- イクラ：IKURA; ikura salmon roe　103
- 〔3〕早寿司──海苔巻き：norimaki; nori rolls　104
- 手巻き寿司（巻き寿司）：temakizushi; hand-rolled sushi　104
- 太巻き：FUTOMAKI; thick roll　105
- 細巻き：HOSOMAKI; thin roll　105
- 穴きゅう巻き：ANAKYU-MAKI; conger and cucumber roll　105

　　　　　　　　　　　　　　　　　　　　　　　　目　　次　　ix

- かっぱ巻き：KAPPA-MAKI; cucumber roll　　　　　　　　　　　　106
- 鉄火巻き：TEKKA-MAKI; tuna roll　　　　　　　　　　　　　　　106
- ねぎとろ巻き：NEGITORO-MAKI; scallion and tuna roll　　　　　106
- 紐きゅう巻き：HIMOKYU-MAKI; himokyu roll　　　　　　　　　　106
- かんぴょう巻き：KANPYOMAKI; gourd strip roll　　　　　　　　　108

〔4〕熟れ鮨：Nare zushi; fermented sushi　　　　　　　　　　　　　109
- 釣瓶鮨：Tsurubezushi; well bucket sushi, sweetfish sushi　　109
- 鮒鮨：Funazushi; fermented crucian carp sushi　　　　　　　　109

〔5〕その他の寿司　　　　　　　　　　　　　　　　　　　　　　　110
  ①稲荷寿司：inarizushi; sushi in fried tofu　　　　　　　　　　　110
  ②大阪ずし：Osaka-zushi; Osaka-style sushi　　　　　　　　　　111
  ③押し寿司：oshi-zushi; pressed sushi　　　　　　　　　　　　　112
  ④ちらし寿司：chirashi-zushi; unrolled sushi　　　　　　　　　　113

3. 麺類：menrui; noodles　　　　　　　　　　　　　　　　　　114

〔1〕うどん：udon; thick white noodles made from wheat flour　　114
- 釜揚げうどん：kamaage udon; udon served in hot water in a shared hot pot　　　　　　　　　　　　　　　　　　　　　　　　　　114
- カレーうどん：karee udon; curried udon　　　　　　　　　　　　114
- 鍋焼きうどん：nabeyaki udon; udon cooked in a (metal) hot pot　115
- その他：other udon dishes　　　　　　　　　　　　　　　　　　115

〔2〕そば：soba, Japanese noodles　　　　　　　　　　　　　　　　118
- おろしそば：oroshisoba; cold soba noodles served in a broth　119
- 鴨南蛮そば：kamonanbansoba; soba noodles with duck meat　119
- ざるそば：zarusoba; chilled soba noodles　　　　　　　　　　　120
- 天ぷらそば：tempura soba; soba noodles scrved with tempura　120
- とろろそば：tororosoba; soba noodles with slimy grated yam　120
  ①きしめん：kishimen; noodles made in flat strips　　　　　　　122
  ②そうめん：somen; thin noodles　　　　　　　　　　　　　　　123

〔3〕ラーメン：ramen; Chinese-style noodles　　　　　　　　　　　124
- 塩ラーメン：shio ramen; quick-cooking wheat noodles (ramen) in a light, salted broth.　　　　　　　　　　　　　　　　　　　　124

- 醤油ラーメン：shoyu ramen; quick-cooking wheat noodles in a clear, brown broth flavored with soy sauce　125
- とんこつラーメン：tonkotsu ramen; quick-cooking noodles in a cloudy, white broth that contains boiled-down pork bones　125
- バターコーンラーメン：bata-kohn ramen; quick-cooking noodles in a light broth and topped with corns　126
- 味噌ラーメン：miso ramen; quick-cooking noodles in a thick, brown soup, flavored with soybean paste ("miso")　126

〔4〕やきそば：yakisoba; stir-fried noodles in a sweet sauce　128
- 炒めそば：itamesoba; noodles fried (or sautéed) quickly in a little hot fat　129
- 皿うどん：saraudon; cooked noodles with fried vegetables, meat, & seafood.　129
- ソース焼きそば：soosu yakisoba; yakisoba served in a thick, sweet sauce　129

4. 漬け物：tsukemono, pickles　130

〔1〕漬け物（魚介・肉類）：pickled fish and meat　130
- 西京漬：saikyozuke; fish marinated in miso (saikyomiso)　131
- 酒粕漬け：sakekasuzuke [kasuzuke]; fish or meat marinated in sake lees　131
- 塩漬け：shiozuke; salt pickles　132
- 糠漬け：nukazuke; fermented rice bran　132
- 味噌漬け：misozuke; meats fermented in a bed of miso soybean paste　132

〔2〕漬け物（野菜）：pickled vegetables　134
- 柴漬け：shibazuke; chopped vegetable pickles　135
- はりはり漬け：hariharizuke; dried and pickled daikon　135
- べったら漬け：bettarazuke; daikon pickled in "kouji" (a type of fungus), sugar, salt, and sake　136
- ①千枚漬け：senmaizuke; thin slices of turnip pickles　138
- ②たくあん：takuan; yellow pickled daikon (Japanese radish)　139

目　次　xi

③奈良漬：narazuke; sake flavored pickles, vegetables pickled in sake lees　140
④野沢菜：nozawana; pickled turnip leaves　141

5. 和え物：aemono; dressed food　142
- 鉄砲和え：teppou ae; gun dressed food　143
- ぬた和え：nuta ae; salad with vinegar and miso　143
- ①ごま和え：goma ae; vegetables dressed with ground sesame seeds and vinegar　146
- ②南蛮漬け：nanbanzuke; deep-fried fish or meat marinated in a spicy sauce　147
- ③ゆば：yuba; fresh or dried layers of the skin of gently-boiled soybean milk　148

6. 酢の物：sunomono; vinegared dishes　149
- かき酢：kakisu; vinegared oysters　150
- たこ酢：takosu; sliced boiled octopus in rice vinegar　151
- なまこ酢：namakosu; sea cucumber in rice vinegar　151
- なます：namasu; uncooked sliced vegetables or seafood in rice vinegar　151

7. 珍味：chinmi; delicacies and foods of acquired taste　153
- からすみ：karasumi; silver mullet roe　154
- このわた：konowata; sea cucumber guts　155
- ほや：hoya; sea pineapple　155

8. 菓子類：kashirui: confectionery　157
- ①石焼き芋：ishiyaki-imo; stone-roasted sweet potatoes　159
- ②ういろう：uiro; sweet rice jelly　160
- ③おこし：okoshi; millet-and-rice cakes, millet brittle, a popped millet-and-rice candy　161
- ④かき氷：kaki-gori; shaved ice with syrup on the top　162

⑤柏餅：kashiwa-mochi; oak-leaf rice cakes ... 163
⑥カステラ：kasutera; castella cake, Japanese sponge cake ... 164
⑦京菓子：kyo-gashi; Kyoto-style sweets [confectionery] ... 165
⑧金鍔（きんつば）：kintsuba; cubed sweet beans wrapped in a wheat-flour skin ... 166
⑨草餅：kusa-mochi; mugwort rice cakes ... 167
⑩葛きり：kudzu-kiri; strips of jellied kudzu starch, striped kudzu-starch jelly ... 168
⑪桜餅：sakura-mochi; cherry-leaf rice cakes ... 169
⑫白玉：shira-tama; rice-flour dumplings ... 170
⑬汁粉：shiruko; a sweet bean-paste soup with rice cakes ... 170
⑭素甘：suama; sweet rice cakes ... 171
⑮煎餅：senbei; rice crackers, cracknels of wheat flour ... 172
⑯大学芋：daigaku-imo; candied sweet potatoes ... 173
⑰銅鑼焼き：dora-yaki; sweet bean "gongs," bean-jam pancakes ... 174
⑱饅頭：manju; bun stuffed with sweet bean paste ... 175
⑲みたらし団子：mitarashi-dango; grilled dumplings on skewers ... 176
⑳蜜豆：mitsu-mame; agar jelly cubes with red beans in syrup ... 177
㉑最中：monaka; bean-jam-filled wafers, stuffed wafer cakes ... 178
㉒羊羹：yokan; sweet adzuki-bean jelly, bar of jellied sweet bean paste [jam] ... 179

9. 飲み物：nomimono; drinks ... 180

〔1〕甘酒：amazake; sweet sake, fermented rice juice ... 180
〔2〕お茶：ocha; tea ... 181
・お抹茶：omatcha; fine powder green tea ... 181
・煎茶：sencha; green tea ... 182
・ほうじ茶：hoojicha; roasted tea ... 182
〔3〕日本酒：nihonshu; Japanese sake ... 183

10. 調味料：chomiryo; seasoning ... 185

①塩：shio; salt ... 185

目 次　xiii

②醤油：shoyu; soy sauce　186
③味噌：miso; miso paste　187
④みりん：mirin; sweet sake condiment　188
⑤その他：others　189
・砂糖：satou; sugar　189
・酢：su; vinegar　189
・酒：sake; sake　189
・ソース：soosu; sauce　189
・ぽん酢：ponzu; citrus-based sauce　189
・つゆ：tsuyu; tsuyu-stock　189

11. だし：dashi; soup stock　190
①カツオ節：katuobushi; dried bonito　190
②昆布：kombu; kombu kelp　191
③煮干し：niboshi; dried sardine　192
④その他：others　193

12. 薬味：yakumi; spices, condiments　194
①辛子（からし）：karashi; Japanese mustard　194
②ガリ：gari; sweet pickled ginger　195
③七味唐辛子：shichimi togarashi; Japanese chili peppers　196
④大根おろし：daikon-oroshi; grated daikon　197
⑤薬味ねぎ：yakumi-negi; spring onion for condiment　198
⑥わさび：wasabi; Japanese horseradish　199
⑦その他：others　200

第Ⅲ部　調理法（煮、揚、焼、蒸など）にまつわる和食を理解し英語で伝える

1. 煮物：Simmered [Stewed] Dishes　202
〔1〕魚が主の煮物：Simmered Fish　205
①海老の旨煮：Simmered Prawns　205
②金目の煮付け：Simmered Red Snapper [Alfonsino]　206

③サバの味噌煮：Miso-Simmered Mackerel … 206
④鯛の兜煮：Simmered Sea Bream Head Served Like a Helmet … 206
⑤ぶり大根：Simmered Yellowtail and Daikon Radish … 207
⑥メバルの煮付け：Simmered Rockfish … 207
〔2〕野菜が主の煮物：Simmered Vegetables … 208
①かぼちゃの煮物：Simmered Pumpkin [Squash] … 208
②切干大根の煮物：Simmered Dried Daikon Radish Strips … 209
③きんぴらごぼう：Sautéed Burdock … 209
④高野豆腐の含め煮：Simmered Freeze-Dried Tofu … 210
⑤さといもの煮っころがし：Taro Tumbles … 210
⑥大豆の五目煮：Stewed Soybean Mix … 211
⑦白菜と薄揚げの旨煮：Simmered Chinese [Napa] Cabbage with Thin Deep-Fried Tofu … 211
⑧ひじきの煮物：Soy-Braised Hijiki Seaweed … 212
⑨ふろふき大根：Boiled Daikon Radish with Miso Sauce … 212
⑩若竹煮：Simmered Bamboo Shoots with Wakame Seaweed … 212
〔3〕肉が主の煮物：Simmered Meat … 213
①筑前煮：Chikuzen-Style Chicken and Vegetable Stew … 213
②鳥の治部煮：Simmered Chicken, Jibu-ni-Style … 213
③肉じゃが：Braised Meat and Potatoes … 214
④豚の角煮：Nagasaki-Style Braised Pork … 214

2. 揚げ物：Deep-Fried Foods … 215

①揚げ出し豆腐：Deep-Fried Tofu … 217
②海老しんじょ：Shrimp Paste Dumplings … 217
③カレイのから揚げ：Deep-Fried Flounder … 217
④串揚げ：Deep-Fried Crumbed Skewered Cutlets … 218
⑤コロッケ：Korokke; Croquettes … 219
⑥天ぷら：Tempura; Batter-Coated Deep-Fried Food … 220
⑦鶏のから揚げ：Deep-Fried Chicken (without Batter) … 221
⑧とんカツ：A Pork Cutlet, Deep-Fried (Breaded) Pork Cutlet … 222
⑨茄子のはさみ揚げ：Deep-Fried Stuffed Eggplants … 223

⑩練り物：Fish Paste Products	223
⑪フライ：Deep-Fried Crumbed Food	224
⑫メンチカツ：Deep-Fried Cakes of Minced Meat	224

3. 鍋物：One-Pot [Hot-Pot] Dishes [Meals] 225

①石狩鍋：One-Pot Dish of Salmon and Vegetables	228
②おでん：Oden Stew, Hodgepodge Stew	228
・がんもどき：Deep-Fried Tofu Cake with Vegetables	229
・昆布（コブ）：Kelp, Tangle	230
・ごぼう巻き：Burdock Roll	230
・こんにゃく：Konnyaku; Konjak, Devil's Tongue Jelly	231
・薩摩揚げ：Satsuma-Age; Deep-Fried Fish Paste	231
・白滝：White Stringy Konjak Noodles	231
・大根：Japanese Radish, Giant White Radish, Daikon (Radish)	232
③しゃぶしゃぶ：Shabu-Shabu	232
④すき焼き：Sukiyaki	233
⑤ちゃんこ鍋：Sumo Wrestlers' Hotchpotch	234
⑥ちり鍋：Hotpot Dish of Fish and Vegetables	234
⑦鶏の水炊き：Chicken Hot Pot	235
⑧湯豆腐：Boiled Tofu [Bean Curd]	236
⑨寄せ鍋：All-in-One-Pot Dish, Hodgepodge	236

4. 焼き物：Grilled Dishes [Foods] 237

①鰻の蒲焼：Broiled Eel	240
②海老の鬼殻焼き：Grilled Whole Shrimp [Lobster, or Prawn]	240
③お好み焼き：Okonomiyaki; "As-You-Like-It" Pancakes	241
④牛肉の照り焼き：Beef Steak Teriyaki	243
⑤さざえのつぼ焼き：Turban Cooked in Its Own Shell	243
⑥鰆の西京焼き：Grilled Miso-Marinated Spanish Mackerel	243
⑦さんまの塩焼き：Salt-Grilled [Pacific] Saury	244
⑧たこ焼き：Octopus Balls [Cakes]	245
⑨だし巻き玉子：Rolled Omelets Flavored with Stock	246

⑩豆腐田楽：Tofu-Dengaku; Broiled Tofu with Flavored Miso ... 246
⑪豚肉の生姜焼き：Grilled Ginger Pork, Ginger Pork Sauté ... 246
⑫ぶりの照り焼き：Yellowtail Teriyaki ... 247
⑬焼き鳥：Yaki-tori; Skewered Grilled Chicken ... 247
⑭焼きなす：Grilled [Roasted] Eggplants ... 248
⑮焼き蛤：Grilled Clams ... 248
⑯焼き豚：Roast Pork ... 248

5. 汁物：Soups ... 249

①澄まし汁、お吸い物：Clear Soup ... 249
・海老団子の澄まし汁：Clear Soup with Shrimp Balls ... 250
・けんちん汁：Vegetables and Tofu Soup, Kenchin-Style ... 250
・蛤の潮汁：Clam Clear Soup [Consommé] ... 250
②味噌汁：Miso Soup ... 251
・じゃがいもの味噌汁：Potato Miso Soup ... 251
・ダイコンの味噌汁：White Radish Miso Soup ... 252
・豚汁：Pork and Vegetable Miso Soup ... 252
・ワカメと豆腐の味噌汁：Wakame and Tofu Miso Soup ... 252

6. ご飯物：Rice Dishes ... 253

[1] 御粥と重湯：Rice Porridge and Thin Rice Gruel ... 253
[2] おにぎり：Rice Ball ... 254
[3] 皿物：One-Plate Meal ... 255
　①オムライス：Omelet Rice ... 255
　②カレーライス：Curry and Rice, Curried Rice ... 256
　③チキンライス：Chicken Pilaf Seasoned with Ketchup ... 257
　④ハヤシライス：Rice with Hashed Beef ... 257
[4] 雑炊：Porridge of Rice and Vegetables ... 258
[5] 炊き込みご飯：Rice Cooked with Various Ingredients ... 259
　①お赤飯：Red Rice ... 260
　②かやくご飯：Mixed Rice ... 261
　③きのこご飯：Mushroom Rice ... 262

④栗ご飯：Chestnut Rice　　　　　　　　　　　　　　　　　　262
⑤鯛飯：Sea Bream Rice　　　　　　　　　　　　　　　　　　262
⑥櫃まぶし：Chopped Grilled-Eel and Rice　　　　　　　　　　263
⑦松茸ご飯：Matsutake Rice　　　　　　　　　　　　　　　　263
⑧豆ご飯：Green Pea [Bean] Rice　　　　　　　　　　　　　　263
〔6〕茶漬け：Rice with Green Tea　　　　　　　　　　　　　　　264
〔7〕丼物：One-Bowl Meal, Donburi Dish　　　　　　　　　　　265
①うな重とうな丼：A Broiled Eel on Rice　　　　　　　　　　266
②親子丼：Chicken and Egg on Rice　　　　　　　　　　　　267
③カツ丼：A Pork Cutlet on Rice, Pork Cutlet Bowl　　　　　　268
④牛丼：Cooked Beef on Rice, Beef Bowl　　　　　　　　　　269
⑤そぼろ丼：Minced Chicken, Shrimp, and Egg on Rice　　　　269
⑥鉄火丼：Tuna Sushi Bowl, 海鮮丼：Fresh Seafood on Rice　270
⑦天丼：Tempura on Rice　　　　　　　　　　　　　　　　　271
⑧ネギトロ丼：Toro with Green Onion on Rice　　　　　　　　271

7. 蒸し物：Steamed Dishes　　　　　　　　　　　　　　　　272
①あさりの酒蒸し：Sake-Steamed Short-Necked Clams　　　　273
②鰻のかぶら蒸し：Steamed Turnip and Eel in Amber Sauce　273
③牡蠣のホイル蒸し：Foil-Steamed [Broiled] Oyster　　　　　273
④金目鯛の姿蒸し：Steamed Whole Alfonsino　　　　　　　　274
⑤せいろ蒸し：Basket-Steamed Dish　　　　　　　　　　　　274
⑥鯛の信州蒸し：Sea Bream Steamed with Buckwheat Noodles　274
⑦茶碗蒸し：Cup-Steamed Egg Custard　　　　　　　　　　　275
⑧蒸し鮑：Steamed Abalone　　　　　　　　　　　　　　　　275

付録　和食の周辺の英語表現

1. シーン別・和食のマナー Q&A　　　　　　　　　　　　　　278
シーン（1）料理屋やレストランにおけるマナー　　　　　　278
シーン（2）日本人家庭へ招待された場合のマナー　　　　　285
シーン（3）ラーメン屋でのマナー　　　　　　　　　　　　290

2. 食材の英語表現一覧表（50音順） 292

3. 料理（調理）器具の種類 297

4. 和食器の種類 299
①和食器の基本用語 299
②和食器の分類 299

5. 料理方法の種類 302
①料理方法の英語 302
②揚げ物 303
③蒸し物 303
④煮物 304
⑤鍋物 305
⑥汁物 305
⑦焼き物 305
⑧生もの 306

6. 味の表現＋オノマトペ 307
①五味と渋み 307
②食事時の表現 307
③飲む時の表現 307
④料理と飲み物の一般的表現 308
⑤おいしさを感じさせるオノマトペ 309
⑥味わいや肌合いを感じさせるオノマトペ 310

● 参考文献 312
● 索　引 315

プロローグ
和食の魅力を理解し英語で伝える

　我が国は、2013年3月に和食をユネスコ（国連教育科学文化機関）の無形文化遺産に登録申請し、同年12月に登録が決定されました。その際の「和食」の登録申請概要は次の通りでした。

1. 多様で新鮮な食材とその持ち味の尊重
   - 明確な四季と地理的多様性により、新鮮で多様な山海の幸を使用。
   - 食材の持ち味を引き出し、引き立たせる工夫。
2. 栄養バランスに優れた健康的な食生活
   - 米、味噌汁、魚や野菜・山菜といったおかずなどにより食事がバランスよく構成。
   - 動物性油脂を多用せず、長寿や肥満防止に寄与。
3. 自然の美しさや季節の移ろいの表現
   - 料理に葉や花などをあしらい、美しく盛り付ける表現法が発達。
   - 季節にあった食器の使用や部屋のしつらえ。
4. 年中行事との密接な関わり
   - 正月をはじめとして、年中行事と密接に関わった食事の時間を共にすることで、家族や地域の絆を強化。

　以上の4点から和食を「和食；日本人の伝統的な食文化」と題し、「自然の尊重」という日本人の精神を体現した食に関する「社会的慣習」として提案し、それが認められた結果、無形文化遺産登録に至ったのでした。
　それ以来、世界の和食への注目度は高まる一方です。そのような状況の中で農林水産省や日本政府観光局を中心とした官庁や、和食の無形文

化遺産登録に尽力した京都を中心とする料理店や各地の料理組合などの民間組織は、官民をあげて成長戦略の一環として和食の振興に乗り出しています。

　その振興策が功を奏したためか、訪日外国人客数は増え続け、日本政府観光局は 2015 年度の訪日外国人客数が約 2,136 万人と、初めて 2,000 万人を超えたと発表しました（2016 年 4 月 20 日）。同観光局が全観光客を対象にして行った旅行目的アンケート調査（訪問前・複数回答可、2014 年 7 月〜9 月期）がありますが、「日本に何を期待して来ましたか？」という質問に対しては「日本食を食べること」と回答した旅行者が最も多く 76.6％という高い数値を示しています。2 位以下は「ショッピング（57.5％）」「自然・景勝地観光（49.7％）」「繁華街の町歩き（43.2％）」などの回答が続きます。

　上記は、日本を訪れる外国人旅行者の好みを表すデータですが、和食が世界で好まれていることを示すデータもあります。日本貿易振興機構による「日本食品に対する海外消費者意識アンケート調査」（2014 年 3 月）によれば、「外国人が好きな外国料理」の第 1 位は「日本料理」（66.3％）、第 2 位がイタリア料理（46.4％）、そして第 3 位が中国料理（42.5％）となっています（複数回答可、回答者数に対する回答個数の割合（自国の料理は選択肢から除外））。このように世界の人々を魅了する「和食」とはいったいどのようなものなのでしょうか。以下では⑴和食とは、⑵和食と四季、そして⑶和食の魅力という 3 点を取り上げ、その謎を解いていこうと思います。

和食とは

　ユネスコへ無形文化遺産として申請した「和食」は、自然の尊重という日本人の精神を具体的に表した料理一般や食全体に関する「社会的慣習」、すなわち日本また日本人の食文化という意味でした。それは、献立の内容にとどまらず、使われる食材や調理法、食べ方、食べる際の礼儀作法、食器、食の環境までをも含めた食文化をさします。したがって、その「和食」は、洋食に対する和食（日本食）、西洋料理に対する日本料理という料理や食事そのものではありません。そのため、ここで

は前記のような和食を「広義の和食」とし、日本食とか日本料理などといい表される和食を「狭義の和食」として考えていくことにします。

狭義の和食とは、我が国で培われた独特の素材とだしなどの副素材を使い、我が国独自の調理法により作られた料理といえます。日本料理とは、我が国でなじみの深い食材を用いて、我が国に特有の気候風土の中で発達してきた伝統的な料理ということが可能だと思います。これらの料理は日本食とも呼ばれ、食材そのものの味を利用し、旬を大切にするという特徴があります。

注意が必要なのは、「日本食」という場合、日本でなじみのある食材を使った料理だけではなく、日本の国土や風土の中で独自に発展してきた料理を含む場合もあることです。そのような枠組みで考えた場合、伝統的な国産の食材や調理法、味付け、盛り付けなどを利用した純粋な和食だけではなく、例えば鉄板焼きなどのように、我が国で独自に変化してきた洋食のような料理も含まれることになります。いずれにしても、そのような和食が世界の多くの人々から愛され好まれる料理となりえたのは、和食に使われる多種多彩な山海の食材を提供してきた我が国の自然と風土のおかげといえます。

・和食を育んできた日本の自然と風土

4つの主要な島々からなる我が国は、アジアモンスーン地帯に属しているため、ほとんどの地域が温暖多雨の温帯に属しています。年間の平均雨量は1,800ミリメートルあまりで、世界平均雨量の倍以上になります。また偏西風（季節風）の影響を受け、世界に類を見ないほどに四季の変化がはっきりしています。そのような気候風土のゆえに、我が国で四季折々にとれる野菜、果実、魚介類などの種類は多種多彩にわたっているわけです。

国土面積が約38万平方キロメートルという細長く、小さな島国である我が国は、四面を海に囲まれ、海岸線は約3万キロメートルという世界第6位の長さを誇り、海と接する地域が多くあります。そうした地域は多くの場合、背後に丘陵地帯や山岳地帯を有し、その山々からは滋養に富んだ水が湾内に流れ込んできます。さらには、日本海と太平洋に挟まれた我が国の周りには寒流と暖流が交わる海水域も多くあり、そのような環境が沿岸地域に豊かな漁場があることにもつながっていま

す。実際に、我が国の近海には多くの種類の魚介類が集まり、世界有数の好漁場になっています。

一方で森林面積は国土の約70％を占め、そのため人里に近い里山や近山が山菜やキノコ、木の実、またある時には鳥獣などさまざまな食材を提供してくれます。農地の土壌自体も肥沃であり、上質で豊富な水源にも恵まれ、稲作を中心とする農業国家として理想的な風土であり、そうした気候と風土が我が国を多様な食材が豊かに育つ食料の宝庫ならしめてきました。そのような恵まれた環境のもとで、豊富な食材が季節ごとに提供され、それを有効活用してきたのが和食であるといえます。

・和食に活かす調理の知恵

和食では四季折々に育つさまざまな植物性食材を多く使います。中国における医食同源思想にも似て、あるいは古くからそれを導入して、日常の食事の中に薬効のある植物性食材を巧みに取り入れることで、身体全体の調子を整える工夫がされてきました。そのような工夫の1つが和食に活きる調理の知恵と心得として、「調理は五法で」とか「食材は五色で組む」という次のような考え方を育んできたのです。

1. 五法（切る・焼く・煮る・和える・炊く（蒸す））
2. 五味（塩味・甘味・酸味・辛味・苦味。旨みを加えて六味ともいう）
3. 五色（白・黒・黄・赤・青（緑））
4. 五適（適温・適材・適量・適技・適心）
5. 五覚（視覚・聴覚・嗅覚・触覚・味覚）

五法における「切る」は刺身や膾など和食の特徴ともいえる生食を調理する際の基本的な方法です。五味と五色は、薬膳にもつながる考え方で、四季折々の食材にも大いに関係してくるものですが、詳しくは後述します。和食に使われる調味料も「さ・し・す・せ・そ」で表されます。砂糖の「さ」、塩の「し」、酢の「す」、醤油の「せ」、そして味噌の「そ」で、この5つの味が基本になります。五色は、白は清潔感、黒は引き締まった感じ、黄と赤は食欲増進、青（緑）は安心感を表し各種の食材に適用されるほか、黒塗りの盆や朱塗りの椀、料理に添える葉や花などの演出も5色を基本にします。

五適とは、温かいものは温かく、冷たいものは冷たい状態で出し、食す人の年齢や性別に応じた素材を使い、多すぎず、少なすぎず、適量に

して、技巧にこだわりすぎないで適度に手を加え、盛り付ける食器や環境などにも気を配ることを教えるものです。

最後の五覚（五感）とは、視覚・聴覚・嗅覚・触覚・味覚のすべての感覚を活かして料理を味わうことであり、味だけではなく、歯ごたえや喉ごしの食感、見た目や香り、調理の音なども楽しむことの大切さのことです。このような和食の知恵や技法は、特に懐石料理や会席料理に、さらには日本独特の料理ともいえる寿司にも巧みに活かされ、表現されています。

・だしや発酵調味料を活かした和食の旨み

日本独特の料理といえば、日本ならではの旨み（うま味）を活かした味付けがあります。和食においては味噌や醬油などの発酵調味料や昆布、カツオ節、干しシイタケという乾燥物のだしの旨みが料理の味を引き立てます。西洋料理や中華料理などでは一般的に動物性油脂が味付けのために多量に使われますが、我が国では仏教の影響により古い時代から肉食が禁止され、そのために肉食が正式に解禁になる明治時代まで肉の脂からとる動物性油脂をだしとして使うことはありませんでした。その代わりに、我が国独特ともいえる発酵調味料やだしの旨みを重視した食文化が発達してきたといえます。

和食の基本調味料ともいえる味噌や醬油のルーツは中国にありますが、旨みを活かしただしのルーツは日本にある、といっても過言ではありません。

日本独特のだしの美味しさは、日本に西洋の近代科学が本格的に導入された明治以降、日本人が中心となって科学的に解明されていったのです。その「旨さ」は「うま味（旨み）」と名付けられましたが、今日「うま味」は、日本だけでなく世界的に Umami として、その地位を確立してきています。そのきっかけは 1998 年に米国の学術誌 *Food Reviews International* の「うまみ特集号」（Special Issue: Umami, ed. by S. Yamaguchi, *Food Reviews International*, Vol.14, No.2&3, Marcel Dekker, New York（1998）.）で紹介された論文でした。

旨みの成分としては、主にグルタミン酸ナトリウム、イノシン酸、グアニル酸の 3 種類があげられます。グルタミン酸はアミノ酸系で、多くの天然食品に含まれ、一般的に動物性食品よりも植物性食品に多く含

まれています。イノシン酸は核酸系で特に動物性食品に、グアニル酸も核酸系で、特に菌類のシイタケに多く含まれています。その他にも有機酸系のうま味として貝類に多く含まれるコハク酸が知られています。それら主たるうまみ成分としてのグルタミン酸ナトリウム、イノシン酸ヒスチジン、そしてグアニル酸の存在を発見また解明したのはすべて日本人の研究者です。

　まず、明治41年（1908年）に、当時東京帝国大学理学部化学科教授であった池田菊苗（きくなえ）が、助手たちと協力してグルタミン酸ナトリウムが昆布のうま味成分であることをつきとめ、工業的な製法を考案してうま味調味料の製造に関する特許を出願し、同年7月に登録されました。この発明により、池田は昭和60（1985）年、工業所有権制度が百周年を迎えたことを機に、特許庁から「日本の十大発明家」の一人に選ばれました。

　その後大正2年（1913年）になると、池田菊苗の弟子である小玉新太郎によって、カツオのうま味成分がイノシン酸（イノシン酸ヒスチジン）であることが解明されます。さらに時代を下った昭和35（1960）年には、ヤマサ研究所の国中明らによって、キノコの旨みがグアニル酸に起因することが明らかになりました。これらグルタミン酸、イノシン酸およびグアニル酸は今日三大うま味成分と呼ばれています。国中は、さらにこれらのうま味成分を、昆布のうま味であるグルタミン酸ナトリウムに混ぜると驚異的にうま味が増幅するという「味の相乗効果」も合わせて発見し、それにより1964年（昭和39年）に「恩賜発明賞」を受賞しています。

和食と四季

　我が国では春夏秋冬の4つの季節がほぼ等分にあります。四季がこのようにはっきり区分されている国や地域は世界でも珍しい方に入ります。四季がほぼ3ヶ月ごとに変わるということから、どの地方に行っても、その折々に催される祭りや行事も一定の期日に定まっているものが多くあります。食文化の面からいうと、古くから日本人はそのような季節の行事（年中行事）に合わせてその季節だけにとれる旬の山海の食

材を使い、主に神々や祖霊への感謝と祈りのため、そしてその後の直会(なおらい)という宴のために地方独自のご馳走を作ってきたといえます。

・日本の四季と行事

日本人は古くから太陽の動きをもとにした太陽太陰暦を日常の暦として使ってきました。農作物の種蒔きに始まりその収穫に終わる農作業のすべては太陽の司るところでした。また、同時に生き物の成長や身体の調子、さらにはその生死にも月の影響があるということも知っていました。農業が盛んになるにつれ、人々は太陽の動きと日常の生活を連動させるような暦を導入していきます。このように太陽の動きから季節を感じ、行事の目安とした暦は戦国時代（紀元前403～221年）の頃に中国で生まれた二十四節気に遡ることができます。

この二十四節気は、太陰暦による季節のズレを正し、季節を春夏秋冬に4等分するために考案されたものですが、1年を24等分しその各々に名前が付けられています。ただこの二十四節気は、もともと中国の気候に合わせて作られたものであったために、日本の気候とは合わない名前や時期がありました。それを補足するために土用や八十八夜など、季節を微調整するための区分を取り入れたものが我が国の旧暦です。

我が国で今も続く祭りや行事はその我が国独自の二十四節気に合わせて行われます。季節の移り変わりに催される祭りや行事を通して人々は、家族や隣人たちとその折々の食事と団欒を楽しみました。そのようなハレの日の食事を楽しむことで過酷な日々の農作業の辛さを忘れ、明日からの英気を養ったのです。また宮中では四季折々に「節会(せちえ)」と呼ばれる宴の会も開かれてきましたが、ひな祭りや端午の節句もこうした節会の1つでした。節は、季節の変わり目のことですが、和食はこの節を大切に扱い、四季の微かな移ろいを見逃さない日本人の感性から生まれたといっても決して過言ではありません。

・和食に見る五味と五色

四季のある国土で、四季があるゆえに育まれてきた多種多彩な山海の幸に恵まれた日本人は、先人たちの知恵を活かし、長い間にわたり伝承されてきた独特の食生活上の知恵を編み出してきました。そこには中国で生まれた医食同源や薬膳の思想も生きています。それが「五味・五色の知恵」というものです。

四季の始まりともいえる春から夏にかけては、酸味や苦味がある梅や柑橘類、また山菜あるいは野草が、冬の寒さに耐えて硬くなった身体を目覚めさせ、冬の間に不足していたビタミン類を補給してくれます。酸味は、肝・胆・目によいとされます。盛夏にはウリやナスなど水分の多い果菜類をたくさん摂り身体を冷やします。また、ニガウリや夏ごぼうなどは苦い味で消炎作用もあり心臓によい食材です。

　秋には夏の暑さに消耗した体力を補うデンプン質の多い穀物やイモ類、それに辛味のある根ショウガや大根おろしで食欲を増進し体力と気力を蓄えます。甘い味のイモ類は身体を温める作用と滋養強壮作用があって脾・胃によく、辛い根ショウガ、ダイコン、シソなどは発散作用に優れ肺・鼻・大腸によいとされる食材です。冬になれば土の中でエネルギーを蓄えた根菜類で身体を温め、脂が乗った魚を食べて体内にエネルギーを溜め込むことで冬の寒さを乗り越えるのです。また冬は漬物や味噌汁を多くとりますが、塩辛い味は味わいを和らげる作用があり、腎・膀胱・骨によいといわれます。

　五色ですが、日本では昔から養生のために五色の食材を組み合わせて食べるように推奨されてきました。「白」はエネルギー源になる米や麦類、雑穀類、イモ類など、「赤」は思考や感情、そして身体の動きを促すタンパク源の大豆とその製品、魚介類や卵、また肉類など、「黄」はミネラルや繊維質の多い土中の野菜、「緑」はビタミン類やミネラル、繊維質の多い土上の野菜、そして「黒」はミネラルや繊維質の多い海藻やキノコなどになります。我が国の伝統食にはこの五色を組み合わせた五目飯、五目寿司、五目豆などが各地にあり、年中行事や祝い事に定期的に作られてきたものが多くあります。

・四季と食材

　これまで述べてきたように、我が国は四季の変化が明瞭で、温暖かつ多湿な気候を特徴としています。それは、日本の国土が夏場の高温を必要とする稲作に適しているとともに、日本に自生する植物だけではなく、海外からもたらされた多様な植物までもが定着できたことにもつながっています。また山地が多く、地形が複雑な我が国では、その地形や気象条件などにより、実に多種多彩な作物が育まれてきました。

　一方で我が国は山菜や根菜だけではなく、海の幸も豊富に獲れます。

日本列島は南から流入する暖流系の黒潮（日本海流）やその支流の対馬海流、また北から流れる寒流系の親潮（千島海流）やリマン海流に囲まれ、多種多様な魚介類が育ち回遊する、世界でも有数の好漁場に恵まれています。また前述したように世界で 6 番目に長い海岸線を持ち、沿岸地域には地付きの魚も多く、さらには雨が多いために川や湖沼も多い我が国には淡水魚の種類も多彩です。こうした多彩な魚介類が貴重なタンパク源として、四季折々の行事には欠かせないご馳走に使われてきたのです。

和食の魅力

　和食はある意味で各地の郷土料理であり、その郷土料理はそれぞれの地域で食されてきた家庭料理がもとになっているともいえます。和食は決して豪華絢爛な高級料亭で味わう会席料理ばかりをいうのではありません。見た目の美しさだけではなく、栄養面や機能性からも他には類を見ない料理といえますが、それは和食が日本の風土に適した長い歴史に基づいているからです。

・健康食としての和食

　季節の野菜を主体に多彩な食材を多様な方法で調理する和食は、身体の調子を整えるビタミンやミネラル、食物繊維、また近年話題に上ることも多いポリフェノール類なども摂取できる勝れものです。和食料理の多くは、煮物や和えものなどが中心になりますが、それは野菜を加熱調理するものにほかなりません。野菜類は生で食べるよりは、煮炊きすることで、素材が柔らかくなり、量も減り、一度に多量に摂取また消化できます。疫学的にいっても、多くの野菜を摂取すると癌や虚血性疾患、糖尿病、高血圧など生活慣習病の発病を抑えられるとされています。さらには、日常的にさまざまな形で和食に登場する大豆も、乳癌や前立腺癌、また骨粗しょう症の予防に効果があると期待されています。

　米を主食とする和食は、炭水化物を多くとるものですが、穀物をしっかりととる点で、健康長寿の食事スタイルとして注目されています。米を炊いたご飯は水分含有量が多く、食べると胃が膨らみやすいことから、満腹信号が脳に伝わりやすく、そのために食べ過ぎを抑えられるか

らだといわれます。日本食は、調味料の一つひとつをとってみても身体によいものばかりといえ、肥満とは無縁のものが多くあります。そのようなことからも和食は肥満に悩む米国や西欧諸国の人々には魅力的な食事であるといえるわけです。

・おもてなしの心としての和食

よく和食は日本文化の縮図といわれます。それは、四季の移ろいが和食の料理に表れることを意味しています。これまで見てきたように、また第Ⅰ部にある「季節による分類」でも詳しく説明するように、料理屋で味わう和食では季節により使う素材が変わるだけではなく、盛り付け方から食器までもが変わります。その食器は、四季折々の季節感をたっぷりと味わうことができるように工夫されています。そしてさらに刺身の「つま（妻）」や「けん（剣あるいは褄）」といわれる、主な素材に添えて盛り合わせるもの、すなわち「あしらい」にまでも工夫を凝らします。あしらいとは料理全体を美味しくするだけではなく、全体の彩り、バランス、季節感を演出する役目が求められる脇役的な素材のことをいいます。

これらの工夫は、薬膳的な意味合いのほかに、見た目の美しさを追求しているわけですが、それは食器や盛り付け方だけではありません。本来日本間で食事をするのが和食ですから、「しつらい（設い；「室礼」という当て字もあります）」、すなわち床の間に飾る掛軸や部屋に生ける花や壁に飾る額縁の絵といったものまでを含む食事空間にまで気を配り、季節によりそれら一式を変えているのです。料理屋によっては襖や障子すらも夏は涼しげなものに、冬は温かい感じのするものに変えているところもあります。お客様に和食を楽しんでもらうために、料理が50％で、深い趣きをたたえたしつらいが50％という心構えで客に接するという考え方は日本独自のものといえ、まさに和食は、もてなしの心そのものであるといえます。

・日本人の心としての和食

日本は長い間にわたって稲作農業を経済また社会基盤とする国であり、それが文化の形成に大きな影響を与えてきました。しかし、農業は自然の力に影響を受けやすいものであり、春に田植えした稲を秋に収穫する際に、豊作となるか凶作になるかは人為の及ぶところではありませ

ん。人間の力の及ばない大きな力がそこに働きます。古代の人々は凶作のもとになる大雨、台風、洪水、またその反対の日照りなど農作物が荒らされるのは神の怒りであると考えていました。その怒りを鎮めるとともに、先祖の霊に力を貸して欲しいと願い、さらには豊作であればお礼のため、凶作や凶事の場合であれば今後の無事を願うため、などの理由から村祭りが催されました。

祭りの中心である神事には、神への祈りとして、神酒(みき)や調理された神饌(しんせん)が供されます。そうした神への献饌が終われば、その後にそれを村人たちが口にする直会(なおらい)が始まります。すなわち直会とは、神事の後に供え物の神酒や神饌を下ろして参加者一同が飲食をする行事のことです。これを神人共食といいますが、直会をすることで、神々と共食した証しとなり、神の恩恵を被るようになる儀式でもありました。神饌として、それぞれの地域独自の郷土料理が供えられました。

近世になると村々には、それぞれ村の料理人と呼ぶような料理上手が出てきます。そうした料理人たちは、さまざまな村の宴会や家々の結婚式などの料理を司っていたといわれます。さらに江戸時代に入り、全国の村々においても安定した社会や経済状態の恩恵をこうむるようになると、多くの農民たちが講を作っておカネをため、農閑期には順番で伊勢神宮へ参拝に出かけるお伊勢参りなどが行われるようになります。このお伊勢さんへの旅は、村の繁栄を願って伊勢神宮で大神楽を奉納することが主な目的でしたが、それと同時に道中の宿の料理や伊勢の御師宿（おしやど／おんしやど）でのご馳走を楽しむことでもありました。御師（おし／おんし）とは、特定の社寺に所属して、その社寺へ参詣者を案内し、参拝・宿泊などの世話をする者のことです。特に伊勢神宮のものは「おんし」と読みました。御師は街道沿いに集住し、御師町を形成していました。

村の料理人にとって、お伊勢参りなどで各地の料理に接することは、彼らの料理技術の向上にも大いに役立ったことでしょう。それは、日本人の優れた「ものづくり」の原点である改善・改良の精神につながるものであったかもしれません。さらに近世後期になると、村には都市の料理文化も流入するようになっていきました。村々にも都市で出版された料理本を所持する者もいたほか、村々を回る貸本屋から料理本を借り

て、その一部を書き写すことも行われたといいます。さらには商用や村の訴訟などの用事で、江戸や京・大阪に出向く場合も少なくはなく、その仲間内に料理人がいるような場合であれば、そのような機会に都市の料理文化に触れて、その一端を村に伝えることもあったといわれます。

　日本には今でも各地に季節ごとに祝われる祭りや行事があり、またそれを彩った郷土色豊かなご馳走もたくさんあります。祭りのある日は地域の人々にとって、何よりも楽しみなハレ（晴れ）の日であり、その喜びを糧に、厳しい日常（ケの日）の生活や労働に励んできたのです。そのような地方の祭りを支えてきたのは、人々の助け合いでした。共に祝い、共に特別なご馳走を食べることで、家族や地域の共同体のつながりも強くなっていったのです。祭りの日には身体を休め、疲れを癒し、ストレスを発散します。それにより共同体の結束も強まり、次の仕事への英気も養われました。そこにはふだんの質素な食事とは違うご馳走がありました。そのようなご馳走が和食へと発展していったのです。このように考えると、和食には「和をもって尊しとなす」という日本人思想の、あるいは日本人精神の根幹ともいえる「日本人の心」が宿っているように思えます。

第Ⅰ部

季節・土地・格式にまつわる和食を理解し英語で伝える

1. 季節による分類：Classification by season

〔1〕春の和食：Washoku of Spring

　春は全国各地で入学式や入社式が行われ、何か新しいことが始まる季節ですが、日本の四季は春に始まるといっても過言ではありません。それに合わせたように、日本の象徴ともいわれる桜の花が咲き誇ります。子供の成長や無事を願うひな祭りや端午の節句など伝統的な行事もあります。お花見やお祝いの席が多い春にはそのような季節にふさわしい和食があります。

● **英語で説明するなら…**

　日本語の春は、新暦では3月に始まり5月まで続きます。春は人や自然など多くのものが生まれ、新しい生活を始める季節です（Spring in Japanese is HARU, which starts in March and lasts until May. It is a season in which many people and things start their new lives.）。魚や野菜も例外ではなく、芽吹きの季節となります。日本人は、このような旬の食材を使った春の和食を長い間にわたって賞味することを楽しんできたのです（Fish and vegetables are no exception. The Japanese people have enjoyed appreciating the meals of spring made from those fresh ingredients.）。

　桜の花がほころび始めると、家族や友人また職場の仲間たちと食べ物や酒類を持ってお花見に出かけます（When the cherry blossoms bloom, families, friends, and colleagues go out with food and drinks to view the *sakura*.）。このような華やいだ季節に女の子や男の子の健康や成長の無事を願い、また祝うひな祭りや端午の節句があります（In this season there are traditional festivals to wish and celebrate girls' and boys' healthy growth, such as "hina-matsuri" and "tango-no-sekku".）。そのお祝いの席にはちらし寿司、お赤飯、柏餅などを食べます（It is customary that the Japanese people celebrate these festivals with chirashi zushi (vinegared rice with thin strips of egg, pieces of sliced raw fish, vegetables and other toppings arranged on top), red rice and rice cakes wrapped in an oak leaf.）。

● **食文化としての歴史…**

　日本には衣更えという習慣が昔からありました。平安時代の貴族たちは、4月に薄衣、5月に捻り襲（がさね）、その後も6月、8月、9月に一度ずつそして10月から3月までに一回と何度も衣更えをしていました。時代は下り江戸時代になると4月1日、10月1日をもって春夏の衣を替える日となりました。

春の衣更えでは特にほぼ半年にわたり幾重にも重ね合わせて着ていた重い着物を脱ぎ捨て軽やかな薄衣の出で立ちになります。なぜそのように何度も衣更えをしなければならなかったのでしょうか。昔は室内の暖房もままならず、貴族でも容易には入浴もできず、衣更えで温度調節をしました。冬は寒さをしのぐために厚い着物を重ね着しました。そのため春になると長い間に身体に付いた菌が繁殖し、病にかかったりすることも多かったのです。

現代とは異なり温度調節もままならなかった時代には、大人でも体調を崩しやすく、まして子供たちは命を奪われることも多かったのです。また旧暦の春の終わりには雨も多く、冷たい雨は身体を冷やし、カビや菌が繁殖しやすく、人の命をどのようにして守るかは最大の懸念事項だったのでしょう。そのような時代背景の中から禊や祈りのための行事が生まれてきたのでした。貴族たちは、自分や身内の者たちにそのような不幸が襲いかからないようにと春の節目に禊をしたのです。そのような禊の習慣がひな祭りや端午の節句の始まりでありました。人々はそのような春の禊の行事に合わせ、春の旬の食材を使い、家族や子供たちの安寧を願うための特別の食事をするようになっていったのでした。

● **周辺の話題…**

日本人には当たり前のことと思われがちですが、世界を見回しても4つの季節がそれぞれ3ヶ月ほどというほぼ同じ長さで、整然と巡ってくる国は決して多くはありません。四季折々の美しい景色に恵まれた日本では、昔からこの季節感を大切にし、その節目に合った各種の行事が生まれ、誰もがそれを生活の目安として暮らしてきたのです。季節の「節」は、もともと二十四節気のことであり、1年間を24等分し12ヶ月に分けた各月の前半をいいました。唐の時代の歴訪で定められた季節の変わり目を表すことばでした。和食はこの節を大切にし、上に述べたように季節の変わり目に合った各種の行事には欠かせないものでした。

「お節句」ということばがありますが、これは節日のこと、すなわち人日（1月7日）・上巳（3月3日）・端午（5月5日）・七夕（7月7日）重陽（9月9日）などの式日を表すことばです。節句を節供と書くこともありますが、節供の方は、正しくは「せちく」と読み、節日に供する供御のことです。供御は元日の膳、正月15日（上元）の粥、3月3日（上巳＝じょうし）の草餅、5月5日（端午）の粽、7月7日（七夕）の索餅、10月初めの亥の日の亥の子餅などがあり、正月の「おせち料理」の「おせち」はここからきています。和食は、これらの「節」を大切に扱ってきた日本人の感性から生まれたものです。

16　1. 季節による分類：Classification by season

①ひな祭り：Hina-matsuri; Girls' Festival

　ひな祭りは正しくは上巳の節供といい、上巳とは旧暦3月の最初の巳の日、蛇が脱皮をするように人も衣を脱ぎ捨てて禊をしたのが始まりでした。

● 英語で説明するなら…

　ひな祭りは3月3日に、女の子の健やかな成長と幸福を祈って行われます。別名を桃の節句といいますが、それは桃の花がこの頃に咲き始まるからで、桃は病気や不幸を祓ってくれると信じられていました（Hina-matsuri is held on March 3. It is a day to pray for the beauty, health, and happiness of young girls. It is also called the Peach Blossom Festival because the peach flowers start blooming at about the same time. Peaches were believed to sweep away diseases and bad fortune.）。平安時代には紙で作った人形に自分の穢れを移し、それを自分の身代わりとして川や海に流すことで身内の不幸や穢れを祓えると信じられていました（During the Heian period people believed that paper dolls put into rivers and oceans to float away would remove the evil and uncleanliness from themselves.）。貴族の女の子たちがその紙人形を使って遊ぶことを「ひいな遊び」と呼んでいて、それがやがてひな人形を段飾りに美しく飾ってこの日を祝うように変化していきました（These paper dolls turned into hiina (hee'na) dolls when little girls started playing with them at their homes. Even nowadays in almost all homes, if they have girls in the family, beautiful hina dolls are displayed to promote the healthy growth of girls.）。

● 食文化としての歴史…

　今日のように豪華なひな人形を段飾りにして、美しく飾ってひな祭りを祝うようになったのは江戸時代になってから、しかも家庭でそのようなお祝いをしていたのはお金持ちの商人や武士また貴族だけでした。ひな祭りを彩りも鮮やかなちらし寿司、おめでたい赤飯、ハマグリの吸い物などで祝い、甘酒、三色のひし餅、雛あられなどをひな壇に飾るなどの習慣もその頃から始まったものでした。ひな祭りには欠かせないハマグリですが、これは現代のカードゲーム「神経衰弱」と同じようにして遊ぶ貝合わせの道具にも使われたもので、良縁に恵まれるようにとの祈りを込めたものでした。

● 周辺の話題…

　三色のひし餅は、下から蓬の緑、菱の実の白、そしてくちなしの桃色からなっています。蓬は血液をきれいにし、菱の実は健胃と滋養強壮に、そしてくちなしは解熱に効く、みな漢方薬に使われる植物です。

②端午の節句：Tango no Sekku; Children's Day

　端午の節句には鯉のぼりを立て、菖蒲で邪気を払い、武者人形や兜を飾り柏餅を食べて男の子の健康や立身出世を願いますが、本来は子供の日でした。

● 英語で説明するなら…

　端午の節句は5月5日で、この日は各家庭が子供たちの健康、成長、そして幸福を祈る国民の祝日です（Tango no Sekku is celebrated on May 5th. It's a national holiday to pray for the health, growth and happiness of boys and girls.）。古い中国では5番目の月は不幸な月であり、5月5日は数字の5が重なるのでもっと悪い日だとされていました。そのため邪気を払うための宗教的な行事が行われるようになり、その習慣はやがて日本に紹介され、全国に広まっていきました。（According to the old Chinese beliefs, the fifth month of the year was considered unlucky and May 5 was even worse because the number five is doubled. To cope with this bad day many religious events were carried out to drive away evil spirits. Later this custom was introduced into Japan and became prevalent all over the country.）。男の子がいる家庭では子供たちの立身出世を祈って色鮮やかな鯉のぼりを庭に立て、武者人形、鎧と兜、刀、弓矢などを飾り、菖蒲の湯に入り、柏餅を食べて、子孫の繁栄を願います（Families with boys display colorful carp banners called koi-nobori in their gardens wishing their son's success. They also display warrior dolls, armor and helmets, swords, bows and arrows, etc. all symbolizing strength. It has become a regular custom to put irises in the bath and eat kashiwa-mochi, a rice cake wrapped in an oak leaf. By doing this people hoped for the success and prosperity of the descendants.）。

● 食文化としての歴史…

　日本では旧暦5月の最初の午の日の午の時刻に薬狩りに行くという習慣があり、女性は薬効の高い草を摘みに、男性は健康によい鹿肉を得るために鹿狩りに行きました。旧暦の端午の節句の時期は、雨が多く、温度も下がり子供たちの命も奪われるほどだったからです。また、菖蒲は薬効効果も高く邪気も払うという植物でした。江戸時代にはすでに菖蒲湯に入り、柏餅や粽を食べる習慣は全国で庶民の社会にまで広まっていたといわれます。

● 周辺の話題…

　菖蒲は尚武と同音異義語、その葉先は刀にみたてられそのようなことから、この日は男の子の祭りとなっていきました。

〔2〕夏の和食：Washoku of Summer

　昔の人々は、夏の暑さを乗り切るためにその折々の旬の素材を上手に生かし、食事の面で工夫を凝らしてきました。うっとうしい梅雨の時期には柔らかい若鮎の塩焼きや鮎飯が、蒸し暑い夏には水分も多く、体を芯から冷やす働きもあり暑気払いにもなるナスや瓜、カボチャなどが、そして暑さを乗り切るスタミナを付けるためにウナギやドジョウが食膳に上がりました。

● 英語で説明するなら…

　長雨の季節である梅雨は6月に始まり、うっとうしい日が続きます。梅雨は憂鬱なものですが、米作にとっては恵みの雨となります。梅雨が明けると暑い夏日が来ます（A long rainy season called "tsuyu" starts in June and the gloomy weather goes on for day after day during this period. Though depressing the season is, it is a gift for rice cultivation. After this rainy season, hot summer comes.）。人々は火照った身体を冷奴やそうめん、ざるそばなどを食べて冷やすのです。鰻の蒲焼は、特に焼きつくような夏の間にはスタミナ食として大変な人気を呼びます（It is common for people to cool down with cold dishes like "hiya-yakko" (chilled tofu), "so-men" (chilled thin noodles), or "zaru-soba" (chilled buckwheat noodles). "Unagi-no-kabayaki" (broiled eel dish) known as a sustaining or high-energy food is also very popular during this particularly grilling summer period.）。夏の間に全国でたくさんの祭り（夏祭り）や花火大会があります（During this time of the year there are many summer festivals and also fireworks in various regions all over Japan.）。これらの夏祭りや花火大会はもとはといえば、穢れから身や心を祓い、ご先祖様や神様たちに感謝の気持ちと供物を捧げるためのものでした（These events were originally designed to purify the mind and body from evils and thank the ancestors and gods.）。

● 食文化としての歴史…

　日本には春夏秋冬の4つの季節がほぼ等分にあります。すなわち我が国では四季がはっきりとしているということです。また我が国は、北は北海道から南は沖縄まで南北に長く延びる細長い島国で、それぞれの地域特性も大きく異なり、海浜と山地の間では主とする産業も、生活や慣習もそれぞれ違っているのが普通です。そのために全国各地にそれぞれ特色ある季節ごとに祝われるお祭りや行事があり、それらに合わせてその季節にとれる食材を

使った郷土色豊かなご馳走がたくさんあります。

　そのようなお祭りのある日はその土地の人々にとっては何よりも楽しみなハレ（晴れ）の日でした。その日は農村においても漁村においても、人々は自然と闘う厳しい労働や日々の辛さから解放され、日頃助け合ってきた近隣の仲間たちと共に祝い、共に特別なご馳走を食べたのです。それはまた、季節の折り目や節目としての節供にもつながっています。農村や漁村でも節供の日には村全体で作業を休む習わしがありました。その日に、みなで作り持ち寄るハレの日のご馳走が、家族や地域の共同体のつながりをさらに強めることになったのでした。それが各地に現存する郷土料理の始まりであり、各地域のアイデンティティーの基礎となっています。

　ところで、季節の変わり目は体調を崩しやすいものですが、夏は特に暑さと湿気のために病気にかかりやすい季節です。そのために土用のウナギは、昔から夏瘦せを防ぐ食養生の1つでありました。我が国では暑中見舞い専用のハガキが売られ、親しい人たちの間で日頃の無沙汰を詫びながら一筆啓上する習慣がありますが、もとはハガキを出すだけではなく、親戚や友人たちに夏を乗り切る滋養豊富な食品を贈り合う習慣が始まりだったのです。「暑中」とは小暑と大暑の期間をいい、ほぼ夏の土用に相当します。

● **周辺の話題…**

　夏の節供として今に残るのは端午と七夕です。日本の伝統的なこれらのハレの日を正しく理解するには新旧の暦の重複に気を付ける必要があります。今も残る各地の行事やお祭りのほとんどが旧暦（太陰太陽暦）で決められていました。正月やお盆や、江戸時代に休日として制定されたという五節句（人日・上巳・端午・七夕・重陽）などがそれに当たります。これらは月の運行ではかる太陰暦（旧暦，the lunar calendar）によるもので、現在の太陽暦（新暦，the solar calendar）と比べると約一ヶ月遅れになります。

　旧暦とはいっても、太陽の運行によってはかる行事もありました。春秋のお彼岸・夏至・冬至がそうですし、また立春・立夏・立秋・立冬・土用も太陽暦に基づくものです。太陰暦系の行事が太陽暦の日取りに移行されて新暦となったのです。太陰暦による日数の数え方を太陽年の1年に合わせた暦法で太陰太陽暦または太陽太陰暦とも呼んでいます。

　これは太陰暦の1年と太陽暦の1年の差を閏年・閏月を入れることで解消するもので、古代オリエントや中国で用いられていました。日本も中国の暦法を準用していましたが、貞享元年（1684年）にそれまでの宣明暦を廃止して貞享暦という独自の暦を使い始めました。貞享暦も明治5年（1872年）に西洋で用いられていたグレゴリウス暦という太陽暦に切り替えられました。

1. 季節による分類：Classification by season

①お盆：Obon; Bon Festival

　お盆は仏教用語で盂蘭盆のこと、またその期間をいいます。ご先祖様の霊をお迎えし、供養し、精進料理を食べ、身体を休める期間でもあります。

● 英語で説明するなら…

　お盆は、死者の霊をまつる仏教の行事で、旧暦の7月13日から16日に行われます。ご先祖様の精霊を13日の夕方に迎え火で家庭にお迎えし、16日の朝に送り火で黄泉の世界（冥土）へ送り返すのです（Obon is observed for three days to welcome and console the souls of departed ancestors who return to visit their families. It takes place from July 13 to 16 on the old lunar calendar. The ancestors' spirits are invited with a welcoming bonfire to their homes on the evening of the 13th and sent back with a send-off bonfire to the other world on the morning of the 16th.）。その間に法事を行い、肉類や魚類を一切使わない精進料理を用意します。ご先祖様の霊をお迎えし、御霊を慰め、あの世へお送りするために盆踊りも行われます（It is customary that people hold a memorial service and prepare vegetarian dishes without using meat and fish during this period. The Bon folk dances are held to welcome the spirits of the deceased back to the earth, console, and then send them back to the other world.）。

● 食文化としての歴史…

　昔の人々は農村や漁村の区別なく朝早くから夜遅くまでよく働きました。厳しい自然を相手にする農業や漁業にはいわゆる定休日などはありません。その代わりに「お盆休み」ということばに残るように、お盆、正月、節句、日待ち（田植えや取り入れの終わった時などに農民たちが集まって会食や余興をすること）や月待ち（仲間が集まり供物を供えて、月のうち何夜かに、念仏などを唱え、飲食をともにしながら月の出を待つ信仰行事）の定例的な「遊び日」がありました。そのような日には集落の人たちが集まって会食をしたり余興を楽しんだりしていたのです。そこではふだんの質素な食事とは異なるご馳走が並びました。お盆の時期にはご先祖様へおはぎを供え、そのお下がりをいただいて楽しみました。

● 周辺の話題…

　夏は日本各地でたくさんの夏祭りが催されますが、その中でも有名なのが京都の夏を彩る「祇園祭山鉾巡行」です。近年では世界各地からたくさんの観光客が訪れます。夏の京都を代表する食べ物がハモ（a dagger-tooth pike conger）料理ですが、大阪の天神祭にも欠かせない料理です。

②土用の丑の日：Doyo no Ushi no Hi; The Day of the Ox

　立夏・立秋・立冬・立春の前18日間が土用ですが、普通は暑い夏の土用をさし、夏負け防止のためにウナギを食べる日を土用の丑の日といいます。
● 英語で説明するなら…
　土用の丑の日とは夏の間でも最も暑いといわれる土用（各季節の終わりの18日間）の間に来る丑の日のことです。「丑」は生年や方位・日・時刻に当てる十二支の1つで牛のことです（Doyo no ushi no hi literally means the Ox day (based on the traditional Chinese twelve annual zodiac signs) during the "doyo" (the period of about 18 days at each end of the four seasons).）。

　我が国では、7月の最も暑い日であるこの日に夏バテを防ぐためにウナギを食べる習慣がありました（In Japan there has been a custom to eat eel on the midsummer day of the Ox, known as the hottest day of the month of July so that people can prevent exhaustion from the summer heat.）。鰻の蒲焼を食べることで栄養をとり、夏の暑さをしのいだのです。土用は体調を崩す季節の変わり目であり、栄養価の高いウナギは健康食品でした（They try to take nourishment and overcome the grilling heat by eating "unagi-no-kabayaki" or grilled eels and other stuff. Doyo is at the change of seasons, so to some extent it's reasonable to eat eel, which has high nutritional value and increases one's strength.）。

● 食文化としての歴史…
　ウナギは江戸時代中頃から、暑気払い食として甘辛いタレで焼く蒲焼きが食べられるようになりましたが、蒲焼にはもっと古い記録があります。ドジョウも暑気払い食として同じように蒲焼にされることもありましたが、普通は泥を吐かせて丸ごと味噌汁に入れたり、柳川鍋（開いたドジョウと笹掻きにしたゴボウを浅鍋で甘辛く煮て卵でとじた料理）にしたりします。

● 周辺の話題…
　室町時代にすでに「蒲焼」があったとする記録があります。当時の京都ではウナギを丸ごと串に刺して焼いていて、その姿が蒲（カバ、あるいはガマ）の穂によく似ていたために蒲焼きと呼ばれるようになったといわれます。ウナギを割くようなったのは江戸時代で、武士の多かった江戸では腹を割くのを嫌い背開きに、商人の多かった関西では腹を割って話すところから腹開きになったという説があります。ウナギを蒸してから焼くのが関東、蒸さないで焼くのが関西という違いが今でも残っています。

22　1．季節による分類：Classification by season

〔3〕秋の和食：Washoku of Autumn

　実りの秋の象徴は米や豆類ですが、秋は実を結ぶ作物だけではなく、夏の太陽を浴びた大地の下で育ったでんぷんがたっぷりのイモ類、各種のキノコ類、栗や柿などの果物が豊富に出揃います。また、サンマやサバなど背が青く腹側が光り輝く「光りもの」や「秋味」と呼ばれるサケ、アナゴや大きな秋イカなどの魚介類も美味しくなり、秋はまさに食欲をそそる季節です。

● **英語で説明するなら…**

　秋の初めになると稲穂がたわわに実り、日本人にとって主食である美味しい新米が出回ります。また食欲の秋といわれますが、サバやサンマなど豊富な種類の魚やキノコ、また各種の野菜が食卓に並びます（In the early part of autumn, rice grows in abundance. The newly harvested and really delicious rice, which is a Japanese staple food, becomes available in the market. The autumn season is said to be the season for eating. A variety of seafood such as SABA, or mackerel, and SANMA, or Pacific saury, and also vegetables and mushrooms are served on the table.）。秋も深まると、山々は赤、オレンジ、黄色、または金色の混ざった緑色に変わります。北国から紅葉が始まり木々の葉が上に述べたような鮮やかな色になるからです。人々は秋の旬の素材をたっぷり使ったお弁当を持って紅葉を見に出かけていきます（From late autumn, mountains become green mixed with red, orange, yellow, and even gold. The leaves change to their autumn colors such as those as above from the northland, and many people go out to enjoy them with their handmade boxed lunches full of autumn ingredients.）。

● **食文化としての歴史…**

　南北に長く島々が連なる日本列島は温帯モンスーンという気候帯に位置し、温暖で多湿な気候を特徴としています。この気候は人々に豊富で良質な水を与え、夏には高温多湿な天候をもたらす稲作にはまさに最適なものです。さらには、山が多く複雑な地形をした日本では、気象条件の異なるそれぞれの地域で大きさも種類も異なるさまざまな農産物が育まれてきました。

　さらには、四面を海で囲まれた我が国は、それらの穀物類や野菜だけではなく、海の幸にも恵まれ、昔から種類の豊富な魚介類が大量に獲れる国でした。日本列島は、南から入ってくる暖流系の黒潮（日本海流）やその支流の対馬海流、北から流れてくる寒流系の親潮（千島海流）や日本海北隅に発し

大陸沿岸を経て朝鮮半島東岸に達するリマン海流に囲まれています。このように多くの海流に乗ってくる魚は多種多様です。日本で魚の種類が豊富なのはそのような理由によるものです。長い海岸線にはその数も種類も豊富な地付きの魚や貝類、さらには各種の海藻類も揃っています。

一方で降雨量が多いということは川や湖沼、池も多いということを意味しますが、そこには多くの種類の淡水魚、甲殻類や貝類も育っています。こうした多種多彩な魚介類が貴重なタンパク源を供給する食材として、それぞれ特色ある各地の郷土料理を支えてきました。

秋の主な食材としては、山や里の幸ではサツマイモ、ジャガイモ、ヤマイモ、サトイモ、こんにゃく、豆類、栗、柿、梨、りんご、ゆず、キノコ類などがあります。海や川の幸では、脂が乗っていて美味しい北から南下してくるカツオやサンマ、また紅葉ダイとも呼ばれる、春とともに秋も美味しいタイや、この時期に獲れる脂の乗った秋サバ、それにキビナゴや少し大型の秋イカなど、和食の食材としての逸品が秋の行事のためや家庭での食事のために料理されることを待っているのです。

● 周辺の話題…

全国各地で収穫の季節である秋を彩る、各種のちらし寿司やばらずしが作られてきました。前項で紹介した各種の新鮮な海の幸と旬の野菜を、色鮮やかに盛り合わせるばらずしは秋の祭りにはなくてはならないご馳走です。多くのばらずしがありますが、特に岡山の「祭りずし」が有名で、瀬戸内の新鮮な魚や山また里の幸をすし飯の上に豪華にたくさん載せて作ります。岡山では、ハレの行事の席に、季節の海鮮や山菜をふんだんに使ったばらずしを振る舞いますが、その時に化粧桶やお重に詰める方法に特徴があります。

それは、ばらずしをお重に詰める時に最初に具をお重の下に敷き詰めてから、その上にすし飯を詰めます。そうすると食べるためにひっくり返したときに、きれいに魚や山菜が表に現れます。見た目がお祭りの華やかさのようだということから祭りずしという名前になったという説もあるほどです。この特殊な詰め方は、おもてなしのための創意工夫であるといわれますが、それだけではなく、祭りずしの誕生にもその理由を見出すことができます。

その昔、領民たちに質素倹約を奨励した備前岡山藩主の池田光政公が「庶民は一汁一菜にせよ」というお触れを出しました。そのために、領民たちはたとえハレの日であっても派手なご馳走を振る舞ったり、振る舞われたりすることができなくなってしまったのです。一計を案じた領民たちは寿司の具をすし飯の上に載せるのではなく、すし飯の下の方に埋めて外からは見えなくしてこの難問を解決したといわれています。

①七五三：Shichi-Go-San; A Celebration of 3, 5, and 7-year-old Children

七五三の祝いのこと。男の子が3歳と5歳、女の子が3歳と7歳の時、11月15日に晴れ着を着せて神社や氏神に詣で、子供の成長を祝う行事です。

● 英語で説明するなら…

七五三は子供たちの成長を祝い、さらに無事に成長していくことを願う行事です。七は7歳の女の子、五は5歳の男の子、そして三は3歳の男の子と女の子を意味しています（Shichi-Go-San is a traditional festival to celebrate children's growth and pray for their future health. The first 7 is for 7-year-old girls, the 5 is for 5-year old boys and the 3 is for 3-year-old boys and girls.）。11月15日がお祝いの日になりますが、その年齢の子がいる家は、家族でその子（たち）と神社へお参りに行き、千歳飴をもらって帰ります。千歳飴は末長く生きて欲しいという希望を込めて細長い形をしています（On November 15 the families who have a child or children in this category take him/her or them to a shrine to pray and receive traditional chitose-ame, which means a thousand-year-old candy. The candy's long shape is a symbolic representation of longevity.）。家では親戚を招待し、めでたさの象徴であるマダイの塩焼き、クルマエビ、イセエビやちらし寿司などでお祝いをします（It is common for the families to invite their relatives and celebrate with festive dishes such as salt-grilled red snapper, prawns, lobster, and chirashi-zushi.）。

● 食文化としての歴史…

七五三は、室町時代に始まったとされます。当時の幼児の死亡率は今とは比べ物にならないほど高かったため、生後3〜4年は人別帳や氏子台帳にも登録しなかったほどでした。七五三は、死亡率の高い幼児期を無事に乗り切った我が子の成長を祝い、土地の神様に感謝と加護を祈る儀式として生まれたのです。七五三をマダイの塩焼きで祝うのは、小児に生後初めて魚肉など動物性食品を食べさせる「まなはじめ（魚味始・真菜始・真魚始）の儀式」に、語呂合わせ（めでたいとタイ）からタイを使ったからだといわれます。

● 周辺の話題…

七五三は「しめ」とも読み、七五三縄（しめなわ）の略称でもあります。「しめなわ」は〆縄・標縄・注連縄とも綴りますが、神事の場に不浄なものの侵入を禁じ、清浄な地域を区画するのに用いられました。なぜ七五三縄なのかというと、その縄を綯る時には左捻を定式とし、三筋・五筋・七筋と、順に藁の茎を綯り放して垂らしたからでした。

②お月見と秋の行楽：Full Moon Viewing and Autumn Events

　先祖を思い新米を搗いて丸めた団子、サトイモを始めとする収穫したばかりの野菜や酒を供えて旧暦8月15日の中秋の名月を鑑賞するのが月見です。

● 英語で説明するなら…

　陰暦の8月は中秋と呼ばれ、その15日の夜は十五夜といわれていました。この夜の月が一年中で最も明るいということから、その夜を十五夜と呼び中秋の名月を鑑賞して楽しみました（In old days August on the lunar calendar was called Chushu and the night of August 15 was called Jugoya (the 15th night).）。その満月の夜は15個の丸い団子を果物や野菜とともに飾って月見をし、その後にそのお下がりで宴会をしました（The moon on this day was considered the brightest in the entire year and appreciated as Chushu-no-meigetsu (the brightest and most beautiful moon in August on the lunar calendar).）。その夜はただ単に月を眺めて楽しむだけのものではなく、収穫したばかりの作物を供えてお月様にお祈りをする夜でもありました（On the night of this full moon it became customary to offer 15 pieces of rice-flour round dumplings, seasonal fruits and flowers and to have a full moon-viewing banquet with these offerings afterward. The night was not only to view and appreciate the moon, but also to pray to the moon with offerings of the fresh harvest.）。

● 食文化としての歴史…

　奈良・平安時代の貴族たちは中秋の名月を眺めるために華やかな宴を催しました。一方、庶民はお月見を、秋の収穫を祝い、その恵みを与えてくれた神様と先祖へ感謝するための儀式と位置付けていました。旧暦（陰暦）の十五夜は必ず満月であり、人々はまん丸に輝く月を見て先祖を思い、感謝の気持ちを込め、お神酒を供え、魔除けのためのススキを添えて15個の団子を積み上げ、子孫繁栄のシンボルであったサトイモをゆでるか煮たものを飾り、そのお下がりで家族や友人たちとささやかな宴会をしました。

● 周辺の話題…

　秋の収穫が終わって一息ついた農民たちは、お弁当を持って村芝居を見に行ったり、紅葉狩りへ出かけたりしました。旬の食材を使った得意の料理を桶や重箱などに詰め込み、それらを持ち寄ったことでしょう。身体を休め、疲れを癒し、和気あいあいと楽しむことで、共同体の結束が強まり、次の仕事への英気も養われたのでした。その当時のローカル色豊かな行楽弁当の多くは、今日形を変えて各種の郷土料理としてその名残をとどめています。

〔4〕冬の和食：Washoku of Winter

　暦の上では11月初旬の立冬を境に冬が始まります。翌年2月初めの立春まで陽光が弱まり、寒さが厳しくなる中新しい年の始めに向けて忙しくなり、年を越すと新年を祝う行事が続きます。冬の始まりは収穫の季節でもあり、自然の恵みに感謝する祭りや風習が多く残っています。冬の味覚の王者は海の幸では白身の高級魚フグ、山の幸ではダイコンといえます。

● **英語で説明するなら…**

　大晦日と元旦、そして正月のお休みの3つが日本の冬の最も重要な出来事ではないでしょうか。大晦日を除く正月前の数日間に門松やしめなわ、鏡餅などの元旦用のお飾りをほどこし、正月用のお料理を作ります（New Year's Eve, New Year's Day and the subsequent New Year Holidays must be the biggest events during the winter in Japan. On a few days before New Year's Eve, New Year's decorations such as kadomatsu (New Year's decorative pine trees or branches), shimenawa (a sacred, twisted straw rope), and kagami-mochi (a round mirror-shaped rice cake) are displayed in each home. New Year's dishes are also prepared.）。大晦日にはそばを食べますが、これを年越しそばといいます。元旦には平和で幸運な年となりますようにと願い事をするために神社に参拝しますが、これを初詣と呼んでいます（Buckwheat noodles are eaten on New Year's Eve, and this noodle is called toshikoshi-soba. On New Year's Day people make a visit to a shrine to pray for a peaceful and prosperous year. It is called hatsumoude (the first shrine visit of the year).）。

● **食文化としての歴史…**

　冬野菜のほとんどは、霜が下り、雪が降っても凍らないようにと糖分を蓄えるためにこの時期甘みを増します。さらに、日差しが弱くなり、気温も低くなるため、成長がゆるやかになり、繊維質も柔らかくなる特徴があります。

　根菜と葉もの野菜が冬に甘みを増すのと同じく、魚介類も寒さに耐えることで旨みを増してきます。冬は海水温も冷たいので、魚たちは我が身を守るために脂肪を蓄え、冬の荒波にもまれて、身もひきしまります。ブリやタラ、ヒラメ、カレイ、フグなどがその代表例です。淡水魚ではコイやフナも冬になると泥臭さが薄れ旨みが増し寒ならではの味わいを楽しめます。

　古代の人々は先祖代々から受け継がれた知識と知恵から、こうした山の幸や海の幸の特徴やさらには各々の栄養価をよく知っていて、冬の食材の特色

を生かしたそれぞれ独特の郷土料理を作り上げてきました。冬季におけるハレの日のご馳走をいくつかあげると、11月では豊年祭り（こんにゃくと鶏料理で祝う、宮崎県）やえびす構（尾頭付きの魚が付く、長野県）、12月では冬至（かぼちゃを煮る、全国）と年越し（豆料理の数々で大黒様のお年越しを祝う、岩手県）、そして1月では正月（さえら〔サンマの和歌山方言〕寿司や巻き寿司で祝う、和歌山県）と初えびす（尾頭付きのイワシが並ぶ、群馬県）などがあります。

　長野県や群馬県のようないわゆる「海なし県」でハレの日に魚料理を用意するのは現代ではなんともないことですが、食品の流通網が発達していなかった昔では大変なことであったことでしょう。古人のハレの日に対する気張りが感じられる料理といえます。冬のハレの日の最大行事はなんといっても正月です。正月は、日本の行事の中で最も古くから存在するものだといわれていますが、その起源は詳しくわかっていません。お盆の半年後にやってくる正月は、お盆と同じく「先祖をお祀りする行事」でした。しかし、仏教が浸透しその影響が強くなってくると、お盆は仏教行事の盂蘭盆会と融合して, 先祖供養の行事となり、正月は歳神を迎えてその年の豊作を祈る「神祭り」として、この2つの行事をはっきり区別するようになったと考えられています。

● 周辺の話題…

　太陽暦では12月21日頃になる冬至ですが、冬至とは「日短きこと、至る」という意味で、冬至を境にして昼が長くなっていく重要な節目でした。冬至といえばカボチャといわれるほど、昔から冬至にカボチャを食べると風邪をひかないと信じられてきました。実際にカボチャはカロテンが豊富で栄養豊富な食材です。カロテンは感染症に対抗する力があり冬には欠かせない食材といわれます。そのカボチャを、赤い色が邪気を払うとされてきた小豆と一緒に煮た「冬至カボチャ」や「小豆粥」も冬至の定番の食べ物でした。

　「冬至の七種」といわれる食材がありますが、それは、なんきん（かぼちゃ）、にんじん、れんこん、ぎんなん、きんかん、かんてん、うどん、の7点をさします。すべて「ん」で終わっていますが、そこから「運が付く」という縁起をかついでこれらの食材を冬至の日に食べたことに端を発しています。これらの根菜は、腸の掃除にもなる冬の味覚といえ、にんじんやれんこんなど「運が付く」野菜がいっぱい入った筑前煮も冬の料理の定番です。また、こんにゃくを使った味噌田楽には、太陽の陽をいっぱい浴びて黄色に輝くゆずを添えて彩りを鮮やかにします。

①大晦日：Ohmisoka; New Year's Eve

　一年の最後の日すなわち 12 月 31 日を大晦日といい、家族で年越しそばやその他のご馳走を食べて一年の穢れを祓い、清らかに新年を迎える日です。

● 英語で説明するなら…

　大晦日とは一年の最後の日 12 月 31 日のことです。今でもお正月の飾り付けや準備はすべて 30 日までに終えていなければならないという風習があります（Ohmisoka means the last day of the year, which is December 31st. It is a long cherished custom that all the preparations for New Year's have to be completed by December 30th.）。そうすることで人々は穢れを祓い、清らかな身でご先祖様を新年にお迎えするのです（By doing so people cleanse themselves on ohmisoka to wait for the spirits of the ancestors coming down to join them for New Year's celebrations.）。夜になると年越しそばを食べます。細長いそばのように家族が長生きし、長く幸せであるように祈るためですが、江戸時代に始まったという大晦日の夜のお祝いの食事の 1 つでした（At night they eat toshikoshi-soba (year-end buckwheat noodles) in the hope that they can lead both a long life and also that their family fortune will extend like the long noodles. This custom of eating toshikosi-soba started during the Edo period and it used to be one of the dishes eaten during year-end festivities.）

● 食文化としての歴史…

　大晦日は新しい年の穀物に実りをもたらし、新しい年（命）を与えてくれる歳神様を祀る日でした。大晦日は新しい年の始まりと考えられていたためこの日に縁起物であるお尾頭付きの魚を使った料理やお雑煮などを家族揃って食べました。これを「年越し」といい、その夜を除夜ともいいます。昔は、除夜は歳神様を迎えるため一晩中起きている習わしがありました。平安時代頃から行われていた行事である大晦日は歳神様を祀るための準備が行われる日でしたが、仏教の浸透とともに、除夜の鐘を突く習慣も生まれました。

● 周辺の話題…

　「みそか」は「三十日」と書き、月の 30 番目の日という意味でした。転じて、日付に関係なく月の最終日を意味するようになりました。大晦日の「大」は、一年の最後の月の最終日であることから名付けられたもので、大きいという意味ではありません。大晦日の晦という字は「月が隠れる」を意味し、「三十日」に「晦日」の字が当てられるようになったのは、太陰暦では十五日が満月とされ、月はその後欠けていき、最後には見えなくなるからです。

②お正月：Oshogatsu; New Year's Day

　正月は一年の最初の月のことで、最初の日は元日といいますが、一般的にはお正月で元日の意味も表しています。新年の始まりを祝う大事な日です。

● 英語で説明するなら…

　お正月、より正確にいうと元日、は一年の始まりを祝う最も重要な国民の祝日です。みなで元旦、すなわち元日の朝、に神社や寺にお参りに行きますが、これを初詣と呼んでいます（Oshogatsu, or to be more exact, ganjitsu, or New Year's Day, is a national holiday to celebrate the beginning of the new year and is the most important day in Japan. People visit shrines or temples on the morning of New Year's Day, which is called gantan, to pray for happiness and prosperity for the coming year.）。お正月にはお重に入ったお節料理を食べますが、これは家庭の主婦が正月休みに休めるようにということから始まったものといわれます（During the New Year, people enjoy traditional New Year's meals called osechi-ryori, which is packed in tiered food boxes. It's prepared plentifully so that mothers can rest during the first three days of the year.）。

● 食文化としての歴史…

　正月に門松やしめ飾り、鏡餅を飾るのは、歳神様を迎えるためです。縁起物のお料理を家族で食べるのもその祝い事の１つで、お節料理に用いられる食材すべてに意味があります。黒豆は、元気に（マメに）働けるようにとの願いを込め、数の子は、ニシンの卵で、二親（ニシン）から多くの子ができるのでおめでたいから、そして、小さくても尾頭付きの片口イワシの小魚（ごまめ）を使った田作りは、五穀豊穣を願い小魚を田畑に肥料として撒く風習から、それぞれ使われるようになりました。

　正月は、７日までを松の内あるいは松七日と呼び、慣習的にはこの期間を正月といいます。松が明ける１月７日は正月に疲れた体をいたわるためや無病息災を願って七草がゆを食べます。お雑煮ですが、もともとは年末に神様にお供えした餅やダイコンやニンジンなどさまざまなお供物を、元旦に下げ、その年初めて汲み上げた井戸水（若水）で煮て家族で食べたものでした。

● 周辺の話題…

　お正月は、元日、三ヶ日、松の内などをさすこともあります。誤解されやすいことですが、国民の祝日は元日だけで三ヶ日は祝日ではありません。社会で年末の29日から１月３日までが休みなのは国、都道府県、そして市町村の条例によりその期間が閉庁日と定められているからです。

2. 土地による分類：Classification by region

〔1〕北海道料理：Hokkaido Ryori; Hokkaido Cuisine

　寒流と暖流が交わる太平洋と日本海、寒流が流れるオホーツク海、西から東へ暖流が流れる津軽海峡と周囲を海で囲まれた北海道は、2つの海流に棲む魚介類と海藻類の宝庫です。また、四季を通じて湿度が低い気候、豊かな自然、澄んだ空気と水、良質な飼料が育んだ農産物や牛豚鶏などにも富み、質の高い海の幸と山の幸からなる料理を生みました。

● 英語で説明するなら…

　北海道は、最北の島を囲む冷たい海で獲れるさまざまな魚介類で有名ですが、農産物、乳製品そして食肉も道内全域にわたる広大な農場から産出されます（Hokkaido is famous for the wide variety of seafood caught in the cold waters surrounding this northernmost island. The agricultural and dairy products as well as processed meat products are grown on its wide farmlands all over the island.）。地元産の高級な魚介類にはウニ・カニ・イクラ・ホタテ・イカなどがあります（Highly celebrated seafood products include uni (sea urchin), kani (crab), ikura (salmon roe), hotate (scallops), and ika (squid).）。

・ジンギスカン鍋：Jingisukan; Mongolian Mutton Barbecue

　ジンギスカン鍋は13世紀初めの蒙古帝国創始者チンギスハンの名前をとったものです（The dish is named after Genghis Khan (also spelled as Jenghis Khan, Jinghis Khan, Jenghiz Khan), the founder of the Mongol Empire in the early 13th century.）。北海道で有名なこの料理は、マトン（時にはラム）と野菜をテーブルに置いた鉄兜のような形をした鉄鍋の上で焼き、それをそのまますぐに酢醤油に漬けて食べます（This local dish popular in Hokkaido is a dish consisting of mutton (sometimes lamb) and vegetables cooked on a warrier's helmet-shaped iron grill in the middle of the table. The meat is usually dipped in a soy sauce mixed with vinegar and eaten right off the grill.）。

・石狩鍋：Ishikarinabe; Salmon and Vegetable Stew Hot Pot with Miso

　石狩鍋は、味噌や醤油仕立ての汁に北海道の新鮮な鮭と、ジャガイモ・トウモロコシ・タマネギなど北海道産の野菜を加えた鍋料理です（Ishikarinabe is a type of nabe-ryori (hot pot cuisine) that uses salmon and flavoring based on miso or soy sauce. Vegetables like potatoes, corn, onion, all cultivated in Hokkaido, and tofu are added into the pot with salmon caught fresh in Hokkaido's sea.)。残った汁にそばやラーメンを入れるとまた格別の味わいを楽しむことができます（When you finish a pot, you can also add Japanese noodles or ramen to the remaining broth for extra delicacy.)。

● 食文化としての歴史…

アイヌ民族が漁業や狩猟で生活していた北海道に本州から和人が渡り、定住するようになったのは鎌倉時代以降のことといわれます。日本全国から集まった人々が、もともとハレの日の祭事や神事が存在していなかった新天地で、資源としての海産物や農産品を開発し、それらを近畿や北陸から日本海を北上してくる商人たちに売りさばいていました。各地から集まった彼らは、料理においても伝統に縛られることなく自由に新しい食文化や知覚文化を新天地で創出していったのです。

東北の漁民や近畿・北陸の商人との交流の中から生み出していったのが「松前料理」であり、それは東北風と小京都ともいわれた金沢を経由した京風を取り入れた素朴ではあるものの、洗練された料理でした。アイヌの人々にとっては神が恵んでくれるものであった野の動物や、海や川の魚介類を使った各種のアイヌ料理も、北海道の郷土料理に影響を与えたことでしょう。

● 周辺の話題…

郷土料理には、地方の特産品を用いたり、地方独特の地理的また歴史的条件から生まれたりしたものなどいろいろありますが、食文化としてある地域や地方で長い間にわたり食べられてきた家庭料理を意味します。今日よく見られるような村（町）おこしに使われるご当地料理やご当地グルメとは本来異なるものです。ただ、郷土料理の中には全国に広がっていき、果たして純粋な郷土料理といえるのかその境があいまいなものも出てきました。例えばジンギスカン鍋などがその例といえます。

ジンギスカン鍋が北海道で普及し始めたのは第二次世界大戦後ですが、今日では全国どこにでもあります。なぜ北海道で始まったのかというと、18世紀初頭に羊毛を取るために羊の飼育が北海道で始まったからでした。それを食用としたのは1930年代後半のことでした。羊は昔から北海道に棲んでいた動物ではありませんし、現在でもジンギスカン鍋用のマトンやラムはほとんどが輸入品です。ただし、羊肉の全国地域別販売量ランキングからしても北海道の家庭料理であることは間違いありません。

(2) 東北料理：Tohoku Ryori; Tohoku Cuisine

青森、岩手、宮城、秋田、山形、そして福島の6県の郷土料理を合わせて東北料理と呼んでいます。各県は海に面し、かつ奥深い山地をも持つという風土的にも似ているため、県の郷土料理というよりは、東北一帯で食べられている料理もあります。冬の寒さの厳しい東北地方には、体を温めるための料理から冬を越すための保存食に至るまで数多くの料理があります。

● 英語で説明するなら…

東北の郷土料理は、魚介類と野菜を使った汁料理が特徴です（The local cuisine in Tohoku features various kinds of stew cuisine using seafood and vegetables.）。中には塩蔵した魚と野菜を使うものもあり、同地では塩、醤油、そして味噌など塩辛い調味料をたくさん使います。これは、東北地方が年の3分の1が雪で覆われる寒冷地であることに関係しています（Some of them use salted fish mixed with vegetables. A plenty of salty seasonings such as salt, soy sauce, and miso are used in Tohoku. This cooking practice is related to the fact that Tohoku is such a cold district that the earth is covered with snow over one third of the year.）。

・せんべい汁：Senbei Jiru; Rice Cracker Soup

これは、刻んだゴボウ、キノコ、ネギなどと一緒に煎餅を入れて煮込んだ料理です（The dish is made of senbei (a Japanese rice cracker) stewed with sliced burdock, mushroom, green onion, etc.）。醤油や味噌仕立ての鶏や豚のだし汁が使われます（It is served in a soup broth made from boiled chicken or pork seasoned with soy sauce or miso.）。この珍しい料理は1832年の天保の飢饉の時に生まれ、それ以来東北南部で200年にわたり食べられてきました（This unique cuisine emerged during the Tenpo famine in 1832 and has been eaten in the southern part of Tohoku over 200 years.）。

・きりたんぽ鍋：Kiritanpo Nabe; Rice Stick Hot Pot

きりたんぽ鍋の「たんぽ」は炊いた飯をつぶして杉の串に巻き付け、味噌や醤油を漬けて焼いたものです（Tanpo is made of mashed rice pressed on a cedar skewer and toasted with miso or soy sauce.）。たんぽをいくつかに切り分け（切りたんぽ）、鶏、ネギ、ゴボウ、キノコなどとともに鍋で煮るときりたんぽ鍋となります（This rice bar is sliced into a few pieces (kiritanpo) and used as dumplings in a hotchpotch made from chicken, green onion, burdock, mushroom, etc. seasoned with soy sauce. This hot pot is called Kiritanpo Nabe.)。

● **食文化としての歴史…**

　東北地方は、長い間日本の米蔵ともいわれるほど米の生産量が多い地域でした。現代でも、全国の県別収穫ランキングで東北6県のうち4県が常に10位以内に入っているほどです。しかし、農業技術も発展していなかった当時は、飢饉も起こりやすく農民が餓死し、体力不足から蔓延する疾病による死者が出たりしました。この傾向は米作りが難しかった東方地方に多かったといわれ、村によっては水田の開発が難しい場合も多くあり、所によっては米よりも麦や粟・稗などの雑穀が想像以上に食べられていました。

　その後、生産力の向上と商品流通の発達が見られ、東北の村人たちの食生活も変わっていきました。近世も中期を過ぎると、混ぜ飯における米の比率が増えるなど、徐々に食生活も豊かになっていったのです。最も豊かな食事が供されるのは、正月のほかさまざまな年中行事などのハレの日で、この日には米の飯と酒や餅という米をもとにした食品が重用されました。

　中世になると神事に当たって村の鎮守様に調理された神饌が供えられ、神様への献饌が終わるとそれを村人たちが口にする神人共食が始まります。神饌とは豊作など神への祈りの代償に供されるものです。その神饌を神事後にそこでいただくことで神の恩恵を被ることができるように祈ったのです。そこでは、それぞれの地域の郷土料理が供えられるようになり、そうした郷土料理にも工夫が凝らされ今日に残るようなものになっていきました。

● **周辺の話題…**

　東北地方の味付けは全体的に「濃い」といわれます。味付けが「濃い」ということは、料理に使われる塩分濃度が高いことを意味しています。東北地方で塩分摂取量が高いのは、気候が寒冷であることが大きく影響しています。寒い東北地方に住む人々は、塩分を摂取することで体温を維持してきました。

　また、冷蔵庫もなかった昔のこと、一年の約3分の1が深い雪に覆われる東北に暮らす人々にとって、収穫した食料を塩蔵して保存することは生きていくための知恵でした。こうして料理における濃い味付けという調理法が親から子へと代々継承され、現在の東北の食文化が形成されていったのです。東北料理には、塩と醤油そして辛口の赤味噌を調味料として使うものが多くありますが、その理由はそうした食文化にあったといえるでしょう。

(3) 江戸料理：Edo Ryori; Edo Cuisine

　寿司、天ぷら、そば、ウナギといえば江戸、と今でもいわれるほど和食の代表といえる料理が集中しているのが東京です。それらの料理のほとんどは江戸時代にその形を確立し、江戸っ子たちが愛し守ってきたことで現代につながっています。近郊の野菜や江戸前の新鮮な魚介類を使った料理ですが、大きな青物市場と魚市場が巨大な消費市場の江戸を支えていました。

● 英語で説明するなら…

　江戸は政治と経済の中心地であり、広く地方の産物や料理法が江戸に持ち込まれました（Because Edo was placed at the center of politics and economics, many products and also cooking methods in local areas throughout Japan were introduced into Edo.）。江戸は、当時ですら世界の都市の中で最大人口（1720年頃の推定人口約100万人）を抱える大都市でした。それが江戸料理の形成にも影響を与えました（Edo was the largest city in the world with an estimated population of one million in 1720, which influenced the growth of Edo dishes.）。

　そのような料理の1つに室町時代に武家の料理として確立された本膳料理があり、江戸時代には正式な日本料理とされました（One of such dishes was Honzen-ryori that was developed as one of the dishes for entertaining samurai in the Muromachi period. It was classified as a formal Japanese dish in the Edo period.）。

　この本膳料理のような鮮度のよい魚介類を必要とする料理が江戸で発達するのは当然のことでした。江戸は江戸前で獲れる新鮮な魚介類や近郊から入る野菜類が豊富な都市だったからです（It was only natural that Honzen-ryori, which required fresh seafood and vegetables, would develop in Edo. The city had an abundant supply of fish caught in and out of Tokyo Bay and vegetables from the rich farmlands surrounding the city.）。

　こういった中で鮮度と産地を重視する江戸料理が生まれ、日本料理の先駆けとなった本膳料理とともに、今日の高級な料理の要素を構築したといわれます（Under these circumstances Edo-ryori, in which great importance was placed on the freshness and the origin of foodstuff, were molded establishing the elements of today's high class Japanese dishes with Honzen-ryori.）。

● 食文化としての歴史…

　江戸料理とは、厳密にいえば江戸時代の江戸で発達した料理のことです。しかし、牛鍋のように江戸が東京に変わった明治以降の東京の郷土料理を含む場合もあります。素材に江戸近郊の野菜や、江戸前の新鮮な魚介を使用した料理が多いのが特徴です。気っぷのよい江戸っ子は美味しい旬のものを好み、新子（コノシロの幼魚）の寿司や初ガツオなど値が高くても競って初物を食べました。江戸のこうした魚介類の食文化の始まりは江戸幕府開びゃく以前の天正18年（1590年）に徳川家康が江戸に入府した時まで遡ります。家康の命により摂州西成（現在の大阪西成区辺り）の名主森孫右衛門が漁民30数名を率いて江戸に移住し、日本橋の河岸地を拝領し江戸近辺河海の漁業および市場での販売に従事する許可を受けたのが始まりでした。

　一方、野菜の方では明暦3年（1657年）に起きた明暦の大火までは江戸市中に分散していた青物市が徐々に集約されていき、幕府の御用市場として多町（現在の神田辺り）・駒込・千住の地に江戸三大青物市場が形成されました。京橋川河岸は江戸時代からダイコンを中心とした荷揚げ市場で、江戸の住民たちに新鮮な野菜を提供していました。本項の冒頭でも述べたように、江戸の人口は江戸時代中頃（1720年頃）には100万人を突破していたと推定され、その当時の世界の都市の中でも最大といえるほどに多かったそうですが、それだけの人口を抱える消費市場としての江戸の台所を預かる魚市場や青物市場の規模も桁外れに大きいものでした。

● 周辺の話題…

　江戸料理は郷土料理かといわれれば「否」と答えざるをえないと思います。まず、当時もまた今日も「江戸前料理」と呼ばれるものの中に、いわゆる家庭料理と分類できそうなものが少ないからです。また、牛鍋、桜鍋、葱鮪鍋、おでんなどは家庭でも調理されることでしょうが、江戸前料理の代表格であるそば、天ぷら、刺身、鰻の蒲焼、アナゴ料理、ドジョウの各種料理などは、もともとそれぞれ料理屋や屋台などで料理人が客に提供するものでした。二番目の理由としては、これらの料理は日本全国どこへ行っても味わえる普遍的なものになっているという事情です。これらの2つの理由から江戸前料理は郷土料理ではないという論理も成り立つことになります。

〔4〕加賀料理：Kaga Ryori; Kaga Cuisine

　加賀料理とは加賀百万石の大名であった前田家の地元である金沢を中心とし、石川県全土と富山県の一部に昔から存在している郷土料理です。郷土料理とは食文化としてある地域や地方で長らく食べられてきた家庭料理のことですから、決して加賀百万石の豪華な料理や高級料亭の料理を意味することばではありません。石川の豊かな自然環境が育んできた庶民の料理です。

● 英語で説明するなら…

　加賀は石川県南部一帯の旧国名で、有力大名家の1つであった前田家を領主とする加賀藩を意味します（Kaga is the old name of the southern part of Ishikawa prefecture, which also means the fief of Kaga reigned over by one of the very powerful feudal lords called the Maeda family.）。金沢は初代領主の前田利家が1583年に金沢城に入ってから300年間にわたり前田家の城下町でした（Kanazawa is a castle town ruled over by the family for three centuries after the first lord, Toshiie Maeda, entered Kanazawa Castle in 1583.）。

　前田家が多くの芸術や工芸の専門家を金沢に招聘し、金沢は江戸や京都と並び称される文化の中心地となりました。金沢の街は加賀料理の街として知られますが、それは地元の魚介類と質のよい地野菜を使った洗練された料理で、九谷焼の容器に盛られて出されます（Since the Maeda family invited many artists and craftsmen to the town, Kanazawa became a cultural center like Edo and Kyoto. The area around Kanazawa is known for its own regional cuisine, called Kaga-ryori. It is a sophisticated style of cooking built around local seafood and quality vegetables. Food is often served on the brightly-colored Kutani-yaki pottery.）。

・治部煮：Jibu-ni; Jibu Stew

　治部煮は、鴨と、すだれ麩、シメジ、シイタケ、セリ、ホウレンソウなどを醤油、砂糖、酒を合わせただし汁で煮たものです。肉に小麦粉をからませることで汁にとろみを付け、肉のうま味を逃がさないようにするのが特徴です。ワサビを吸い口にという風変わりな取り合わせが味を引き立てます（This stew contains duck and ingredients such as sudarefu (wheat gluten), mushrooms, and spinach and is seasoned with soy sauce, sugar and sake. One of the features is that the chopped meat is covered with flour to seal in the flavor and to feel good on the tongue. A small amount

第Ⅰ部　季節・土地・格式にまつわる和食を理解し英語で伝える　37

of green horseradish placed on top helps bring out the flavor more.)。
・鯛の唐蒸し：Tainokaramushi; Steamed Sea Bream

　タイにギンナン、キクラゲ、レンコン、ニンジンなどで味をととのえた卯の花を詰めて蒸しあげた鯛の唐蒸しは、金沢のおめでたい席に欠かせない料理です。婚礼には雌雄二尾を腹合わせに九谷大皿に盛ります（Sea breams stuffed with ginkgo nuts, Jew's ears, lotus root, carrot, and seasoned bean curd lees are steamed and served on auspicious occasions. At weddings, in particular, a male and a female sea bream are placed stomach to stomach on a large Kutani dish, representing a newly wed couple.)。

・かぶらずし：Kaburazushi; Sandwich made of Turnips and Yellowtail

　輪切りにしたかぶらに、塩漬けした寒ブリの切り身をはさみ、麹、ニンジン、昆布とともに麹に漬け込んだかぶらずしは、正月料理には欠かせません（Slices of turnips, yellowtail and other ingredients such as peeled carrot and kelp are pickled in malted rice and salt. This delicacy is an indispensable New Year's dish in Kanazawa.)。

● 食文化としての歴史…

　奈良・平安時代には我が国と渤海との交流が盛んに行われ、加賀や能登は大陸の食文化の玄関口でした。その後中世から近世にかけて、加賀は日本海の物流の担い手であった北前船の拠点となり、全国各地の物品が運ばれてきました。

　その中心地金沢は海と山に恵まれ新鮮な食材を豊富に確保できる自然環境を備えていました。日本海の新鮮な海の幸、霊峰白山を源とする清麗な水、山々で採れる山の幸、加賀平野が生み出す野の幸、など豊かな食材が豊富にありました。大陸から伝来した食文化、全国各地から集まる物品、地元の恵まれた食材、という3つの地の利が歴史的基盤となって、金沢独特の食文化が育ち加賀料理につながっていったのです。

　歴史的に見て加賀の食文化には大きな特徴があります。それは「京風と江戸風の融合」です。一向宗の総本山である本願寺が加賀支配の拠点として金沢御堂を建立した戦国時代に、金沢御堂を中心に寺内町が形成され、それが金沢の町の原型になっていきます。関西からの移住者も増え、それに伴って関西の食文化が伝わってきました。

● 周辺の話題…

　見た目の美しさも加賀料理の大きな特徴です。加賀料理には、緻密で優美な蒔絵を施した漆器や、華麗で格調高い九谷焼が用いられます。九谷焼は、さまざまな加賀料理を盛り付けする際に使われています。例えば、慶事の際に出される伝統料理である「鯛の唐蒸し」は、九谷焼の皿に盛り付けされます。

〔5〕能登料理：Noto Ryori; Noto Cuisine

　能登料理は、北陸地方の中央付近から日本海へ北に向けて突きだした能登半島に昔からある伝統的な郷土料理をいいます。県別でいえば、そのほとんどが石川県に属していますが南東の一部は富山県に属し、水産資源の豊富な富山湾の魚介類、特に寒ブリ、タラ、イカなどを使った料理がよく知られています。

● **英語で説明するなら…**

　能登あるいは能登半島は新鮮な魚介類と野菜の宝庫としてよく知られる地域です。最高級品として知られる寒ブリもその1つです（Noto or Noto Peninsula is one of the well-known regions for gourmets because it is blessed with an abundance of fresh fish and vegetables, and some of them are ranked as the best brand of fish, such as Kan-buri.）。

・**寒ブリ：Kanburi; Winter Yellowtail**

　荒れる日本海の真冬に獲れる寒ブリは、厳しい寒さと荒波にもまれ、その身は引き締まり、十分脂の乗った味は絶品で、刺身、照り焼き、塩焼き、あら煮などの料理になります（The best season for yellowtail is the midwinter when the Japan Sea becomes rough and raging. The fish meat is firm and ready for eating after being tossed about by the angry waves of the Japan Sea. It is served as sashimi, teriyaki, shio-yaki (grilled with salt) and ara-ni (bony parts of the fish boiled in soy sauce.）。

・**昆布じめ：Kobujime; Cod Wrapped in Kelp**

　冬の日本海でとれたタラの薄造りを酒で湿らせた昆布で巻き、昆布のうま味がしみ込むまで2～3日間寝させます。昆布じめは正月料理に欠かせない料理です（Cod from the Sea of Japan is thinly sliced, seasoned with sake and then wrapped in kelp to be preserved for a few days until the flavors blend. This dish is another New Year's specialty.）。

・**ズワイガニ：Zuwai-gani; Snow Crab**

　ズワイは大きい雄ガニのことですが、福井では越前ガニ、山陰では松葉ガニと呼ばれ、ゆでて酢醤油で食べるのが一般的です。雌の方は香箱（コウバコ）と呼び、小さくて身が少ない代わりに甲羅にびっしり卵とミソ（肝臓）が詰まっているため、コウバコの方を好む人もたくさんいます（Zuwai-gani (hairless male crabs) are called by different names in different regions. They are usually boiled then served cold with soy sauce and vinegar. Kobako-gani (tiny female crabs) contain delicious roe and are more commonly eaten.)。

● 食文化としての歴史…

　能登はかつて日本の表玄関で、その中心は輪島でした。我が国は古代、近隣の国々から倭と呼ばれていました。日本海に大きく突き出した半島である能登には多くの渡来人や漂流者がやってきました。渤海国は何度も我が国へ使節を派遣していますが、その過半数は能登半島にたどり着いたといわれます。多くの場合、その地は今の輪島辺りで、渡来人たちは初めて見るその地を「倭の半島」あるいは「倭の島」という意味で倭島(わじま)と呼んだのでした。

　大陸が日本にもたらしたものは数多くあり、麺類もその1つです。浄土真宗や曹洞宗が盛んで寺も信者も多い能登地域には全国から禅僧が集まり、中には中国で修行してきた者たちもいました。その僧たちを通して学んだ製法で作られたのが、かつて生産量日本一といわれ朝廷にも幕府にも献上されていた輪島素麺です。そうめんは、奈良時代に遣隋使や遣唐使たちによってもたらされたとする説もありますが、そのそうめんが全国に広がっていった過程にも能登は関係しています。

　それは近代以前の遠距離輸送の担い手であった海上運送の主役である北前船の活躍です。北前船とは、海上運送が黄金期を迎えた江戸時代に各種の売買品を積み込み、各地の港に立ち寄りながら大阪と蝦夷を往復した交易船のことです。

● 周辺の話題…

　能登といえば、「いしる」あるいは「いしり」が有名です。いずれも魚醤(ぎょしょう)と呼ばれるアジアには広く分布している旨み調味料です。いしるは、「魚汁(いしる)」が語源のようですが、「しょっつる」「いかなご醤油」にこの「いしる」を加えて日本三大魚醤といいます。いずれも、初夏の頃に新鮮な魚の内臓を洗わずに粗塩をまぶし、樽に漬けて仕込み、盛夏の高温多湿の下で発酵させ、秋冬の冷気で熟成させて作ります。樽の中の魚はとろけてドロリとした醤油色の液体になりますが、それを樽に入れたまま、2～3年寝かせます。特有の香りがありますが、魚の動物性タンパク質が分解されてできたアミノ酸と、魚に含まれる核酸を豊富に含んでいて、料理に塩味と旨みを加えてくれる調味料です。

　「いしり」は能登(町)地方のものでイカの内蔵を発酵させて作り、それに対して「いしる」は輪島地方のサバやイワシの青魚を原料にする魚醤という説もありますが、同じ能登でも、富来・門前・輪島・珠洲などの外浦と、能登町などの内浦では「いしり、いしる、よしる、えしる」など、呼び方も由来もさまざまで、原料も風味も違います。

〔6〕京料理：Kyo Ryori; Kyo Cuisine

千年の古都といわれる京都は、朝廷文化が花開いた町であり格式高い公家の有職料理や武家の本膳料理が生まれたところです。料理人たちは、高度な料理が求められていながら冷蔵庫もなく、運送手段も発達していなかった時代に、季節の野菜や貴重な魚類を食材として確保するために保存の方法を考え、美味しくする工夫を凝らしてきました。

● 英語で説明するなら…

1000年にわたり日本の首都であり皇居があった京都は、地元の食材を使った伝統的で豊かな食文化を味わうことができるところです（Kyoto, Japan's former capital town and seat of the imperial court over one thousand years, offers a rich culinary tradition with ample locally grown foodstuff.）。京都の郷土料理は会席（懐石）料理から精進料理、さらにはおばんざいという家庭料理まで幅広いものです（The local food culture is so diverse that it ranges from aristocratic kaiseki ryori course dinners to the vegetarian shojin ryori of monks and the simple obanzai ryori home style cooking.）。

・京会席料理：Kyo-kaiseki Ryori; Kaiseki Cuisine

会席料理はお茶席での料理として始まり、後年特に貴族たちの間で好まれるようになった手の込んだ料理です（Kaiseki ryori has its origin in the traditional tea ceremony. It later evolved into an elaborate dining style popular among aristocratic circles.）。

その中でも京会席あるいは京風会席料理と呼ばれるものは特に洗練されたもので、地物や季節の食材の微妙な風味を生かすことに力を注いだものです（Kyoto style kaiseki ryori (kyo kaiseki) is particularly refined, placing an emphasis on subtle flavors and local and seasonal ingredients.）。

・精進料理：Shojin Ryori; Buddhist Cuisine

精進料理は僧侶たちの質素な生活から生まれました（Shojin ryori developed from the austerity of Buddhist monks.）。生きものの殺生を禁じられていた僧たちは肉や魚なしで食生活を営んでいかなければなりませんでした（Because they were prohibited from taking the life of other living creatures, Buddhist monks had to live without meat or fish in their diet.）。菜食主義の料理ではありますが、精進料理はそれにもかかわらず風味もあり食べ応えのある料理です（Consisting of strictly vegetarian dishes, shojin ryori can nonetheless be savory and filling.）。

・おばんざい料理：Obanzai Ryori; Kyoto Style Home Cooking

　おばんざい（料理）は京都特有の家庭料理です。手近な素材で、簡単に準備できるたくさんの小料理からなっています（Obanzai Ryori is the traditional home style cooking of Kyoto. It is made up of multiple small dishes that are usually quite simple to prepare.）。地物で旬のものが一番よく合う料理といえます（Local produce that is in season is best suited for the dishes.）。

● 食文化としての歴史…

　冷蔵庫もなく、運送手段も未発達で、野菜は採れる時期が限られていた頃から人々は食料を確保するために保存の方法を考え、美味しく食べる工夫をしてきました。京都は地理的にいって、決して料理に向いたところではありませんでした。それが豊かな食文化を誇り、日本でも有数の和食の街となったのはやはり京都が千年の都であったからです。朝廷が置かれ、貴族たちや武士たちが住み、彼らの日々の生活をまかなう商人や職人たちが多く住む当時の大都会であった京都で、貴族や武家たちのための高級料理の食文化が発生していったのは自然の成り行きでした。

　日本料理の基礎は鎌倉時代に作られたというのが定説ですが、それ以来武家政治の中心地は、鎌倉、小田原、大阪、そして江戸とほとんど海沿いにありました。しかし、都としての京都は海に面していません。そのために、貴族たちのための食事に必要な魚介類を遠くから運ばなければならず、美味しさを保つ工夫もしなければなりません。また野菜も旬の美味しさを保つための保存技術を考えなければなりませんでした。このような厳しい条件が、今日有名な京都の京漬け物や西京漬けという野菜と魚介類の漬け物文化を生むことになったのは自然の流れでありました。

● 周辺の話題…

　京漬け物と呼ばれるものは、千枚漬け、しば漬け、壬生菜漬けなど、野菜が本来持つ味を活かし、上品な味付けで知られる漬け物です。西京漬けはサワラや銀ダラなどを切り身にし、西京味噌をしみ込ませたものです。その他に京都特有のものといえば、瀬戸内海で獲れるハモを使ったハモ料理があります。寿司や焼き魚、しゃぶしゃぶなどにして、幅広く食べられます。日持ちもよく重宝されますが、小骨が多いため、調理には骨切りや骨抜きなどの技術も必要とされる料理です。ちりめんじゃこ（イワシの雑魚を煮て干したもの）と山椒の実を用いて作られるものが佃煮のちりめん山椒ですが、こちらも京都らしい料理といえるでしょう。

〔7〕瀬戸内料理：Setouchi Ryori; Setouchi Cuisine

瀬戸内とは瀬戸内海およびその沿岸地方のことで、瀬戸内海は本州、四国、九州に挟まれた内海であり山口、広島、岡山、兵庫、大阪、和歌山、香川、愛媛、徳島、福岡、大分の1府10県がそれぞれ海岸線を持つ広い地域です。気候は瀬戸内海式気候と呼ばれ、温暖で雨量が少なく、魚介類の宝庫であり、豊富な海鮮食材をふんだんに使った郷土料理が数多くあります。

● 英語で説明するなら…

瀬戸内海とその沿岸地帯からなる瀬戸内は11の府県からなり、それぞれに特徴のある数多くの郷土料理がたくさんあります。(The Setouchi area, the Seto Inland Sea and its coastal regions, offers a wide variety of unique local delicacies because the area covers as many as eleven prefectures that can be identified as Setouchi.)。

・牡蠣の土手鍋：Kaki-no-dotenabe; Miso-flavored Oyster Pot

牡蠣の土手鍋は、カキとハクサイ、ネギ、シイタケ、エノキ、シュンギク、豆腐などを煮込む料理です（Kaki-no-dotenabe is an oyster hot pot with other ingredients such as hakusai cabbage, long white leak, shiitake mushroom, enoki mushroom, garland chrysanthemum, tofu, etc.)。味噌風味のだしがカキの旨みを引き出してくれます（The miso-based cooking liquid absorbs flavors from the oysters.)。

・鯛めし：Tai-meshi; Rice with Sea Bream

鯛めしは土鍋を使った鍋料理の1つです。一匹のタイを焼いて、醤油や塩で味付けした半炊き状態の炊き込みご飯の上に載せます（Tai-meshi is a kind of a hot pot cooked in an earthenware pot. A whole and uncut sea bream is grilled and then put on top of partially cooked rice that is flavored with soy sauce and salt.)。土鍋にふたをして弱火で少し煮てから、20～25分ほど蒸らし、その後白ゴマと刻んだ大葉（オオバ）を散らします（Put the lid on the pot, simmer over low heat, and let cooked rice sit after turning off the heat. Sprinkle white sesame, sliced beefsteak plant leaf, and ginger on top.)。骨を取りご飯と混ぜれば完成です（Debone the fish and mix the meat with rice to complete the cooking.)。

・ふぐ料理：Fugu Ryori; Pufferfish Cuisine

ふぐ料理は、フグを使った料理の総称です（Fugu Ryori is the collective name for a variety of dishes that use pufferfish.)。ふぐ鍋は、昆布などで

取っただし汁にフグの切り身や骨を野菜などと一緒に土鍋に入れて煮込むものです（Fugu nabe is a hot pot dish in which pufferfish slices and bones are cooked together with vegetables in kombu (kelp) soup stock in an earthenware pot.）。ふぐ刺しはフグの身の刺身のことです（Fugu sashi is sashimi (sliced raw fish) of pufferfish meat.）。

● 食文化としての歴史…

　瀬戸内海沿岸の 107 の市町村と 11 府県（大阪府、兵庫県、和歌山県、岡山県、広島県、山口県、徳島県、香川県、愛媛県、福岡県、大分県）からなる瀬戸内地域は、古来より海上交通の場として栄え、各地域の特殊性を活かしながら互いに共通する独自の社会文化圏を形成してきました。それはこの広範な地域全域にわたる魚食を中心とする食文化を含むものでした。沿岸地域に存在する村落や大小の都市群は、それぞれこの海を拠りどころとし、それぞれ特色ある産業を興し、独自的でありながらも共通する地域文化を花開かせてきました。

　瀬戸内には大小の島々があります。その中には、沿岸の一部の漁港と同じように、平安時代にすでに風待港（避難港）を持つところがありました。それらの港は、江戸時代になると北前船、参勤交代の大名船、さらには朝鮮通信使を送迎する船、そして乗組員たちなど、船と人が行き交う経済・文化交流の拠点として発展してきました。瀬戸内は他地域からの文化使節ともいえる人々との交流を大切にし、瀬戸内に特有な人間関係を大切にする各種の郷土料理を生んできました。

● 周辺の話題…

　特色のある珍しい郷土料理を以下にいくつかあげておきましょう。

・うずみ：Uzumi; Bowl of Rice with Ingredients Buried inside

　贅沢を禁じられた庶民が、ご飯の下に具を隠して食べたことから始まり、具を埋めるという意味から「うずみ」という名になったとされます。

・ワニ料理：Wani Ryori; Shark Meat Sashimi

　サメやエイを使った料理です。サメやエイが「ワニ」と呼ばれていたことからこの名が付けられたといわれます。

・幽霊寿司：Yurei Sushi; Stuffless Pressed Sushi

　鮮魚が手に入らなかった時に、その代わりに地元の米の味を活かして作られた具のない寿司のことです。

・いとこ煮：Itokoni; Hotchpotch of Beans, Potatoes, etc.

　小豆やかぼちゃなどの野菜の煮物料理で、煮えにくいものから順々に煮ていく「追い追い」を「甥甥」とかけて「いとこ」となったそうです。

〔8〕中国料理（山陰・山陽料理）：Chugoku Ryori (San'in-Sanyo Ryori); Chugoku Cuisine

中国地方は、鳥取・島根・岡山・広島・山口の5県から構成されますが、そのうち北部の鳥取と島根の2県、そして山口県の日本海側を山陰地方と呼びます。その南側にある岡山県・広島県および山口県の瀬戸内海側の地域を合わせて山陽地方と呼んでいます。いずれの地にも観光地が多く、カニやカキなどを使った全国によく知られた郷土料理も多くあります。

● 英語で説明するなら…

中国地方にはあまりにも多くの郷土料理があるため、以下では山陰地方にしぼりよく知られたものと珍しいものを合わせて以下の3点を紹介します。

・あご野焼き：Ago-noyaki; Grilled Flying Fish Paste

あご野焼きは島根県特産の焼きちくわです。竹輪（ちくわ）は、魚肉のすり身を竹などの棒に巻き付けて焼いたもの、あるいは蒸した食品です（Ago-noyaki is a kind of chikuwa. Chikuwa is baked or steamed fishcake, in which fish paste is wrapped around wood stick or bamboo stick.）。中国地方は、野焼きちくわ、豆腐ちくわ、手握りちくわ、豆ちくわ、など独特のちくわの生産地として知られています。あご野焼きちくわはトビウオを使ったものです（Chugoku region is well known for its locally made unique chikuwa such as noyaki chikuwa (chikuwa grilled in the field, made from flying fish), tofu chikuwa, tenigiri chikuwa (one shaped by hand), and bean chikuwa.）。

・カニ鍋：Kani-nabe; Crab Hot Pot

カニ鍋は、カニの身を豆腐や、ハクサイ、ネギなどの野菜と一緒に煮込んで作る鍋料理のこと。残っただし汁にご飯を入れてカニ雑炊にする場合もあります。雑炊とは、鍋料理の後に残るだしにご飯を入れて炊いたものです（A kani-nabe is a crab hot pot with other ingredients such as hakusai cabbage, green onions, tofu and so on. In some cases rice is added in the leftover soup to make kani-zosui. The zosui dish is made by simmering cooked rice with soup while leaving the original shape of the rice, not stewing much in the nabe or pot.）。

・しじみ汁：Shijimi-jiru; Shijimi Clam Soup

味噌汁は、だしに野菜や魚介類などの具を加え、煮て、味噌で味付けしたものです（Miso soup is a Japanese dish that is cooked by adding ingredients such as vegetables and fish in soup, boiling and seasoning with miso.）。島根県の宍道湖特産のシジミを具に使ったものをしじみ汁と呼んでいます。シジ

ミの味噌汁はアルコールの分解を助け二日酔いに効果があるともいわれます（Sijimi-jiru is the special miso soup using freshwater clams, special from Lake Sinji, as ingredients. It is said that sijimi-jiru is a cure for a hangover as it helps to break down alcohol.）。

● 食文化としての歴史…

　中国地方は、カキ、カニ、そしてフグの料理で有名ですが、カキの水揚げ量で全国 1 位は広島県であり、カニの漁獲量においても、総漁獲量では北海道が 1 位ですが、漁業就労者人口一人あたりでは鳥取県が 1 位を占めています。広島県はカキの全国総水揚げの約 63％を占め、2 〜 3 位に宮城県・岡山県と続きます。松葉ガニで有名な鳥取県では、漁業就労者人口一人あたり 3.17 トンと全国平均の 21 倍、2 位の島根県で 0.98 トンと他の地方をはるかに凌駕しています（いずれも 2013 年）。

　カキの養殖は、室町時代末期頃すでに広島でカキの養殖が始まっていました。古くは石を沈めて、そこに付着するカキを大きくなってから獲っていましたが、今日では牡蠣筏（かきいかだ）による養殖が一般的です。一方、カニ漁は 1500 年代の安土桃山時代に始まったといわれています。しかし、万葉集の中にカニを食べることについて触れた和歌が載っているといわれます。フグは縄文時代から漁獲されていたことがわかっていますが、平安時代の本草書である『本草和名（ほんぞうわみょう）』にも「布久」という名称でフグが登場します。

● 周辺の話題…

　中国地方は、各県がそれぞれ東西に延びる中国山地を背にし、前に海を望む地勢となっていますが、その中国山地を境にして冬には積雪が多く、豪雪地帯を抱え数週間にわたり太陽を見ることができないこともある山陰と、雨が少ない瀬戸内海式気候で日照時間の長い温暖な山陽とに分けられます。そのような中国地方ですが、数え切れないほど多くの郷土料理が存在します。

　限定的になりますが、代表的なものだけをあげると、次のようになるでしょう。カニ汁（松葉ガニの味噌汁）、イガイ飯（殻を剥いたイガイを具材として用いる炊き込みご飯）、出雲そば（そばの実を皮ごとひいて作られるそば）、うずめ飯（シイタケやニンジン、かまぼこや高野豆腐などを刻み、塩や醤油で煮、その上にご飯を載せワサビや三つ葉を薬味としてだし汁をかけたものですが、地域により具材はさまざまです）、宍道湖七珍（しんじこしっちん）（宍道湖で漁獲されるスズキ、モロゲエビ、ウナギ、アマサギ、シラウオ、コイ、シジミの 7 種類の魚介類をいいます。地元の子供たちはその魚の名前を、その頭文字から「スモウアシコシ」と覚えます）などです。

〔9〕土佐料理：Tosa Ryori; Tosa Cuisine

　土佐は高知県の旧国名です。温暖な気候と豊かな自然に恵まれた高知は、海と山と川の幸に溢れ、美味しいものが多いことで有名です。高知では宴会のことを「お客」といい、昔から神事や祭り事、また祝い事が多くある地域で、何かにつけて大勢で集まり「皿鉢料理」を囲んで酒を酌み交わします。高知独特の宴席を彩る数々の料理もこのような文化背景から生まれました。

● 英語で説明するなら…

　大きな島の四国（4つの国という意味です）にはうつぼ料理、かつお料理、さんま料理など、県を越えて海岸地域に浸透した郷土料理も多くあります（In Shikoku there are many local seafood dishes, such as moray eel dishes, bonito dishes, and Pacific saury dishes, which are popular in coastal areas in the four (shi) countries (koku) in this island.）。

・かつおのたたき：Katsuo-no-tataki; Seared Skipjack tuna Fillets

　かつおのたたきは、カツオを用いた魚料理の1つです（Katsuo no tataki is one of the fish dishes made with katsuo (skipjack tuna).）。たたきとは、直火で表面を軽く焼いて切り分けた刺身で（tataki is the sashimi whose surface is grilled slightly）、その由来は、カツオを火で炙った後に冷やし、タレをたたくようにしてしみ込ませたことにあります（The word 'tataki' originates from patting sauce onto the skipjack tuna that has been seared and cooled down）。かつおのたたきは刻みニンニクやショウガなどの薬味と醤油、酒などから作るタレとともに出されます（Katsuo-no-tataki is usually served with condiments like sliced garlic, ginger, and sauce made with soy sauce, sake, and other seasonings.）。

・皿鉢料理：Sawachi Ryori; A Platter Filled with Sushi, Sashimi and Other Foods

　皿鉢料理は、刺身、かつおのたたき、寿司、海と山の季節の旬、さらには甘いものや果物までを有田焼あるいは九谷焼の大皿に豪華に盛り込んだ料理です（Sawachi-ryori is an assorted food such as sashimi, katsuo-no-tataki, sushi, other delicacies of the season, and even sweets and fruits gorgeously arranged on a large plate of either Arita or Kutani ware, and both are renowned and expensive potteries.）。皿鉢料理とは、料理方法をさした名称ではなく、盛り付けの名称であり、またその食べ方のスタイルを表しています（Sawachi-ryori is not a name for the culinary art, but rather a name for the arrangement and presentation of ingredients on a plate. It also means a style how to eat the dish.)。

・鯛そうめん：Tai-somen; Sea Bream Noodles

　鯛そうめんはタイを素材とする土佐の郷土料理の1つです（Tai-somen is one of the Tosa local dishes in which sea bream and thin noodles are used.）。日本ではタイは「めでたい」の語呂から、姿焼きで結婚式などの祝いの膳に飾られることが多くありますが、鯛そうめんもそのような祝膳の1つです（Because the Japanese name for a sea bream is 'tai,' and 'medetai' in Japanese means 'auspicious,' a sea bream is broiled with the shape intact and displayed on an eating tray on many happy occasions such as weddings. Tai-somen is one such festival food.）。

● 食文化としての歴史…

　土佐の国司であった紀貫之が935年頃に書いた『土佐日記』の中で都へ戻る貫之のために、土佐の人たちがもてなした宴に触れた箇所があり、そこでは皿鉢料理らしきものについて書いているといわれます。

　その皿鉢料理の始まりは神饌料理であったという説があります。五穀豊穣を祈願するお祭りや収穫を神様に感謝する収穫のお祭りでは、神前に神酒や神饌・御饌・御贄とたくさんの食物が供えられます。その神事が終わると、その神酒神饌をおろして参列した人たちで分かち合っていました。この行為を「神人共食」といい、日本の祭りの特徴であるといわれます。また、大皿に豪快に盛られる皿鉢料理には、格式ばらず気楽に楽しんで欲しいというもてなす側の心配りが込められていたようです。

　江戸時代には祝いの席の献立として皿鉢料理があったことが記録されていますが、その後「剛健質素」を藩是とした土佐藩の支配下に入ると、皿鉢料理は贅沢品と見なされ庶民には手の届かないものとなり、武家、豪商、豪農など一部の階級が宴席料理として作らせるものになったようです。

● 周辺の話題…

　土佐は幕末の志士坂本竜馬を生んだ土地です。温暖な気候と豊かな自然に恵まれ、四季折々の海の幸と山また川の幸が溢れています。土佐人の気質が表れた豪快な皿鉢料理から、滋味を活かした繊細な一品や斬新なアイデアが光る加工食品まで、美味しいものが多い土地として全国的にも有名です。

　土佐では、宴会のことを「お客」といいます。神祭や祝い事はもちろん、何かにつけて大勢で集まっては皿鉢料理を囲んで酒を飲み、親交を深めるのです。返杯（献杯）や箸拳など、土佐独特の宴席文化もここから生まれました。

〔10〕沖縄料理：Okinawa Ryori; Okinawa Cuisine

　日本最南端の県である沖縄県は沖縄本島をはじめ琉球諸島からなります。沖縄は、昔から中国をはじめアジアを中心とする諸外国との交流が盛んであったためにさまざまな文化を取り入れ、独自の文化を築いてきました。大小合わせて 160 という島々にはそれぞれに異なる多彩な食文化があり、豚肉や羊肉を使った料理やチャンプルー料理も種類が豊富です。

● 英語で説明するなら…

　農作物や食に対する好みにも影響を与えている沖縄独特の歴史と本土とは異質な気候から、沖縄料理のほとんどは日本料理とは大きく異なっています（Because of the Okinawa Islands' unique history and the different climate with its effects on agriculture and the appetite, almost all the Okinawan dishes differ significantly from Japanese cuisine.）。沖縄の食文化は中国、東南アジアの国々、日本そして米国の影響を受けています（Its food culture is much influenced by China, Southeast Asian countries, Japan, and also the United States.）。

・沖縄そば：Okinawa Soba; Okinawa Noodles

　沖縄そばはそば粉を使わず小麦粉で作るので、そばというよりはうどんに似ています（Okinawa Soba is made of wheat rather than buckwheat flour, and therefore resembles udon noodles more than soba noodles.）。汁の入ったどんぶりに入れ、具をいくつも載せて出されます。一般的な具は柔らかく煮込んだ豚肉で、それをソーキそばと呼びます。青ネギ、かまぼこ、紅ショウガも入っています（It is served in a bowl of broth with a number of toppings. A common topping is soft boiled pork, in which case the dish is called Soki soba. Also, the dish generally includes green onions, kamaboko fish cake, and red ginger.）。

・チャンプルー：Champuru

　チャンプルーは琉球語で混ぜ炒めを意味し、いろいろなものをさっと炒めて作る料理のことです（Champuru means 'stir fry' in the Okinawan language. It refers to a dish prepared by stir frying various ingredients.）。たくさんの種類がありますが、ゴーヤを豆腐、卵、豚肉や豚肉製ランチョンミートと炒めるゴーヤチャンプルーが人気です（It has many different varieties including goya (balsam apple, a kind of cucumber) champuru, which is the most popular variety, in which the bitter goya is stir fried with tofu, eggs, and pork or Spam.)。

● 食文化としての歴史…

　沖縄は地理上、気候上、また地政学的にも、先史時代から独特の文化を育ててきたところです。食文化の歴史は14世紀に中山王朝により琉球が統一された時に始まるともいえます。沖縄料理は沖縄の郷土料理のことをいいますが、それは琉球王朝下の宮廷料理と一般人が食べていた庶民料理の2つからなっていて、「琉球料理」という場合は普通宮廷料理を意味します。

　宮廷料理は沖縄が日中両国それぞれの国賓や官吏を接待する必要から両国の料理技術を積極的に取り入れ、さらに独自の工夫を加味して作り上げたものです。庶民料理は、台風とかんばつという厳しい気候条件の中で、庶民が食品保存に工夫をこらし、生きていくために知恵を集約して作り上げた料理がもとになっています。

　琉球時代から沖縄は中国や東南アジア、朝鮮、日本と行き来していたため、食文化に関してもそれらの国から影響を受けてきました。特に中国の影響は強く、沖縄では豚肉中心の料理が発達しました。仏教が根付かず、江戸幕府による肉食禁止令などの影響も受けなかったため、明治時代以前から家畜を肥育して食用とすることに抵抗のない食文化が存在していたためといえます。海に囲まれた多島の地方にもかかわらず魚料理があまり発達していないという特徴も有しています。

● 周辺の話題…

　沖縄料理の特徴として豚肉料理が多いことがあげられます。その理由は、沖縄料理はもともと台湾系中華料理の影響を受けていたから、そして高温多湿の気候とイモ類を使用した飼料が上質の豚の飼育に適していたからだといわれます。中華料理の影響を大きく受けていたとはいうものの、中華料理とは異なり、あまり香辛料を使用せず、素材そのものの旨みを活かした料理方法に特色があります。また良質の豚を使った沖縄料理の特徴は「豚に始まり豚に終わる」といわれるほど、豚一頭を頭から足の先、血や内臓に至るまで余すところなく使い切るところにあります。

　頭から足先まですべての部位を食材として使用し、とろとろになるまでじっくりと煮込む料理が多く、余分な脂肪がとれコラーゲンたっぷりの健康的な料理となります。沖縄は日本一の長寿県といわれますが、その秘密ももとは中国の医食同源思想に基づく沖縄の伝統的な食文化にあるようです。

2. 土地による分類：Classification by region

〔11〕各地の代表的な駅弁：Representing Ekibens across Japan

　駅弁とは鉄道の駅や列車内で販売されている鉄道旅客向けの弁当のことです。駅弁は、その土地それぞれの歴史を背景にした特産品や他の食材を使って作られてきたある種の郷土料理ともいえます。今や英語でも表記されるEkibenは日本の食文化が凝縮された食べ物であるといっても過言ではありません。

　航空旅客輸送の発展と、鉄道そのものの技術発展による輸送時間の短縮に伴い、全国的に駅弁を利用する鉄道旅客数には年々減少がみられますが、近年においては本来列車内で食されることを目的として鉄道駅で販売されていた駅弁が、通勤客や主婦たちの昼食あるいは夕食用に購買されるケースも増えてきています。

　駅弁は旧来の駅弁製造業者が、伝統的な駅弁の他にコンビニ弁当に類似した比較的安価な弁当を販売していることもあり、その厳密な定義は難しいところです。さらには、JR（主要各地方の旅客鉄道株式会社）の前身であった国鉄が、米飯が入っていないものは駅弁ではないとしたことがあり、そのためにそばの弁当やサンドイッチは国鉄の末期まで駅弁として認められなかったそうです。また、成田、羽田、関西、その他各地の空港で販売される弁当も厳密には「駅弁」とはいわないとされていました。

　全国の駅弁業者が所属している「一般社団法人日本鉄道構内営業中央会」の統計によれば、全国で約2,000種類の駅弁が売られていて（2015年現在）、その他同会の会員以外の業者によるものも加えると約3,000種類にもなるそうです。日本鉄道構内営業中央会の事業概要は、「全国のJR駅構内等で、駅弁等の食料品を販売している業者が会員で、駅弁食文化の保存・振興、災害等における給食支援活動、食品衛生の向上に関する調査研究等を行っている」と紹介されています（http://www.ekiben.or.jp/main/）。

● 英語で説明するなら…

　全国の駅弁を英語で紹介するのは紙面の都合上無理なことですので、以下では、まず駅弁とは何かを英語で説明するための表現をいくつか紹介し、その後に、駅弁の歴史にも触れ、特色ある駅弁を北海道、山形、そして東京から各1点ずつ英語で紹介します。その後に2015年の「全国駅弁ランキングTOP10～東京駅祭・新宿駅弁大会から北海道・九州まで」に掲載されているランキングと関連情報を紹介します。さらにその後、駅弁をさらに詳しく知るために有用な日本語のウェブサイト「駅弁資料館」と、英語で日本の駅

第Ⅰ部　季節・土地・格式にまつわる和食を理解し英語で伝える　51

弁について語れるための豊富な資料を提供してくれる EKIBEN ABC Station Lunch Box というサイトを紹介したいと思います。

　まず、駅弁とは何かの説明ですが、次のようにいえます。まず、弁当とは何かを説明するとよいかもしれません。「弁当」とは、専用の容器に詰められた持ち運べる食事のことです（Bento means portable meals, usually packed in a special container.）。駅弁誕生の歴史にも関係することですが、「もともと弁当は、おにぎりのように、旅人が携えるシンプルな食事でした（Bentos originated as simple packed meals such as rice balls carried by travellers.）。また最近の弁当ブームにも触れて、「最近、高級料亭が籠（かご）などの簡単な容器に入れた弁当を売り始めるようになってきました（Recently, some high-class restaurants have begun offering meals in a single container, such as a basket.）」と説明してもよいでしょう。

　駅弁（Ekiben）とは全国の遠距離鉄道駅で、主に遠距離旅行客のために販売されている弁当です。駅弁は普通郷土料理を基本として作られます（An Ekiben is a lunch boxed meal sold at long-distance train stations all over Japan. It is made especially for train passengers making a long journey. An Ekiben is usually made from local food specialties.）。

　同じことですが、少し表現を変えて、次のようにいうこともできます。駅弁は日本中の主要な駅で販売されている弁当です。特に、列車の長旅をする乗客のためのもので、駅弁にはその地域の食材が使われています（An Ekiben is a kind of lunch box sold at major stations in Japan. Each individual ekiben is likely to contain the locality's specialty.）。駅弁には、地元の食材を使った、その土地ならではというものも多くあります（Many ekiben are prepared using selected local ingredients and recipes.）。

　さて、次項の「食文化としての歴史…」でも再度述べますが駅弁の歴史を英語で少し見ていくことにしましょう。なお、後述する3つの代表的な駅弁を含む以下の英文情報は、英字新聞 *The Japan News*（2015年12月15日、12ページ）に掲載の Ekiben evolve to offer vast array of local flavors（By Rie Tagawa, Japan News Staff Writer）も参考にしています。

　日本で最初の駅弁は1985年7月16日に栃木県の宇都宮駅で販売されといわれています。その頃の駅弁はおにぎりと漬物だけの質素なものでした（It is said the first ekiben was sold at Utsunomiya Station in Tochigi Prefecture on July 16, 1885. Ekiben at that time were simply frugal meals consisting of rice balls and pieces of tsukemono pickled vegetables.）。その後、玉子焼きやかまぼこなどのおかず（副食材）を付け

て折り詰め弁当にしたものが主流となりました（Later, orizume bentos—containing rice and side dishes such as rolled egg and kamaboko—became mainstream.)

全国に2,000から3,000もの種類がある駅弁から「各地の代表的な駅弁」を選択することは不可能なことです。後述するランキングも、信頼性は高いといえども、色々あるランキングのうちの1つにしか過ぎません。とはいうものの、異なるランキングの上位にいつもその名が上がるような駅弁もたくさんあります。前述の The Japan News に紹介されている「牛肉どまんなか」「いかめし」、そして「チキン弁当」はそのようなものであり、かつ話題性にも富むものです。以下見ていくことにしましょう。

・**牛肉どまん中**：Gyuuniku Domannaka; Beef Domannnaka

牛肉どまん中は、米沢牛と山形県産米「どまんなか」で作った、米沢駅で売られている駅弁です。醤油、酒と甘い調味料で作ったタレで味付けした牛そぼろと牛肉煮をどまんなかの上に載せたものです。(Gyuniku Domannaka is a popular station lunch made from Yonezawa beef and Domannaka local rice sold at Yonezawa Station in Yamagata Prefecture. It is packed with Domannaka rice covered with hashed meat and small cuts of meat, flavored in a special sauce with soy sauce, sake and sweet ingredients.)。

・**いかめし**：Ikameshi; Squid Rice

いかめしは、北海道の森駅の駅弁で、蒸したもち米を詰めたイカを甘辛いタレで煮込んだものです。地味であっさりしすぎているという人もいますが、もち米に沁み込んだ新鮮なイカの味わいがあります。今では全国の主要都市にあるデパートその他でも買うことができます（Ikameshi is boiled squid stuffed with steamed glutinous rice at Mori Station in Hokkaido. It is seasoned with salty-sweet sauce. Some people may feel it is too simple, but it is sufficient to taste the fresh squid penetrating the rice. It is now available at department stores and other places in major cities all over the country.)。

・**チキン弁当**：Chicken Bento; Chicken and Rice Boxed Lunch

チキン弁当はトマト風味ライス、鶏の唐揚げ、グリーンピース、サラダなどが入った駅弁です。東京駅で売られている駅弁の中では最長記録を誇り、1964年に東海道新幹線が開業して以来販売が続いています。今上天皇がお好きな駅弁ともいわれています（A Chicken bento contains tomato-flavored rice, deep-fried chicken, hashed chicken, green peas, salad, etc. It has the longest history among the bentos sold at Tokyo Station, having existed since 1964 when the Tokaido Shinkansen started its operations. It is said that the Emperor Akihito is fond of this chicken bento.)。

● 食文化としての歴史…

　駅弁の誕生については諸説がありますが、我が国で駅弁、すなわち駅で販売する弁当が初めて販売されたのは栃木県の宇都宮駅で、それは明治18年（1885年）7月16日のことであったといわれます。宇都宮の旅館白木屋が作り、1個5銭で販売したそうです。

　2015年夏にはその宇都宮駅で駅弁誕生130周年を記念して発売当時の駅弁が販売されましたが、それはゴマをまぶし、梅干しを入れた2個のおにぎりとたくあんの漬物を竹の皮に包んだ質素なものでした。この駅弁の誕生は、明治5年（1872年）9月12日に新橋と横浜間で日本の鉄道が正式に開業してから13年後のことでした。

　その後、全国に鉄道が延伸され長距離列車も多くなるにつれて、車内においても食事の必要性が生じてきました。そのような需要をまかなうために各地の駅でも駅弁が販売されるようになり、初期のおにぎり2個とたくあんだけの質素なものからおかずが添えられたものも出回るようになってきました。その間に明治22年（1889年）7月1日新橋と神戸の間で東海道線が全通し、兵士たちや商人また旅行者による遠距離旅行が増えていくと駅弁もそれにつれて変化していきました。

　現在のような折詰に入った駅弁は、明治23年（1890年）に姫路駅で発売されたものが最初であるという説があります。その折り詰めの中身は、タイの塩焼き、伊達巻き、焼きかまぼこ、だし巻き玉子、大豆の昆布煮付け、栗きんとん、ゴボウの煮付け、ユリ根、フキ、奈良漬けと梅干し、そして黒ゴマをまぶした白飯という贅を尽くしたものであったようです。その後明治32年（1899年）5月25日に山陽鉄道で急行列車に食堂車を初めて連結しましたが、一般の乗客たちには駅弁の方がはるかに親しみのあるものでした。

　終戦後の1950年代になると日本は急速に経済復興を成し遂げ、景気も上向いてくると同時に鉄道網も再整備され、また新たな鉄路も開拓されていくようになります。それが旅行ブームを生むきっかけともなり、駅弁の種類も増えていくようになっていきます。1954年には横浜駅近くの崎陽軒が「シウマイ弁当」を売り出しますが、それは今日においても人気の高い駅弁の1つです。人気があるといえば、荻野屋が1958年信越本線横川駅（群馬県）で売り出した「峠の釜めし」は現代においても健在で、駅弁ランキングでは

常に上位を保っています。この「峠の釜めし」は益子焼の釜に入っていることで知られ、客はその容器を持って帰ることができます。その後そのようなお土産要素を含んだ駅弁が多く出回るようになりましたが、「峠の釜めし」はそのようなお土産駅弁の元祖の1つといえます。

その頃各地のデパートやスーパーマーケットなどが全国の有名駅弁を集めて販売するイベント、いわゆる「駅弁大会」が始まりました。この種のイベントは人気が高く、各地の駅弁を入荷してから短時間に売り切れることが多かったといいます。そのようなことから、宣伝効果も高いことに気が付いた鉄道会社がイベントの客寄せに使う例もありました。地方によっては周辺地域にある人気駅弁を取り寄せて販売する売店が駅ナカにあったりすることもあり、そのような売店は、周囲の駅で催されるイベントの際にはその場所まで出張販売するという例も出てきました。

このような駅弁大会の元祖ともいえるのが、1953年にイベントを手がけた高島屋の大阪店でした。その後今日につながる「元祖有名駅弁と全国うまいもの大会」が1966年に京王百貨店の新宿店で開催されました。全国各地の有名駅弁を新宿に集めて、その当地でしか食べることができない駅弁が一堂に会するというこのイベントは非常に斬新なものであり、会場は大盛況となりました。

● **周辺の話題…**

近年では、鉄道技術の発達に伴う旅行所要時間の短縮と、駅ナカのレストランやラーメン店・そば屋・寿司屋など飲食店の増加に伴い、全国で販売される駅弁の数量は減少傾向にありますが、上記のようなイベントのおかげにより、駅弁業者たちもそれぞれの地域の郷土料理を生かした特色ある駅弁を開発し、このようなイベントに参加することにより売上を維持しようと努力をしています。かつてはただ単に列車の中で食べるためだけのものであった駅弁は、各種の駅弁販売イベントのおかげにより、今やその目的も変わりつつあります。駅弁は、人々が都心を離れることなく各地の特色ある郷土料理を味わうことのできる食事の人気メニューにもなっています。

そのような需要を満たすために2012年には東京駅内に「駅弁屋祭」が開店しました。全国各地の有名駅弁や人気駅弁に加えてオリジナル駅弁や期間限定駅弁のほか、店内のライブキッチンで作るでき立ての温かい駅弁などを170種類以上取り揃え、毎日が駅弁祭りのような華やかで活気溢れる駅弁専門店です。同店の宣伝文句によれば、「お客さまの心に残る一品やあの人にもお勧めしたい満足の逸品を、全国津々浦々の駅弁の中から『探して、比べて、発見して』お楽しみ下さい。」とのことです。

さて、「全国駅弁ランキング TOP10 〜東京駅祭・新宿駅弁大会から北海道・九州まで」（https://matome.miil.me/articles/OSzT7）ですが、それは以下のようになっています。駅名は販売店のある主要駅を掲載しています。

- 10 位　修善寺駅　　　　　　　武士のあじ寿司
- 9 位　奈良県吉野口駅　　　　柿の葉寿司
- 8 位　東京駅　新幹線改札　　深川めし弁当
- 7 位　仙台駅　　　　　　　　牛たん弁当
- 6 位　広島県　宮島口駅　　　あなごめし
- 5 位　函館本線　森駅　　　　いかめし
- 4 位　高崎駅　　　　　　　　だるま弁当
- 3 位　横浜駅　　　　　　　　横濱チャーハン
- 2 位　明石駅　　　　　　　　ひっぱりだこ飯
- 1 位　新潟駅　　　　　　　　えび千両ちらし

もう１つのランキングは「これでもう迷わない！東京駅「駅弁屋 祭」の駅弁ランキング TOP10」（https://retrip.jp/articles/2840/）で、その５位までは次のようになっています。

- 1 位：牛肉どまん中（山形県）
- 2 位：極撰炭火焼き牛たん弁当（宮城県）
- 3 位：米沢牛炭火焼特上カルビ弁当（山形県）
- 4 位：かきめし（広島県）
- 5 位：海の輝き〜紅鮭はらこめし（宮城県）

次に駅弁のことがよくわかるウェブサイトですが、北海道から九州までの各地方と海外の駅弁まで数多くの駅弁を地方別に詳しく紹介している「駅弁資料館」（http://kfm.sakura.ne.jp/ekiben/03iwate_moriiku.htm）があります。多くの駅弁が１つずつ詳しく説明されていて、参考になります。英語で一つひとつの駅弁を詳しく説明しているのが BEN ABC Station Lunch Box（http://washokufood.blogspot.jp/2009/02/ekiben-station-lunch-box.html）です。WASHOKU—Japanese Food Culture and Cuisine という表題が付いていて、最初に「History of the Ekiben 駅弁の歴史」が出てきますが、内容的にもしっかりしている貴重な英文情報源といえます。

3. 格式による分類 : Classfication by status

〔1〕本膳料理 : Honzen Ryori; A Ritualized Form of Serving Food

　本膳料理とは、室町時代に公家や武家の間で始まった主に饗応を目的とした料理の配膳形式のことです。ある意味では、日本料理の基本ともいえ、また和食の原点であるともいわれる最も本格的な料理といえ、西洋料理における正餐に相当します。いくつもの異なる料理が銘々膳に飾られて、高さが40センチほどもある高足膳(こうそくぜん)に置かれました。

● 英語で説明するなら…

　本膳料理は、儀式やお祝いの席など特別な機会に供される日本料理のフルコースメニューといえます。最も基本的な形では、本膳に七菜（七種の料理）、二の膳に五菜（五種の料理）、そして三の膳には三菜（三種の料理）を配膳するものです（Honzen-ryori is a traditional full-course dinner served on special occasions. The most basic form is a combination set of trays; the honzen (the first tray) has seven dishes (seven kinds of food), the ninozen (the second tray) has five dishes (five kinds of food), and the sannozen (the third tray) has three dishes (three kinds of food).)。

　この本膳料理は室町時代の中頃に貴族や武家の儀式用また正餐用の定番の配膳スタイルとなり、公家や武家の間に本膳料理を専門に調理する料理流派が成立しました（It started during the mid-Muromachi period as a regular setting for dinner for nobles and warriers, and various schools specializing in preparing this formal style cuisine emerged.)。本膳料理はその後（1603～1867年）に頂点に達しましたが、その後は廃れていき、気軽に飲食を楽しむ会席料理にとって代わられました（Honzen-ryori was at its peak in the Edo period, but soon faded away and was taken over by kaiseki ryori.)。

● 食文化としての歴史…

　本膳料理が本格的に登場するのは、武家が実質的に全国を支配するようになった室町時代（1392～1573年）です。能や狂言、茶の湯、生花などの伝統的な日本文化が成立し、料理文化でも本膳料理という新たな形式が生まれてきました。その基本形は、銘々に膳が用意され、七五三という奇数の膳組からなるものでした。内容的には、酒を中心とした献部と食事を主とする膳部からなり、平安時代（794～1185年）の高位の貴族たちの食事に用いら

れた匙と箸を使う食事の仕方とは異なり、箸のみを使って食べるものでした。

　配膳の基本である七五三の膳組とは、一の膳に7種の料理からなる七菜を、二の膳には5種の料理からなる五菜を、そして三の膳には3種の料理三菜をそれぞれ配膳するという意味です。この場合の「一の膳」をさして「本膳」ということもありましたが、天保（1831〜1845年）の頃にそのような呼び方が生まれてからのことであるといわれます。「膳組」とは、それぞれの膳には、何をどこに置くかという決まりのことです。

　よく和食の基本形は「一汁三菜」であるといわれますが、その内容はご飯、汁、香の物、なます、煮物、焼物であり、飯と香の物は、数えません。この一汁三菜は室町時代に確立されたもので、本膳料理の基本にもなっているものでした。ただ三の膳まであった本膳料理が上級武士や貴族たちの饗応を目的とした食事であったのに対して、一汁三菜のみで終わる膳組は、下級武士たちのごく一般的な食事であったとされます。「和食」とは何かという観点からすると、こちらの贅を凝らさない「一汁三菜」の方が基本になっていると考えるのが自然であるといえそうです。

　本膳料理は、盛大な饗宴で供されましたが、料理は作り置きで儀式料理としての性格の強いものでした。本膳料理にはだしにカツオ節と昆布が用いられましたが、そのことから本膳料理を、調味も含めた和食の原型とする説があります。料理様式が発展するなか、公家の四条流をはじめ武家の料理流派が誕生しました。武家の礼法とともに確立された本膳料理は江戸時代に内容と形式ともに発達しました。

● 周辺の話題…

　本膳料理は「儀式」としての意味合いが強いため古くから冠婚葬祭の場でしばしば見られ、献立内容、食べ方、服装などの作法も、細かく決められています。しかし、その堅苦しさが時代に合わなかったためか、残念ながら現在では一部の日本料理店を除き、あまり見られなくなりました。

　一汁三菜の内容ですが、飯、汁、香の物、なます、煮物、焼物であり、飯と香の物は、数えません。すると料理の品数が4品ということになりますが4は「死」にも通ずる忌み詞ですので、それを嫌って一汁三菜という分割した呼び方にしたのです。さらに菜の数は必ず奇数にしました。これは、日本においては奇数を陽とし、偶数を陰とする思想があり、奇数をめでたいものと考えていたためです。本膳料理には、一汁三菜、一汁五菜、二汁五菜、三汁七菜など、三汁十五菜までありましたが、一汁四菜（偶数の菜）がないのも同じ理由からです。

〔2〕有職料理：Yusoku Ryori; A Highly-refined Cuisine Prepared for the Royal Court

有職料理とは、朝廷や公家、その後台頭してきた武家の上流階級が楽しんだとされる御所風料理のことです。海から遠く新鮮な魚介類の乏しい京都では、菜食中心の宮廷料理や精進料理に使うために良質な野菜が古くから求められてきました。朝廷を中心に人や物が集まるようになった平安京で発達した、野菜を中心とする饗応料理から生まれたものです。

● **英語で説明するなら…**

有職料理とは、平安時代の貴族の社交儀礼の中で発達した大饗料理が、公家風の料理形式として残った物といわれます（Yusoku cuisine is a type of daikyo ryori (dishes served at a grand banquet) which developed through the social etiquette of nobles during the Heian period, and survived as a cuisine in the style of the court nobles.）。本膳料理が武家の饗応料理、有職料理が貴族の饗応料理でしたが、いずれもその時代には最も正統な料理形式でした。大饗料理を引き継いだのは本膳料理でしたが、公家も本膳料理の形式を取り入れつつ、独自の式典料理として有職料理の形式が次第に確立していったものと考えられます（It was a set of dishes for entertaining nobles while honzen-ryori was for entertaining samurai warriers, and the style of either of them was most formal in the past. It is considered that while court nobles were taking the style of honzen ryori originally designed for the samurai class, the style of yusoku cuisine was gradually formed as a unique ceremonial cuisine.）。現在有職料理といわれている物は、本膳料理などの影響も受け、平安時代当時そのままの様式ではありません（What is called yusoku cuisine today has been influenced by honzen ryori (a full-course dinner), and is different from what was made in the Heian period.）。

● **食文化としての歴史…**

日本の文化は、特に奈良時代から平安時代前期にかけて中国の影響を受けて大きく発展しましたが、料理の様式も例外ではありませんでした。当時漢方医学とともに薬効のある野菜や果物も数多く持ち込まれました。朝廷のある京都は海からも遠く、菜食中心の宮廷料理や精進料理に使うためには良質な野菜が古くから求められてきたところでした。こうした環境のもと、京都独特の気候風土と、農家の努力により京野菜は生まれ、かつ今日にも受け継がれてきたのが京野菜です。

この多種多様な京野菜を中心に、鮮度が優れた魚介獣肉を包丁で美しく切り盛りして饗する料理様式に「大饗料理」があります。これは高位の貴族が天皇の親族を招いて行う儀式料理でした。有職料理は、平安時代の貴族の社交儀礼の中で発達した大饗料理の流れをくむ料理様式であるといえます。

　時代が下り平安中期になると、皇族、摂関家、そしてその他の貴族の間における序列もよりはっきりとしたものになっていき、接待における料理の様式や献立だけではなく、接待する側にも接待される側にも、そして料理そのものにさえも、その種類ごとに細かい作法が要求されるようになっていきました。その後鎌倉時代になり政治の実権が貴族から武士に移るようになると、貴族たちが大饗料理を維持することは困難となっていきました。

　さらに室町時代になると経済的・文化的にも武士の優位は動かしがたい物となっていき、武士も公家たちの文化を取り入れ、武士独自の饗応料理として本膳料理を考案し、その形式を確立するようになっていったのです。また逆に、公家も本膳料理の形式を取り入れつつ、独自の式典料理として有職料理の様式をまとめ上げていったものと考えられます。

● 周辺の話題…

　京都の料亭の一部で提供されている有職料理の一例をあげてみましょう。

- 初箸（九条葱、穴子生姜）
- 添え（ぶどう豆生姜、黒豆）
- 吸物（鱧葛打ち、管牛蒡、つる菜、柚子）
- 焼物（若鮎、蓼酢、花山椒煮）
- 小鉢物（万願寺とうがらし）
- 小鉢物（水菜、烏賊　おしたし）
- 嶋台盛り（伏見とうがらし、じゃこ、鱧の子塩辛、八幡巻き、車海老、笹巻寿し）
- 皿物（賀茂茄子田楽）
- 温物（伊勢海老、白ずいき、賀茂茄子、針生姜）

　また、有職料理の流派や作法にはいくつかありますが、そのうちの1つには「式包丁」という作法があります。料理人は衣冠束帯に似た古式豊かな衣装に身を包み、大きなまな板の上で、魚介類や鳥獣類には一切手を触れず、包丁と菜箸のみを使って食材をさばいていくものです。

〔3〕精進料理：Shojin Ryori; Devotion Cuisine

　野菜や海藻類など植物性食品を材料とした料理です。精進とは、仏教用語であり、本来は美食を戒めて粗食をし、精神修養とするという意味でした。その後仏教では、料理は「不殺生戒」を第一義とし、肉類を使わないことを原則としているところから、肉類や魚類を使わない料理を精進料理というようになりました。料理法は禅僧たちが中国から持ち帰ったものでした。

● **英語で説明するなら…**

　精進料理は、仏教の戒律五戒で殺生が禁じられている上に肉食も禁止されていた僧侶への布施として野菜、豆類、穀類などを工夫して調理した菜食主義の料理です（Shojin ryori means a vegetarian diet that was originally prepared as charity for monks using only vegetables, beans, and grains because the five commandments of Buddhism prohibited monks from killing and eating meats under its teachings.）。その精進料理がその後、禅寺で客をもてなす料理として発達していき日本料理の発展に大いに寄与することになりました（It later developed as the dishes for entertaining guests at Zen temples and had a great influence on Japanese cuisine and contributed a lot to the latter's further development.）。

　精進料理に影響を受けて味噌や醤油などの原料である大豆加工の技術や野菜料理の技法が大きく発達し、後の和食の方向性を決定づけることになります。料理屋の精進料理は、仏教上の食事の概念とは対局上にある美味しさを目的として料理されることもあります（Affected by shojin-ryori dishes, the technique to process soybeans, which were the raw materials for miso and soy sauce, and to cook vegetables greatly developed, determining the direction of later progress in Washoku dishes.）。それらの料理はやがて和食にも取り入れられていきました（Shojin ryori at restaurants are sometimes cooked with the aim of providing delicious food that is in contradiction to the Buddhist notion of a meal. Such dishes themselves have gradually been incorporated into Washoku.）。

● **食文化としての歴史…**

　我が国の精進料理の始まりは鎌倉時代（1185〜1333年）まで遡ります。その当時に日本から中国に渡った僧侶たちや、あるいはまた鎌倉幕府が招いた中国の僧侶たちによって禅宗とともに伝来した精進物を我が国で新しい料理様式として確立したものといえます。精進物とは、肉・魚介類を用いない

植物性の食物で、野菜類・穀類・海藻類・豆類・木の実・果実などで、いわゆる生臭物（魚肉・獣肉など、生臭いもの）ではない食材、また時にはそれらを使って料理をしたものもいいます。『広辞苑』などでは精進料理は「精進物のみを用いた料理」と定義されています。

　仏教の戒律に則った肉食忌避の思想に基づき、僧侶たちが肉食を断ち、かつ厳しい修行に耐えられるだけの肉体を維持するのに必要な栄養を、生臭物を使わずに精進物のみから摂取する料理様式が精進料理ということになります。精進料理のあり方に厳しい宗派では、ニラ、ニンニク、ネギ、ラッキョウ、唐辛子など刺激のあるものも一切使いませんし、卵すらも使いません。精進料理は、僧侶たち修行者が健康を維持していく上で必要最低限の栄養を摂取するために食べる料理でした。

　精進料理は、もとは中国で生まれたものですが、その始まりは仏教上の殺生を戒める教えから生臭物を食べなくなったという説の他に、信者たちから奉納されたお供物を食べていた修行僧たちが、時間が経つと腐っていく肉や魚を自然に避けるようになっていったのではないかという説もあります。

　いずれにしろ植物性の食材を使って鳥獣肉や魚介類に近い味を出すために料理人の手により工夫が凝らされ、大豆製品や麩、野菜類、菌類なども、油や味噌・醤油、だしなどを駆使して食材以上の味を出す調味を施しました。精進料理は、初期の頃は禅宗の寺内で生まれ発達していった精進物でしたが、その高度な調味技術はやがて一般にも広がっていきました。この精進物の調味とだしの文化がなければ、今日に残る和食や郷土料理も育たなかったであろうという意見さえあります。いずれにしても、寺内で仏教の教えから成立した精進料理と、日本料理の中にある和食の一分野である精進料理を別のジャンルとしてとらえる考え方があることを知っておきたいと思います。

● 周辺の話題…

　精進料理の1つに普茶料理があります。普茶料理は黄檗宗（おうばくしゅう）に伝わる中国風の精進料理で、江戸時代初期、京都の宇治に萬福寺を開いた隠元禅師が明から伝えたものです。普茶料理では、豆腐とゴマ油を多用し、食用の野草から花まであらゆる野菜を用い、材料の持ち味を十分に生かして色鮮やかに料理します。精進材料で魚や肉の擬製品を作るのも普茶料理の特徴です。豚肉はわらび粉を練り、薄く伸ばして形を作り油でいためて揚げる、鶏肉はくわいをすりおろし、味を付けて丸め、油で揚げる、卵は炒り豆腐をくちなしで黄色に染める、うなぎの蒲焼は、豆腐をすったものに、おろした山イモを混ぜて形を作り、海苔を片面に貼って油で揚げ、さらに照り焼きにするなどの工夫を凝らし本物そっくりに仕上げます。

〔4〕懐石料理：Kaiseki Ryori; Tea Ceremony Dishes

　茶席でお茶を出す前に出される簡単な食事をいいます。「懐石」は禅寺の修行僧が温めた石を懐中に入れて、空腹をしのいだことに由来します。

● **英語で説明するなら…**

　懐石料理は、元来正式な茶の湯の席で茶を出す前に、主人が客をもてなすための簡単な食事を意味し、これから出てくる茶の味わいを高めるために用意されたものでした。(This kaiseki ryori originally meant a simple meal served by the host to entertain guests before a formal tea ceremony. It was prepared to enhance the flavor of the tea to be served.)。懐石とは、昔禅寺で修行中の僧たちが寒さや飢えをしのぐために懐に入れた石のことでした（The name "kaiseki" is derived from an old custom of Zen temples where the monks heated a stone and kept the warm stone inside the kimono bosom that helped them forget cold and hunger during Zen practice.)。僧のお腹を温めるための粗末な食事であったものが今日では宴会での上品な料理という意味にもなっています（Although it was originally a light meal for warming the monk's empty stomach, it means today a semiformal banquet cuisine served in delicate courses.)。

● **食文化としての歴史…**

　茶道の創始者千利休が安土・桃山時代（1573～1598年）に茶道を確立していく中で、茶を美味しく味わうために考えたものといわれます。一汁三菜を基本にした料理で、茶の湯の席でお茶をいただく前に出されます。茶席で空腹のまま刺激の強い茶を飲むことを避け、茶を美味しく味わう上で差し支えのない程度の和食料理をさしています。今日では、料亭や割烹などの日本食を扱う料理店で懐石料理を提供するところが増え、そのため茶事における懐石を特に茶懐石と表して区別する場合もあります。懐石料理には、旬の食材を使う、素材の持ち味を活かす、そして親切心や心配りをもって調理するという3つの大原則があります。

● **周辺の話題…**

　懐石料理の起源は文字通り「懐に石を抱く」ことでした。修行中の禅僧の食事は、午前中に一度だけと決められていたために夜になるとお腹が空き、体温が下がってきます。そこで温めた石を懐に抱いて飢えや寒さをしのいでいたのです。ここから懐石という言葉は、「わずかながら空腹を満たし、身体を温める質素な食べ物」を意味するようになりました。

〔5〕会席料理：Kaiseki Ryori; Japanese Haute Cuisine

会席料理は江戸時代の連歌または俳諧の席に出された本膳を簡略にした料理でした。今日では酒宴の席の高級な宴会式フルコース料理を意味します。

● **英語で説明するなら…**

客を接待するときに、酒でもてなす宴会の席における日本式なフルコースメニューが会席料理です（Kaiseki ryori is a set meal served for entertaining guests at a traditional Japanese dinner party or banquet.）。もともとは江戸時代の俳句や連歌の会で集まった人たちの人間関係を深めるために互いに酒を注ぎあったり、話をしたりする際に、気楽な気分でつまんだり、食べたりしたりする料理でした（It is usually served with Japanese sake to entertain guests. It was originally designed to serve at a formal Haiku or Renka (both are Japanese poems) reading for the participants to enhance their human relations during the Edo period. The diners pour sake for each other and eat several different courses in a relaxed atmosphere at a banquet.）。

● **食文化としての歴史…**

戦国時代（1467～1570/1590年頃）までの料理は、基本的に儀式や茶会などの特別な時に出されたもので、料理を楽しむ場所が限定されていました。しかし、その後食事の様式も大きく変わっていきました。

その時代は、織田信長による楽市楽座の定めと政策や豊臣秀吉による刀狩りなどにより全国的に経済と治安が安定し、その後徳川幕府により五大街道や東西航路が整備され、流通網も確立されていきました。このような時代の変遷とともに、江戸時代になると庶民が自由に料理を楽しむことができる料理屋が出現してきました。それまでの貴族、武士、また一部の特権階級による形式を重んじる堅苦しい料理とは異なり、気楽に飲食を楽しむ会席料理が新たな料理様式として誕生したのです。

● **周辺の話題…**

会席料理は俳人たちが句会を催した後で楽しむ食事に端を発したといわれる酒を中心とした宴席料理です。句会は料亭で行われることが多く、江戸中期以後は、器も料理も凝ったもの、華やかなものになったといわれています。会席料理と懐石料理の違いは、会席はお酒を美味しくいただくための「宴会の席」であり、懐石はお茶を美味しくいただくための「茶会の席」と区別することができます。ただし、現代ではそれほど厳格な分け方をせずに、両方が同じような意味で用いられているケースが多いようです。

〔6〕大衆料理：Taishu Ryori; Popular Cuisine

　大衆料理は、伝統的な儀礼や作法とは無関係な大衆文化から生まれてきた庶民的な料理のことです。長年にわたって日本人に深く親しまれてきた素材を使い、日本独自の料理法で調理されてきた伝統的な料理から、もとは外国産でありながら、食材、副素材、味付け、料理法などの部分で和洋折衷が試みられ、今ではすっかり日本のものとなった料理まで数多くあります。

● **英語で説明するなら…**

　大衆料理は、大衆文化の中から生まれ、何十年から何世紀にわたって庶民から愛されてきた料理です（Taishu-ryori are the dishes that have been generated in the popular culture and loved by the general public over decades and centuries.）。その多くは使う食材も安価なものであるため値の張らないレストランの定番メニューになっています（As many of them are made of inexpensive ingredients, they are so popular that they are on the menus of inexpensive restaurants as standard dishes.）。おでんや焼き鳥のような日本料理から、カレーライス、オムライス、チキンライスやナポリタンに至るまで欧米には見られない創作料理、そしてラーメン、餃子、焼肉など中国や韓国の民族料理まであります（The menu includes not only Japanese cooked foods such as oden and yakitori (grilled chicken and chicken parts served on skewers), but also a wide variety of creative cuisines such as curry and rice, an omelet containing fried rice, chicken and rice, Neapolitan spaghetti, etc., which cannot be found in Western countries. It also includes some ethnic foods from China and Korea such as ramen noodles, gyoza, and Korean barbecues.）。

● **食文化としての歴史…**

　大衆料理は居酒屋とも関係がありますが、日本における飲酒の歴史は、『魏志倭人伝』や『古事記』にも古代人の飲酒の様子が記されているほどに古いものです。しかし、身分の低い庶民が公共の場で飲酒するようになったのは17世紀に入ってからのことでした。江戸時代初期に酒屋が店先で客に酒を飲ませ、簡単なおつまみ程度のものを出すようになったのが始まりでした。その後さまざまな料理を扱う店が増えていき、そこで酒も出すようになり、居酒屋が今日のような形のものになっていったのでした。

　明治に入ると、庶民の飲み物として洋酒が加わり、食肉の習慣も定着するようになり、洋野菜の種類も豊富になってくると、居酒屋はそれらを安価で

提供する大衆酒場や、食べることが中心の大衆食堂へと発展していきました。

さらにそれが一方では大型化してチェーン店へ発展し、また一方では個人で経営する店として種類は少ないものの、提供する料理を差別化し、おでん屋、焼鳥屋、すき焼き屋、トンカツ屋、などといった特定の大衆料理を中心とした店を出すようになっていきました。それと同時に多くの異なる種類の大衆料理を揃える大衆食堂も手軽な食事処として発展していき、現代に至っています。専門店と大衆食堂で提供される大衆料理を次のように分類することが可能ではないかと思います。

- 和食系：おでん、焼き鳥、串揚げ（串カツ）、串焼き、お好み焼き、もんじゃ焼き、寿司（回転寿し）、もつ（鶏牛豚の内臓）、など
- 洋食系：カレーライス、トンカツ、コロッケ、チキンライス、オムライス、カツ丼、ナポリタン、たらこや納豆のスパゲティー、など
- 中韓系：ラーメン、焼きそば、チャーハン、餃子、焼肉、など

なお、おでんですが、「おでん」とは本来串に豆腐をさして味噌焼きにした「田楽」のことでした。それを貴族の女性言葉で「おでんがく」といったのが語源です。その後さまざまな具にだしを加え、じっくりと煮込む現在のスタイルになっていきました。関西地方では田楽の「おでん」と区別して「関東煮」と呼んでいましたが、現代では普通に「おでん」という人やお店も多くなってきました。

お好み焼きの歴史も古く、2500年前の中国にあった「煎餅」という小麦粉を水で溶いて平らに焼いたものが始まりでした。それが遣唐使の手によって日本に伝えられ、その後千利休によって「麩の焼き」（小麦粉を水と酒で練り、焼いたものに山椒や甘味噌を塗った茶菓子）に形を変え、さらに江戸時代末期から明治にかけて甘味噌の代わりに餡を巻いて作る「助惣焼」が生まれました。この助惣焼きはお好み焼きとどら焼きの起源ともいわれます。

● 周辺の話題…

「もつ」は鶏・牛・豚などの内臓を焼いたり、煮たりした料理ですが、関東ではもつ、そして関西ではホルモンといっています（ただし、関東でもホルモンを売り物にするレストランも出てきています）。ホルモンは、関西弁で「捨てるもの」を意味する「ほおるもん（放る物）」を語源とするという説が主流のようですが、その他に英語のhormone（ホルモン）から来ているという説もあります。豚のもつに限定して「焼きとん（豚）」とも呼びます。

串揚げは、肉・魚・野菜などあらゆる食材を一口サイズにして串で揚げたものの総称です。それに対して串カツは、豚肉をメインに串に刺して揚げたもので、タマネギを間に挟んだり、牛肉を使ったりするものもあります。

〔7〕家庭料理：Katei Ryori; Home Cuisine, Home Cooking

　家庭料理とは家庭において調理される料理のことです。家庭内で調理される和食・洋食・中華料理を家庭料理と呼びますが、調理する人は普通その家庭の主婦、すなわち妻であり母親ということになります。そこから家庭料理を「おふくろの味」に代表される料理ということができると思います。家庭が属する地域の郷土料理の流れを汲むものを入れることもあります。

● 英語で説明するなら…

　我が国の家庭料理はよく「おふくろの味」と呼ばれます。それは、家庭料理が各家庭により味付けが異なり、それぞれ特色のある料理となっているからです（Home cuisine or cooking at Japanese homes is often referred to as "the taste of mother's home cooking" because it is a very characteristic dish varying in tastes according to each family.)。例えば肉じゃがは、大衆食堂の定番メニューですが、使う素材も安価なものであり、まさしくそのような「おふくろの味」といえます（Niku-jaga (simmered meat and potatoes), for instance, has become representative of home cuisine as a synonym for "good old home cooking." As it can be made of inexpensive ingredients, niku-jaga is popular as common home cooking and is also on the menu of taverns as a standard dish.)。その他、各種の焼き魚、野菜炒め、豚肉の生姜焼きなどはまさに日本の家庭料理といえるでしょう（Some other types of home-cooked foods are simmered or grilled inexpensive fish like mackerel, sardine, and Pacific saury. Yasai-itame (fried vegetables), pork stirfry with ginger, etc. can be also the true Japanese home cooking.)。

● 食文化としての歴史…

　家庭料理がいつ始まったかという問題は食文化の研究など学術的な意味からしてもかなり難しいようです。その理由は、冒頭の家庭料理の説明にもあるように、「家庭において調理される料理のこと」という定義に関わってきます。広辞苑によれば、料理とは「食物をこしらえること。またそのこしらえたもの。調理」となっています。つまり、家庭料理とは、家族の一員が山の幸や海の幸の素材を使って家族のために、手を加えて作ったものということになります。しかし、古代の人々は限りのある素材を調理することもなく、単純に煮たり焼いたりしたものを各自がそれぞれ口にするような生活を営んでいたのが実情であり、料理とはほど遠い状態でした。

稲作を中心とした農業、ならびに自然漁に近い形での漁業から成り立っていた古代社会の人々にとっても、米は貴重な食物であり、麦や雑穀とイモなどが身近な食べ物でした。穢れものとされた獣肉も、これを無視しては動物性タンパクの摂取が難しかったため、食べられていました。古代の殺生禁断令でも、禁止されていたのはウシ・ウマ・サル・ニワトリ・イヌのみで、イノシシとシカは対象外でした。当時の人々はこれらの植物や獣肉などを生で、また火を通して、口にしていたのです。しかし、それらの食材に日本独自の調味料である味噌、醤油、そして昆布や魚からとっただしを加えて、家族のために煮炊きする習慣が始まったのはかなり後のことでした。

　江戸時代以前の農民や漁民たちは貧しく、彼らが口にできたのは稗（ヒエ）・粟（アワ）・雑穀・イモなどが中心で、家庭料理とはいえないようなものばかりでした。江戸時代に入り人々の生活も豊かになってくると、農村でも漁村でも、ハレの日には、それぞれの地方色豊かな郷土料理が作られ、みなでそのご馳走を食べるようになります。明治時代以前は、そうした郷土料理がそれぞれの地域での家庭料理となっていきました。明治時代に入ると都会では牛肉や洋野菜が入手できるようになりましたが、生鮮食品の流通経路が未発達であった地方では、それらは依然として容易には手に入らない珍しいものでした。今日のような家庭料理が誰にも身近なものとなったのは明治後期から大正・昭和にかけてのことであるといえます。

● **周辺の話題…**

　家庭料理といえばおふくろの味ということになるようですが、あるサイトに「おふくろの味 BEST10 メニュー」（2014/05/11）が紹介されていました。その結果は：10位「なすの煮物」、9位「里芋の煮っころがし」、8位「かぼちゃの煮物」、7位「厚揚げの煮物」、6位「きんぴら」、5位「ひじきの煮物」、4位「魚の煮付け」、3位「切り干し大根の煮物」、2位「炊き込みご飯＆まぜご飯」、1位「肉じゃが」となっています。2位を除けば9品目のすべてが煮物だということがわかります。その2位の中身は、竹の子飯、豆ご飯、栗ご飯、という季節の旬のものでした。煮物もまぜご飯も、手間という面から母親の愛を感じるものです。肉じゃがは、明治時代にビーフシチューを原型に作られ、第二次世界大戦後に家庭料理として広まりました。

　このリストには入っていませんが、子供から大人まで幅広く愛されている家庭料理といえばカレーライス（明治時代にインド、英国海軍から）、ハンバーグ（戦後に米国の駐留軍から）、野菜炒め（沖縄経由で、中国から）、おでん、おにぎり、玉子焼き（いずれも日本原産）をあげることができます。その他、すき焼きやグラタンをあげる人もいることでしょう。

第Ⅱ部

料理・食材・調味料・菓子などに
まつわる和食を理解し
英語で伝える

1. 生食：namashoku; fish and meat eaten raw

〔1〕魚の刺身［お造り］：sashimi, fresh sliced raw fish

　魚の身を薄く切った刺身は日本の食文化の代表といってもよい料理です。そのため日本では魚に関しては生食するのが当たり前のように思われているようですが、昔は魚を生食することは海辺に住む限られた人々だけでした。その後自然の味わいをできるだけ早く手を加えずにそのまま味わいたいという昔の人々の願望が、日本の和食の代表である刺身を生み出しました。

● 英語で説明するなら…

　刺身は、魚介類を生のまま切り分けて、醤油などの調味料にワサビやショウガなどの薬味を合わせて食べる料理の総称です（Sashimi is a cuisine of sliced raw fish eaten with seasonings such as soy sauce. It goes well with condiments such as wasabi and ginger.）。江戸時代以前の刺身は、たいてい酢締めにしたものでした（Sashimi had been ordinarily marinated in vinegar before the Edo period.）。

　刺身料理は江戸で大きく発達しましたが、新鮮な魚介類が豊富な東京湾を前にした江戸では当然のことでした（The popularity of sashimi grew rapidly in Edo, but it was only natural that sashimi, which needed fresh seafood, developed in Edo, where the supply of fresh fish caught in Edomae (in front of Edo) was abundant.）。

・アジの刺身：aji-no-sashimi; horse mackerel sashimi

　刺身用の真アジは、昔は塩と酢で締めて、皮付きのままで刺身としていましたが、最近では鮮度の高いものが入るようになったため、皮を剥き、生のままで食べるようになりました（Ma-aji were once treated with salt and vinegar to firm and made into sashimi with the skin on. Nowadays, however, they are usually skinned and eaten raw because the fish are available very fresh.）。一般には鮮度落ちと臭みの発生を防ぐためにショウガとアサツキを添えますが、その香りと辛みは真アジの旨さを引き立てます（The ginger and chives are used to guard against spoiling and odor. The fragrance and zing enhance the flavor.）。

・カツオのたたき：katsuo-no-tataki, patted skipjack tuna sashimi

　カツオの大きめな切り身にやや多めの粗塩をまぶし、藁の火で炙り熱いまま刺身に切り分けます（Katsuo-no-tataki is prepared by a large size kirimi (sliced meat) of raw skipjack tuna or bonito fillet first seasoned with a rather large quantity of coarse salt.）。まだ熱いうちに薬味を盛り付けたり、刺身を切ったまな板上で薬味やタレをまぶし包丁のひらで叩いてタレをなじませたりして出す調理法とそのような刺身のことを「カツオのたたき」といいます（It is roasted over a straw fire and sliced into sashimi while it is still hot. The sashimi is served with condiments and sauce, or by patting it with the flat part of a knife on a cutting board to blend the added condiments and sauce. This way of cooking and the sashimi thus prepared is called Katsuo-no-tataki.）。

・マグロの刺身：maguro-no-sashimi; tuna sashimi

　マグロの刺身、特にその赤身は今日では寿司の中でも人気の高いものです。しかし、江戸時代にはマグロは下級品の下魚として敬遠されていました（Tuna and its red flesh meat is a particularly popular part of sushi repertoire today. However, tuna was avoided as it was regarded as inferior or cheap fish in the Edo period.）。江戸時代の中頃に近海でマグロの大漁が続き、町中にマグロが出回り、それ以来寿司ネタとしてまた刺身としてのマグロの味が人々に人気を博するようになったのでした（In the middle of the Edo period there were high catches of tuna caught in coastal areas and the fish became available in abundance all over the city. Since then the flavor became popular and spread out across the whole part of Edo as a sushi topping as well as independent sashimi menu.）。

・マダイの薄造り：madai-no-usuzukuri; thinly sliced red sea bream

　マダイは、その美しい緋色、姿形、大きさ、そして刺身になった時の引き締まって上品な白身などから魚の王者といわれてきました。その白身を包丁で、透けて見えるほどに薄く切っていきます。この「薄く切る」ことを薄造りと呼んでいます（Madai is called 'the king of fish' because of its beautiful scarlet coloration, shape, size, and also its firm and elegant white flesh when it is sliced. The flesh is cut with a knife into such thin slices that you can see through them. This slicing is referred to as usuzukuri, literally meaning 'thin slicing'.）。

　刺身は、生魚を切り開いて出す簡単な魚料理のように見えますが、実は包丁を上手に使う高度な技量を必要とするものなのです。その薄く切られた切り身を、大きくて丸い皿の上に円形状にして、かつ均等にきれいに盛り付けていきます（Sashimi is really a cooking method requiring a high skill in handling a knife even though it seems to be a simple fish cuisine of cutting raw fish. The thin slices are dished up evenly in a circle on a rather large round plate.)。

- その他：others
  - づけ：zuke; tuna marinated with soy sauce

赤身と呼ばれるマグロの赤身はもちろん生でも楽しめますが、もう1つよく知られた食べ方は、その赤身を醤油と煮切りで作っただし醤油に漬けるづけです。づけは日本語で保存食を作ることを意味する「漬け」から来ています（The lean part of tuna, called akami, is of course eaten raw, but another popular way of eating it is zuke, marinated in nikiri sauce (soy sauce with boiled-down sake or mirin). The name zuke is an abbreviated form of the Japanese word for preserving.)。

冷蔵や冷凍ができなかった昔の江戸ではマグロの寿司といえば、その赤身をだし醤油に漬けたものを使っていました。醤油は色落ちした赤身の色を目立たないようにし酸化を防いだのです（Back in the Edo period, long before refrigeration became available, tuna sushi meant red flesh steeped in nikiri sauce. The use of shoyu was an effective way to disguise the darkened color of the flesh, as well as to delay oxidation and preserve the fish.)。

- てっさ：tessa; pufferfish sashimi

てっさはフグの刺身のことです。関西地方ではフグのことを鉄砲あるいはその短縮形である鉄と呼んでいます。フグには当たると死に至るほどの猛毒があるため、人を殺す鉄砲のようだというところから「鉄砲刺身」あるいはその省略形である「鉄さ」と名付けられました。普通ポン酢を漬けダレとして使います（Tessa is sashimi made from pufferfish meat. In the Kansai area pufferfish is called 'teppo', literally meaning a gun or 'tetsu' for short. Pufferfish is so poisonous that it sometimes kills those who eat this fish. Because of this similarity of killing people, pufferfish is called teppo or tetsu and its sashimi has got the name of teppo sashimi and then shortened to 'tessa'. Ponzu sauce (soy sauce with citrus juice) is commonly used for this dish.)。

● 食文化としての歴史…

刺身の原形は鎌倉時代に始まったといわれます。刺身はもともと魚を薄く切って生のまま食べる漁師の即席料理でした。まだ醤油（今日の醤油のもとになったたまり醤油）もなかった時代には、なます（膾）にしたり、ワサビ

酢やショウガ酢に漬けて食べていました。なますとは生魚を細く切り刻み酢で味付けをする調理法です。16世紀後半に醤油が普及してくると醤油にワサビを加え刺身を食べるようになりましたが、刺身は一部の人たちしか食べることのできない高級料理でした。庶民の間に刺身料理が広がっていったのは醤油が本格的に普及していった江戸時代の頃であったといわれます。

刺身は、料理人が赤身や白身などさまざまな種類の魚の切り身を盛り付ける際に、魚の種類を示すためにその魚のヒレを切り身に刺したことに由来するようです。また、武士たちが「切り身」は切腹にもつながり忌み嫌ったからであるといわれます。刺身も「身を刺す」につながるために、関西では「作り身」といい、それに接頭語の「御」が付いて「おつくり（作り、造り）」となりました。

盛り付けには刺身に添えるダイコンやオオバ、また海藻などの「つま」が欠かせません。「つま」は盛り付けを美しく見せるためだけではなく、口中をさわやかにして刺身の味をいっそう引き立てるという役目もあります。ワサビの辛味成分には殺菌効果があり、単なる解毒効果だけではなく、香り成分が魚の生臭さを消し、刺身の風味を引き立てる働きがあります。

・アジの刺身：

アジは、かなり古い時代から全国で大量に獲れ、その名前も古くからよく知れ渡っていたようです。すでに平安時代中期の書にも「阿遅」という文字が当てられて出てきます。アジ科には多数の食用魚がありますが、その代表的なものが真アジで、単に「あじ」という場合、それは真アジのことをさします。「あじ」の語源は、「味」で、味がいいから、だという説があります。その他にも、「鯵」という文字は、真アジが最も脂の乗り始める太陰暦の三月（太陽暦の5月）下旬にあたるため三月が「旬」という意味を込めて魚に参を付け鯵としたという説もあるようです。

・カツオのたたき：

カツオは、すでに3世紀中頃にカツオ節の原形である堅魚、煮堅魚、堅魚煎汁として製造されていました。堅魚はカツオを素干に、煮堅魚は煮てから干し、堅魚煎汁は煮堅魚の煮汁を煮詰めたもので、それぞれ貴重な調味料でした。

カツオのたたきは、それらを作っていた漁民たちが、カツオを美味しく食べるために工夫したのが始まりといわれます。今日では、土佐造りとも呼ばれます。新鮮なカツオを卸し、皮付きのまま串を打って塩をふり、わらの火で表面を軽く焼きます。焼き上がったものを包丁の背などでたたき、ポン酢・アサツキ・ニンニク・ショウガなどの薬味を盛り付けます。表面を焼く

ことで、イノシン酸が生成されて旨味が出て、身が柔らかくなり食べやすくなります。さらに、焦げによる香り付けとともに、生臭さを消します。なお、焼き上がったカツオを少し冷やしてから調理する場合もあります。

・マグロの刺身：

鎌倉時代には魚の流通ルートが徐々に作られ、魚介類を食べる地域が広がっていきました。そして海産物の普及が漁業の発展にも拍車をかけることになり、沿岸漁業が発達し始めます。その頃マグロは「シビ（宍魚）」と呼ばれていましたが、「宍」は食用の獣肉のことです。マグロの赤身が獣肉のように見えるところから付いた名前です。

しかし、武士たちはその名前が「死日」につながることからマグロを敬遠し、その響きが「勝つ魚」につながるカツオが珍重されるようになります。そのような状況が変わったのは江戸における握り寿司の誕生でした。目が黒い、あるいは背中が真っ黒、ということからマグロ（鮪）という名前も与えられ、安価なこともあり、江戸っ子たちの人気を集めるようになり、刺身として受け入れられるようになっていったのです。

・マダイの薄造り：

マダイは「めでたい」という語呂合わせから、長い間慶事や神事に用いられてきたなじみの深い魚です。七福神の恵比寿様が手に抱えているのもマダイですし、万葉集にさえも「醤酢に　蒜搗き合てて　鯛願ふ　我にな見せそ　水葱の羹（ひしおすに　ひるつきかてて　たいねがう　われになみせそ　なぎのあつもの）」と謡われています。古人も現代の醤油のような発酵調味料にネギやニンニクを加え、マダイの刺身を食べたいと願ったようです。「たひ（たい）」は「平魚（たいらうお）」からきているといわれます。薄造りは、マダイやフグ・ヒラメなど身の引き締まった魚の身をごく薄くそぎ切りにする調理方法で、見た目の美しさだけではなく、旨味を増し、最高の食感を味わうための料理です。料理人の器量の見せ所で、その力により見た目も味も大きく異なってきます。

・その他：

・づけ：

づけ（漬け）とは、冷蔵・冷凍技術が未発達であった昔、主に魚介類の保存技術として考えられたものです。特に江戸前寿司が完成してからは、漬けダレと呼ぶ醤油・酒・味醂を加えただし（昆布を用いる場合もあり）にまぐろの切り身を漬け込みます。まぐろ以外にもかつおなど赤身のものであれば美味しく食べられるようになります。

・てっさ：

てっさとはフグの刺身のことです。「てっちり鍋」（フグを使った「鉄のちり鍋料理」）と同じように、「鉄の刺身」の「鉄」を促音化した語です。ふぐには猛毒があり「当たると死ぬ」という意味から、昔からふぐを「鉄砲」と呼び、その略称として「鉄」とも呼んでいたことから、このような「てっさ」という呼び方が生まれました。

● 周辺の話題…

日本の食文化の象徴ともいうべき料理でありながら、外国人には抵抗がある刺身ですが、それは食中毒のリスクがあるからです。刺身による食中毒の原因は、菌やウイルスによるものと寄生虫によるものに2大別できます。前者の代表的なものは腸炎ビブリオとノロウイルスです。腸炎ビブリオは、塩分のあるところで増える菌で、真水や熱に弱い特徴があります。食後4時間〜96時間で、激しいげりや腹痛などの症状が出ます。

ノロウイルスはカキ、アサリ、シジミなどの二枚貝を生や十分加熱しないで食べた場合に起こります。食後1〜2日で吐き気、ひどいげり、腹痛などの症状が出ます。食中毒の原因により症状や病気になるまでの時間はさまざまで、時には命にも関わるこわい病気ですので注意が必要です。魚介類には寄生虫が潜んでいることがあります。加熱したり冷凍したりすれば死にますが、鮮魚をおろして刺身にした場合には寄生虫が原因で食中毒になる場合があります。代表的なものはアニサキスで、その危険があるのは、サバ、サケ、イワシ、サンマ、スルメイカ、ニシンで、その主な症状は、激しい腹痛、吐き気、嘔吐、じんましんなどです。これらの菌やウイルスによる食中毒、寄生虫による食中毒、そして鮮度の劣化による食中毒から身を守るため、人々は昔から刺身には次のような薬味を使ってきました。

・ワサビ：

一度にたくさん口にすると、鼻に抜けるような痛烈な刺激がありますが、ワサビはその辛味成分に殺菌力があります。

・大根おろし：

ダイコンは、大根おろしにすると消毒効果が生まれます。おろしてから時間が経つと効果が落ちるので、食べる直前におろします。

・ショウガ：

ショウガの独特の匂いを生む成分に殺菌効果があります。ニンニクと異なり食後に体臭や口臭に出てしまう心配もありません。

・ニンニク：

ニンニクも殺菌力がありますが汗や呼気に独特の臭いが出てしまうこと、生のニンニクの大量摂取は消化器系を荒らすことから注意が必要です。

76　1. 生食：namashoku; fish and meat eaten raw

〔2〕動物の刺身：dobutsu-no-sashimi; meat sashimi

　日本では古代から江戸時代末期まで、肉食は穢れたものとして社会的に遠ざけられてきました。しかし、当初は鳥類とイノシシとシカは殺生禁断令の対象から外れていて、タンパク源として動物特有の臭みを抜くための方法や薬味が考えられ一部の人々に食されていました。地方では鳥刺しや馬刺しは江戸時代以前からあり、牛肉のたたきは江戸時代末期に生まれたようです。

● 英語で説明するなら…

　刺身の場合にもよく表れているように、日本では食べ物は生であり、新鮮であることが高く評価されます（As it is well reflected in the case of sashimi, rawness or freshness of food is highly valued and favored in Japan.）。早い頃から食材を薄く切り、香辛料を添えたものが食べられていました。クジラの肉やその他哺乳動物や鳥類まで刺身にされました（Sashimi came to be recognized in early days as a dish in which ingredients were thinly sliced and seasoned before being eaten. Whale meat and the flesh of wild mammals or birds have been used as sashimi.）。

・牛肉のたたき：gyuuniku-no-tataki; seared beef slices

　牛肉のたたきは、牛肉の塊を炙り刺身のように細切りしたものです。「たたき」とは、炙った牛肉に薬味を入れたタレを叩くようにしてしみ込ませたところからきています。肉の表面を軽く炙りますが、中は生です（Seared beef slices are one of the meat dishes made with seared beef meat and prepared like sashimi. The word 'tataki' originates from patting seasoned sauce onto the seared flesh. Though the surface of the block of meat is seared slightly, the inside is still raw.）。

・馬刺し：basashi; horsemeat sashimi

　刺身は魚介類に限らないわけで、いろいろな食材が刺身のように調理されワサビと醤油で食べられます。動物の刺身の代表格ともいえるのが馬刺しです。馬刺しに使われるのは新鮮な馬肉で、ba は馬を、そして馬肉を意味します（Sashimi is not limited to seafood. Various materials are cut and arranged like sashimi and seasoned with wasabi and soy sauce. One of the representing mammal meats used for sashimi is fresh horsemeat. Ba means a horse and it stands for horsemeat.）

・鳥刺し：torisashi; chicken sashimi

　鳥刺しは、鶏の胸肉を使った刺身です。鹿児島や宮崎など九州南部で好ま

第Ⅱ部　料理・食材・調味料・菓子などにまつわる和食を理解し英語で伝える　77

れていて、刺身と同じようにその部分を薄く切りワサビと醤油で味わいます（Torisashi is raw chicken meat sashimi, which has been popular in the southern part of Kyushu such as Kagoshima and Miyazaki prefectures. Chicken breast meat is cut into thin slices and arranged like sashimi and seasoned with wasabi and soy sauce to appreciate the taste.）。

● 食文化としての歴史…

　古代の殺生禁断令以降、次第に肉が穢れたものと意識されるようになり、イノシシやシカも基本的に口にすることは避けられていきました。ただ米の生産力が厳しかった時には、多くの人々に肉食は不可欠で、広く食されていました。貴族や都市民の一部にも肉を好む人もいて、京都にもシシ肉が販売されるルートが成立していました。いわゆるシカの紅葉鍋・イノシシの牡丹鍋・ウマの桜鍋など野獣食の伝統は、かなり古い時代にまで遡ると考えられます。その後江戸時代になると牛肉が「養生薬」の名目で味噌漬けや干し肉として将軍家へ献上されるようにもなり、大名たちの中にもそれを賞味する者も多くいたようです。

　江戸時代末期に横浜港が開港されると居留地に住んでいた外国人が牛肉を欲しがり、地方から牛肉が運ばれるようになり、さらに明治時代に入ると東京や大阪など大都市には洋食を提供するレストランも増え、ローストビーフなども提供されるようになっていきます。それが牛肉のたたきの初めであったことは想像に難くありません。鳥刺しや馬刺しは、限られた地域ではありましたが、それ以前から地方の人々に賞味されていたようです。

● 周辺の話題…

　生肉の刺身という料理の性質上、食材に十分な加熱処理を施さないために、不注意からの食中毒が多発する傾向があります。食中毒による死亡事故が起き、生肉の危険性が報道されることがありますが、そうした料理を提供する店側と注文をする客側の双方が食中毒リスクを最小限に抑える努力をすることが望まれます。

　食中毒を防ぐには殺菌と風味の点から調味料や香辛料を活用することです。ポン酢やバルサコミ酢は、殺菌力を発揮してくれる胃酸の働きを阻害しない調味量で殺菌力が期待できる勝れものです。柑橘類の絞り汁も効果があり、すだちやライムがお勧めです。食中毒の予防という観点からは、赤ワインよりも白ワインの方が殺菌効果は高く、生肉と合わせるには白ワインの方がよいとされています。その他に、生肉を食べる前に乳酸菌を摂取すると良いといわれ、ヨーグルトや乳酸菌飲料に効き目があり、また発酵食品のキムチやカクテキなどを先に食べることで予防効果を高めることができます。

2. 寿司：sushi

寿司は、「酸っぱい」を意味する「酸っぱし」から生まれたもの、「酢飯（すめし）」から「め」が落ちたもの、などその語源には諸説があります。同音同義語の鮨や鮓は本来魚介類を塩蔵して自然発酵させたものに飯を加えて発酵を促したナレ寿司を意味しました。その後江戸時代に酢と調味料をまぜ合わせた飯に、魚介類を載せて握る早寿司の握り寿司が生まれました。

● 英語で説明するなら…

今や世界中に知られるようになった SUSHI は、早寿司の代表ともいえる江戸前の「握り寿司」のことです。寿司は江戸時代の後半に生まれ、屋台で立ったままで食べる庶民の手軽なファーストフードでした（SUSHI was a sort of popular and convenient fast food eaten at street stalls while standing. It emerged at the beginning of the 19th century in Edo.）。

寿司は、酢と塩と砂糖で味付けしたご飯を小さな長方形の箱型にしたものの上に、薄くスライスした生の魚介類や調理された食材を載せて握ったものです。ネタ（魚介類の具材）にわさびを付け、シャリ（寿司飯）と一緒に握ります（SUSHI consists of a small and bite-sized block of rice, in the shape of a rectangular box, seasoned with vinegar, salt and sugar, and topped with a thin slice of fish or shellfish, mostly raw but sometimes cooked. Wasabi (Japanese horseradish) is usually dabbed on the neta (topping) before they are formed together into the final shape of a rectangular box with shari (seasoned rice).)。

● 食文化としての歴史…

寿司の起源はメコン川の河口地域あたりに生まれた「なれずし（熟鮓あるいは熟れ鮨）の原型にあるといわれます。熟鮓（以下「熟れ鮨」）は米などを炊き上げて、その中に魚を詰め込み、乳酸菌の力で乳酸発酵させた発酵食品の1つです。発酵食品は、発酵に関わった微生物の力で、原材料となった魚などにはなかった栄養が含まれます。そのため、熟れ鮨は一種の健康食品として人々に好まれ、広く中国、そして日本へと伝わっていきました。

アジア民族の食文化に共通しているのは米への依存です。それは、一般的に小麦が乾燥して気温が低い気候を好むのに対して、米は高温多湿の気候に適しているからで、そのために小麦は牧畜文化に、そして米は漁業文化にうまく溶け込んできたのでした。昔は食料を保存するため、そして味わいを増すために多くの食品が発酵されていたようです。酢、酒、漬け物の他にも、魚のワタやイカの身とワタを塩漬けにして保存するとアミノ酸によってタン

パク質が発酵することを学んだ古代の人々は、コメの糖分の中の微生物が分解して乳酸を作り出すという仕組みを発見しました。さらには魚の内臓をすっかり取り除き、その中に塩を詰めたものを飯と交互に敷き詰めた桶に重い石を載せてしばらく置き、魚が食べ頃になるのを待つようになっていきました。

熟れ鮨や熟鮓の字は、それぞれ「魚へんに旨い」「魚へんに酢っぱい」と書きますが、昔中国ではそのような発酵食品を「鮨」もしくは「鮓」と書き表していたのです。中国に渡ったこの馴れ鮨は宋の時代に最盛期を迎え、人々は健康食品である鮨・鮓を好み、魚から動物の肉、野菜、また昆虫までをも鮨・鮓にしたと伝えられています。その鮨・鮓が縄文時代後期に稲作文化とともに日本に伝わってきたといわれます。

やがて時代は下り、室町時代（1392～1573年）に入ると現代の寿司の原型ともいえる「ふなずし」がその姿を現してきます。乳酸菌発酵を行っている熟れ鮨（ナレあるいは生ナレとも呼んでいました）は、発酵醸成も数ヶ月以上かかってしまうため、せっかちな人々は発酵がまだ十分進んでいない米が原型を保っている間に熟れ鮨を食べるようになってきました。それと同時に、サバ、サケ、タイ、サンマといった魚を使い、日本各地で魚と飯を押したものが作られるようになっていきました。それを箱に詰めたものが箱寿司、そしてそれを混ぜたものがばら寿司になっていきます。

変わったところでは、滋賀県の三輪神社に祭礼の一部として残る「どじょうのすし」があります。昔この神社に白い蛇が現れて村に疫病が広まったことから、これを鎮めるべく人身御供の代わりに、生きたままのドジョウを使った熟れ鮨を供えることになり、それがおよそ一千年以上も氏子により毎年新たに作られ、神饌(しんせん)として神に供え続けられています。

その後江戸時代中期（1750年代）頃までの寿司は、事前に料理屋に注文して誂えさせていたようで、じっくりと発酵させる熟れ鮨でした。それが宝暦（1751～1764年）の頃になり江戸でも早寿司が売られるようになりました。早寿司は、乳酸発酵による酸っぱさを醸造酢で代用することにより誕生したものといえます。初期の頃の早寿司とは、じっくり時間をかけて発酵させたものではなく、酢飯の上に魚介類を載せ、それを笹などに包んで箱に並べ、重しを載せて数時間から数日置いておくというものでした。それまでの熟れ鮨に比べればスピードは上がったものの、まだ手間ひまのかかるものでした。さらにこのような方法では、米に押し付けられた魚から脂がしみ出してきて魚の風味が失われてしまいます。それを避けるために、その場で寿司を握ってそのまま客に出すという「にぎり早漬け」という方法が編み出さ

2. 寿司：sushi

れました。これが後に「早寿司」と呼ばれるようになるのですが、この握り寿司を考案したのが文政（1820年代）の頃江戸で寿司を売っていた華屋與兵衛で、寿司の元祖といわれる寿司職人でした。

　與兵衛の寿司を「江戸前寿司（Edo-style sushi）」といいますが、それは彼が握った寿司のネタがアナゴ、マサバ、コハダ（このしろ）、クルマエビなど江戸前（東京湾）で採れたものだったからです。すしに鮨や鮓ではなく「寿司」の字を当てるようになったのもその頃で、寿司は「寿、目出度いことを司る」食べ物であると宣伝したことに端を発するといわれます。現在「すし」の漢字表記には寿司の他に鮓と鮨がありますが、鮓は発酵させて作るすしや箱で押すすしに、そして鮨はそれ以外の握りやちらしなどのすしにそれぞれ使われています。マグロは足が早い（腐りやすい）下魚とされ、あまり使われませんでしたが、明治時代に入り、製氷技術が日本にも入ってくるようになるとマグロの鮮度を保つことができるようになり、マグロはやがて寿司の王様ともいわれるようになっていきます。そのような寿司が世界のSUSHIとなっていくのですが、それらは次項で述べることにしましょう。

● 周辺の話題…

　日本ではビール工場のベルトコンベアにヒントを得て発明された「回転ずし（kaiten-zushi）」が大人気ですが、今では米国、英国、オーストラリア、アジア諸国などにも多く見ることができます。英語では conveyor belt sushi bar [restaurant], sushi-go-round, sushi-train などと呼ばれています。回転ずしを英語で説明すると、Kaiten-zushi are inexpensive sushi restaurants where plates of sushi rest on a circular conveyer belt. You can take any plate that is available. となります。この回転ずしの元祖は1958年に東大阪市で開店した「廻る元禄寿司」だといわれます。それが1970年に開催された大阪万博に出店することになり一躍脚光を浴び、元禄寿司は1974年にはニューヨークへ海外第1号店を出しました。その後元禄寿司の特許が切れたことから一挙に全国各地へ広がっていきました。

　寿司が国際的にも人気のある食べ物になったきっかけはなんといっても米国への進出でした。寿司が米国に進出したのがいつであったかについては諸説があるようですが、年代と場所については似たようなものであり1964年にロサンジェルスで、米国初の本物の寿司屋が開業したといわれています。最初の頃の客の多くは現地駐在の日本人ビジネスマンやその家族たちで、米国人たちは生の魚介類と飯を合わせた異国の食べ物になかなか手を出しませんでした。初めて寿司を見て、口に入れる米国人たちに寿司の魅力を伝える重要な仕事を負っていたのが、寿司職人たちでした。そのような折、寿司の

魅力を米国に広めることに関心を持っていた日本レストランのオーナーがその寿司職人たちに白人向けの寿司を作ってはどうだろう、と呼びかけ、それに呼応する形で誕生したのがカリフォルニアロール（California roll）でした。一部ではあるものの、マグロの味を覚えた米国人の客たちにその寿司ネタを提供できない季節があり、それに代わる食材を探しあぐねていた時に、アボガドという完璧な、マグロに代わる食材を見つけたのです。

　初期のカリフォルニアロールは、キングクラブ（たらば蟹）の脚とアボガドとマヨネーズを使い海苔で巻いたものでした。クリーミーなアボガドをトロの代わりに使い、同じくクリーミーなマヨネーズを和えたこの巻ものは、やがて脂の乗ったトロが口に合わない米国人にも人気を博す寿司となっていきました。酢飯の裏側に海苔を入れて巻き、表側にゴマをまぶす裏巻きや、カニに代わりカニ風味かまぼこを使う現代のスタイルは後から生まれたものです。1970年代にロスアンジェルス全体でスシ・レストランが激増し、それが全米に広まっていき、1980年代になると小さな地方都市にもスシ・バーが見られるようになっていきました。

　寿司を舞台の主役とすれば、その主役を盛り立てる脇役についても説明しておく必要があるでしょう。ショウガを甘酢で漬けたガリ（sweet pickled ginger）は口の中をさっぱりさせるために食べます。小皿に垂らす醤油（soy sauce）は、本来はマグロの脂のしつこさを消すために使われたズケ（soaked in soy sauce）のなごりですが、高級店では醤油ではなく、だしとみりんと酒と醤油で作る煮切り（soy with dashi, boiled-down sake or mirin）を使います。魚介類の寿司ネタとシャリの間には少量のワサビ（wasabi, Japanese horseradish）を挟みますが、これは魚の生臭さを抑え、殺菌効果を高めるためです。寿司屋の湯飲み茶碗が大きいのは、屋台で複数の客を相手にしなければならない江戸時代の寿司職人が、何度もアガリ（茶）の入れ替えをしなくて済むようにしたためでした。もう1つ、特に外国人には欠かせないものが割り箸ですが、日本人は今でも江戸時代と同じように自分の指で寿司を掴んで口に放り込むのを好みます。なお、寿司をつまむ時には横にして醤油に漬け、そのまま口に入れます。

　なお、寿司の種類には次のようなものがあります。握り寿司、軍艦巻き、海苔巻き（細巻、太巻、巻き寿司）、熟れ寿司、稲荷寿司、ちらし寿司、五目寿司、ばら寿司、押し寿司ですが、これらについては以下1つずつ詳しく説明していきます。

〔1〕早寿司──握り寿司：nigirizushi; hand-shaped sushi

①赤身：akami; red flesh fish

　赤身とは赤味を帯びた身を持つ魚のことで、身の筋肉が赤く見えるマグロやカツオをいいます。どちらも集団で長距離を高速で回遊しますが、それだけの運動量に見合うだけの酸素を摂取し、それを効率よく利用する仕組みになっています。その働きをしているのが血液や筋肉の色素タンパク質であり、身が赤いのはそのためです。赤身は寿司ネタの中でも特に人気の高いものです。

● 英語で説明するなら…

　SUSHI が通用する世界や人々の間では AKAMI とそのまま発音しても通じますが、fish with reddish flesh と説明できます。flesh は人間や動物の肉、通例魚肉をいい、flesh and bones といえば骨の付いた食肉のこと、また the flesh と定冠詞の the を付ければ、特に精神や魂と区別した肉体や身体を意味します。発音する際には、fresh（新鮮な）に聞こえないように、L と R の発音の違いに気をつけましょう。舌の先端を上の歯の後ろにきちんと付け、その舌先を力強く、はっきりと離すようにして「レッ」と息を出します。

　寿司で赤身といえば、マグロ大トロ（MAGURO OTORO, tuna *otoro*）、マグロ中トロ（MAGURO CHUTORO, tuna *chutoro*）、マグロ赤身（MAGURO AKAMI, tuna *akami*）、そしてカツオ（KATSUO, Bonito, Skipjack, Oceanic bonito）の 4 種類をいうのが普通です。

　寿司の場合には、赤身（red flesh fish）は、限定的にマグロの赤身を指す場合もあります。その場合には、はっきりと MAGURO AKAMI あるいは Bluefin tuna *akami* というようにします。マグロ赤身は、そのままでも寿司ネタとして握ってくれますが、赤味を特製の煮切り（Nikiri; a milder blend of dip with dashi, mirin, sake and soy sauce）に漬け込んだ「ズケ」（soaked in soy sauce or Nikiri）を好む日本人や外国人の愛好家も多くいます。

● 食文化としての歴史…

　前項（寿司の項）でも述べたように、今日では寿司のネタとして王様のような高い位を与えられているマグロですが、江戸末期（1830 年頃）に至るまで寿司にはあまり使われることもなく、かすかに屋台などの大衆的な寿司屋で使われていたに過ぎないようなネタでした。

　マグロが寿司ネタとして使われるきっかけとなったのが、天保の初め頃（1832 年）に実際にあったといわれる江戸近海（江戸前ではない外海）での

マグロの大漁事件でした。マグロが異常なほど大量に捕れて使い道がないため肥料にまでされたということです。この時に目先が利く寿司職人の一人がマグロの身を削いで寿司のネタに使ったところ、なにしろ安かったこともあり、これが大人気となりました。それまではマグロも醤油にくぐらせてヅケにするなど下ごしらえをしてから握って客に出すというのが普通であったものを、そのような下ごしらえをせずに鮮魚のまま寿司に使うようになったともいわれます。

しかし、一般的には鮮魚などの保存技術が進歩していなかった江戸時代のことですので、足の早い（腐りやすい）魚だったマグロは依然として、ヅケにして出すという魚の状態を考えた調理法で客に提供するのが多かったようです。その後気化熱を利用して作った氷でマグロの鮮度を保つことができるようになると、マグロは下魚を返上して寿司の王様となって行きます。

一方、春から初夏にかけて日本列島近海を北上する「上りガツオ」、また夏から秋に同じコースを南下する「戻りガツオ」も人気のある赤身の寿司ネタです。いずれも、かすかな酸味と血の匂い、うっすらと脂の乗った口当たりのよさから、マグロとはまた違った味わいの深い風味があります。ただ、足の早いカツオは、昔はあまり使われることはなく、寿司屋が一般的にカツオをネタに使い始めたのは1960年代の中頃からでした。今でも炙ったり、アサツキやショウガを載せたりして出されることが多くあります。

● 周辺の話題…

赤身の代表格であるマグロは、現代でも、また昔でも、江戸前（東京湾）で捕れる魚ではありませんが、前言したように江戸末期に寿司ネタとして使われ始めるようになると江戸前寿司にはなくてはならないものになりました。

1950年頃から海外で捕獲されたマグロが日本に多く入ってくるようになると、マグロが寿司ネタの王様として迎えられるようになりました。明治時代頃まで高級な寿司屋で人気があったのはマカジキであり、また脂の乗ったサバ、サンマ、コハダ、イワシなどでした。マグロは格の低い下魚とみなされていたのです。そのようなマグロが江戸の庶民たちにも人気のある寿司ネタとなったのは前言したように「ヅケ」のおかげですが、それも赤身だけでトロなどは見向きもされませんでした。

魚は新鮮なほどいいというわけでもありません。多くの魚は、体内の酵素がタンパク質や結合組織を破壊して、旨みの強いイノシン酸を作り出すまでに時間がかかるものです。また、イノシン酸は、ヅケのもとであるだしや醤油のグルタミン酸ととても相性がいいものです。なお、マグロは解凍してからきちんと冷蔵保存して1週間ほど置いた方が美味しいともいわれます。

②大トロ：MAGURO OTORO; tuna otoro, marbled toro

　大トロは、寿司ネタの王様といわれるクロマグロの腹カミ（腹側で頭部に近い上の方）の部分で、最も値の張る部位をいいます。

● 英語で説明するなら…

　クロマグロは体長3メートル、重さ400キロを超えるものもある大きなものです。近年養殖モノもありますが、青森県大間のクロマグロは、漁獲量は少ないものの、暖流と寒流が交差する海で、生きのよいイカをたくさん食べ、活動的で、天然モノでなければ味わえない極上品といわれます。

　マグロはこのクロマグロの他にも濃厚な味わいのある大西洋マグロ、トロの部位の多いインドマグロ、メバチマグロ、キハダマグロやビンナガマグロなどがあります。これらのマグロの部位で、たっぷり脂が乗っている腹側の頭に近いカミ（上）である霜降りの大トロは脂が全体にいきわたり、なめらかで口の中に入るととろけるような舌触りが特徴です。(Otoro is a part of the tuna called Kami which is the fatty meat from the upper belly. It is streaked with fat and has a silky taste. Otoro is extremely smooth and easily melts on your tongue once shaved into the mouth.)

● 食文化としての歴史…

　前項でも述べたように、マグロが寿司に使われるようになった時には赤身を醤油に漬けて使うのが普通で、脂の多い腹の部分は捨てられるか、猫の餌にされていました。トロという言葉も1920年代にようやく使われるようになったもので、それ以前は脂っぽいという意味で「アブ」と呼ばれていました。そのような事情が急転したのは1960年代のことで、菓子、食料品、さらにはレストランでの料理でも、脂っこいものが日本人の間にも好まれるようになってからのことでした。「トロ」は「とろける」(melting on the tongue) 特に「舌の上でとろける」という意味でした。それまでは、築地でも、マグロで一番高いのは赤身で、脂たっぷり（fatty）の大トロは一番安かったのです。

● 周辺の話題…

　江東区の豊洲へ移転する、しないなどでもめている（2016年夏現在）築地市場ですが、海外でも生鮮市場 Tsukiji として有名です。同市場では毎年1月5日には初セリがあり、生鮮マグロの落札価格が話題になります。2016年の初セリにおける一匹の最高値は青森県大間産のクロマグロで、前年の価格の2.8倍にあたる1,400万円（キロあたり7万円）でした。それまでの史上最高値は2013年の1匹（212キロ）あたり1億5,540万円でした。

③中トロ：MAGURO CHUTORO; tuna chutoro, chutoro belly meat

　マグロの腹側のナカ（中）とシモ（下）の部分に多く取れる部位が中トロです。程よく脂が乗っていて、しっとりとした食感から人気の高いネタの1つです。

● 英語で説明するなら…

　マグロは大きな魚ですので、寿司ネタにするには頭側から尾の方にかけて上（カミ）、中（ナカ）、下（シモ）と分け、腹の部分と背の部分でそれぞれ2丁の身を切り分け、その後各々の部位に細かく切り分けていきます。腹側のナカとシモが中トロで、大トロは脂がキツ過ぎるので、中トロの方がよいという根強いファンが多くいます。前述したように、筋肉組織である赤身と脂肪部分であるトロ部分がうまくマッチしているといえます。濃厚さでは大トロに譲るものの、マグロの程よい脂部分と甘みと酸味が絶妙な背側の部分である赤身とを同時に味わい、その食感を楽しむのには最適な部位といえるでしょう（The maguro, being a large sized fish, is cut into several portions ideal for sashimi and sushi topping. While the red meat along the back of the maguro is sweet and acidic, chutoro, the middle and lower portion (Naka Shimo in Japanese), is moderately fatty. It has a well-balanced flavor and attracts enthusiastic fans throughout the year.）。

● 食文化としての歴史…

　今日でこそ握り寿司のネタとしては筆頭ともいわれるほどになったマグロですが、昔は下魚（cheap fish）として扱われていました。特に脂っこい中トロや大トロの類いは最初の頃は江戸っ子の口には合わなかったようです。ところが、天保年間（1831〜1845年）になるとそのマグロが人気を博するようになっていきました。その頃マグロが獲れ過ぎ、寿司の屋台の多くがマグロを使い始めたのがきっかけでした。しかし、それも脂身の少ない赤身を醤油に漬けて出す「ヅケ」（soaked in soy sauce）として好まれたということであり、大トロと赤身の中間ともいえる中トロに人気が出るようになったのは昭和に入ってからでした。

● 周辺の話題…

　中トロなどを食べるのに欠かせないのがガリ（slices of ginger pickled in vinegar and sugar）と呼ばれるショウガの甘酢漬けです。トロや赤身、貝類や光り物、あるいは煮物や巻物、玉子など種類の異なる寿司を食べる時、前の寿司の味を消して口の中をさっぱりさせるものです。アガリといわれるお茶も大事な飲み物で、本来は「上がり花」（freshly brewed tea）といい、淹れたてのお茶のことで、「上がり」として最後に飲むものではありません。

④白身：shiromi; fish with white flesh, white-fish

　白身系の魚は磯や海底で静かにしている魚が多く、動きの活発な赤身系の魚のように持続力のある筋肉（赤筋）はありませんが、瞬発性運動に適している白筋が発達しています。この白筋のために白身魚の多くは身が硬く締まり、コリコリした歯ごたえが魅力の刺身になります。代表的なタイやヒラメの他にカレイ、スズキ、カンパチ、シマアジ、キス、コチなどがあります。

● **英語で説明するなら…**

　白身はそのまま white-fish といったり、その魚肉を white flesh と呼ぶため fish with white flesh といわれたりしています。白身の多くは、その名の通りに白く透き通った身で、脂が乗って身が引き締まり、しつこさやクセのない上品なものです。英語では、以下のように説明するとその風味を理解してもらえることでしょう（White-fish in general features its slightly transparent white flesh. The flesh is fatty yet its texture is usually firm. Many of the fish have a simple and light taste giving no overpowering flavor.）。以下白身の主なものをそれぞれ説明していくことにします。

・マダイ：MADAI; red sea bream

　マダイの旬は冬場から4月の終わり頃までといわれ、旬の最盛期の身は琥珀色をし、皮目は美しい朱色に輝き、甘みのあるその味わいとともに、まさに魚の王様と呼ばれるのにふさわしい寿司ネタです（The MADAI's prime time is from winter to late April. During the high season its flesh turns amber and skin beautiful red colors. Because of the peerless, mildly flavored, and elegant flesh, besides its color, it is called 'king of fish'.）。

・アマダイ：AMADAI; tilefish

　昔から懐石料理に使われ、関西圏では「ぐじ」と呼ぶアマダイは、真冬の寒い時期が旬で、その頃のアマダイは脂が乗り、その名の通り甘みがある白身です（AMADAI, sweet bream, also known as GUJI in the Kansai area has been used as a luxury ingredient in Kaiseki cuisine. This fish is rich in fat, and as its name suggests it assures you a delicious sweetness.）。

・ヒラメ：HIRAME; Japanese flounder

　秋口から真冬に「寒ビラメ」は、身が引き締まり、弾力があるその味わいは、タイと並んで白身魚の王様とも称されています（HIRAME caught in midwinter is called 'Kanbirame' featuring its firm flesh. The texture is so firm that it bounces back when bitten. It is classed as the king of the white flesh because of its supreme taste.）。

第Ⅱ部　料理・食材・調味料・菓子などにまつわる和食を理解し英語で伝える　87

- カワハギ：KAWAHAGI; threadsail filefish, skinpeeler

カワハギは、料理するときに頭の方から皮を剥ぐところにその名の由来があります。クセのないあっさりした味わいの身は適度に脂を含み、淡白ななかにも甘みを感じさせ、歯ごたえがあります（KAWAHAGI literally means 'to strip skin'. Before preparing it for eating, you remove the skin from the head downwards. You can enjoy the firm texture of the flesh and its perfect balance of fat, which produces a profound sweetness.）。

- カンパチ：KANPACHI; great amberjack

眼と眼の間（カン）の上の方に「八」に見える模様があることから名付けられたといわれます。ブリの仲間ですが、ブリよりもあっさりとしていて、歯ごたえのある食感を楽しめます。初夏から夏が旬の魚です（Since the black pattern above and between (KAN) its eyes resembles the character 八 (HACHI, eight), the fish is called Kan Pachi. It's a kind of BURI, but has a simpler and lighter taste providing you with a satisfying texture.）。

- キス：KISU; sillago

夏の高級な寿司ネタとして知られるキスはシロギスで、その身は脂肪分が少なく、淡白で、あっさりとして、かつふくよかな旨味が魅力です（It is classed as a prime topping for sushi in summer. Since the fat content of KISU is really low, it has a plain and simple yet rich flavor.）。

- シマアジ：SHIMAAJI; striped jack, white trevally

漢字で「縞鯵」また「島鯵」と書きますが、前者は成魚になる前に体に黄色の縦縞があることから、後者は伊豆諸島周辺で獲れることから来ています。夏の寿司ネタとして知られ、アジの中では最も美味しいといわれます。（*Sima* in Japanese kanji means either 'stripe' or 'island.' The younger fish has a yellow stripe on its body. The fish is caught around the Izu Islands.）

- スズキ：SUZUKI; Japanese sea bass

成長するにつれて名前を変える出世魚として各地で古くから知られ、夏が旬の高級魚です。その成魚をスズキといい、大きいものほど美味しいといわれます。身は歯ごたえと旨味たっぷりの白身魚です（It has been known for quite a long time all over Japan as a fish whose name changes as it grows. The firm flesh features a tough texture and is full of flavor.）。

- ブリ：BURI; Japanese amberjack, yellowtail

白身の中で最も脂が乗って甘みがあり、赤身のような味わいを楽しめます。特に厳寒期の北陸で水揚げされるものを「寒ブリ」と呼び、高級な寿司ネタ

として珍重されます（BURI has the most fatty content and the sweetest taste among the white-fish and a depth of the red flesh flavor. Those caught in the depth of winter in Toyama Bay, Hokuriku, are called 'Kanburi' and ranked as an excellent sashimi and sushi topping.)。

● 食文化としての歴史…

　白身魚の代表的なものといえばタイ（sea bream）とヒラメ（hirame flounder, or olive flounder）ということになります。タイ（鯛）は古代の我が国の歴史を記した最古の歴史書といわれる『古事記』にも記述が見られるほど古くから各地で広く食されてきた魚です。その名の「たい」が「めでたい」に通じるため語呂合わせと、その姿と色の美しさ、そして味のよさから、慶事の際の食卓に並べられる魚として珍重されてきました。タイは各種のお祝い事の食膳に必ず供されるめでたい魚だったのです。

　また、タイは古代より神前への供物、あるいは朝廷への貢ぎ物として奉納されていました。我が国で獲れるタイは10数種類ありますが、そのうち寿司ネタとして握られるのはマダイやアマダイです。ヒラメもまた、その歯ごたえのよさやすっきりとして味わい、そして透き通るような身の美しさから白身魚の王様と称されるほどでした。

　実は、江戸で生まれた握り寿司には、白身魚の王様ともいうべきこの2つの寿司ネタはもちろんのこと、今日ではごく普通に食される新鮮さが売り物の白身魚も、一部の例外を除き、そのままではほとんど使われてはいませんでした。当時の寿司といえば、玉子、玉子巻き、カンピョウやタクアンなどを海苔で巻いた巻きもの、クルマエビ、コハダ、エビのそぼろ、シラウオ、アナゴ、ハマグリ、イカやタコ、そして後年になりマグロのヅケが加わるという程度のものでした。それはなぜかというと、冷蔵・冷凍技術を持たないその当時の寿司は、衛生上からも、酢〆、醤油漬け、火を通す、などの下仕事をほどこしたものばかりだったからです。

　その後明治に入り冷蔵庫が使われるようになり、寿司ネタも少しずつ豊富になっていきますが、それでも東京近辺にあっては「江戸前」の名前の通り、近海ものの魚が主流を占め、地方でよく獲れていた白身の魚が寿司に使われることはあまりありませんでした。このような傾向は、第二次世界大戦後に冷蔵や冷凍設備の向上と、冷凍コンテナーなどを含む専用輸送器具、さらには運送形態の長足の進歩を見るまで続きました。また、よくタイやヒラメは昆布締めしたものが寿司ネタとして好まれますが、この昆布締めももとはといえば、地方で獲れた魚を保存するために取り入れられた調理法でした。

　近代的な保存方法の進展に伴って現代では各種の白身魚の漁場がどこかに

かかわらず、全国至るところでほとんどすべての白身魚の握り寿司を味わうことができます。冷蔵庫の出現により、東京や大阪などの大都市においても、かつては地方特産であった多くの白身魚を気軽に味わうことができるようになったわけです。

● **周辺の話題…**

　白身魚の寿司にとって、またそれを握る寿司職人にとってなくてはならない冷蔵庫ですが、いったいいつ頃、またどのようにして使われるようになったのでしょうか？　我が国でも古代から冬場にできた天然の氷を洞窟や、穴の中に建てた小屋の中に置き、夏まで保存する方法がとられていましたが、それを利用できたのは長い間にわたって朝廷や将軍家など一部の特権階級だけでした。その後明治に入り横浜開港後に米国人の経営する会社がボストンから氷を輸入したのが始まりであったといわれます。

　その後明治2年（1869年）町田房造による我が国初の氷屋が横浜にでき、その後明治4年（1871年）に、中川嘉兵衛が函館の五稜郭の外堀で天然氷を生産（製氷）し、それを東京や横浜で大々的に売り出すようになりました。それがきっかけとなって寿司屋でも天然の氷を使った冷蔵庫が使用されるようになったといわれます。

　ところで、成長するにつれ名前が変わる魚を出世魚と呼びますが、これは元服や出世に伴って武士が新たな名前を授かるという日本古来の習慣に倣ったものでした。そのもとは中国に古代からあった慣習で、武人や学者の世界では子供たちがある年齢に達すると、それを祝い、別の新しい名前を名乗ることが許されたという古事にあります。そこから、年を経るとともにその名が変わっていく魚のことを出世魚と呼び、縁起がよいことから、慶事の食膳に使われました。白身魚ではブリとスズキが代表的なもので、前者は生後1年でワカシ、2年でイナダ、3年でワラサ、5年以上で体長60cm～1mのブリとなります。後者では、幼魚をコッパ、1年までの25cmぐらいのものをセイゴ、2～3年の50cmくらいのものをフッコと呼び、4年以上の60cmほどになった成魚をスズキと呼んでいます。地方によっては、その名前もまちまちです。

　ヒラメやカレイのヒレの部分の筋肉はエンガワと呼ばれ、コリコリした食感ととろけるような脂の甘みから寿司ネタの一級品として知られます。ともにJapanese flounder, flatfishと呼ばれるヒラメとカレイは「左ヒラメに右カレイ」といって平に置いた時の目の位置で判別されるといいますが、これに当てはまらない種類も多くあります。

⑤イカ・タコ：ika・tako; squid, octopus

イカもタコもスペイン、イタリア、ギリシャなどを除き、欧米では昔からその姿形のために長い間食用とはされませんでした。しかし日本では古くから多くの種類のイカやタコが食膳に上り、日本人のイカやタコ好きはよく知られています。ともに、みずみずしい身肉と甘くて淡白な味は寿司飯にもよく合い、他の寿司ネタでは味わえない食感から愛好者が多くいます。

● 英語で説明するなら…

前述したようにイカもタコもその種類は豊富なものですが、ここでは寿司ネタとして用いられるもののみを数種類あげて、その各々を英語で説明することにします。イカは、Japanese flying squid, Japanese common squid, Pacific flying squid などといい、タコは octopus といいます。

・アオリイカ：AORIIKA; bigfin reef squid, oval squid

アオリイカの「あおり」は泥障あるいは障泥と書き、本来は馬具の一種で、下鞍より下に垂らして馬腹の両側を覆って泥除けとしたものです。胴を覆う大きな円錐形のヒレ（conical fin）が、その障泥（saddle flap）に似ているところから名付けられました。そのヒレを煽るように動かすところから別名「煽烏賊」とも書きます。身は純白で、豊かな歯ごたえとその甘みから、イカの王様ともいわれます（Because of its pure white flesh, rewarding texture, and rich sweetness, it is called the king of all squids.）。

・スミイカ：SUMIIKA; Japanese spineless cuttlefish

スミイカの名の通り墨の量が多いイカです。胴体内に甲羅状の骨があるためコウイカと呼ばれることがあります。ねっとりとして歯ごたえのよい厚い身は甘みがあります（The flesh of SUMIIKA is thick, yet easy to chew while it is viscous. You would really love its delicate sweetness.）。

・ヤリイカ：YARIIKA; spear squid

胴体が細長く、先端が槍のように尖っているその姿からヤリイカと呼ばれます（Because its head is spear-like and trunk is slender like a spear shaft, it is called a spear squid.）。その身はスミイカよりも薄く、柔らかで口当たりのよい上品な甘さに特徴があります（The flesh, thinner than that of SUMIIKA, is soft and features a well-balanced and elegant sweetness.）。

・タコ：TAKO; common octopus

タコには多様な種類があることが知られていますが、日本で一般的に「タコ」といえば、食用などでなじみの深いマダコをさすのが普通です。約1年が寿命とされるイカと同じように、タコの寿命は1年半と短く、産卵と

ともにその命を終えていきますが、その産卵を基準にすると2つの旨さの旬があるといわれます（Octopi live just one and a half years and die after they spawn. They have two peak periods for flavor based on spawning: summer and winter.）。その歯ごたえはしっかりとし、かすかな甘みが身から滲み出してきます（It gives you the joy of chewing because of its firm texture and a faint sweetness exuded from the flesh.）

● **食文化としての歴史…**

　我が国はイカ食文化の国といわれ、日本人のイカ好きは世界によく知られています。一説には世界で消費されるイカの40％が日本人の口に入るとまでいわれています。イカは古代から日本沿岸で大量に漁獲されてきました。海岸に近く目の届くすぐ沖合で容易に獲れるために昔から簡単に料理のできるごく身近な活きのよい家庭料理向けの食材でした。

　栄養的にも健康食としての価値がありながら、あまりにも身近な存在であったために、その価値が見失われがちですが、イカを使う料理のメニューは土地柄をよく表し、全国で実に100種類近くにもなるそうです。特に漁港が近い沿岸地域は古代から半農半漁の土地柄という特色を有していて、イカや後述するタコの料理は母から娘へ、また孫へと、それぞれの家庭独自の調理方法や味付けが伝承されていきました。

　一方タコも古代から日本人には親しまれてきた食材で、その歴史はかなり古いものです。それを証明するように、大阪府の和泉市池上町から泉大津市千原町にまたがる広大な弥生時代中期の池上曽根遺跡から、タコ漁に用いられたとみられる蛸壺型の土器が出土しています。

● **周辺の話題…**

　イカは我が国水産業の主要品の1つであり、家庭でもごく調理のしやすい食材といえ、刺身は当然のこととして、煮てもよいし、焼いてもよい家庭料理としては万能の料理材料といえます。また、胴肉、ゲソ（下足）、肝、耳（えんぺら）、口（トンビ）、墨、などを丸ごと使うことができ、廃棄するところがほとんどないという環境にもやさしい常食品です。そのために年間40万トンも消費される家庭にはなくてはならない食材といえます。

　一方、タコは滋養強壮効果の高い栄養素のタウリンを多く含み、中性脂肪やコレステロールを下げ、動脈硬化を防ぐ効用があります。さらにカリウムも豊富に含み塩分の取り過ぎを抑制する作用もあるという優れものです。

⑥ エビ：ebi; prawns, shrimp, lobster

　国内で消費されるエビはクルマエビなど一部の高級なものを除いて、全消費量の 90% 近くがインドネシア、タイ、ベトナムから輸入されています。一人あたり年に平均して約 2 キロのエビを食べるという我が国は世界一のエビ消費国であり、輸入食品の中でもトップの座を占めています。寿司ネタとしてのエビは江戸前寿司の定番の 1 つでもあり、長い歴史を有します。

● 英語で説明するなら…

　その種類や大きさの違いから英語で prawns, shrimp, lobster などと表現されるエビの種類は多種多様ですが、寿司ネタとしてよく使われるのは以下の 4 種類です（Of the many varieties of shrimp, prawns, and lobster classified according to the kinds and sizes in the world, the following four are popular as sushi toppings.）。

・クルマエビ：KURUMAEBI; Japanese tiger prawn

　クルマエビという名前は、ゆでたり、煮たり、炒めたりした時に車輪のように丸く渦巻き状になるところから来ています（it is called KURUMAEBI, literally meaning "cartwheel shrimp" because it resembles a cartwheel when curled up.）。普通大型のものをクルマエビ（より大きいものは大車といいます）、中型のものをマキエビ、そして小型のものをサヤマキエビといい、いずれも旬は初夏から夏にかけての産卵前と冬の 2 回です。寿司ネタとしては、ゆでて酢に浸した鮮やかな朱色のものと、殻を取り生のままで握る「おどり」があります（KURUMAEBI is prepared in two ways: boiling it and then dipping it in vinegar to give it a lovely vermillion color, and preparing it raw after peeling off its shell. The latter is called "Odori," a dancing shrimp.）。

・アマエビ：AMAEBI; pink shrimp, deep-water shrimp

　地方により南蛮エビ、赤エビなどいくつか異なった呼び方がある小ぶりなエビです。普通は殻と尾を外して生の 2 尾を 1 貫として握ります。その身は舌にまとわりつくような食感と豊かな甘みを持っています（it is served, after the shell and tail of this little shrimp are removed, two are placed together on each sushi. The deliciously sweet flesh clings to the tongue.）。

・ボタンエビ：BOTAN-EBI; botan shrimp

　ボタンエビは北陸の富山湾で多く獲れるところから別名「富山蝦」とも呼ばれます。北海道などでも獲れますが、日本特産といわれる肉厚なボタンエビの身は量感もあり、食感を楽しむと同時に、口の中でとろけるような極上

の甘みを楽しむことができます（Botanebi, said to be a product of Japan, particularly from Toyama and Hokkaido, has thick meat that assures you of a rich texture and exquisite sweet flavor. It deliciously melts in your mouth for an enjoyable experience.）。

・シャコ：SHAKO; mantis shrimp, squilla

生のシャコは灰色をしていますが、ゆでるとシャクナゲ色に変わるところからシャコと呼ばれるようになったといわれます。エビの身とは異なるほくほくとした食感が魅力の身は、豊かな甘みがあり、好みにより煮汁を煮詰めたツメ（煮詰めの略で、醤油、みりん、酒などを煮詰めた甘塩辛い煮汁）を塗るか、塩もしくは醤油などを付けて食します（The color of SHAKO is grey when it's still alive. It is called SHAKO because its color turns to that of rhododendrons（SHAKUNAGE）when boiled. The firm and crisp meat has a rich, sweet flavor. It is usually served brushed with a concentrated tsume sauce or with salt or soy sauce, as you like.）。

● 食文化としての歴史…

エビは海老とも書き、我が国では昔から結婚式やお祝い事などの料理には必ずといってよいほど出されてきましたが、それは次のような理由でした。

・長寿の象徴
　長い髭を持ち、腰の曲がった姿から老人の長寿を意味します。
・めでたさの象徴
　目玉が飛び出し、ゆでると真っ赤になるのでめでたさの象徴とされます。
・運気強さの象徴
　威勢よく跳ね上がる力が強いので、運気の強さの象徴といわれます。
・永遠の若さと生命力の象徴
　脱皮する海老は、老いた体を脱ぎ捨て若返える永遠の若さを表します。

● 周辺の話題…

日本語の「えび」は本来ぶどうやエビヅルなどを意味することばでした。魚類の和名「えび」はその色がぶどうに似ていることから付けられたもので、現在でも「葡萄色」と書いて「えびいろ」とも読みます。漢字については、イセエビ等の海底を歩行する大型のエビを「海老」、サクラエビ等の海中を泳ぐ小型のエビを「蝦」と書くともいわれていますが、厳密なものではありません。英語では大きさで呼び方が異なり、イセエビ程度を lobster、クルマエビ程度を prawn（英）、小さいエビを shrimp と呼びます。

⑦貝：kai; shellfish

　食用としての貝類の歴史は相当古く、日本人の祖先はタカラガイを求めて日本列島にやってきたともいわれます。法螺貝や貝合わなどの習俗や、買、貨、貸、財、貯などの漢字を見ても人々に与えた影響の大きさがわかります。奈良時代の記録にはアワビ、イガイの寿司の名が見られ、江戸前寿司としても古くから使われてきましたが、昔は酢に漬けてから握られていました。

● 英語で説明するなら…

　昔から、寿司ネタとしてはアカガイ、トリガイ、タイラガイ（タイラギ）、アオヤギ（バカガイ）、アワビ、ホタテガイの6種が標準とされ、その他にアオヤギについている大小2つの貝柱が「小柱」として使われてきました。

・アオヤギ：AOYAGI; Japanese orange clam, Chinese mactra（surf）clam

　千葉県市原市にある東京湾に面した青柳村で多く採れたことからこの名がついたといわれます。バカガイの足が柳の葉に似ているからという説もあります。アオヤギとはバカガイのむき身のことで殻も含んだ貝そのものの名前ではありません。バカガイの名前の由来は、死んだその姿が、馬鹿が舌を出した姿に似ているからとか、馬鹿に多く採れるからなど諸説があります。その身は柔らかく、舌にも優しい歯応えは心地よく、癖のある磯の香りと甘みが魅力です（The unusual name of bakagai or *idiot clam* comes from the way that its stretched muscle or red colored tongue loosely hangs out like an idiot opening his or her mouth with their tongue sticking out. Aoyagi's flesh is tender yet crunchy with pleasant consistency and distinguished by a marvelous sea fragrance and sweetness.）。

・アカガイ：AKAGAI; bloody clam, ark shell

　アカガイの朱色は、車海老や青柳の華やかな色とともに寿司ネタの中でもことさらに美しいものです。冬から春にかけて身もその厚さを増してきて、その旨みも濃くなってきます（Its vibrant red color makes a colorful and attractive sushi topping. It grows plump and acquires a more intense flavor in its peak season.）。潮の香りと旬に味わうその弾けるような食感は鮮度のよさの証明です。貝類の中では最高級と位置付けられ最も人気の高い江戸前寿司の代表格ともいえるネタの1つです（The delightful palate with the tang of salt indicates ideal season and freshness. It has been one of the staple toppings since Edomaezushi came into existence.）。

・小柱：KOBASHIRA; clam muscle, adductor muscle

　小柱は青柳についている大小一対の貝柱のことで大きい方を大星といい、

小さい方を小星といいます。現代では小柱は珍重され青柳よりも値の張る高級な寿司ネタになっています（Aoyagi adductor muscles, one called *Ohboshi* and the other called *Koboshi*, are known as KOBASHIRA. They have become more expensive than Aoyagi these days.）。その弾むような身はさっくりとして歯切れがよく甘みもあります。江戸前寿司では生のままで軍艦に握ります（The springy flesh is tasty with its crunchy texture and marvelous sweetness. They are served raw atop rice wrapped in toasted seaweed.）。

- タイラガイ：TAIRAGAI; Japanese pen shell, razor clam

タイラガイは、帆立貝とともに、中心にある大きな貝柱の部分だけを寿司ネタとします（What is used as a sushi topping is the TAIRAGAI's large central adductor muscle like the HOTATEGAI's.）。薄めに切られた乳白色の身を握りますが、その身は薄く半透明で美しいものです。軽い歯ごたえがあり、甘みも薄い寿司ネタですが、貝類の中では最も癖のない淡白な旨味が持ち味といえます。生もいけますが、少し厚めに切って炙ったり塩焼きしたりすると甘みも旨味も、食感も増してきます（It is thinly sliced for nigiri. Its milky white, slightly translucent meat has crunchy consistency and just a hint of sweetness. While it tastes good eaten raw, its sweetness is enhanced if sliced somewhat thickly and salt-grilled.）。

- トリガイ：TORIGAI; Japanese cockle, cockle

トリガイは、その足の部分の形が鳥のくちばしに似ているところからそのように呼ばれるようになった貝ですが、寿司ネタにするのはその紫黒色をした部分です（TORI-GAI, Japanese cockle, literally means "bird shell" because its leg looks like a bird's bill. The edible part is this dark purplish-colored leg.）。その紫黒色がきれいなものほど鮮度がよく、身が厚いものほど味がよいとされます。3月ごろから7月ごろにかけて採れるものが味もよく甘みがあります。その柔らかみのある身と独特の甘味から貝類の中で一番うまみがあるとまでいわれます（The more shining the black color, the fresher it is, and the thicker the flesh, the better its taste is. Those caught from March to July have thick and sweet meat.）。

- ハマグリ：HAMAGURI; hard clam, common orient clam

我が国にはハマグリを生で食する習慣はなく、寿司ネタとしても生では握らず、必ず煮ハマグリとしてきました。殻を剥き、身を熱湯に通してから開き、そのゆで汁に砂糖・みりん・醤油などを合わせて作った煮汁に十分に漬け込みます（The Japanese people have had no custom of eating HAMAGURI raw. A traditional technique specific to Edomaezushi is to simmer them in broth before eating. The whole flesh is marinated in a stock of simmered juice to intensify flavor.)。それを寿司に握った後からさらに、その煮汁を煮詰めた甘い煮ツメを塗ります。それが寿司飯と調和して味わいを増すのですが、煮ツメを塗らずに醤油や塩で味わうこともあります（After the clam is made into nigiri, it is often brushed with sweet ni-tsume glaze to finish. However, the boiled flesh is also good eaten with soy sauce or salt.)。

・ホタテガイ：HOTATEGAI; scallop

　北海道海域の激しく、冷たい海流で鍛えられた天然物には、養殖物にはない歯ごたえと甘さがあります。殻付きで出荷される4年もののホタテガイが最も美味しいとされ人気の高い寿司ネタです（Wild scallops, tempered in the Hokkaido waters, have a pleasant texture and intense sweetness absent from farmed ones. Those four-year old scallops shipped live in the shell are tastiest.)。生で食すれば貝類の中で最も甘いといわれますが、醤油や酒で煮込んだものもまた味わいのあるものです（When eaten raw, the scallops have the sweetest flavor among shellfish. The large and fat adductor muscles are thickly sliced into strips and used for sushi. It is also a standard way to simmer the entire clam in soy sauce or sake.)。

・ホッキガイ：HOKKIGAI; Sakhalin surf clam, surf clam

　北寄貝と書きますが、別名姥貝ともいいます。サイズが大きいものほど美味しいとされ、身を殻から取り出しその足の部分が寿司ネタになります（The real name of this surf clam is *Ubagai* literally meaning a "granny clam." The larger the clam, the better the taste. The meat is removed from the shell and the legs are used for sushi toppings.)。歯切れがよく口中を甘みが満たしてくれます。湯通しをするとその身は赤紫色に変わり、甘みも増してきて、その旨みはアカガイに匹敵するといわれます（It has a crisp texture and fills your mouth with a fresh and juicy taste. Slightly boiled, the color of the legs changes from grey to pale magenta. HOKKIGAI is so sweet and flavorful that its flavor is often compared to AKAGAI.)。

・ミルガイ：MIRUGAI; Pacific gaper, shell siphon, giant clam

　ミルガイは、12センチほどまでに育つ大きな二枚貝で、食用にされるのは貝から突き出している水管の部分です。この水管を切り取り、湯通しした後にその薄皮を剥きます（MIRUGAI is a large bivalve reaching about 12cm across and has an extended siphon that is used for a sushi topping. After the siphon is dissected, it is boiled and the thin skin is removed.)。

コリコリとした歯ごたえと磯の香りはアワビのそれにも匹敵するといわれますが、近年では水揚げも少なく、高価なネタとなりました（The siphon's meat is crunchy with an aroma of the sea and can be ranked at the top among clams like AWABI when it is fresh. The overall catch has so declined that MIRUGAI has become a luxurious topping to rival AWABI and AKAGAI.）。

● 食文化としての歴史…

　古代より貝類を食用としてきた生活様式は世界各地に見られるもので我が国独自のものではありませんが、日本には各地に直径100メートルを超える大型貝塚から数10メートル、数メートルという中小貝塚までかなり多くが残っています。中小の貝塚は食べた貝類を住宅のそばに捨てた跡ですが、大規模なものは単なるゴミ捨て場ではなく、何か他の目的があって作られたものであるいう説があります。何れにしても、古代においては魚、獣類、木の実など他の食物の他に、貝類が多く食されていたのは事実です。

　東京湾では山ほどに採れたハマグリは江戸前寿司には欠かすことのできない寿司ネタでしたが、昔から貝といえばハマグリをさすほどに日本人とハマグリとの関係は深いものでした。縄文時代の貝塚からはその殻が多く見つかっていますし、平安時代末期からはハマグリの貝を合わせて遊ぶ貝合わせという遊びが流行り始めました。また、ぴったりと合わさる二枚貝から純潔を、同じ貝以外は合わないことから夫婦和合をそれぞれ象徴し、桃の節句に女子の良縁を願いハマグリの潮汁（うしおじる）を作り、さらには貝合わせの貝を入れた貝桶が嫁入り道具の1つになるなど、女性にはなじみの深い貝でもありました。

● 周辺の話題…

　アワビを除き寿司ネタの貝の中でも一番人気を誇るのがアカガイです。アカガイは江戸前寿司の始めからある定番の基本的な寿司ネタで、貝類独特のプリプリシコシコした食感がその醍醐味といえます。アカガイの別名を血貝といいますが、それはその血液が、他の貝類の緑色の血液と違って血に染まったように赤いことに由来しています。この赤さは哺乳類と同じく血液にヘモグロビンが含まれているからです。アカガイは、主に泥に近い海底に生息し口をあけてはプランクトンを摂取しています。アカガイは江戸前寿司の定番の1つであることからもわかるように、東京湾でも獲れていたのですが、近年では漁獲量も激減し輸入物や国産養殖物の方が多くなっています。

⑧アワビ：AWABI; abalone

　世界には約150種類のアワビがいますが、日本では生で食す黒アワビ、蝦夷アワビ、火を通して食す真高アワビ、雌貝アワビが知られています。

● 英語で説明するなら…

　夏を代表する貝ともいわれる黒アワビ、そしてエゾアワビは生のまま食すことで、生のアワビ特有の磯の香りと心地よい硬めの食感と旨みと甘みを味わえます。マダカアワビとメガイアワビは火を通すことにより、身を柔らかくし、生とは違う甘みと旨みを味わうことができます（Black abalone, a typical summer shellfish, and Ezo abalone have the pleasant, wonderfully meaty texture and sweetness of raw abalone, making excellent sashimi and sushi topping. The other two are simmered in sake to tenderize the flesh, giving them a different aroma, flavor and sweetness.）。

● 食文化としての歴史…

　アワビは、不老不死の仙薬を求めていた秦の始皇帝の時代から、薬効のある海産物として食されていたようです。我が国でも縄文時代の遺跡から、アワビの殻が出土しています。貝を食材にした料理で、その種類が一番多いものが「アワビ」であるといわれ、そのような事情と見栄えのよさから、アワビは貝の王様と称されることもあります。

　種類としては、クロアワビ・マダカアワビ・メガイアワビ・エゾアワビがあり、エゾアワビ以外は新潟県以南の日本海側と茨城県以南の太平洋側の各地に生息し、それより北の地方ではエゾアワビが獲れます。つまり、昔から日本全国どこでも食べられていたようです。高級食材のアワビは、コリコリとした歯触りを特徴とし、寿司ネタの他に刺身、酒蒸し、ステーキ、粥などに調理されるほか、干しアワビとしても食されてきました。

● 周辺の話題…

　古来アワビは縁起のよい高級食材でしたが、そのことにも関連して面白い使われ方をしてきました。ご祝儀に使う紙の袋を「のし袋」といいますが、この「のし（熨斗）」というのは、実は「のしアワビ」が略された言葉でした。「のしアワビ」とは、細長く剥いてのし（伸し）た「干しアワビ」のことで、お祝い事があると海産物を贈る習慣のあった我が国では、貝の王者ともいわれるアワビが用いられていました。その習慣が「生もの」から次第に「干物」を贈るように変化し、現在ではその名残として、紙で作った飾りとなったのです。のし袋やのし紙の右上に見られる飾りの真ん中にある薄茶色の細長いものが、その「のしアワビ」の代わりをしているわけです。

第Ⅱ部　料理・食材・調味料・菓子などにまつわる和食を理解し英語で伝える　99

⑨光り物：hikarimono; silver-skinned fish

　光り物は、青い光を放つ魚の類。サバやイワシなどを指し、特に寿司で、コハダ・キスなどのことをいいます。寿司で光り物とされるのは肌が青白く光る魚で、シラウオ、キス、カスゴ、シンコ、イワシ、アジ、サバ、サンマ、サヨリ、コハダなどがあり、生のまま握る場合もありますが、多くは塩と酢で締めてから握られます。

● 英語で説明するなら…

　光り物を英語で説明するとき、それぞれの漢字表記を知っていると、英語で話す際に格好の話題となると思います。次のようになります。春を盛りとする白魚、鱚、春子／春日子、夏の時期の新子、鰯、鯵、秋が一番美味しい時期とされるコハダ（小鰭）、サバ（鯖）とサンマ（秋刀魚）、冬期に入ってサヨリ（細魚あるいは針魚）などが代表的なものですが、ここでは以下の7つに絞り英語で説明していきます。

・アジ：AJI; Japanese jack mackerel, horse mackerel

　アジは、その味があまりにも美味しくて参ったと称賛されるほどであったということから「味」（taste）のアジ、そして「参った魚」（fish overwhelmingly praised because of its delicious taste）のアジと命名されたといわれます。

　アジには多くの種類がありますが、寿司に用いられるのはマアジと呼ばれるものです（Though there are many different kinds of horse mackerels, the most often used type for sushi is MA-AJI, Japanese jack mackerel.）。マアジは夏から初秋にかけて、身が引き締まり、最も美味しい時期を迎えます。冷凍施設の発達により新鮮なものを入手できるようになった今日では生が主流ですが、かつては塩と酢でしめて使っていました（MA-AJI is in its prime from summer to early autumn. Since it has become relatively easy to get the fish very fresh, it is skinned and used raw, too, nowadays. It was usually treated with salt and vinegar and made into sushi with the skin on.）。

・イワシ：IWASHI; sardine

　日本近海で獲れるものだけでも20種類以上あるといわれるイワシですが、寿司にはマイワシが使われます。その漢字「鰯」が示すように、イワシは足が早い（食べ物などが腐りやすい）魚で、そのために昔は寿司ネタとする前に酢と塩でしめるのが普通でした（Of more than twenty different species of sardines found in Japanese waters, MA-IWASHI, Japanese sardine, is used in sushi. As the Kanji (fish plus weak) suggests, sardines are well known for spoiling very quickly. In earlier times it was usual to firm the flesh with salt and vinegar before using them in sushi.)。

しかし、技術の発達により冷凍運送が可能になった今日では生でも握られるようになり夏から秋にかけての人気メニューとなりました (Technical improvements in maintaining freshness during transportation allow consumption of raw sardines, making IWASHI a big star of summer and autumn sushi menus.)。

- サバ：SABA; mackerel

サバは昔から日本人にはなじみの深い魚でした。ただイワシと同じように足が早いため寿司用には塩と酢でしめた身を使っていました。(Mackerel has been very familiar to Japanese people for many years. They knew well even in old days that its fatty flesh tended to spoil quickly. Therefore, they have usually salted and vinegared the flesh when and if used for sushi.)。マサバは別名秋サバともいわれるように秋が一番旬の魚で、寿司飯によく合い、口の中でとろけるような味は格別です (MA-SABA is known as autumn mackerel because the fish is at its tastiest in autumn. The oily flesh of prime MA-SABA, perfectly matched for vinegared rice, melts in your mouth with a rich sensation.)。

- サンマ：SANMA; Pacific saury

刀のようなその姿から「秋の刀の魚」と書くサンマの塩焼きは日本の秋を代表する風物詩の1つです (SANMA is one of the easily accessible species and often called a representative dish of the Japanese autumn when broiled with salt.)。寿司では、脂の乗った身を生で握りますが、他の光り物を真似て塩と酢でしめて使うこともあります (In sushi, however, the tasty and oily flesh is used raw. The fish is also served after it is salted and vinegared.)。生の時には、臭みを防ぐために切り身にアサツキとショウガを載せることもあります。これら2つそれぞれの握りからはまったく異なる豊かな味わいを楽しめます (When it is served raw, the sliced topping is garnished with chives and ginger. These two styles, raw and cured with salt and vinegar, provide totally different yet rich tastes.)。

- サヨリ：SAYORI; Japanese halfbeak

サヨリは群がって回遊する習性があり、そのために「沢寄り」と呼ばれていた魚で、40センチほどに成長するその体は銀色に輝くきれいな色をしています (This slender fish has the habit of swimming in groups. Hence, it was originally called "sawayori". 'Sawa' means a narrow water and 'yori(u)' swarming about. It grows to 40cm with a body of beautiful, sparkling silver color.)。今日では生で食されますが、昔は塩と酢でしめたものを寿司ネタとして使っていました。一匹丸ごとを一貫に握る「輪づくり」は豪華なものです（Though it is now served raw, it was lightly salted and vinegared to hide its fishy aroma in old days. Serving an entire piece of filleted fish on the top of sushi is called "wazukuri".)。

・コハダ：KOHADA; mid-sized konoshiro gizzard shad

　銀色の肌に脂が乗って光り輝くコハダは光り物の王様とも称され、江戸前寿司の定番商品であり江戸っ子には人気の寿司ネタでした（KOHADA, commonly known as gizzard shad, is often said to be the king of the silver-skinned fish with its beautiful silvery skin and marvelous fatty flesh. It has been a staple topping used in sushi since the birth of Edomaezushi.）。三枚に下ろした後に小骨を取り、塩を振り、酢に漬けるのですが、その微妙な割合や念の入った手作業は寿司職人の腕の見せ所で、脂の乗った風味に大きな影響を及ぼします（It is sliced and sprinkled with salt and sufficiently marinated in vinegar after the small bones are removed. Marinating with a carefully-adjusted volume of salt and vinegar draws out the distinctive flavor of KOHADA with its generous layer of fat.）。

・シラウオ：SHIRAUO; Japanese ice fish

　シラウオは10センチほどの小さな魚で、河口や湾内で獲れます。江戸時代には隅田川の河口でもたくさん獲れ、2月から春にかけての時期が最も美味しく、江戸前寿司として人気の高かった寿司ネタでした（SHIRAUO, a translucent and slender fish, is about 10cm long and lives in places such as the estuaries of rivers and bays. The fish is at its largest and tastiest from February to April. It was highly appreciated as a premium Edomaezushi topping in the Edo period.）。生の他にも酢に漬けた後に軽く湯通しをして食すという調理法もあります（It is served raw, and usually eaten as gunkanmaki. It is also lightly blanched and served as nigiri. In the past it was dipped in vinegar, steamed and served in various ways.）。

● 食文化としての歴史…

　光り物の王様ともいえるコハダは江戸前寿司でも代表的な光り物で、体表が柔らかく、そのウロコ模様にも特徴があり、光沢があって美しいものです。コハダの語源は、その体表を子供のような肌に喩えた「子肌」の意味という説もあります。漢字「小鰭」の「鰭」は、「魚のヒレ」をいう古語「ハ

タ（鰭）」からの当て字であるといわれます。

　コハダは、ニシン目ニシン科の魚で、正式名称をコノシロといい、実際にコノシロ属に属するのはコノシロだけといわれます。別名をナガツミ、ツナシ、ママカリなどとも呼びますが、実はコノシロは出世魚で、シンコ（地方によりツナシまたはジャコとも呼ぶ4～5cmの幼魚）、コハダ（大きさは7cm～10cmほどのもの）、ナカズミ（12～13cmほどのもの）、そしてコノシロ（15cm以上のもの）と呼び名が変わっていきます。寿命は6～7年で、体長は最大で25cmほどに成長します。

　コハダは江戸時代からの寿司ネタですが、その実名であるコノシロが「この城」に通じ、城を喰うという語呂合わせから武士はコノシロをことの外忌み嫌ったそうです。城は武士たちの主家の象徴です。そこからコノシロを「この城を焼く・喰う」魚として嫌い、それだけではなく武家ではコノシロは腹切り魚として、切腹に備える魚でもあったそうです。

　その逆に気っ風のよい江戸っ子たちに最も人気の高かったのがコハダの幼魚であるシンコで、夏の初めに極めて少量のシンコが入荷しくると「初もの」好きの江戸っ子たちはそれを奪い合うようにして食したといわれ、それが異常な高値を呼ぶことになったともいわれます。その高価なシンコは体が小さいために一貫に2匹付け以上で握られます。

● **周辺の話題…**

　コノシロという名前の由来はいくつかあります。その生息地域が汽水域から海水域にかけて広く分布しているために漁獲量が多く、「ご飯（コ）の代わり（シロ）になる魚」という意味で「コノシロ」と名付けられたという説があります。コノシロはすでに説明したように成長とともに名前が変わっていく出世魚なのですが、ブリやスズキなど通常の出世魚とは異なり、幼魚であるシンコが、初ものということから最も高い価格が設定され、コノシロまで成長していくとシンコの半分程度まで値段が下がるという性質があります。

　本節の冒頭で、春の時期の光り物として春子/春日子（カスゴ）を紹介しましたが、このカスゴ（KASUGO, young sea bream）はマダイの幼魚のことです。東京を中心とする関東の方言で、春に生まれる体長10cmから15cmほどの大きさで、ピンク色をした小ダイをいいます。カスゴは、本来は「青い光を放つ魚の類」であるべき光り物ではありません。しかし昔から寿司の世界では、このカスゴの握りに限っては光り物に分類されてきています。

〔2〕早寿司――軍艦巻き：gunkanmaki; battleship roll

ウニやイクラなど形が崩れやすいネタは、小ぶりに握ったすし飯を海苔で巻き、ワサビを付けてそこに載せます。横から見た姿が軍艦に似ています。

● 英語で説明するなら…

軍艦巻きの代表格はウニやイクラですが、その他にもトビコ（flying fish roe）、カニ味噌（crab innards; crab miso）、ねぎトロ（the minced fatty portion of tuna belly and Welsh onions）など、柔らくて崩れやすいネタは軍艦に握られます（Loose toppings that can easily topple down are served on top of sushi rice wrapped with slightly toasted seaweed in a style known as gunkanmaki because it looks like a gunkan, battleship, seen from the side.）。

・ウニ：UNI; sea urchin

英語名の sea urchin はウニを覆う棘がハリネズミ（urchin）の針のように見えるというところから来ています。オレンジとも金色ともいわれるその身はウニの生殖巣すなわち卵巣と精巣です。それを口に入れた瞬間、濃厚な甘みと香りが口中に広がっていきます（The orange or golden colored UNI, which can be eaten, is actually its gonads. As soon as you place it in your mouth, a heavy sweetness and aroma spreads throughout the mouth.）

・イクラ：IKURA; ikura salmon roe

イクラは加工した鮭の卵として日本語化していますが、本来はロシア語で魚卵全部を意味することばです。秋口の早い時期に採れるサケの卵（筋子）をバラバラにして醤油や酒などで作った漬け汁に入れて寝かせます。（'Ikra' actually means fish eggs in Russian. In Japan, however, it is salmon roe marinated with sake and soy sauce after each egg is carefully separated.）。

● 食文化としての歴史…

軍艦巻きの歴史はまだ浅く、1941年頃に東京の銀座にある寿司店が、イクラやウニを握らずに寿司飯と海苔を使って固定する方法を考え出したのがはじめであるといわれます。その後回転寿司の発展とともに、回転寿司屋が競って各種の軍艦巻き創作メニューを考え出し今日に至っています。

● 周辺の話題…

外国の寿司店や日本料理店ではイクラの代わりにキャビアを使うところもありますが、これは一面で正しいことです。ロシアではサケの卵を「赤いイクラ」と呼び、一方キャビアのことを「黒いイクラ」と呼んでいるからです。

〔3〕早寿司——海苔巻き：norimaki; nori rolls

かんぴょう巻きに始まる海苔巻きの誕生は江戸時代にまで遡りますが、その材料入手の容易さと作り方の簡便さから海苔巻きは一般家庭でも作られてきました。その後マグロを巻く鉄火巻きが生まれ、さらに多種多様な海苔巻きが出現して今日に至っています。かんぴょう巻きは次項に譲り、ここでは以下の分類にしたがってそれぞれ説明していくことにしましょう。

● 英語で説明するなら…

海苔巻きは焼いて深緑色をした海苔を使います。巻き簾の上に海苔を広げて寿司飯を敷き、芯となる具を載せて巻きます。巻き簾を使わないものは手巻きといいます（Norimaki sushi rolls use nori (seaweed) slightly toasted and colored deep green. It is made by spreading out nori on a bamboo mat called *makisu*, on top of which rice and the topping are laid before being rolled up. Norimaki made without the use of a makisu is called *temaki*, or "hand-rolled".）。江戸前寿司の巻物はカンピョウを巻く海苔巻きから始まりました。海苔巻きは保存性だけではなく携帯性にも優れ、たくさんの人々が手を使って直接に口に入れることができる便利さもありました（The first norimaki appeared in the Edo period with kanpyo, a filling of dried gourd. People in Edo loved this sushi roll because it was portable, long-lasting, and eaten directly by hand.）。

・**手巻き寿司（巻き寿司）：temakizushi; hand-rolled sushi**

今日では手巻き寿司に2つの意味があります。1つは寿司屋さんで職人さんが巻き簾を使わず手で寿司を海苔で巻いて出してくれるもの、もう1つは家庭で家族や友人たちが自分で巻いて作るものです（Temakizushi has two meanings. One is hand-rolled sushi served by a professional sushi chef who rolls up norimaki by hand (*Te*) not using the *makisu* (a sushi mat) and serves it to you as it is. The other one is self-hand-rolled sushi often enjoyed at homes by families and friends.）。後者では、ネタも従来の寿司ネタに限らず幅広い各種の食材が使われ、ホームパーティーの代表的な食事として人気があります（The latter temakizushi has become popular as an easy and quick dinner available with not only typical sushi fish toppings but also any ingredients you like.）。酢めし、海苔、各種のネタがそれぞれテーブルに置かれ、各自が自分好みの寿司を巻いていきます（Rice, nori, and various kinds of ingredients are separately placed on the table and everyone rolls his or her own as he/she likes.)。

• **太巻き：FUTOMAKI; thick roll**

　太巻きの主な具は炙ったアナゴ、玉子、醬油と砂糖で煮込んだカンピョウとシイタケ、キュウリ、エビなどです（The major ingredients or fillings in futomaki are grilled conger eel, omelet, kanpyo and shiitake mushrooms both boiled with sugar and soy sauce, cucumber, boiled Japanese tiger prawn, etc.)。太巻きに使う玉子は芝海老のすり身を加えじっくりと焼き上げたものです。これらのネタを2枚の炙った海苔に巻き込む太巻きはその深い味わいと食感といい、見た目の色合いといい、贅沢な巻き寿司といえます（The omelet used for futomaki includes ground *shiba* shrimp and is cooked slowly. A futomaki wraps up these fillings all together with two full-size pieces of crisp and toasted nori. It tastes and looks really luxurious. It is really a gorgeous makizushi with vivid colors, intricate flavors, pleasant textures, etc.)。

• **細巻き：HOSOMAKI; thin roll**

　海苔巻きには太巻き、中巻き、細巻きの3種類があります。一番細いものを細巻きと呼んでいますが、カンピョウ、キュウリ、紐きゅう（赤貝の紐ときゅうり）、マグロ、穴きゅう（アナゴときゅうり）、たくあん、梅干し、ワサビ、ネギトロ（マグロの中落ちとアサツキ）など各種多様なネタを巻きます（Norimaki comes in different thicknesses: futo-maki, chu-maki, and hoso-maki. Hosomaki is the thinnest roll usually rolled with such a variety of ingredients as kanpyo, cucumber, himokyu (exterior mantle of blood cockle or AKAGAI and cucumber), tuna, anakyu (conger and cucumber), takuan (pickled daikon radish), ume (pickled plum), wasabi (wasabi horseradish), negitoro (scallion and tuna), etc.)。

• **穴きゅう巻き：ANAKYU-MAKI; conger and cucumber roll**

　強火で軽く炙りツメ（エビの部、シャコの項目を参照）を塗った煮アナゴをキュウリと巻きます。シャキッとして香り豊かなキュウリの食感と煮アナゴのコンビネーションは完璧で、寿司飯と海苔との相性も抜群です（Conger eel boiled with sugar and soy sauce is seared slightly over a high flame before it is coated with sweet tsume sauce and made into a roll with cucumber. The crisp texture and flavor of the cucumber assure a perfect match for the seared eel. The hotness of wasabi adds extra flavor to the exquisite combinations of these ingredients with rice and nori.)。

2. 寿司：sushi

- かっぱ巻き：KAPPA-MAKI; cucumber roll

海苔とキュウリを巻いたものがカッパ巻で、キュウリの持つ爽やかな口当たりと清涼感から一連の寿司を味わった最後に口にする人が多い海苔巻きです。カッパは想像上の動物でキュウリが大好物であったということからこの名前が付きました。ゴマを均等にふりかけた寿司飯と海苔で細切りしたキュウリを巻きます（KAPPA-MAKI is made with nori and cucumber. Because of the crispness and refreshing flavor of cucumber, it is often eaten at the end of the meal to wind up the course of a sushi feast. Kappa is a legendary Japanese water imp believed to eat cucumber as its favorite foods. Before the sliced cucumbers are rolled up with rice and nori, sesame seeds are sprinkled evenly on the rice.）。

- 鉄火巻き：TEKKA-MAKI; tuna roll

鉄火巻きの「鉄火」は真っ赤に燃えた鉄のことです。この海苔巻きに使う真っ赤なマグロが燃える鉄の棒のように見えるところからこの名前が付きました。また、賭場を鉄火場と呼んでいた昔、博打をしている人たちが手で簡単につまみ食いできることから、このマグロ入りの海苔巻きが大人気だったからともいわれます（"Tekka" literally means a red-hot iron. The red flesh of tuna used for this norimaki looks like a burning iron rod when and if cut into slices. There is another story why it is called tekka-maki. Gambling parlors or rooms were called Tekka-ba（the first syllable has in the same Kanji as 'iron' and the second means 'place'）in old days. And, so named because this roll was eaten by hand while gamblers were all busy at their games.）。

- ねぎとろ巻き：NEGITORO-MAKI; scallion and tuna roll

マグロの中落ち（中骨のついた脂の乗った部分）を削ぎ落とした身とアサツキをたっぷりと寿司飯に伸ばして海苔巻きにしたもの。中落ちの代わりに大トロを叩き潰したものを使うこともありますが、いずれもアサツキ、ワサビ、寿司飯、海苔との相性抜群の巻物です（NEGITORO-MAKI is a norimaki with flaked fatty tuna flesh from between the ribs（called *Nakaochi*）and a little bit of sliced chives. Sometimes thinly sliced cucumbers are also rolled up. The beautiful combinations of nakaochi （pounded otoro-meat is also used instead of nakaochi）, chives, wasabi, nori, and rice make a truly gorgeous combination.）。

- 紐きゅう巻き：HIMOKYU-MAKI; himokyu roll

赤貝の紐とキュウリを巻いた海苔巻きです。紐はアカガイ1つから1本

しか取れない貴重なものとその鮮やかな赤色、貝独特の甘さから、アカガイ本体よりも美味であるとさえいわれます。ワサビを少々加えることで紐とキュウリの味わいがさらに高まります（This is norimaki with an AKAGAI mantle (*Himo*) and cucumber. *Himo* is such a highly prized delicacy that only one piece can be taken from the precious shell. Its red or dark orange color and agreeable texture bring out the sweet flavor of AKAGAI, one of the luxurious sushi ingredients nowadays. Some people claim that the crunchy Himo tastes even better than the AKAGAI itself. A hint of wasabi adds another pleasure of tasting the beautiful combinations of himo and cucumber.）。

● 食文化としての歴史…

　海苔巻きの発祥は江戸前寿司にありますが、それを理解するには我が国における海苔の歴史を紐解く必要があります。海苔の歴史は古く、今から1300年前の大宝元年（701年）に編纂された『大宝律令』には朝廷への年貢として海藻類があげられていて、海苔は高級品の位置付けでした。さらには、平安中期の法典である『延喜式』（927年）には海苔が租税の対象として定められています。元来貴族の口にしか入らない貴重品であった海苔を庶民のものとしたきっかけを作ったのが徳川家康でした。

　海苔を好んだ徳川家康に新鮮な海苔を献上するため、品川・大森を中心とする東京湾で海苔の養殖が始まったといわれます。その後徳川幕府が財政逼迫の折に幕府は献上されたその海苔を市場で売り、財源としたそうです。これをきっかけに、海苔は江戸の特産品として庶民にも親しまれるようになりました。江戸中期には現代の海苔と同じ形の四角い板海苔が登場し、色々な具を入れてご飯を巻く「海苔巻き」が庶民の間で大流行し、やがてそれが屋台の寿司屋が出す江戸前寿司の定番の1つとなっていったのです。

● 周辺の話題…

　海外で「巻き寿司」といえば、海苔を使わないロール寿司と海苔を使うものの、寿司飯の内側に巻き込む「裏巻き」があります。裏巻きとは、外側が寿司飯で内側に海苔という巻き方ですが、海苔の上に寿司飯を載せ、ラップをかけてひっくり返し、返した海苔の上に具を置いてラップを巻き簾のように巻いていくという方法で作ります。代表的なものにはカリフォルニアロール、サーモンアボガドロール、マンゴーロールなどがあります。

かんぴょう巻き：KANPYOMAKI; gourd strip roll

カンピョウは、ウリ科の植物ユウガオの実を紐状に剥いたものを天日に干した乾燥野菜食品ですが、それを水で戻して甘辛く煮て寿司ネタにします。

● 英語で説明するなら…

寿司屋で海苔巻きといえば、それはかんぴょう巻きをさすのが江戸前寿司の伝統です。水で洗われ塩もみされた白い紐状のカンピョウは醤油と砂糖で煮られると、味のよくしみた焦げ茶色に変わり、柔らかく口当たりのよい絶品となります(When sushi chefs and customers simply refer to "norimaki," they mean this kanpyomaki or gourd strip roll. Kanpyo is the fruit of the gourd that has been shaved into long strips and dried. After they are washed and rubbed with salt, these dried strips in white color are boiled in water, and then cooked again in soy sauce and sugar. The finished product, turned dark brown in color, is soft with a gentle texture.)。

● 食文化としての歴史…

かんぴょう巻きは別名「木津巻き」というのですが、それは摂津国木津（現在の大阪市浪速区辺り）がカンピョウ生産発祥の地であったからといわれます。かんぴょう巻きを木津巻きと呼ぶ理由については、この他にもいくつかの説があり、次のようなものがよく知られています。カンピョウは、今日奈良と境を接する南京都辺りにあった山城国から木津川を下り摂津の木津へ運ばれ、そこで誕生したのがかんぴょう巻きで、大正時代から昭和にかけて大阪の市場では山城の木津カンピョウはブランド品となっていました。このため、関西ではカンピョウのことを「木津」とも呼んでいたといわれます。

カンピョウの発祥の地は関東の栃木であるとする説もあります。正徳2年（1712年）に近江国水口藩から下野国壬生藩（現在の栃木県下都賀郡壬生町）に国替えになった鳥居忠英が、カンピョウの栽培を奨励したことが、今日の栃木県のカンピョウ生産の興隆につながっていて、その水口藩内の産地の名前が木津であったからだとする説です。今日カンピョウが下野市、小山市、壬生町など栃木県内で多く栽培され、国産カンピョウのほぼ全量（93%）が生産されている事実からすると信ぴょう性の高い説といえるでしょう。

● 周辺の話題…

寿司職人も客もともに単に海苔巻きといえば、それはかんぴょう巻きのことをさすという理由は、海苔巻きが生まれた江戸時代の頃最初に海苔巻きにされたのがカンピョウであったことに由来します。また、その巻かれた姿が鉄砲に見えるところから別名「鉄砲巻き」ともいわれてきました。

第Ⅱ部　料理・食材・調味料・菓子などにまつわる和食を理解し英語で伝える　109

〔4〕熟れ鮨：Nare zushi; fermented sushi

　熟れ鮨は米や麦などの穀物を炊き上げて、その中に魚などを詰め込み乳酸菌の力で乳酸発酵させた発酵食品の一種で、寿司の原点とされるものです。

● 英語で説明するなら…

　鮨は魚を保存する漬け物でした。米や麦を炊き、その中に魚を入れ、また魚の腹の中にも炊いた穀物を詰め、熟れて来るのを待ちます（Sushi was pickled fish for preservation. Grains such as rice and barley were first cooked, and then packed into the belly of fish, which was also covered with the pack of the grains.）。すると乳酸発酵の力で、穀物のデンプンが分解され、それが酢となり、穀物と中の魚が鮨となりました（The grains' starch was decomposed into alcohol, which later became vinegar, by lactate fermentation. The final product of fermented grains and fish was the prototype of sushi.）。

・釣瓶鮨：Tsurube zushi; well bucket sushi, sweetfish sushi

　アユを使った姿寿司で、腹を開いて塩をまぶし、酢に漬けた一本分のアユに炊いた米を合わせて釣瓶（a well bucket）に似た桶に詰めて熟成させた熟れ鮓です。その後酢飯を使って桶に詰める押し寿司に変わりました（It was a kind of ayuzushi, fermented sushi with sweetfish, the belly of which is salted, pickled and put on rice. The product was then packed into a wooden box looking like a well bucket for fermentation.）。

・鮒鮨：Funa zushi; fermented crucian carp sushi

　寿司の原型といわれているのがこの鮒鮨です。琵琶湖の湖東と湖北に多い熟れ鮨で、今日見られる各種の寿司はこの鮒鮨を起源として分化していったものといわれます。（Funa zushi is said to be the very prototype of sushi. It is a type of fermented sushi made with crucian carp originated and developed in the eastern and northern coastal areas of Lake Biwa.）。

● 食文化としての歴史…

　鮒鮨を代表とする熟れ鮓の歴史は古く奈良時代に、近江から朝廷に特産物として献上されていました。鳥が産卵のため巣づくりに好物でもある米粒や小魚を集めそれが発酵したのが始まりという説もあります。

● 周辺の話題…

　鮒鮨は本漬け約1年弱で食べられますが、納豆やチーズとよく似た発酵食品独特の香りがして、その味わいとともに鮒鮨通にはたまらない酒のつまみや鮒鮨茶漬けとして人気があります。

〔5〕その他の寿司

①稲荷寿司：inarizushi; sushi in fried tofu

　稲荷寿司は甘辛く煮た油揚げの中に酢飯を詰めた寿司の一種で、お稲荷さん、お稲荷、いなりなどとも呼ばれ、各地には固有の稲荷寿司があります。

● 英語で説明するなら…

　稲荷寿司とは、豆腐の加工品の油揚を甘辛く煮て、それを袋状にしたものにすし飯を詰め込んだものですが、その起源は、後述するように、お米の神様である稲荷（稲生り、あるいは稲成りが変わったものという説が有力です）神の使いである狐の大好物であったからといわれます（Inarizushi is a vinegared rice ball wrapped in a deep fried and sweetened tofu pouch (pocket). It was believed to be a favorite food of foxes, messengers of the rice God Inari, or Inenari (*ine* is rice in Japanese).)。

● 食文化としての歴史…

　稲荷寿司の語源は、稲荷神の使いであるキツネの好物に由来します。古代からキツネの好物はネズミを油で揚げたものとされ、キツネを捕まえる時にもネズミの油揚げが使われたといわれます。後年ネズミの代わりに豆腐の油揚げが稲荷神社に供えられるようになり、いつの間にか豆腐の油揚げがキツネの好物になったとされます。その豆腐の油揚げを使う寿司なので、稲荷寿司や狐寿司と呼ばれるようになりました。稲荷寿司の発祥の地は豊川市にある豊川稲荷の門前町で、天保の大飢饉の頃に考えだされた寿司であるというのが通説です。

　地方にはそれぞれ独特の稲荷寿司が存在していますが、江戸には「おつな寿司」と呼ばれる稲荷ずしがありました。江戸末期に「つな」という女性によって考案され、その名前が愛称となった歴史のある稲荷寿司です。おつな寿司は油揚げを裏返して使うのですが、それは油で手がすべらずに早く飯が詰められるからでした。

● 周辺の話題…

　稲荷寿司は、しのだ寿司、狐寿司、おいなりさん、稲荷ずし、稲荷鮨、など地方によってそれぞれ独特の味付け、スタイル、呼び名がありますが、それだけ庶民的な食べ物であったといえます。一般家庭の中に深く入りこんだ伝統的な日本の食文化の1つです。

　稲荷神社で祭られるキツネの大好物を供えるという宗教的な要素、素材も簡単で手軽に作れるという家庭料理の要素が上手く溶け込んだ日本版ファーストフードです。

②大阪ずし：Osaka-zushi; Osaka-style sushi

箱ずしやばら鮨など、家庭料理として伝承される大阪の寿司の文化を象徴した押し寿司の総称で、バッテラや太巻き寿司を含める場合もあります。

● 英語で説明するなら…

江戸前の握り寿司に対して大阪ずしといえば「箱ずし」をさすのが一般的ですが、その他にもサバを酢でしめた押し寿司のバッテラ、五目寿司ともいわれるばら寿司や太巻き寿司を含める場合もあります。箱ずしは特殊な箱の中に寿司飯とその上に各種の調理されたネタを載せ、上から押して作ります（While nigirizushi represents Edo (Tokyo), Osaka-zushi is usually represented by hako-zushi. It's a lightly pressed piece of sushi topped with various kinds of cooked ingredients in a special box. Osaka-zushi includes not only hako-zushi, but also battera that is a kind of oshi-zushi (pressed sushi) using Japanese mackerel marinated in vinegar, bara-zushi or gomoku zushi (vinegared rice mixed with various kinds of vegetable, fish and other ingredients.)）。

● 食文化としての歴史…

大阪ずしは、江戸前の握り寿司に対して、木型を用いた箱ずし（押し寿司）をさします。種には主に酢締めのサバ、昆布締めのタイ、焼きアナゴ、ゆでたエビ、玉子焼きなどが用いられます。大阪ずしには箱ずしではないバッテラ、ばら寿司、そして太巻き寿司を含める場合もありますが、歴史的に見ても醸造酢を使った早ずしがそのもとであり、江戸前寿司よりも古いものといえます。

バッテラとは、明治時代中頃に大阪のある寿司屋がコノシロの片身を開いて舟形にした寿司を考案したところ、その形がボートによく似ていたためにポルトガル語のbateira（小舟・ボート）を当ててバッテラと呼ばれるようになったのが発端であったといいます。その後コノシロの急激な値上がりから安価なサバを使うようになり今日に至っています。

● 周辺の話題…

大阪ずしには箱ずしだけではなく、小鯛雀ずし、サバの棒ずしやバッテラ、松前ずし、巻きずしも含まれますが、どれも事前に調理した材料を使用するため握り寿司に比べ日持ちするという特徴があります。箱ずしのことをケラ、またはコケラずしというのは次の理由のためです。柿とは平安時代から使われてきたことばで、屋根を葺くときの薄く剝いだ板のことです。その柿葺きのように薄く切りつけたネタを箱の中に詰めたすし飯の上に並べて押すことから柿ずし、略してケラずしといわれています。

③押し寿司：oshi-zushi; pressed sushi

　押し寿司は、樽や桶あるいは箱の中にすし飯と具を重ね、手や重石などで上から圧力をかけてまんべんなく隙間を詰めて作る熟れ鮓や早ずしです。

● 英語で説明するなら…

　押し寿司は容器に入れて上から圧力を加えるものと、箱を使わずに布巾と巻き簾を使って押し固めるものとに分けることができます。サバを使った押し寿司では、前者のようにして作るものをバッテラ、後者のようにして作るものをサバ寿司と呼び、その両者は違うものです（Oshi-zushi is made of sushi rice and cooked ingredients pressed in a container or mold. It's also pressed by hand after they are wrapped with a sushi mat and cloth. The former style is battera (Osaka-style mackerel sushi) and the latter Saba-zushi (rod-shaped sushi topped with mackerel).）。その他の押し寿司には、棒寿し、ます寿し、アジの押し寿司、サンマ寿し、その他多くの地方色豊かなものがたくさんあります（It includes Bo-zushi (rod-shaped sushi topped with a large slice of fish), Masu-zushi (round sushi topped with trout), Oshi-zushi topped with aji (Japanese horse mackerel), Sanma-zushi (a sushi bar topped with saury), and many others in different regions all over Japan.）。

● 食文化としての歴史…

　乳酸発酵を必要とする熟れ鮓は熟成するまで数ヶ月以上かかるのが普通でした。そのために、その途中のまだ米が原型を留めているうちに熟れ鮓を食べるようになり、その後その酸っぱさを醸造酢で代用するようになりました。そのようにして生まれたのが早ずしで、その早ずしが押し寿司を誕生させるきっかけとなりました。押し寿司は棒寿司（松前寿司）と箱ずしに大別されますが、バッテラは箱ずしの一種です。

● 周辺の話題…

　箱ずしと押し寿司の関係ですが、四角い箱型に押した押し寿司が「箱ずし」であり、箱ずしは押し寿司の1種であるといえます。しかし、押し寿司のすべてが箱ずしではあるとはいえません。箱ずしではない押し寿司は各地に存在しています。今日押し寿司というと大阪ずしの別名のようになっていますが、正しくは「箱ずし」が大阪ずしの総称です。箱ずしは押すのが目的であって発酵はさせません。熟れ鮓の中には重石を載せて発酵を早めさせるものもありますが、それは押し寿司の一種といえます。

④ちらし寿司：chirashi-zushi; unrolled sushi

　魚介類の他に玉子、キュウリ、煮シイタケなどをすし飯の上に散らしていくところから、ちらし寿司の名がつきました。具を混ぜ込む方法もあります。

● 英語で説明するなら…

　ちらし寿司は、丼や重箱に詰め込んだすし飯の上に各種の刺身、イクラ、かまぼこ、薄い玉子焼きを細く切った錦糸卵、刻み海苔、キュウリや甘辛く煮たシイタケ、青ジソ、などを散らしたものです（Chirashi-zushi is vinegared rice with a variety of ingredients such as pieces of raw fish, salmon roe, kamaboko (fish meat sausage), thin strips of sweetened omelet, thinly sliced nori, and various vegetables sprinkled on top, and served in a box or bowl.）。

● 食文化としての歴史…

　東京のちらし寿司は江戸前の寿司屋が考案したものといわれ、寿司屋ができたのが江戸時代後期ですので、実際に庶民に知られるようになったのは明治に入ってからのようです。それに対して別名五目寿司ともいわれるバラ寿司はそれよりもはるか昔から家庭で作られ、祭礼などがあるハレの日の手作り料理として全国に広がっていました。

　バラ寿司には「散鮨」という漢字が与えられることもあり、ちらし寿司の別称ともされますが、それはちらし寿司が押し寿司、握り寿司などすし飯を固めて使うのに対し、寿司飯をばらばらにして使うからだといわれます。しかし、実際には地方の寿司屋や家庭で作られる「バラ寿司」は煮る、焼く、酢に漬けるかした魚介類と甘く煮込んだシイタケ、カンピョウ、レンコン、玉子焼きなどをそれぞれ細かく刻んだものを、すし飯に混ぜ込むという点でちらし寿司とは別のものとすべきでしょう。

● 周辺の話題…

　バラ寿司で有名なのは岡山を代表する郷土料理の「祭りずし」ですが、その由来は興味深いものです。江戸時代，備前岡山の大名であった池田光政は、家来や国の人々に贅沢をしないようにと「食事は一汁一菜とする」というお触れを出しました。これに対して、祭りなどハレの日にごちそうを食べたい人々は、そのお触れ書きにも逆らわず、かつ自分たちの希望を叶える方法を考え出したのです。魚や野菜を目立たないようにすし飯にまぜ、外見上は一汁一菜ですが、中にはたくさんの具を入れたバラ寿司にしたのです。岡山県は、瀬戸内海の魚や野菜、果物などたくさんの食材に恵まれています。岡山祭りずしは、岡山県の特産物をたくさん使った、はなやかな料理です。

3. 麺類：menrui; noodles

〔1〕うどん：udon; thick white noodles made from wheat flour

うどんは日本を代表する料理の1つです。材料はシンプルで、小麦粉と水と塩を混ぜ合わせてこね、延ばしします。このように作られた麺は太目に、長く切られ、ゆでられます。麺をねぎなどの薬味や油揚げ、鶏肉や、かまぼこ、卵などの具を加え汁の中に入れて食べるのが一般的です。うどんは温かいものもあれば冷たいものもあり、季節を問わず楽しめます。

● 英語で説明するなら…

うどんとは、小麦から作られた白く太い麺です。単に「太い麺」と言い表すこともできます。うどんは今では英語になっているため、「うどんが食べたい」「あのうどん、美味しそう」と英語で言うことが可能です（"Udon" is literally 'wheat pasta made in thick strips'. It is white in color. You could also more loosely call it "thick noodles". The food term "Udon" has now become part of the English language, and you can actually say "I want to eat udon" or "Those udons look good".)。

・釜揚げうどん：kamaage udon; udon served in hot water in a shared hot pot

うどんをそのまま鍋でゆで、供するのが基本的な方法です。より味わいをもたらすために、だし汁と醤油の中に漬けられますが、だし汁には昆布とカツオ節などの「だし」が材料になっているものもあります（Udon by itself cooked in hot water in a pot is a basic serving method of udon in Japan. To make it more savory it is then dipped into a sauce made up of "dashi" (one type is made of kelp and fermented skipjack tuna shavings) and soy sauce.)。だしの中のカツオ節が、食事をする人の舌に旨みをもたらします（旨みは日本ならではの味覚であり、かつ和食の6つの基本的な味覚の1つです（The skipjack tuna shavings (katsuobushi) in the "dashi" bring "umami" ("Umami" is a unique taste in Japan and one of the six basic tastes).)。

・カレーうどん：karee udon; curried udon

カレーうどんはカレー味のスープに入ったうどんのことです。カレーソースの材料は野菜であったり（ニンジン、タマネギ、ジャガイモ）、肉であったりします（牛肉、豚肉、または鶏肉）（Curried udon (or curry udon) is udon in a curry-flavored soup. The curry sauce can be made from either vegetables (carrots, onions, potatoes) or meat (beef, pork or chicken).)。カレーはインド亜大陸が英国の支配下にあった明治時代（1868〜1912年）、英国人により日本にもたらされました（Curry was first introduced to Japan by the British in the Meiji Era (1868-1912), when the Indian subcontinent was under the British raj.）。1960年代に手頃に入手できるようになり、現在では国民食として位置付けられるまでになりました。よく似た音の（しかしまったく異なる）食べものとして、カレー丼があります（こちらは濃い目のカレーソースがご飯の上にかかったものです）（It is now a national dish, having become widely available throughout Japan in the 1960's. There is also another similar-sounding dish called "kareedon", which is completely different (it is thickened curry sauce poured on top of rice).）。

・鍋焼きうどん：nabeyaki udon; udon cooked in a (metal) hot pot

うどんは土鍋で料理され、供される場合があります。この料理は文字通り、鍋で焼かれたうどんです（Udon can be cooked in and served from 'an earthen pot' which is called "nabe" in the Japanese language. "Yaki" refers to 'cooking', so literally this would mean 'udon hot-pot cooking'.）。材料は野菜と海鮮です。エビの天ぷら、シイタケ、その上に割った卵を乗せたものが、人気のあるトッピングです（The ingredients are vegetables and seafood. Tempura shrimp, mushrooms, and a cracked egg on top are popular favorites with this dish.）。

・その他：other udon dishes

上にあげたもの以外で注目に値するうどんの中に、ほうとううどんがあります。これは山梨県の名産で、塩を使用せずに作られます。また、そのまま出される冷たいうどんである、はだかうどん、そして生醤油うどんというものもあります。後者も冷たいうどんで、低温殺菌されていない醤油と柑橘系果物の果汁（すだち）をまぜたタレに付けて食べます（Other udon dishes worthy of mention include "houtou udon", a regional specialty of Yamanashi prefecture which is made without adding any salt, "hadaka udon", which is a cold udon served as is, and "kijoyu udon", again a cold udon served in a cold soup of unpasteurized soy sauce and citrus juice ("sudachi" in Japanese).）。

一度普通のうどんを食べたら、次はうどんの種類にこだわってみるのもよいでしょう。実はこれこそがうどんを食べる大きな楽しみなのです。うどんには本当に多くの種類があります。(Once you've tasted udon for the first

3. 麺類：menrui; noodles

time the next decision might be which type of udon to choose. This is when the fun really begins, because there are numerous types.)。

まずは冷やしうどんから試してみてもよいかもしれません。特に湿度が高く暑い夏の時期に食べると美味しい一品です。ざるうどん、きつねうどん、たぬきうどんの他に、天ぷらうどんといった選択肢があります。冬になったら温かいものを注文しましょう。かけうどん、釜揚げうどん、月見うどん、カレーうどん、力うどん、そして鍋焼きうどんなど、実に多くのうどんがあります。(Let's start with udon served chilled, a good choice in Japan's humid summer climate. You can choose from "zaru udon", "kitsune udon", "tanuki udon", as well as "tempura udon". In wintertime if you desire something hot you can choose amongst "kake udon", "kamaage udon", "tsukimi udon", "curry udon" (more correctly 'curried udon'), "chikara udon", and "nabeyaki udon".)。

仮にざるうどんでデビューを飾るとしましょう。ざるうどんにはもみ海苔（細かく刻まれた海苔）がかかっています。きつねうどんであれば、大きな甘く煮た油揚げが麺の上に載っています。たぬきうどんには、天カス（サクサクした天ぷらの衣の欠片）が入っています(Assuming you go with "zaru udon" as your first foray into eating udon noodles, keep in mind that the noodles are covered with "mominori" (finely cut seaweed). If it's "kitsune udon" it will be topped with chunks of fried "tofu". "Tanuki udon" contains "tenkasu" (crunchy pieces of deep-fried flour batter).)。

エビの天ぷらも入る天ぷらうどんは、かなり美味しい料理です。ただ、カロリーが高いのが難点です（天ぷらの衣は油、でんぷん、小麦粉、卵、ふくらし粉でできています）。かけうどんはもっと単純な料理です。名前の通り、うどんにだし汁がかかったもので（大抵の場合ネギが添えられます）、地域によって味が異なります。西日本の汁はあっさりとした味わいですが、東日本では濃い目の味になっています("Tempura udon" made with prawns is quite delicious with the slight drawback that the tempura batter is rich in calories. It is typically made up of oil, starch, wheat flour, eggs and baking powder). "Kake udon" is a simpler choice and is served in a light broth (in western Japan) and a heavier broth (in eastern Japan).)。

月見うどんには必ず、生卵が入っています。外国人にとっては慣れるのに時間がかかるかもしれません。カレーうどんは冬の寒い季節にうってつけです。美味しくてお腹も膨れます。("Tsukimi udon" always contains a raw egg on top, something that may take time getting used to. "Curry udon" is a delicious choice in winter, and very filling.)。

　力うどんの中にはねばねばした餅が入っています。食べたら力がみなぎるようです。油揚げを一枚入れる場合もあります。("Chikara udon" is topped with glutinous rice cakes, and is supposed to give you 'power'. It can also be served with a sheet of fried bean curd.)。

● **食文化としての歴史…**
　昔からあるこの食べものは日本で誕生したように見えます。これが事実であれば、日本の料理業界はこの発明を大いに誇るべきです。しかし、うどんの起源を巡る数多くの説を見ると、この種類の麺はラーメンと同様に中国発祥である可能性が高いようです（その後、日本人の好みに合うよう作り変えられました）。うどんがどのように日本にもたらされたかについて、いくつかある有力な説の1つに、偉大な僧侶である空海（774〜835年）が関係していたとするものがあります。よく知られているように、空海は804年に当時の政府の命を受け、密教を学ぶために中国へ渡りました。空海はさまざまなものを中国から持ち帰りましたが、その中にうどん（餛飩）も含まれていたという話です。その後、うどんは四国で作られるようになりました。これこそが世界に名だたる讃岐うどんの起源であるとされています（讃岐は現在の香川県です）。

● **周辺の話題…**
　日本ではどこに行っても「うどん」の看板が目に入ります。幸い、表記は漢字の「餛飩」ではなく、平仮名やローマ字の場合が多いので、外国人にとっても比較的分かりやすいものです。他にも「そば」や「ラーメン」といった麺類の看板も同じ頻度で目に入ります。これらの日本を代表する麺類3つはそれぞれ栄養があり、美味しく、その上ヘルシーなので、本当に目移りしてしまいます。もしうどんを選ぶなら、やわらかく歯応えのある生麺を探してみましょう。これは自宅でも簡単に調理することができます。うどん屋さんで食べる場合でも、地元の人に尋ねればおすすめの店を教えてくれます。多くの場合、地元の人はそこで提供されている料理について驚くほど豊富な知識を持っていて、とても親切に「この店がいい」「あの店がいい」と教えてくれます。

〔2〕そば : soba; Japanese noodles

そばは古い歴史を誇る日本の麺料理です。漢字の蕎麦は文字通り、そばと小麦（もしくは大麦）という意味ですが、これは古名「ソバムギ」を略したものです。蕎麦の果実の胚乳でそば粉を作ります。日本にはやや高級な専門店から、電車の駅構内にある立ち食いの店まで、さまざまなそば屋が存在します。

● 英語で説明するなら

そば（別名、日本そば）は白米と並び、日本を代表する食べ物の1つです。もし日本人の食生活において最も重要な麺類は何かと問われれば、その答えは多くの場合そばとなるでしょう。日本人はそばをこよなく愛しています。日本には他にもうどんと中華そばという麺類が存在しますが、そばはそれらと比較すると栄養価が高く、食感もよく、かつ最も歴史があるものです（"Soba" (also called "nihonsoba"), along with white rice, is a mainstay of the Japanese diet. If you said that there were just one important type of noodles central to the Japanese diet you would probably have to say that it is "soba". This noodle type is the clear preference of most indigenous Japanese. Compared to other types of noodles such as "udon" or "chukasoba", "soba" beats them all hands down in terms of nutrition, texture, and tradition.)。

この麺類は、主に北海道で栽培されるそばの種を挽いた粉を使用して作るものです。少々ナッツのような風味があり、食べ慣れるまでに時間がかかるかもしれません。しかし一度その魅力に気づけば、実にすばらしい食の体験を楽しむことができるでしょう（This is a noodle made using flour made from seeds of the buckwheat plant, which grows mainly in Hokkaido in Japan. It has a somewhat "nutty" taste and may take sometime getting used to, but once you do it can be a marvelous daily dining experience.)。でき立てのそばはこしがあり、香りがとても豊かです。そばは最初に生地から作られます。材料は石臼でそばを挽いて作るそば粉、中力粉、水、そば（もしくはタピオカ）でんぷんです(When freshly made it is chewy and incredibly aromatic. It is made by making a dough from stone-milled "sobako" (soba flour), general purpose flour, water, and buckwheat (or tapioca) starch.)。

そばは年に4回収穫されます（3ヶ月に1度のペースです）。このため、

新そばと呼ばれる、その季節限定のそばを食べるためには、タイミングをしっかりと計る必要があります。季節ものを食べるためには面倒もありますが、その手間をかけるだけの価値はあります。新そばには甘い風味があるので、甘いものが好きな人にも喜ばれるでしょう（"Soba" is harvested four times a year (every three months). For that reason to get a special seasonal type of "soba" called "shin-soba" you need excellent timing. Seasonal foods are well worth the effort. This variety of soba has a sweet taste (for those with a sweet tooth).)

栄養の観点から言えば、そばは理想的な食べ物です。8種類の必須アミノ酸を含んでいます。これと比べると米国でよく食べられる小麦には、タンパク質の重要な構成成分であるリシンが欠けています（Nutritionally, soba is an ideal food. It contains all eight essential amino acids. By contrast, wheat, an American staple, lacks lysine (important in the biosynthesis of proteins).)。またそばは、白米よりもはるかに優れています。精米にはチアミンが含まれておらず、江戸時代に脚気が流行した原因となりました（And it is much better than white rice as well (polished white rice is lacking in thiamine and was the cause of widespread beriberi in the Edo (Tokugawa) period).)。

・おろしそば：oroshisoba; cold soba noodles served in a broth

このかなりシンプルなそば料理は、主に夏場に提供されます。麺つゆが冷やされているので、湿度の高い日にはうってつけです。ざるそばとは異なり、おろしそばにはさまざまな具を付け加えることができます。例えばネギ、大根おろし、そしてエノキダケなどがあげられます。さらに刺激を加えたい場合は、七味唐辛子をふりかけることもできます（This is a fairly simple dish, often served in the summertime. Since the broth is chilled it is perfect on a humid day. There are lots of different toppings you can add as well (differing from zaru soba), such as green onion, grated white radish, and enoki mushrooms. Then for a little more kick you can add some "seven herb red pepper" ("shichimi" in Japanese) to taste.)。

・鴨南蛮そば：kamonanbansoba; soba noodles with duck meat

これはお好み焼きやたこ焼きなどと同様に、日本のソウルフードとは何かを示す素晴らしい例です。このそばは熱い料理です。だしと醤油で作られた汁に入れられて提供されます。また具として、スライスした鴨の胸肉と、鴨の脂を使って調理された青ネギが添えられます（This is a great example of what's called Japanese soul food (other examples are "okonomiyaki" and "takoyaki"). This is hot soba served in a sauce made up of "dashi" and soy sauce, along with sliced duck breast and green onions which have been fried in duck fat.)。これに加え、アクセントとして少量のわさびが付きます（Accenting this is a small amount of "wasabi" ('horseradish sauce' in English).)。

- **ざるそば：zarusoba; chilled soba noodles**

もりそばと同様、これはそばの中でも最もベーシックな種類のものです。水を切るための竹製のざるに盛り付けられて提供されます。スパゲティと同じくらいの厚みのある麺が、ざるに直接盛られるわけです（Very similar to "morisoba", this is the most basic kind of soba noodle dish available. It is served on a bamboo draining basket made specifically for this purpose. The cold (chilled) soba noodles, about the same thickness as that of spaghetti, are served directly on the basket.)。

また、風味豊かな冷やしたつゆもあります。これはカツオ節、昆布、醤油が材料です。つゆにみりんを加え、水とグラニュー糖を入れて作る漬けだれもあります（There is also a rich dipping sauce (called "tsuyu"), also chilled, which is made from bonito, kombu kelp and soy sauce, served to the side. The dipping sauce could alternatively be made from combining tsuyu, mirin (a type of rice wine) and water (and caster sugar (also called superfine sugar) as well).) 盛りそばはざるそばと異なります。ざるそばには通常、細く刻まれた海苔がかけられていますが、盛りそばにはありませんし、タレも異なります（"Morisoba" differs from "zarusoba" in that zarusoba usually is served with thin sheets of seaweed on top (called "nori" in Japanese) whereas "morisoba" is not. The dipping sauce is also different.)

- **天ぷらそば：tempura soba; hot soba noodles served with tempura**

この熱いそばには、エビ（もしくはその他の魚介）、または野菜のてんぷらがつきます。この料理は熱めのつゆだれの中に入れられて供されます。ホウレンソウ、ネギ、七味唐辛子を加えることもできます（This is a hot soba dish served either with shrimp (or other seafood) or vegetable tempura. It is served in a hot tsuyu sauce. Spinach, green onion, and seven herb red pepper can be added.)。

- **とろろそば：tororosoba; soba noodles with slimy grated yam**

とろろそばは、そばにとろろがかけられているものです。とろろは芋をすりつぶした粘り気のある食べ物で、ビタミンを豊富に含んでいます。とろろ

そばの中に、生卵や黄身のみを入れて食べる方法も人気があります（"Tororosoba" is made from "tororo" and soba. "Tororo" is a sticky food made by grating yams. It is quite nutritious and contains numerous vitamins. It is quite popular to add a raw egg or yolk to tororosoba.）。とろろそばを楽しむことができれば、オクラや納豆という粘り気のある食べ物も楽しむことができるかもしれません。実際、これらもとろろそばの具として人気があります（If you enjoy eating this food you may also like okra ("okura") and "natto", two other sticky foods. In fact, those are also popular toppings of tororosoba.）。

● 食文化としての歴史…

　他の麺類同様、そばもまた中国から日本に伝わったと考えられています。記録の上で、そばが初めて言及されたのは、『続日本紀』（797年）においてです。しかし、日本でそばの栽培が始まった時期ははるか遠い昔であると考えられており、研究ではかなり古く、縄文時代にはすでに栽培が行われていたという証拠が見つかっています。

　時代が経過し、現在のそばはその料理の種類からして昔の人が見たら驚くほど多岐に渡ります。ニシンの入ったニシンそば、とろろ昆布の入ったおぼろそば、コロッケの乗ったコロッケそば、カレー粉を使用したカレー南蛮など、実にさまざまです。フライドポテトが載ったフライドポテトそばを出す店が話題になったこともありました。

　そばを材料とするのは、何も麺料理だけではありません。日本人はそばの使い道として、実にさまざまなものを生み出してきました。そばを原料にしたそば焼酎は人気のあるタイプの焼酎で、これをそば湯で割ったものを出すそば屋もあります。最近ではそばを使ったクッキーもあります。

● 周辺の話題…

　その他のそばとしては次のようなものがあります。そば粉に抹茶を入れて製麺した「茶そば」、海藻が入った「へぎそば」、太めの「いなかそば」、山芋の一種を材料として使用した「自然薯そば」、ヨモギで風味付けされた「よもぎそば」、小麦2割、そば8割の比率で作られた「二八そば」、そばの実の中心部から取れる白いそば粉を使用した「更科そば」、そして純粋にそばだけで作られた「十割そば」（読み方は「とわりそば」、または「じゅうわりそば」）があります。それぞれの栄養価も異なるので、このシンプルな食べ物の奥深さが分かります。

①きしめん : kishimen; noodles made in flat strips

きしめんは平打ちのうどんで、ひもかわともいい、愛知県の名物です。中国の碁子麺（碁石の形の麺という意味）を語源とする説があります。

● 英語で説明するなら…

きしめんは平らで幅が広い麺です。その幅は約8ミリあります。別名、ひらうちめんや、ひもかわとも呼ばれています（Kishimen are flat and wide udon noodles (to be exact, they are about 0.8 cm in width). They also go by the names "hirauchi-udon" as well as "himokawa".）。丼に入った汁と共に供され、ほんの少しみりんで味付けされます。きしめんのつゆはこの料理のために特別に作られるもので、たまり醤油と呼ばれます（They are served in a bowl of broth, with a hint of sweet sake seasoning. The broth itself is made specifically for this dish and is called "tamari-shouyu".）。たまり醤油は多くの大豆と小麦、そして塩味が控えめの水が使用されます（"Tamari-shouyu" is made from a larger number of soy beans (along with the wheat) and water that is less saline.）。さらに、カツオ節、ゆでたホウレンソウ、そして油揚げなど、好みでトッピングを加えることもできます（You can then top this with dried bonito shavings, boiled spinach, or deep-fried bean curd, as you like.）。

● 食文化としての歴史…

きしめんの起源にはさまざまな説があります。先にあげたのはその1つですが、もう1つの説は、名古屋城が築城された頃徳川家康が美濃国の奉行岡田将監に、きじの肉を乗せた平らな麺を出すよう命じたことが発端で、その「きじめん」の雉の肉が時代とともに別の肉に変わり、そして今日のように油揚げに変化したというものです。古くは、小麦粉を練って薄く延ばしたものを竹の筒で碁子（きし）（＝碁石）のように丸く打ち抜き、ゆできな粉をかけた食べ物でした。

● 周辺の話題…

きしめんは日本の伝統的な麺の一種です。愛知の特産品として認知されており、名古屋方面の旅行客が楽しみにしているものの1つです。味噌を使った味噌煮込みが一般的ですが、その他食べ方の種類は豊富で、とろろを使ったものや、カレーで味付けをしたきしめん料理もあります。また温かいものから冷やしたものまであり、一般的なうどんと同じような楽しみ方ができます。

②そうめん：somen; thin noodles

そうめんは主に夏に食べられる小麦粉を材料とした白く細い麺です。ひやむぎと似ていますが、製法（切ると延ばす）と太さが異なります。

● 英語で説明するなら…

そうめんとは小麦粉でつくる、とても細い麺です。うどんは、そうめんやひやむぎのさらに太いバージョンであると捉えることができます（"Udon" noodles, conversely, can be thought of as a THICKER version of these two thinner types.）。そうめんは通常、冷たいもので、同じく冷やされた麺つゆと一緒に出されます。これは夏に最適な料理です（Somen is typically served chilled with a dipping sauce (also chilled) and therefore makes a great summertime meal.）。冬場になると、そうめんはにゅうめんに変化し、熱い料理として提供されます。これは寒い季節にうってつけの料理です（In wintertime somen turns into nyumen (served hot) and also makes a great wintertime meal!）。白いそうめんやうどんと異なり、ひやむぎには白以外にも茶、はたまたピンク色のものまであります。ひやむぎは通常、そうめんと同じような調理方法で出されます（Unlike somen and udon noodles, which are all white, hiyamugi noodles can be white, brown or even pink. Hiyamugi is usually served in the same way as somen.）。

● 食文化としての歴史…

そうめんの歴史は最低でも600年前に遡ります。起源には諸説ありますが、他の麺類同様、中国から伝わった索麺（さくめん）が進化したものと考えられます。播州の赤穂（現在の兵庫県）で揖保乃糸手延べ麺が、その地域を流れる揖保川の水と塩で作られました。

● 周辺の話題…

そうめんは普通に食卓で食べることもできますし、流しそうめんという形で楽しむこともできます。半分に切った竹を長くつなぎ傾斜させて、そこに水を流し、その流れにそうめんを乗せます。下流にいる人はそれを箸で上手につかんで食べるのです。近年では少なくなったかもしれませんが、夏の風物詩の1つとして位置付けられるでしょう。また、そうめんをサラダにするという食べ方もあります。味付けは酢がベースとなっており、これも暑い日に最適な一品です。

〔3〕ラーメン：ramen; Chinese-style noodles

　ラーメンはかつて中華そばという名称で呼ばれるのが一般的でした。しかし1958年、チキンラーメンというインスタント食品が販売されるようになってからはラーメンという言葉が浸透しました。その他の名称として、支那そばや南京そばがあります。支那そばという名前でこの料理を出している店もありますが、南京そばは1900年代初頭あたりから使用されなくなりました。

● 英語で説明するなら…

　ラーメンに使用される麺はアルカリ性で、濃厚なスープに入っており、多様な具材とともに供されます。原材料は小麦です。通常は温かい料理であり、スープは魚介もしくは肉系がベースとなります（冷たいものは冷やし中華と呼ばれます）(These are "alkaline noodles in a rich broth and served with a variety of toppings". They are made from wheat. The noodles are usually served hot, either in a fish-based stock or a meat-based stock. (When it is served cold it is called "hiyashi-chuuka".))。

　魚介ベースのスープによく使用されるのはカツオ節か、煮干です。肉系のスープであれば、豚骨や鶏ガラが使われるのが一般的です。スープには他の材料、例えばシイタケやタマネギなども使用されます。これは店によりさまざまなので、アレルギーが心配であればあらかじめ問い合わせておくのがよいかもしれません(The fish-based stocks are often made with dried bonito (katsuobushi) or dried sardines (niboshi). The meat-based stocks typically consist of pork bones (tonkotsu) or chicken (torigara). Other ingredients can be cooked in with the broth, such as shiitake mushrooms and onions. This is shop-specific so if you have any allergies it would be good to ask ahead of time.)。トッピングに使用されるものは多様であり、ネギなどの薬味、薄切りの肉（チャーシュー）、卵、トマトなどを含みます(The toppings can include chives, slices of meat (chashu), eggs, tomatoes, and many others.)。

・塩ラーメン：shio ramen; quick-cooking wheat noodles (ramen) in a light, salted broth.

　塩ラーメンは味付けに用いられている海塩が名前の由来です。塩はスープを作る段階ですでに入っているか、もしくは後で付け足されます。この辺りは店によりそれぞれです(Shio ramen refers to the seasoning "sea salt", either cooked into or added to the broth (depending on the shop).)。塩

ラーメンという分類においては、塩味のスープを使用しているラーメンであればどのようなものでも含まれます。したがって、例えば沖縄そば（うどんのような麺とラーメン風のスープが組み合わさった料理）も塩ラーメンの一種とみなされるのです（Categorized this way, any ramen with a salty broth, even one such as Okinawa soba (a hybrid of udon-like noodles in a ramen broth), would be included here.）。

- 醤油ラーメン：shoyu ramen; quick-cooking wheat noodles in a clear, brown broth flavored with soy sauce

醤油ラーメンというジャンルには、スープの味付けが主に醤油で行われているすべてのラーメンが含まれます。これは澄んだ黒っぽいスープです。1つの例として、広島発祥の尾道ラーメンがあります。この特徴的なラーメンはスープ表面の油の効果で、とても熱い料理です。麺は平らな形をした平麺で、背脂の小さな塊が添えられています。ちなみに、醤油ラーメンはもともと関東発祥の食べ物です（Shoyu ramen includes all the ramens which are made in a broth with soy sauce as the principal seasoning. This is a clear and dark broth. An example of this is Onomichi ramen (originating from Hiroshima), a unique ramen which is served extremely hot (due to the oil floating on top), with flat noodles and chunks of fat ("seabura"). Incidentally, shoyu ramen itself originally was a Kanto-style food.）。

- とんこつラーメン：tonkotsu ramen; quick-cooking noodles in a cloudy, white broth that contains boiled-down pork bones

ここでいうとんこつは味付けのことではなく、スープの素材を表しています。ゆでられた豚の骨のことです（"Tonkotsu" refers not to a seasoning but to a broth base, in this case boiled pork bones.）。スープの色は乳白色から焦げ茶までありますが、これは使用された材料によります（Its color ranges from pale white to dark brown, depending on the ingredients.）。とんこつラーメンはこの料理のジャンルを代表するものとして世界的な注目を集めています（ラーメンのスープには魚介から海藻をベースとするさまざまなものがあります）（Tonkotsu has received lots of attention world-wide as the most representative of this class of ramen dish. (Broth bases can range from meat-based to fish-based or even seaweed-based).）。福岡の博多ラーメンはかなり有名なラーメンです。スープの色は白で、麺は卵を使用した細麺です（Hakata ramen (in Fukuoka) is a quite famous ramen dish - it is pale white with thin egg noodles.）。

126   3. 麺類：menrui; noodles

- **バターコーンラーメン**：bata-kohn ramen; quick-cooking noodles in a light broth and topped with corns

バターコーンラーメンは札幌発祥の有名なラーメンで、塩か味噌ベースです（bata-kohn ramen is a famous ramen from Sapporo served in either salt- or miso-based broth.）。仕上げに載せるバターはスープで溶け、コーンの甘みを引き出します（The butter melts into the stock and brings out the sweetness of the corn.）。このタイプのラーメンはスープのもととなる素材や調味料よりも、バターやコーンは具として広く認知されています（This type of ramen is famous for its ingredients (butter and corn) rather than its soup base or seasonings.）。

- **味噌ラーメン**：miso ramen; quick-cooking noodles in a thick, brown soup, flavored with soybean paste ("miso")

味噌がベースとなるラーメンは過去50年ほどで人気となりました。北海道北部の気候は寒いため、普通のラーメンよりも健康的なスープと、より複雑な味わいを醸し出す特別な具材（豚の脇腹肉やもやしなど）を使ったラーメンの需要がありました。今日ではこのタイプのラーメンは日本のほとんどの地域で楽しむことができます（Miso-based ramen became popular only in the last 50 years or so. Due to the cold weather in northern Hokkaido a demand arose for a heartier type of soup base served with "special" ingredients (such as pork bellies and bean sprouts), creating a more "complex" taste. Today you can get this type of ramen nearly everywhere.）。

● **食文化としての歴史…**

ラーメンの語源として有力視されているのは中国語の拉麺です。これは「引きのばした麺」（手延べ麺）を意味します。ラーメンの起源は中国大陸にあります。しかし日本に渡ったラーメンは日本文化と日本人の嗜好の影響を受け、独自の発展を遂げました。おそらくこれは、現在日本で食べることのできるすべての麺料理に対していえることでもあります。興味深いことに、実際に中国や台湾に行くと、現地の人たちがラーメンを日本式の麺料理として認知していることが分かります。ラーメンは日本の中で国民食として認識されており、地域ごとにもさまざまなものがあります。地域や県独特のラーメンはご当地ラーメンと呼ばれており、その地域に住んでいる人々はこれらのラーメンに強いこだわりとプライドを持っています。

一説によると、ラーメンを日本で初めて食べた日本人は、第2代水戸藩主である徳川光圀（水戸光圀）（1628〜1700年）であるといわれています。彼は日本の有名な時代劇、水戸黄門の主人公にもなった人物です。光圀は食

に対する好奇心が旺盛で、麺が大好物であったと伝えられています。

現在の形に近いラーメンが食されるようになったのは、明治以降であると考えられます。約100年かけ、この料理は日本の食文化に欠かせない存在となりました。近年では外国でもラーメンの認知度が高まり、海外に出店しているラーメン店もあります。また、日本のラーメン文化に魅せられ、東京でラーメン店を出したニューヨーク出身の米国人、アイバン・オーキン氏も話題となりました。

● 周辺の話題…

日本においてラーメンの人気は非常に高く、それこそ北海道の最北端から沖縄の最南端まで日本全国のありとあらゆる街角でラーメン専門店を見かけることができます。ラーメンの素晴らしい点は、この料理のジャンルがいわゆるB級グルメとして位置付けられているにも関わらず、その枠組みを超えた食の体験を提供してくれるところです。

ミシュランガイドというレストランを1つから3つの星の数で格付けするガイドブックがあります。かつてはこのガイドに掲載される料理店といえば庶民がなかなか行くことができない高級店というイメージがありました。しかしミシュランガイド東京2016において、ラーメン店が世界で初めて1つ星を獲得し、話題になりました（JR山手線巣鴨駅近くにあるJapanese Soba Noodles 蔦）。しかし、たとえミシュランガイドに掲載されなくとも、ラーメンは世界レベルの食べ物と言ってよいでしょう。安価で楽しめるという点も大きな魅力です。リーズナブルで気取らずに食べられる料理です（これはうどんやそばについてもいえることでもあります）。

外食をすることにいま1つ乗り気になれない場合は、家庭でも中華麺を作ることができます。これは普通のラーメンとして食べることもできますし、冷やし中華にすることもできます。準備するものは小麦粉と、かんすいというアルカリ性の溶液です。これにほんの少しの料理の腕があれば中華そばを作ることができます。かんすいを入れることにより、麺の弾力性が増し、色が白から黄に変化します。多くの店で、麺とかんすいがセットになったものを購入することができます。

冷たい麺料理は、体力を消耗させるほど暑く、湿度の高い日本の夏の気候を乗り切るために最適です。冷やし中華を食べると、エネルギーが補給されるのが体感できます。トッピングにはごま、海苔、そしてマスタードまで使用することができます。

〔4〕やきそば：yakisoba; stir-fried noodles in a sweet sauce

やきそばは日本の至る所で見つけることができます。一般的な作り方は、麺を肉（多くの場合は豚肉）もしくはイカなどの魚介類、そして野菜と一緒に炒め、ソースで味付けをするというものです。ソース以外でも、塩や醤油で味を付ける場合もあります。夏でも冬でも、季節を選ばずに楽しめる麺料理です。好みによって青海苔を振りかけることもあります。

● **英語で説明するなら…**

やきそばは「焼いたそば」と書かれるものの、焼くというのは「強い火で焼く」「さっと炒める」「少量の油で焼く」（ソテーにする）と解釈できます。実際のところ、やきそばの麺は蕎麦ではなく、小麦粉を材料とした中華めんからできたものです（"Yakisoba" is written in Japanese as 'fried buckwheat'. Here, "fried" alternatively could also be construed as "grilled", "lightly fried" or "sautéed". In actuality, the noodles are not made from buckwheat but rather from wheat.）。この食べ物の別の呼び方に、ソースやきそばがあります。そのまま、ソースがかけられたやきそばを意味します。しかし、ほとんどの場合においてやきそばにはソースがかけられています。名前にソースが付いているかいないかだけの違いです(Another term for this food is "soosu yakisoba", meaning 'yakisoba served in sauce'. Nearly all "yakisoba" is served in sauce; there is only this difference between the two terms.)。

やきそばソースのあるレシピは次のようになっています。ウスターソース、醤油、オイスターソース、ケチャップ、砂糖ですが、特にオイスターソースがやきそばに味わいを与えます（One recipe for yakisoba sauce includes the following: Worcestershire sauce, soy sauce, oyster sauce, ketchup, and sugar. The oyster sauce in particular imparts a savory flavor to the dish.）。

やきそばには実に多くの種類があります。よく使用される野菜にはタマネギ、青ネギ、ニンジン、キャベツ、シイタケがあります（豚肉以外の肉も使用されます）（There are a lot of variations of yakisoba. Commonly used vegetables in the preparation of this dish are onions, green onions, carrots, cabbage, and mushrooms. (Other meats besides pork may be used as well).）。付け合わせとして紅生姜、きざみ海苔などを載せることで、もともと豊かな風味がさらに強くなります(Using garnishes such as "beni-shouga" (julienned pickled ginger) and "kizami nori" (dried seaweed cut into thin strips) will add to the already robust flavor.)。

やきそばは他の料理の一部になることがあります。例えばオムそば（オムレツの中にやきそばが入っているもの）や焼きそばパン（ホットドッグ用のパンにやきそばが入っているもの）、またお好み焼きの上または下に置かれ二段の食べ物になる場合もあります（Yakisoba can be part of other dishes such as "omu-soba" (yakisoba in an omelette), "yakisoba pan" (a hot dog bun filled with yakisoba), and even as a 2-part dish either under or on top of "okonomiyaki" (a Japanese-style pancake containing cabbage).）。世界中で人気のあるやきそばの名前は、2012年に正式にオックスフォード英語辞典に新語として掲載されました（Recognizing its resounding popularity world-wide, recently the word "yakisoba" was officially adopted as a new word in the English language in 2012 by the Oxford English Dictionary.）。

- 炒めそば：itamesoba; noodles fried (or sautéed) quickly in a little hot fat

  これはソースで炒められた基本的な小麦の麺です。さっと炒められるか、またはソテーにされます（These are the basic (wheat) noodles cooked in a sauce. They are lightly fried, stir-fried, or sautéed.）。

- 皿うどん：saraudon; cooked noodles with fried vegetables, meat, & seafood.

  これは長崎発祥の麺料理です。皿うどんは別名「かた焼きそば」とも呼ばれます。そばには細く香ばしい油で揚げたものと、太めのちゃんぽんと呼ばれるものの2種類があります。両方ともラーメンです（This is a noodle-based dish originating from Nagasaki, Japan. "Saraudon" is also called "kata-yakisoba". There are two types of noodles, thin and crispy and fried in oil, the other being thicker (called "champon noodles"). Both types are ramen noodles.）。

- ソース焼きそば：soosu yakisoba; yakisoba served in a thick, sweet sauce

  上にもある通り、ソースは特別製で、通常やきそばと一緒にフライパンで焼かれるものです。As described above, the sauce ("soosu" in Japanese) is specially made and is typically cooked with yakisoba noodles in a frying pan.

● 食文化としての歴史…

やきそばはもともと、日本の屋台で売られ始めたといわれています。また、中国の炒麺（チャオメン）に起源を求める説もあります。

● 周辺の話題…

外でやきそばを食べたい時には、鉄板焼き、お好み焼き、もしくはタコ焼きを出す店を探してみましょう。焼きそばはコンビニでも買えます。コンビニではカップ麺の他に、ソース焼きそばが多いのですが各種のインスタント袋麺の焼きそばを売っています。

4. 漬け物：tsukemono; pickles

〔1〕漬け物（魚介・肉類）：pickled fish and meat

　日本人はさまざまな食材を漬け物にすることにより、保存食としてきました。漬け物というと白菜などの野菜をイメージしやすいかもしれませんが、魚介類や肉類の漬け物もあり、日本中で見つけることができます。これらは、他の食べ物を漬け物にしたり、または他の方法で保存しようとしたりした副産物です。

● 英語で説明するなら…

　漬け物は日本のピクルスのようなものです。しかしながら、漬け物はそれよりももっともっと深いものです。伝統的な日本の食事を思い描いてみましょう。そこには茶碗に入った白米、汁物、おかずが場合によっては何品かあり、そして漬け物があります（日本の食事は三脚の椅子にたとえることができます。それぞれの脚は米、汁、そして漬け物です（"Tsukemono" are Japanese pickles. They are, however, much much more than just that. If you think of a traditional or typical Japanese meal you will encounter a bowl of white rice, some soup, possibly a side dish or two (which goes with the white rice), and pickles. (You could think of a Japanese meal as a three-legged stool, with the legs being the rice, the soup, and the pickles).)。

　では、なぜ漬け物は重要なものであると考えられているのでしょうか。それは、漬け物は食事の進行のバランスをもたらすためです。これをさらに説明するためには、日本料理の基本哲学にまで立ち返らなくてはなりません。そのためには、日本の高級料理を見ることにしましょう。そこには、懐石料理から受け継がれた哲学を見ることができます（So, why are pickles so important? The pickles add BALANCE to the meal. To explain further, we have to go back to the basic principles of Japanese cuisine. And to do that we have to understand Japanese haute cuisine, the principles of which were handed down from "kaiseki".)。

　京懐石に代表される懐石料理は、その高度な洗練性から日本において見つけることのできる最も重要かつ影響力のある種類の料理であるといえます（"Kaiseki", represented by Kyoto-style kaiseki, may be the most important and influential type of cuisine found in Japan, due to it being so highly refined.)。この古典的な料理は、きちんとした日本料理には調和が必要であることを教えてくれます。調和バランス（先に述べた三種類の食べ物のバランス）、そして料理には複数の異なる味、色、そしてさまざまな調理法が必要であるという受け入れられたルールから生まれます。また同時に、美学やその他の感覚（五感）を満足させることも忘れてはなりません（This classic cuisine teaches that a proper Japanese meal should have harmony. And this harmony comes about from the balance (of the three aforementioned food groups), and from already understood "rules" that the food should be of "several different flavors, colors, and also be made by a variety of cooking methods, while at the same time satisfying a requirement that it should take into account aesthetic and other sensory considerations".)。

・西京漬：saikyozuke; fish marinated in miso（saikyo miso）

　これは軽く塩で味付けされた魚に、みりんと白味噌をたっぷりと塗り付け、漬け込んだものです。1〜2日冷蔵された後、フライパンで焼かれます。このような料理はよく居酒屋で出されるもので、多くの魚が適しています。代表的なものはギンダラとサバです（This is lightly salted fish in mirin and white miso, slathered all around and then marinated. After a day or so in refrigeration it is then pan-broiled. Many types of fish are suitable for this type of prepared dish often served in Japanese pubs (izakaya), two of which are sable fish and mackerel.)。

・酒粕漬け：sakekasuzuke[kasuzuke]; fish or meat marinated in sake lees

　酒そのものは米を発酵させて作られますが、その後残るのはその粕です（酵母の残りや他の沈殿物）。この粕に漬け込んだ、もしくはマリネにして調理された肉や魚はその製法からアルコールを含み、それは人間の嗅覚にもはっきりと分かるものとなります（Keeping in mind that sake itself is made from fermented rice, what's left over at the end of sake production is called 'sake lees' (i.e., leftover yeast and other precipitates). This type of pickled or marinated and then prepared meat or fish will accordingly contain some alcohol, which will likely be apparent to one's olfactory senses.)。肉は通常、酒粕と他の材料からなる漬け床に入れられ、バクテリアの成長を抑制するために冷蔵されます。魚の粕漬けを作る工程も似たようなものですが、しばしば酒、醤油、そしてショウガが加えられます。豚の粕漬けも日本の居酒屋でよく出てくる料理です（Meat is typically placed in a marinade of sake lees (and other ingredients) and then refrigerated (to inhibit bacterial growth). Fish kasuzuke is made similarly with sake, soy sauce, and ginger often being added. Pork kasuzuke is also a common dish in a Japanese pub.)。

・塩漬け：shiozuke; salt pickles

塩漬けは魚や野菜の加工食品の一種で、塩鮭が有名です。魚も野菜も塩漬けしますが、野菜を例にとり説明しましょう。塩漬けの工程は水分たっぷりの野菜を塩で覆い、水を出して行くというものと考えられます（"Shiozuke" is a type of prepared food (salted fish or vegetables). Shio zake (salted salmon) is famous. The process involved can be thought of as covering any water-rich vegetable in salt and then pressing out the water.)。後に残るものは、もともとの豊富な栄養素を持つ野菜が凝縮されたものです（この過程で、野菜の細胞壁が破壊されます）。多くの料理人はキュウリをまず使用します。塩漬けは家庭で、特別な器具を用いずに作ることが可能です（What remains is a concentrated form of the original watery vegetable, rich in nutrients. (The cell walls of the vegetable are broken down in the process). Cucumbers are the first choice of many cooks. This can be made even at home with no special equipment.)。

・糠漬け：nukazuke; fermented rice bran

米糠がペースト状にこねられ、発酵のための時間を経て、乳酸を作り出します（乳酸はグルコースを分解し、アデノシン三燐酸という活用できるエネルギーに変えてくれる化合物です）（Rice bran is kneaded into a paste and left to ferment, producing lactic acid. (The lactic acid is a chemical compound which breaks down glucose into usable energy in the form of adenosine triphosphate).)。どんな魚や野菜もこの糠床に置いて、一晩寝かせることができます（Any fresh fish or vegetable can then be put into this bed of paste, left one night, and then removed.)。糠を水で流して漬けたものを切れば、料理のでき上がりです。これは日本においてよく見られる家庭料理でありましたが、残念なことにある資料によれば、衰退しているとのことです（After rinsing and cutting they will then be ready to serve. This has been a customary preparation method in Japanese homes, but according to one source it is now waning in use.)。

・味噌漬け：misozuke; meats fermented in a bed of miso soybean paste

肉を味噌漬けにするメリットは、漬けたものをかなりの長期にわたり保存ができるようになることです。味噌の香りが肉に取り込まれます。これは日本における典型的な保存方法です（The advantage of pickling meats in miso soybean paste is that they can be kept for quite a long time. The flavor of the miso is absorbed into the meats. This is a classic preservation method in Japan.)。

● 食文化としての歴史…

　漬け物が作られるようになったのは大昔のことであり、塩や酢といった食べ物を保存するための物質が使用されてきました。日本の場合、その独特の気候が発酵プロセスに適しており、技術が幅広く普及したのです。沿岸地域では魚を含む多くの海の幸に恵まれる一方で、それらを保存する必要性が生じました。その結果、塩か酢で保存した食べ物をさらに発酵させるという二段階の工程が編み出され、古代より発達したのです。

　江戸時代のある時期から、伊豆諸島が起源であると考えられるくさやが作られ始めました。塩は当時支払いの手段でもあり、年貢として納められる貴重かつ高価なものでした。そのため魚を漬けた塩を再利用するという方法が世代間にわたり受け継がれていきました。そこからくさや独特のにおいが生まれました。現在では昔と異なり食べ物の保存技術が格段に進歩していますが、それでもなお魚を発酵させた食べ物は作られ続けています。その理由は簡単で、多くの日本人がそれを美味しいと感じているからです。

　肉の漬け物というのは、日本人にとってはあまりなじみのないものかもしれません。しかし、上に紹介した西京漬けやくさやなど魚を使った漬け物はよく知られています。肉の漬け物は魚でやっていることを、肉でやっているだけのことなのです。実はヨーロッパにも日本と似た食文化があります。例えばビスマルクというニシンの酢漬けは有名です。これは日本のサバ寿司に近いのかもしれません。著者の一人が米国人の夫妻と京都でサバ寿司を食べていた時のことですが、彼らはそのサバ寿司がまさにこのニシンのピクルスに味がそっくりだという反応を示しました。

● 周辺の話題…

　漬け物は日本中至る所にあります。家庭の食卓から豪華なレストラン、はたまた近所のコンビニで販売している弁当の中にまで、漬け物を見つけることができます。

　漬け物を買いに行くのはかなり簡単です。工場で作られた漬け物がさまざまな店で販売されています（ただし、食用色素が使用されているかもしれないので注意が必要です）。小さな店では着色料を用いていない手作りの漬け物を販売している場合があります。どちらにしても漬け物を作る作業は大きな労働力を必要とするため、苦労の多いものですが、でき上がった漬け物の深い味わいはその苦労を吹きとばしてくれるものです。

〔2〕漬け物（野菜）：pickled vegetables

漬け物にはさまざまな種類のものがあります。魚介や肉類の漬け物もありますが、一般的に漬け物というと、野菜を漬けた香の物を思い浮かべます。漬け物は日本の食卓には欠かせない重要な食文化です。レストランで食事をしても、必ず小さな皿に入った漬け物がついてきます。漬け物にできる野菜の種類は実に豊富です。

● **英語で説明するなら…**

漬ける技術は肉類や魚介でも使用されますが、日本には野菜の漬け物というより大きな食の文化があります。数多くの種類の野菜（そして時として果物）が漬けられ、塩水漬けにされ、そして発酵させられています（Besides pickling methodology applied to meat and fish, there is an even bigger food culture in Japan of pickling, brining, and fermenting a very large variety of vegetables (as well as some fruits).）。事実、ある専門資料によれば、あらゆる野菜と一部の果物が漬け物を作る材料となっているようです。その数がどれほどのものかは分かりませんが、相当な数にのぼるでしょう（In fact, according to one expert source, "all kinds of vegetables and some fruits are used to make tsukemono". However big that number actually is, it is a large one for sure.）。

漬け物作りに使用される野菜をリストアップすると膨大な仕事となってしまいます。したがって、ここでは主に使われるものを取り上げます。その中にはダイコン、キュウリ、ナス、ニンジン、キャベツ、レンコン、エシャロット、そしてショウガが含まれます（Listing all the vegetables actually used to make "tsukemono" would be a huge task, so only the main ones will be mentioned here. They include "daikons, cucumbers, eggplant, carrots, cabbage, lotus roots, shallots, and ginger".）。他のものと一線を画すものとして、果物の梅があります。これから作られる漬け物は梅干しで、文字通り梅を干したものです（これは英語にすると梅の漬け物や塩梅と表現されます）（There is also one fruit from a Japanese plum tree which stands out from the rest, it being commonly used to make tsukemono. It is called "umeboshi" in Japanese, and literally means dried plums. (This is often translated into English as "pickled plums" or "salt plums".)）。この梅干しは大変強い酸味と塩味があり、ご飯のおかずとして脇に、あるいは直接上に置かれるものです。弁当にも使用され、白米の真ん中に置かれると

日本の国旗に似ていることから「日の丸弁当」と呼ばれます（These plums, very tart and salty, are commonly served as side dishes or directly on top of cooked rice. They even become part of boxed lunches, and if placed in the center of the rice (called "hinomarubento" in Japanese) resemble the Japanese flag.)。

・柴漬け：shibazuke; chopped vegetable pickles

 ここには柴と漬という2つの漢字が使われています（柴は日本の犬種も意味します）(There are two kanji, "shiba" (meaning small brushwood) and "zuke" (meaning to pickle, soak, moisten or steep). ("Shiba" by itself has come to mean "a breed of a small Japanese dog").)。柴漬けは刻んだ野菜（主にキュウリとナス）が紫蘇と共に塩に漬けられたものです("Shibazuke" are chopped vegetables (mainly cucumber and eggplant) pickled with salt along with perilla leaves ("shiso" in Japanese).)。ピリッとしたさわやかな味わいを追加するためによくミョウガも加えられます。しばしばカレーや他の料理の付け合わせとして使われます。日本の高級料理の中心地である京都の料理の中によく見かけます(Myoga ginger buds are often added to create a zingy and refreshing culinary experience. They are used as a garnish in dishes such as curried rice (as well as many others). This is typically found in Kyoto cuisine (a center of Japanese haute cuisine).)。

・はりはり漬け：hariharizuke; dried and pickled daikon

 はりはり漬けは、干したダイコン（切り干し大根）を刻んで酢と醤油に漬けたものです。ところによっては、その他砂糖・みりんなどの調味料、唐辛子、昆布などを加えることもあります。はりはり大根とも呼ばれています。はりはりという言葉の由来は、この漬け物を噛む時にそのような歯ごたえのある音がするからです。日本には数多くのオノマトペ（擬音語）が存在しますが、これはなかなかユニークで面白いものです。(This is pickled and dried daikon (of course, it is dried before it is pickled). This food is also called Harihari daikon. The name "harihari" is onomatopoeic and refers to the sound of chewing sliced thinly sliced daikon pieces. There are many onomatopoeias in Japan, but this one is a quite unique and interesting one.)。はりはり漬けの場合は、干したダイコンのしっかりとした歯ごたえのことを指しているのでしょう（In the case of hariharizuke it must be that "harihari" refers to the 'hard' texture of the dried daikon.）いずれにせよ、この漬け物を作る方法は2つあります。割り干し（厚めに切る）と

136   4. 漬け物：tsukemono; pickles

切り干し（薄めに切る）です。割り干しはまさにこの料理に使われるものです。この素晴らしい日本のはりはり漬けの食感は、干していない普通のダイコンとはまったく別物で、表現ができないほどであるという人もいます（In any case, there are two preparation methods for daikon, "wariboshi" (thickly cut) and "kiriboshi" (thinly cut). "Wariboshi" pickles are used for this dish. The culinary experience of ingesting this wonderful Japanese hariharizuke pickle, so different from the texture of the undried daikon itself, has been called "indescribable" by some.）。

- べったら漬け：bettarazuke; daikon pickled in "kouji" (a type of fungus), sugar, salt, and sake

これはダイコンに麹の残りが付いているため、粘着質な漬け物です（べったらとはその粘着性を表す言葉です）(This pickle tastes sticky due to remnants of the kouji in the pickled daikon. ("Bettara" refers to 'stickiness').)。さらに、これは発酵前に干されていないので水気が多くジューシーです。食感はパリパリしており、やや甘い風味があります。毎年10月19日に東京都中央区にある宝田恵比寿神社とその周辺で、その年の新鮮なべったら漬けを販売する市（べったら市）が設けられ、江戸時代の文化が称えられます（Also, it is not dried before it is fermented, so it tastes quite succulent and juicy. It has a crisp texture, and is slightly sweet. As well, every year on October 19th in and around Takarada Ebisu Shrine (in the Chuo district of Tokyo) a fair is held to sell that year's freshly pickled bettarazuke and celebrate the Edo Period culture in general.）。

● **食文化としての歴史…**

はるか昔に食の保存技術として日本に登場して以来、漬け物は日本料理の基礎としてなくてはならない地位を築いてきました。ここまで来るのに何百年も要しました。食べ物を保存する技術の進歩とその他の理由から、日本の料理の世界では革新が起きました。それは単に保存することから、それを準備し供するというところまでを含みます。そしてその準備や調理は和食の匠たちによって、高度に洗練されています。漬け物は今では、巧みに作られた食品へと成長しています。

漬け物作りは何も料理のプロの専売特許というわけではありません。日本の多くの家庭では、ハクサイやキュウリ、ナスといった比較的簡単に手に入る野菜を使って、その家独自の味わいを持つ漬け物を作って来たという歴史があります。昔は漬け物の作り方を、上の世代が子供や孫に指導してきたものですが、残念ながら最近はこの家庭の漬け物文化も徐々に衰退していって

いると嘆く人もいます。それでも、オリジナルの糠床などを作り、趣味として漬け物を作る若者もいますので、そのようなところでこの文化は維持されるのかもしれません。

　漬け物はお土産物としても喜ばれます。観光地として人気のある京都では、実に多くの漬け物屋が存在します。試食することもでき、観光客が美味しい漬け物を楽しんでいる様子を目にすることができます。専門店に行けばキュウリやナスといったスタンダードな野菜以外の変わった漬け物も売っています。中にはトロロイモ、カボチャ、そして沖縄のゴーヤの漬け物まであります。

　漬け物文化が発達している京都では、専門店だけではなく、京都駅などの大きな駅にある土産物店でも漬け物を買うことができます。しかし一番安く漬け物を買うことができる場所は、100円ショップかもしれません。かつては野菜を保存食にするために人々が努力して作っていた漬け物も、ずいぶんとお手軽に手に入るようになったものです。

● **周辺の話題…**

　漬け物について覚えておくべき重要なことが2つあります（これは他の日本料理についてもいえることです）。まず、質が大事であるということです。次に、季節が味と風味に大きく影響を及ぼすということです。和食の土台となる材料に野菜があり、漬け物の多くが野菜から作られるため、これらの点は強調されてしかるべきです。そのため、徹底的に漬け物の質にこだわりたい場合は、一番美味しいものを買えるのはどの時期で、どこなのかという点をしっかり考える必要があります。

　一方で、季節とは関係なく価値が高まる漬け物も存在します。日本では何十年も前に（場合によっては数百年）漬けられた梅干しが見つかり、話題を提供する場合があります。これらには一粒1万円程度の値段がつくこともあるということです。もしそのような梅干しが数多く見つかれば、ちょっとした財産になるでしょう。驚くべきことに、梅干しは塩分の量さえしっかりとしていれば、（20％以上）、何百年も保存が可能であると言われています（もちろん、保存状態が良いことが前提です）。現に、室町時代（1336〜1573年）に漬けられた梅干しが現存する最古のものであると言われています。保存技術としての漬け物のすごさを教えてくれる話です。

138   4. 漬け物：tsukemono; pickles

①千枚漬け：senmaizuke; thin slices of turnip pickles

　この漬け物は聖護院かぶらで作られます。これは日本で一番大きいカブです。一個の樽で、薄く切ったかぶを 1,000 枚漬けることが名前の由来です。

● 英語で説明するなら…

　千枚漬けは薄切りにされたかぶの漬け物です。実際、一枚あたりの厚みはたったの 2 〜 3 ミリ程度です（As suggested above, this is a turnip which is very thinly sliced. In fact, each slice is typically just 2 to 3 millimeters in width.）。これは冬に作られる漬け物であり、樽に漬けられます（名前は千枚ですが、実際に何枚漬けられているのか外からは分かりません（They are winter pickles, and they ARE pickled in a barrel (although no one would be able to tell the actual number of slices inside the barrel).)。聖護院かぶらは大きければ大きいほど値段が高くなります。おそらく、直径が大きいほど、切るのが楽だからでしょう（The larger shogoin turnips are more expensive, presumably because they have larger diameters which make them easier to work with in preparation.）。

● 食文化としての歴史…

　千枚漬けは誰もが認める日本文化の中心地である京都を代表する食品です。その材料である聖護院かぶらは、京野菜と呼ばれる伝統野菜の 1 つです。その歴史は数百年前に遡ります。当時は今のように冷蔵庫が存在しなかったため、食べ物を冷たく保つ手段は川の水流にさらすことでした。たまたま、京都の錦という地域にはたくさんの水源があり、その周辺にある店にとって都合がよかったのです。錦は京都の四条と烏丸の間にあり、京都の台所という通称で親しまれています。

　千枚漬けそのものの歴史は比較的浅く、大黒屋藤三郎という人物が、慶応元年（1865 年）に皇室のための特別な料理として考案したと伝えられます。当時の千枚漬けは現在のものよりも厚手であったそうです。これは昔の料理人が包丁を使っていたからです。今のように薄く切られるようになったのは、この漬け物を作るための「かぶら切りかんな」という道具ができてからです。

● 周辺の話題…

　千枚漬けはできるだけ 3 〜 7 日以内に消費するのが最適であるとされています。また、伝統的にこの漬け物を味わうことができるのは 11 月から 3 月と期間が限定されています。これはつまり、冬場の京都に旅行した方がよいということになります。季節物のこのカブをタイミングよく食べることができれば、その新鮮さから湧き出る豊かな味わいを存分に楽しめることでしょう。

第Ⅱ部　料理・食材・調味料・菓子などにまつわる和食を理解し英語で伝える　139

②たくあん：takuan; yellow pickled daikon (Japanese radish)

　大根の漬け物であるたくあんには3つの表記の仕方があります。他の2つはたくわんと、たくわん漬です。日本では手軽に入手できる漬け物です。

● 英語で説明するなら…

　たくあんはダイコンの漬け物です。ダイコンは冬に育つアジアの野菜であり、味わいは穏やかで、色は白と緑です（This is pickled "daikon" radish. "Daikon" is an Asian radish grown in winter, mild in taste, white and green in color.）。たくあんは日干しされたダイコンで作られます。漬け上がるまで通常数ヶ月の時間を要します。（Takuan is made from sun-dried daikons, usually taking several months to complete the process.）。その他の材料（塩、米糠、好みに応じて砂糖、ダイコンの若葉、柿、赤唐辛子、そして昆布）がかめの中で一緒になり、この鼻につんと来る通常黄色のダイコンの漬け物ができ上がります（Other ingredients (salt, rice bran, and optionally sugar, daikon greens, persimmon, red pepper and kombu) are combined in a crock, producing a pungent daikon pickle which is almost always yellow in color.）。

　ご飯のおかずとして、または箸休めとして食中に、そして消化を助けるために食事の最後に食べられます。食感は歯ごたえがあり、噛むとバリバリという音がします（Takuwan is eaten during the meal as a side dish, a light palate cleanser eaten between courses, and at the end of meal to aid digestion. Its texture is quite crisp, and it makes a crunchy sound when chewed.）。

● 食文化としての歴史…

　たくあんという漬け物の起源は諸説ありますが、よく知られているものに、江戸時代（1603～1868年）に活躍した沢庵宗彭という禅仏教（臨済宗）の高僧が考案したという説があります。沢庵は当時を代表する禅僧であったので、もしこの話が本当であるとすれば、よく見かける何の変哲もないこのダイコンの漬け物にはもしかすると、禅の影響が色濃く受け継がれているかもしれません。

● 周辺の話題…

　たくあんにはさまざまな用途があります。弁当にもおかずとして入れることができますし、手巻き寿司の材料にもなります。ちょっとしたおやつとして食べる人もいるようですし、晩酌をする時の肴としても重宝するそうです。このように見ると、たくあんという漬け物はシンプルでありながら幅広い役割を果たす、生活にとって非常に便利な存在であることが分かります。

③奈良漬：narazuke; sake flavored pickles, vegetables pickled in sake lees

　白ウリなどの野菜を酒粕に漬けた奈良漬は他に粕漬などとも呼ばれます。野菜だけではなく、魚の粕漬もあります。

● 英語で説明するなら…

　奈良漬は英語では「奈良のピクルス」として知られます。作るまで、およそ1年から3年という時間がかかります。甘く、穏やかな味わいで、野菜の形が残っています（This is known as 'Nara pickles' in English. They take from one to three years to produce. They are sweet and mild (in vegetable form).)。この漬け物の中には漬かってからまだ日が浅いうちにすぐ販売されるものもありますが、その中の古いものは琥珀色に変化し、私たちが知るところの奈良漬として売られるようになります（While the younger pickles are sold soon some of the unsold older pickles (which turn amber in color) are distributed and sold as "narazuke".)。これらの漬け物を作るため、もともとはウリが使われていましたが、今では他の多くの種類の野菜も、酒粕、みりん、砂糖、塩と共に漬けられています（These pickles, originally made from white melons, are now made from many different kinds of vegetables, along with "sakekasu" (the lees from sake-making), mirin, sugar, and salt.)。

● 食文化としての歴史…

　奈良は日本建国に深い関わりがあり日本の県および市を表す名前であると同時に、歴史における時代区分（奈良時代（710～794年））のことでもあります。奈良漬はおよそ1200年前、関西地区で生まれました。奈良も関西に位置しており、奈良時代には奈良の都と呼ばれる、唐の長安をモデルとした平城京が首都でした。奈良漬は仏教寺院の僧たちが作り始め、その後武士たちも作るようになりました。奈良漬は保存がよく、戦時中の食料として重宝したためです。その後、江戸時代（1600～1868年）に入ると酒屋がこの漬け物を大々的に売り始めたのです。

● 周辺の話題…

　奈良漬は奈良発祥の食べ物ではありますが、現在では他の場所でも作られています。材料となる野菜はダイコン、キュウリ、ウリ、ショウガなどです。しっかりとした味わいの奈良漬は、スーパー（大小問わず）やデパートの地下にある食品売り場などで簡単に入手できます。また現在では、多くの漬け物専門店がウェブサイトを持っているので、オンラインで注文して（本場の奈良から）自宅に届けてもらうことも可能です。

④野沢菜：nozawana; pickled turnip leaves

野沢菜は緑色葉野菜の蕪菜を塩漬けしたものです。蕪菜は、かぶの新葉に似たもので、名前にある野沢温泉（長野県）に起源があるとされます。

● 英語で説明するなら…

野沢菜はまず乾燥させ、濃度の高い塩水に漬けられます。よく唐辛子とわさびが風味付けに使用されます。これらが一緒になりでき上がる漬け物は、塩けが強いものの、辛さはほどほどという味のものです。提供される前に、一口大に切られます（These turnip greens are at first dried, then pickled in a salty brine. Red pepper and wasabi are often added as seasonings. This results in a quite salty but not-so-spicy pickle. They are normally cut into bite-sized sections before being served.）。

● 食文化としての歴史…

野沢菜の発祥の地であると考えられる野沢は、長野県の山間部に位置する温泉村です。野沢菜の起源については次のような言い伝えがあります。宝暦年間（1751～1763年）、野沢温泉村の健命寺第8代住職である晃天園瑞大和尚が京都に遊学した際に、大阪で栽培されている天王寺蕪の種子を手に入れ、それを野沢村に持ち帰り栽培を始めたところ、それが土地の環境に合う形で変異し、現在の野沢菜になったというものです（これについては反対意見もあります）。言い伝え上の天王寺蕪それ自体は、明治35～36年に虫の被害に遭い、消えてしまったということです。

野沢菜にはさまざまな食べ方があります。一番間引きは、種をまいて約6日後に間引いたものを麻釜で湯がいて食べる方法ですが、鯛の刺身より美味しいと地元でいわれるほどの味であるということです。漬け物には数日間漬ける浅漬と1ヶ月以上漬けこむ本漬と呼ばれるものがあります。さらに野沢菜をタレに漬ける時漬があります。また酸味が出た野沢菜の漬け物を炒めた料理や、酒粕煮という調理法まであります。

● 周辺の話題…

野沢菜はよく明太子と一緒にご飯の上に載せられます。今では野沢のみならず、日本全国どこでもこの漬け物を手に入れることができます。全国で手に入るものの、ローカルな食べ物という側面も強く、長野県と新潟県において高い人気を誇ります。現地の人は野沢菜を午後のお茶のお供にするようです。

多くの漬け物がそうであるように、野沢菜もまた漬ける期間によって味が変化します。漬かり始め（1ヶ月）の頃は歯ごたえのある食感でさわやかな味ですが、より長い期間漬かり発酵が進むと、酸味が増します。

5. 和え物：aemono; dressed food

　和え物とは野菜や魚介類などを味噌・ゴマ・酢・からしなどであえて調理したものです。「和（あ）え」とは軽くまぜるという意味です。さまざまな和え物がありますが、一般的なのはホウレンソウのゴマ和えなどです。温かいものは使用しません。また、和える前に食材の水切りをしっかり行って調理されます。作られた後はあまり時間をおかずに、小さなお皿に入れて出されます。

● **英語で説明するなら…**

　和え物を英語で簡単に説明するなら、日本のサラダであると言えるでしょう。和え物はしばしば、裏ごしされた豆腐を使って作られ、さらにタレがかけられます。この優雅な和食についてもう少し説明をすると、和え物にはタレという意味もあります（To put it simply in English, Aemono can be explained as a Japanese salad. These are quite often dishes made from puréed tofu and served with a complementary dressing. To shed a little more light on this elegant category of food, one should keep in mind that the term "aemono" also refers to the dressing itself.）。通常、これは濃い味のものです。あっさりとした酢の物とは異なります。酢の物については別項を参照してください。ただし、その区別は時々曖昧な場合があります。(Customarily, this is a thick dressing (as opposed to that used in "sunomono dishes" (see the next section), which is lighter). However, the distinction between the two can sometimes be unclear.)。

　タレに決まった作り方はありませんが、多くの場合、醤油と酢が使われ、豆腐、味噌、すりつぶしたゴマといった材料と混ぜられます。その他の材料としては、魚、卵、からし、わさび、ダイコン、ケシの実、そして葉芽などが用いられます。多くの場合、タレの色は中立的な（もしくはそれに近い）もので、素材の鮮やかで美しい色を邪魔しません（There is no standard recipe for the dressing - the sauces are often made with soy sauce and vinegar, then mixed with a number of different ingredients such as tofu, miso, or ground sesame seeds. Other materials that can be added are fish eggs, mustard, wasabi, daikon, poppy seeds, and also leaf buds. The color of the dressing is often neutral (or close to it), so it does not ruin the vivid and beautiful colors of the ingredients used in the dish.）。

　大抵の場合、和え物は小さなお皿で出されます。前菜として出される場合もあれば、食事の終盤に出される場合もあります。伝統的な日本の食事においては、温かいご飯は最後に出されます。和え物はその直前に出されること

もあります（Often served in smaller dishes, they can be eaten as appetizers or towards the end of the meal right before the steamed rice, which is traditionally served at the end of a Japanese repast.）。和え物は準備が簡単です。その場でさっと作ることもできます。そして、それだけで、さっぱりした味わいのもう一品が食事に追加できるのです（Aemono can be prepared quite easily. It can even be made on the spot, and just like that, it would add some refreshing flavor to your meal.）。一見脇役的な料理にも見えますが、時として主菜になることもあります。実際のところ、和え物は和食の中でもきわめて洗練された料理の1つとみなされています。季節によって違う材料が用いられます（And instead of appearing as a side dish it is sometimes featured as the main dish. In fact, aemono as a category of Japanese food can be considered quite sophisticated. As the seasons change, so do the ingredients used in aemono.）。そのよい例が「季物和え」で、山椒の葉芽の初物で作られます（One good example of this is "kimono-ae", made from the first buds of the "sansho" (Japanese pepper) leaf.）。

・鉄砲和え：teppou ae; gun dressed food

タレに鉄砲の名前が付いています（とても強力です）。酢と白味噌、そして胡椒で作られています（This is called "gun dressing". (It is very powerful). It is made with vinegar, white miso and pepper.）。ネギは中が銃のように空洞になっています。そしてからしが鼻に刺激を与えるので、さながら火薬が炸裂するかのような感覚になります。魚や肉をこのタレで作ったペーストで和えます（The leeks are hollow (like guns) and the mustard seems like gun powder in your nostrils! Fish or meat can be wrapped in a paste made from this dressing.）。

・ぬた和え：nuta ae; salad with vinegar and miso

このタレは野菜や魚介類（マグロ・貝類など）に使用されます。別名「ぬたなます」や「ぬた和えなます」とも言い、単に「ぬた」と呼ばれる場合もあります（This is for vegetables, fish or seafood (such as tuna and shellfish). Other terms for this dressing are "nuta namasu", "nuta ae namasu", or simply "nuta".）。ぬたを漢字で書く時は沼田や饅という字が使われます。饅頭に使用される漢字が使われている点は、外国人にとっては興味深いものです（There is a couple of ways to write the name of this dish in Chinese characters. One way is to use two logographs (one means swamp, and the other means rice field). The other way is to use only one Kanji, which reads "man". The fact that this logograph is also used for "manju", a sweetened bean paste bun, is interesting for non-Japanese people.)。

● 食文化としての歴史…

　日本文化を説明する際によく使用されるキーワードの1つに、和があります。これは社会における平穏な調和を意味しますが、和え物にはまさに和という漢字が使われています。単に材料を混ぜるだけではなく、きちんとした味の調和が大事だということが分かる料理名です。和え物は懐石料理における補助食としても出されます。歴史は古く、平安時代（794～1185年）から当時の貴族に供されていたということです。当時使われていたのは野菜、魚、そして海苔で、その上に濃い目の味のタレがかけられていました。この伝統は今でも受け継がれており、和え物は日本の料理を語る上で欠かせない重要な存在となっています。

　このように、和え物の起源についてはある程度把握できています。しかし、この食べ物の面白いところは時代が進むにつれて新しい材料を取り入れ、進化（変化）しているという点です。新しい調味料が新しいタレを作り、新しい素材がまた新しい名前の和え物を生み出します。

　しかし、食べ物が変化を続けると、そのもとの形からかけ離れてしまうという、料理がしばしば直面する難しい問題があります。例えば寿司やラーメンなどの和食が、異国の土地でアレンジされ、独自の発展を遂げるといった現象をわれわれはよく見聞きします。その中にはカリフォルニアロールのように次第に日本において米国風の寿司として受け入れられ、人気を博した興味深いものもあれば、果たしてどこが日本食なのか皆目見当がつかないものも存在します。

　日本においても、外国の料理（もしくは外国をイメージした料理）が同じような扱いを受け、本国のものとはまったく違うと指摘される場合があります。例えばパスタのナポリタンはイタリアではなく、日本で誕生したことはよく知られており、本場のイタリア人からすれば奇妙な食べ物に映るといわれています。また、トルコの名が付けられているトルコライス（またはトルコ風ライス）は長崎が発祥の地であると言われており、トルコとは無関係です。トルコライスにはイスラム教徒が食べない豚肉料理であるとんカツが載せられていますのでこれは大いなる誤解と言われても仕方がないところです。

　和え物に話を戻すと、シンプルな料理であるがゆえにアレンジが自在にきくため、上に紹介した食べ物と同様の道をたどるのではないかという懸念を持つ人も多少はいるかもしれません。もともと和え物のタレには油は使用されませんが、上で紹介したように、異国らしい風味を醸し出すために油を使

用する現代版に調整されたレシピも存在します。それを例えば中華風和え物と呼ぶべきか、それとも中華風サラダと呼ぶべきかについては、その原型からの逸脱の程度を考慮した上で、個々の判断に委ねられるところです。1つの重要な基準となるのは、和え物の漢字にも使用されており、日本文化とこの料理の基本的な哲学である和がどの程度味の中に表現されているかというところなのかもしれません。伝統的なレシピに対して敬意を払い、一定の忠実さを持ち、かつ完成品の味に調和があることが、少なくとも和え物が和え物たるための必要条件なのではないでしょうか。

　食べ物の進化と変化については論者により意見がさまざまですが、この古きよき日本の簡素な料理は、食の歴史と文化というとても重要かつ興味深い議論に、新しい知見を加えてくれるかもしれません。将来、異国の地で実にユニークな和え物が誕生するという可能性もあるでしょう。

● 周辺の話題…

　和え物が出されるタイミングは、食事の最初の場合もあれば、終盤の場合もあります。食事の中では脇役的な料理に見えますが、時としてメインディッシュになることもあります。ただし、伝統的な日本料理の席ではあくまでも脇役として扱われます。

　和え物はさまざまな場所で楽しむことができます。高級料亭でも、リーズナブルな大衆食堂でも、また居酒屋でも注文することが可能です。これだけでも、この料理がいかに根付いているかが理解できます。

　日本人にとっては当たり前であっても、外国人から見るときわめて興味深いことというものが和え物にもあるようです。それは、この料理が朝食、昼食、夕食のすべてにおいて出されるという点です。和え物は場所と時間を限定せずに手軽に栄養を補給できる便利な食べ物でもあるのです。

　和え物の作り方は簡単で、インターネット上でもたくさんのレシピを見つけることができます。多くのファンがいるということなのでしょう。そして彼らは競うように、新しいオリジナルレシピも発信しています。和え物の人気が高いことは、食文化の維持と発展の安心材料ではあります。しかし、その一方で、和え物を巡り気になることもあります。ある資料によれば、最近のカフェやレストランは和え物の代わりに洋風のサラダ（ポテトサラダやマカロニサラダ）を提供するようになっているとありました。これには少し寂しい気持ちにさせられます。

①ごま和え：goma ae; vegetables dressed with ground sesame seeds and vinegar

ごま和えは、ゴマを炒って擂り、砂糖・醤油などで味を付け、野菜などを入れて和えた料理で別名を「ごまよごし」ともいいます。

● 英語で説明するなら…

ごま和えの材料となる野菜はさまざまです。よく料理屋で出されるのはホウレンソウを使ったもので、落花生油と味噌、そしてゴマダレと和えられています（Goma ae could be made with a lot of different vegetables. One example, often served at restaurants, is spinach mixed with peanut oil or miso paste (with the sesame dressing on top).)。砂糖と醤油を足すこともあります。材料にインゲンを使う時もあります。どんな野菜を使用しても、ゴマを使っていればそれはごま和えです（Soy sauce and sugar can be added as well. or, alternatively, green beans might be the base vegetable. As long as sesame is used it's called "gomaae".)。

● 食文化としての歴史…

総論でも紹介したように、和え物の歴史はとても古く、平安時代にまで遡ります。しかし、ゴマの歴史はとても古く、今から6000年以上も前からアフリカのサバンナ地帯で栽培されていたといわれています。日本には中国経由で伝わったとされており、縄文時代晩期の貝塚から紀元前1200年頃のものと推定されているゴマが発掘されているそうです。仏教の普及と関わりが深く、精進料理に使用されました。昔は貴重な食べものでしたが、江戸時代に入り普及が進み、庶民の間でも人気の食材となりました。

● 周辺の話題…

ごま和えは朝、昼、夜のいつでも食べられる料理です。これは外国人の目から見ると興味深いことの1つです。ごま和えは日本ではとても人気があると見え、インターネットを調べると驚くほど多くのレシピが公開されています。伝統的なものにさまざまなアレンジが加えられ、中にはそうめん、千切りキャベツ、ピーマン、ブロッコリー、オクラなどを使ったものまであります。ごま和えだけで一冊の事典が書けてしまうかもしれません。ゴマは健康的で、かつ風味がよいので、多くの人に愛されるのも納得できます。これから先もさまざまなごま和えが誕生することでしょう。

第Ⅱ部　料理・食材・調味料・菓子などにまつわる和食を理解し英語で伝える　147

②南蛮漬け：nanbanzuke; deep-fried fish or meat marinated in a spicy sauce

　南蛮漬けとは、揚げたり焼いたりした魚・肉類を唐辛子やネギを加えた合わせ酢に漬けたものですが、その名の由来は以下で説明します。

● 英語で説明するなら…

　この魚料理によく用いられる材料は、一般的には北海道ではワカサギのから揚げです。また、サケの切り身や小アジなどのから揚げも使用されます（This is a Japanese fish dish. It is often prepared using a fish endemic to Hokkaido (Wakasagi smelt). Or it can be made with salmon or Japanese jack-mackerel, (also called Japanese horse-mackerel), "aji" in Japanese.)。魚は揚げられた後に他の材料と一緒に漬け込まれます（After it is fried it is then marinated in vinegar along with some other ingredients.)。仕込みの方法はエスカベッシュという料理と似ています。これは地中海地域やラテンアメリカの国々の料理です。どちらの料理も手順はまず魚を揚げ、酢やシトラスジュースのなどを使った酸味のある液体の中に漬け込むというものです（Its preparation method is similar to that of escabeche (found in Mediterranean and Latin American cuisines) in that both are fried first, then marinated in an acidic mixture (which might contain either vinegar or citrus juice.).)。

● 食文化としての歴史…

　南蛮漬けは16世紀に九州に上陸したヨーロッパ人が伝えたものです。「南蛮」は当時の日本で、ポルトガルやスペインなどの外国を意味する言葉として使用されていました。外国の調理法で作られるものであったため、名前に南蛮が付いています。ある説によると、もともとは上の説明にもあるエスカベッシュとまったく同じものだったということですが、日本人の味覚に合うように作り変えられたようです。1つの大きな違いとして、オリジナルのエスカベッシュには赤唐辛子が使用されます。外国から伝えられた料理が日本風のアレンジされて、現在に継承されている興味深い料理の1つです。

● 周辺の話題…

　主な材料は魚ですが、チキン南蛮と呼ばれる鶏肉を使ったレシピもあり、レストランや家庭で楽しむことができます。家で作る場合、約300グラムの鶏のもも肉と、ニンジン、タマネギ、ピーマン、などの野菜を準備すれば、美味しい南蛮漬けを料理することができます。酢を使ったタレも作りましょう。小さじ一杯分の日本酒も必要です。南蛮漬けはご飯のおかずとしても美味しいものですが、お酒を飲む時のおつまみにもなります。野菜を使用することもあり、ヘルシーな食べものであると認識されています。

148   5. 和え物：aemono; dressed food

③ゆば：yuba; fresh or dried layers of the skin of gently-boiled soybean milk

ゆばは湯葉、湯波、油皮、豆腐皮とも書かれ、豆乳を煮立て、表面の薄い膜をすくい取って作ったたんぱく質に富む食品です。

● **英語で説明するなら…**

ゆばは弾力がある食べものです。豆乳を低温で煮た時に、表面に膜が生じます。これがゆばです（"Yuba", slightly rubbery in texture, is a film of soy milk that forms on top when the soy milk is simmered over low heat.）。ゆばと豆腐は関係がありません。英語表記では skin を用いる場合がありますが、この言葉にはよくない意味もあり、料理名として使用されるのは残念でもあります ("Yuba" has nothing to do with tofu. And the choice of the word "skin" in English is unfortunate, since it may have negative connotations.)。最初にできる膜が一番質の高いゆばであり、最後にできる膜はそれとは逆で、一番質が低いものです。これらの膜は豆乳の表面からすくわれ、干されます（The first film is the highest in quality and the last film the least. The films are removed from the surface and hung up to dry.）。

● **食文化としての歴史…**

ゆばの歴史は古く、アジアにおいて古代から作られてきました。最も古い記録は、松屋会記という茶会記（茶湯や茶会の覚え書きのことで、松屋会記はその中でも最古のものです）にあります。1587年のことです。その少し前に中国でもゆばに触れた資料が作成されたようですが、出版はされていません。このため、ゆばの起源が日本と中国のどちらにあるのか、明確なことは分かっていません。最近の日本ではゆばは高級な料理として認識されていますが、これは他のアジアの国々とは異なる点です。日本においてゆばの中心地とされているのは京都です。

● **周辺の話題…**

ゆばの栄養価はかなり高く、55％がたんぱく質で構成されています。家庭で作れば新鮮で温かいゆばを楽しむことができます。やわらかな食感としっかりとした風味という点からも、自家製のゆばの方がレストランで出されるものより美味しいです。店で購入することももちろんできますが、家で作った新鮮なゆばの方が高い満足感を与えてくれることでしょう。新鮮なゆばは、わさび醤油かポン酢に漬けて食べるのが一般的といえます。

第Ⅱ部　料理・食材・調味料・菓子などにまつわる和食を理解し英語で伝える　149

6. 酢の物：sunomono; vinegared dishes

　この料理の名前を見れば、一体どんなものか簡単に想像できます。英語の翻訳も日本語のように簡単で、そのまま「酢を使った（酢漬けの）料理」を意味する Vinegared (Pickled) dish となります。新鮮な魚介類、野菜、海藻などを使用します。メニューにある文字を見たら素材も味も想像できてしまう料理です。

● 英語で説明するなら…

　酢の物は酢を基本的な調味料として使用する種々の料理を呼び表す総称として捉えることができます。材料にはよく、キュウリが用いられます（You can think of "sunomono" as a whole series of vinegar-based dishes, often made with cucumber.）。酢の物は通常、主菜ではなく副菜として出されます。日本の料理の中で、欠かせない存在です（These are more often than not served as side dishes, and are an integral part of Japanese cuisine.）。食欲を増進させる目的で出される食べものなので、料理で出される順番も最初、つまりアペタイザーとして出されます（They serve the purpose of stimulating the appetite so they are, accordingly, usually served at the beginning of the meal as appetizers.）。

　シンプルでありながら複雑な味わいを持つこの料理を楽しむためには、実際に簡単な酢の物を作ってみることが理解を深める上で効果的でしょう（To appreciate this fairly simple yet intricate-in-taste food type, it may be useful and instructive to actually make a simple "sunomono" dish.）。手軽に作れる酢の物に、キュウリの酢の物があります。洗ったキュウリを薄く切り、ボウルに入れ塩と混ぜ、5分間そのままにしておきます（One such easy-to-make dish is cucumber salad ("kyuuri no sunomono" in Japanese). You slice (wash first) some Japanese cucumbers very thinly, put them in a bowl and stir in some salt, letting it sit for about five minutes.）。その間、別の小さな器で醤油、米酢、そして砂糖を混ぜあわせます。砂糖が溶けたら、そのタレをキュウリにかけます（ゴマも少々加えます）（Meanwhile, in another small bowl you mix together some soy sauce, rice vinegar, and sugar, and then, after the sugar dissolves, add the vinegar mixture (along with some sesame seeds) to the cucumbers.）。およそ10分程度で完成です（You can make this dish in about ten minutes.）。

　酢の物には主に2種類あります。1つは二杯酢と呼ばれるもの（酢に醤油を加えて作られる）、そしてもう1つは三杯酢と呼ばれるもの（酢以外に2

6. 酢の物：sunomono; vinegared dishes

種類の材料が含まれる）です（There are two basic types of sunomono. One is called "nihaizu" (meaning 'soy plus vinegar') and the other is called "sanbaizu" (meaning 'two parts plus vinegar').)。二杯酢は普通醤油と酢でできています。一方、三杯酢の方は醤油、少量のみりんあるいは砂糖と酢で作られるもので似ています。いずれの場合もだしが加えられる場合もあります（Accordingly, "nihaizu" is made from soy sauce and vinegar, and "sanbaizu" is similarly made from soy sauce, a small amount of sugar, and vinegar. In either case soup stock is also added.)。何が酢の物として出されても（カキ、タコなど）、時々味噌、つぶした豆腐、またはすりゴマが添えられる場合があります（Whatever food is served as sunomono (such as kaki (oyster) or tako (octopus), it is also sometimes dressed with soybean paste, mashed tofu, or ground sesame seed.)。

魚や貝で酢の物が作られる場合、材料には蒸すか焼くという処理が施されます（In the case of "sunomono" made with fish or shellfish, the fish or shellfish is either steamed or broiled.)。そこからは薄く切られ、付け合わせを載せたり、また、酢やだし汁に漬けたりします。メインの素材が野菜である場合、作る工程はしばしば湯がき、塩もみ、蒸しもしくは焼き、そして水切りというものになります（It can then be sliced and sprinkled with a garnish, or it can be marinated in vinegar or soup stock. If vegetables are the sunomono base, they are often blanched, rubbed with salt, steamed or boiled, with any excess water drained.)。

・かき酢：kakisu; vinegared oysters

これは二枚貝、マガキ、または岩ガキを酢や他のタレと合わせたもので、簡素ではあるものの同時に優雅で洗練された一品です（This dish, served with bivalve, Pacific, or Iwagaki oysters in vinegar or other sauces, is simple yet at the same time elegant and sophisticated.)。かき酢を代表するメニューは生ガキを使用したもので、よく高級レストランで出されます（A very representative menu item of vinegared oysters is "simple raw oysters", which is often prepared by high-end restaurants.)。

本当によいカキには、あまり手を加える必要はありません。普通のポン酢（柑橘系の果物と醤油でできています）と、千切りにしたキュウリが少しあれば十分です（When the oysters are at their best they need less embellishment and a basic "ponzu" sauce (made from citrus fruit and soy sauce) along with some julienned cucumber may be all you need.)。本格的な酢のタレを作る場合は、ミニヨネットのソース（赤ワインビネガー、細

かく刻んだエシャロット、水、粉こしょう）が新鮮なカキの本当の良さを引き出します（For a true vinegar base, mignonette sauce (made with red wine vinegar, minced shallot, water, and ground pepper) will bring out the best in the fresh oysters.）。カキは高タンパク（グリコーゲンとアミノ酸）で、ミネラル（亜鉛とカルシウム）も豊富です（Oysters are high in protein (glycogen and amino acids) as well as minerals (zinc and calcium).）。

・たこ酢：takosu; sliced boiled octopus in rice vinegar

この健康的な料理はゆでたタコと米酢でできています（別の呼び方としてタコ酢の物や酢ダコがあります（This healthy dish is made from boiled octopus and rice vinegar. (It is also called "tako sunomono" as well as "sudako").）。タコは刺身としても食べられるほど新鮮でなくてはなりません。スライス状に切られたキュウリ、ショウガ、水で戻したワカメ、そして海苔がこの爽やかで元気をくれる料理の典型的な材料です（The octopus must be "sashimi-grade". Cucumber slices, ginger, dried and rehydrated wakame seaweed and sesame seeds are typical ingredients of this refreshing and energizing dish.）。

・なまこ酢：namakosu; sea cucumber in rice vinegar

なまこは英語では sea cucumber と言います。ヒトデやタコノマクラと同様、棘皮動物です（Namako is known as sea cucumber in English. It is an echinoderm (related to starfish and sand dollars).）。ぬるぬるした感触を持ち、日本を含む一部の国々においてご馳走とみなされています（It has a slippery texture and is considered a delicacy in Japan and some other countries.）。これが酢やポン酢と合わせられた料理をなまこ酢と呼びます。日本のアルコール飲料（例えば焼酎）と合う一品です（When served in vinegar or ponzu sauce this dish is called namakosu. It also goes quite well with Japanese alcohol (such as shochu).）。

・なます：namasu; uncooked sliced vegetables or seafood in rice vinegar

なますは「調理をしていない野菜の酢漬けサラダ」とも説明できます（「なま」は調理されていない状態を表します）（Namasu can be described simply as uncooked salad marinated in rice vinegar ("nama" means 'uncooked').）。違う呼び方として、なます切りがあります（This can also be called "namasu-kiri" ("kiri" means 'sliced').）。調理をしない生の具材として使えるのは野菜や魚介類です。この料理は奈良時代（710 ～ 794 年）に中国から伝わりました（The uncooked ingredients can be vegetables or seafood. This dish came to Japan from China during the Nara Period (A.D. 710-794).）。

6. 酢の物：sunomono; vinegared dishes

● **食文化としての歴史…**

酢の物は和食において重要な地位を占めていますが、実は日本独自の料理というわけではありません。酢そのものについては、紀元前3000年頃のものがエジプトで発掘されています。奈良時代には上流階級である朝廷や貴族の人々の間で漢方の一種・薬・高級調味料として用いられていました。現在、世界中にさまざまな種類の酢が存在しますが、日本食にとってきわめて重要なのは寿司にも使用される米酢でしょう。

この種の酢の物が人間の健康面にどのような貢献をするのかを考える時、やはり酢の効用に注目するのが一番です。酢はアルコールを酸性化させることにより作られます（例えばワインボトルのコルクを抜いて、そのまま長期間放置しておいたら、酢ができ上がります）。残るのはバクテリアが作り出した酢酸です。酢や酢酸には感染に抵抗する特性が含まれており、血圧を下げる作用（何種類かの動物）、抗発がん作用、そして血糖値を下げる作用が期待できるといわれます。

酢の物という伝統的な日本料理は、ほとんどの和食レストランや居酒屋で注文することができます。多くの日本料理と同様、酢の物もまずは見た目から楽しめるよう、美しく盛り付けられます。

● **周辺の話題…**

酢の物は15分ほどかければ調理できる簡単な料理です。食事に一品追加したい時のために、作り方を覚えておくと便利です。必要な物は基本的な材料（酢、醤油、キュウリ、その他の食材）と材料を混ぜる器です。

上で紹介した以外でよく見かける酢の物には甲殻類を使ったものがあります。簡単にエビ酢の物と、カニ酢の物について説明しましょう。エビ酢の物の代表的な素材は、エビ、ワカメ、キュウリなどですが、アレンジを加えたレシピには、酢に漬けたエビ、バーミチェリと呼ばれる細めのパスタ、レモン、キュウリを使ったものがあります。

カニ酢の物はばらばらにほぐしたカニを、キュウリの上に乗せるというものです（ワカメを追加してもかまいません）。カニは立派なものではなく、缶詰を使えば料理の手間も大幅に短縮できますし、それでも十分に満足できる味わいのものが作れます。

酢の物は味、調理の簡単さ、そして栄養価という面において、日本が誇ることのできる優れた食べものです。

7. 珍味：chinmi; delicacies and foods of acquired taste

　珍味とは珍しい味と書きます。食材が希少であったり、外見が奇妙であったり、味が珍妙であったりすることからそのような奇妙な名付けがされました。それは一般的には水産物であったり、植物であったりします。珍味には土地により独特のものがありますが、現在は流通も発達しており、遠い地域の珍味を比較的簡単に賞味できます。

● 英語で説明するなら…

　日本は美味しいものの宝庫です（Japan has a treasure trove of food delicacies.）。多くの人は和食といえば寿司、刺身といった高級なものや、ラーメンなど庶民的なB級グルメの料理を思い浮かべるでしょう。しかし、真の食通にとり、珍味というカテゴリーに属する食べものの一つひとつが、その特徴的な味わい、食感、見た目という部分で称賛に値するのです（While most people equate Japanese cuisine to sushi, sashimi, or B-grade, everyday food such as ramen, to a true food cognoscenti "chinmi" is an entire category of foods that can be admired for each individual food's unique taste, texture, and appearance.）。

　和食の世界では、珍味と呼ばれるものが数多く存在します。その中には、どろめ、酒盗（カツオの塩辛）、とんぶりといったものがあります（In the Japanese world of food there is a pretty long list of foods that are considered to be chinmi. Running down this list, there are "dorome", "shuto", and "tonburi".）。どろめは高知の方言でいわしの稚魚を意味します。ポン酢をかけて食べるのが一般的で、お酒と一緒に楽しむものです（四国では毎年、この珍味の名前を冠したどろめ祭りが開催され、男女が酒の飲みっぷりを競い合います（"Dorome" means sardine fingerlings in Kochi dialect. They are typically served with ponzu sauce and eaten while imbibing sake. (There is an annual sake drinking competition between men and women at the Dorome Festival in a town on Shikoku island and the name of this delicacy gets its name thereby.)）。

　酒盗はカツオの内臓でできています。食べられるまで、およそ半年間かけて酒、みりん、はちみつを混ぜた液体に漬け、発酵させます。すでに酒が含まれているので、当然お酒との相性は抜群です（"Shutou" is made from the entrails of skipjack tuna. They are fermented about half a year before being eaten in a mixture of sake, mirin, and honey. Already containing some sake, it is a wonderful accompaniment to sake, of course.）。

154   7. 珍味：chinmi; delicacies and foods of acquired taste

とんぶりはホウキギから作られるものです。この植物の種を乾燥させ、ゆでて皮を剥き、付け合せとして利用します（"Tonburi" is made from a plant called "houkigi" in Japanese (and 'Mexican fireweed' in English). The seeds from the plant are dried, boiled, and de-skinned, and it is used as a garnish.）。

その他の興味をひく珍味には次のものがあります。沖縄豆腐から作られた豆腐餻(とうふよう)、レンコンを味噌と辛子で味付けし揚げた辛子レンコン、クロスズメバチの幼虫を醤油と砂糖（もしくは蜂蜜）で煮たヘボ、そしてイカ墨とイカの肝臓を1ヶ月間発酵させた黒作りなどです（Other interesting types of chinmi include "toufuyo" (made from Okinawan tofu), "karashi renkon" (lotus root, miso, and mustard paste which is deep-fried), "hebo" (black hornet larvae boiled in soy sauce and sugar (or honey), and "kurozukuri" (squid ink and liver which has undergone fermentation for one month).）。

大抵の場合、ここで紹介した珍味（美味しいと感じるまでにある程度の時間がかかる）の多くは酒と一緒に出されます（酒だけを肴なしで飲むのはかなり大変です）（In general, a lot of the chinmi (foods of acquired taste) described here are served along with sake (since drinking sake straight could end up being a pretty harsh experience).）。ほとんどの珍味は海の幸から作られるものですが、中には植物が材料となっているものもあります（Although most are from the sea, some are plant-based.）。珍味は和食の中でも普通のものとはかけ離れている（場合によっては異常とも表現できる）食べものとしての地位を確立しており、すべて国の宝として楽しまれ、賞味されるべきものです（They constitute a class of Japanese foods which is out of the ordinary (if not extraordinary). And they all should be appreciated and relished as "national treasures".）。

・からすみ：karasumi; silver mullet roe

からすみは上に紹介した名前以外にボッタルガとも呼ばれ、貧者のキャビアとしても知られています（しかしこれは正確ではありません。なぜなら、からすみはキャビアと同様、かなり高価なものだからです）（Also known as "bottarga" in English, it is known as "the poor man's caviar" around the world. (This is not true - like caviar, it is quite expensive.)）。魚卵はもともとそれを包んでいる膜ごと海塩に漬けられ、天日干しにされます。また、表面の余計なものを取り除き、保存と日光からの保護を目的に真空パックに入れます（The roe is cured with sea salt in its original sac, then dried in the sun. It's also waxed and vacuum-sealed to further preserve it and protect it from the sun's rays.)。この料理は地中海地域でも人気があり、例えばパスタなどにも使用できます。からすみには海を思わせる深い塩味があります。それはアンチョビよりも繊細で、キャビアよりも柔らかい味わいです（A delicacy which is also popular in the Mediterranean area, it can be used to make pasta, for example, and has a deep salty ocean taste which is more delicate than anchovy and more mellow than caviar.）。

・このわた：konowata; sea cucumber guts

なまこから作られるこの苦い珍味はかなり刺激の強い味で、口の中をひりひりさせる場合もあります。また、なかなか消えない後味も残します（この食通を喜ばせる一品は冷酒のお供にうってつけです）（This bitter delicacy made from sea cucumbers can taste quite sharp and even sting in your mouth. It can also leave a lingering aftertaste. (Cold sake is a great accompaniment to this gourmand's delight.))。人によっては「まるで海の底のような味だ」という感想を抱くかもしれません（強烈かつしょっぱい味がします）。なまこの内臓の中でも、腸の部分だけが取り出され、使用されます。この珍味が仕上がるまで、複数回塩漬けを行います（Some people might say that "it tastes like the bottom of the sea". (It has an intense, salty taste). Only the intestinal parts are extracted and prepared using a multi-stage salting process.)。

・ほや：hoya; sea pineapple

この海の生きものは一見醜悪で、ぞっとするかもしれません。はじめてこの生き物を食べる時、その味わいに驚くかもしれません（不思議な味がします）（This is another sea animal which at first glance may look ghastly. Its taste can also take one aback (since it might be considered "strange") if it's your initial culinary experience dining on this sea creature.）。ほやはしばしば刺身にされ、日本酒と合うとされています（It is often served as sashimi, and it is said that it goes well with sake.）。

● 食文化としての歴史…

今からたった100年遡るだけでも、当時の和食は現在のものと比較するとかなり違った形をしていたのではないかと想像できます。珍味は、昔の日本で食材がどのように用いられ、供され、そして食べられていたかを教えてくれる食のカテゴリーです。今のように冷蔵庫がなかった時代、食品を保存する手段はきわめて限定されていました。しかし、人々は太古の昔から多様な食品保存の技術や発酵技術を工夫し、発展させてきたのです。今日では、燻製にする、塩漬けにする、酢漬けにする、焼く、干物にする、そしてゆで

7. 珍味：chinmi; delicacies and foods of acquired taste

るといった方法で、珍味が作られています。

　珍味の中にはあまり一般受けしない食べ物を一部の人が楽しみ、徐々に広がっていったというものがあります。例えば、現在では寿司のネタとして人気のあるウニやイクラも、そのような食べ物の例です（ウニはからすみ、このわたと並び日本の三大珍味と言われています）。これらは切って酢飯に乗せられるネタとは異なり、安定しにくく、かつ握れないという難点があります。そこで考案されたのが、ネタと酢飯の周囲に海苔を巻き、一種の壁を作るといったスタイルの軍艦巻きです。店の客が注文したものを、工夫して握ろうとした結果、軍艦巻きが誕生したと言われています。

　しかしこれは当時珍しいものであり、嫌悪感を示す人もいたようです。今でもウニやイクラを苦手とする人は大勢いますが、現在では回転ずしでもこれらのネタが楽しまれています。軍艦巻きのエピソードを見ていると、珍味の普及は、食の冒険家がまず取り組み、そして他の人が徐々にそれを試してみるところから始まるのかもしれません。しかし、珍味について考えるとおもしろいのは、その捉えられ方が時代と共に変化しているという点です。かつて珍味扱いされていたウニの軍艦巻きが今では多くの人々に愛されているように、もともと一部の好事家のみが楽しむものだった珍味の中には大衆に受け入れられ大衆珍味として普及していくものもあります。

● 周辺の話題…

　需要が消費を生み、それがまた新たな層の需要を生むという経済現象から本来珍しく希少な食べ物であった珍味の中にも、珍しくなくなるものが出てきます。このような事情から、珍味の中でも区別が生まれました。希少な珍味は高級珍味、大量生産され市場に出回る珍味は希少なものとは異なるという意味で大衆珍味と呼ばれるそうです。また飲食業者が調理や加工の手間を省ける業務用珍味というものも存在します。これは大まかな分類であり、よりつぶさに見ていけばより細かい区分が存在するのでしょう。時代により人の嗜好も変化するので、将来はまた新しい珍味のカテゴリーが誕生するかもしれません。

　個人の努力だけではなく、団結して珍味業界を発展させようという取り組みもなされています。全国珍味商工業協同組合連合会（全珍連）は1965年に発足した歴史を持つ組織であり、諸々の活動を行っています。同団体は伊勢神宮で新嘗祭（その年の収穫に感謝する宮中祭祀）が行われる11月23日を、食に対する感謝という意味を込め、珍味の日と制定しています。

第Ⅱ部　料理・食材・調味料・菓子などにまつわる和食を理解し英語で伝える　157

8. 菓子類：kashirui; confectionery

　和菓子には、「生菓子」「半生菓子」「干菓子」があります。「和菓子」はまた、特に「茶の湯」のための菓子も指します。

● 英語で説明するなら…

　和菓子は、「生菓子」「半生菓子」「干菓子」に分けられます（WAGASHI, Japanese confectionery, is divided into three groups; NAMA-GASHI, HANNAMA-GASHI, and HI-GASHI.）。「生菓子」は、桜餅など餡を詰めた餅菓子です（NAMA-GASHI means fresh [moist] sweets, such as SAKURA-MOCHI, Cherry-Leaf Rice Cakes. NAMA-GASHI is mostly made from sticky rice cakes stuffed with sweet bean paste.）。

　「半生菓子」は、やや傷みやすい半生のもので、最中や羊羹などがそうです（HANNAMA-GASHI means less-moist sweets, and semi-perishable. MONAKA, Stuffed Wafer Cakes and YOKAN, A Bar of Jellied Sweet Bean Paste, are two of them.）。そして「干菓子」は、おこしや煎餅など種々の乾きものです（HI-GASHI means dry sweets such as OKOSHI, Popped Millet-and-Rice Candies, and SENBEI, Rice Crackers.）。

　和菓子はまた、特に苦いお茶とともにいただく「茶の湯」のための菓子でもあります（WAGASHI also refers to the sweets served in the tea ceremony to overcome the bitterness of powdered green tea.）。季節を表現し美しく染色され精巧に造形された和菓子は、目をも楽しませてくれるものです（WAGASHI, decoratively made and beautifully colored expressing the season, can be visually appreciated.）。

● 食文化としての歴史…

　日本の菓子の祖型は、「果子」であり、果実や木の実の総称でした。現在でも果物を「水菓子」ともいいます。素朴な自然の恵みであった「果子」から、現代に通ずる「和菓子」として完成するのは江戸中期といわれます。その間最も影響を及ぼしたのが、中国からの「唐菓子」「点心」と、西洋からの「南蛮菓子」でしょう。

　「唐菓子」は、奈良・平安期に遣隋使や遣唐使なども含めた中国との交流の中で伝えられた菓子です。唐菓子8種類と果餅14種類が伝えられ、その中には今でも神饌菓子として残っているものもあります。唐菓子の特徴は、小麦粉・米粉を使用し、花や虫などの形を模したもので、主に油で揚げた物とされます。唐菓子によって、自然のままの「果子」だけでなく、加工された「菓子」が紹介されたのです。「点心」は鎌倉・室町期に禅宗の留学僧な

どにより伝えられた、食事と食事の間に出される「小食(こしょく)」をいいます。禅宗では厳しい修行と食事制限の中、中国料理の製法を利用しあるいは加工して「精進料理」が形作られますが、菓子では「饅頭」の製法が伝わりまた「羊羹」の原型も生まれ、その後の「和菓子」の基盤となります。

「南蛮菓子」は、戦国期より鎖国開始前までのポルトガルやスペインとの「南蛮貿易」や、宣教師・商人が伝えた西洋風の菓子類です。その特徴は多くの卵・砂糖・油の使用であり、特にそれまで日本では貴重品であった砂糖を大量に使った菓子は、日本人に新たな甘味の世界を開きました。カステラなど日本風になり現在まで残る菓子もあります。

このような背景の中、「和菓子」を大成させるのが「茶の湯」と「庶民」です。「茶の湯」につながる「喫茶」の風習は、中国よりすでに奈良・平安期に伝わっていましたが、その後途絶えていました。鎌倉期に栄西禅師が茶の木を持ち帰ってから日本で茶の栽培も始まり、室町期から戦国・安土桃山期にかけて、「茶の湯」として確立されます。和菓子は、茶の湯の風情を引き立てる繊細で季節感のあるもの、茶の味を邪魔しない控えめな味と香り、そして山紫水明・花鳥風月など自然美を表したものとして創造されていきます。この中心となったのが京都であり「京菓子」でした。そしてより洗練され、精巧で繊細な日本独特の「和菓子」が数々誕生するのです。

一方で「和菓子」をより豊かにしたのが「庶民」です。「京菓子」は「上菓子」とも呼ばれ、「茶の湯」に加え宮中や大名など上層階級を顧客としていましたが、江戸期には庶民が味わえる大衆的な菓子も次々と登場します。社寺の門前の餅や団子、各地の名物菓子なども現れ人気となります。特に砂糖の国内生産が開始され甘味がより身近になると、餅菓子類の製造が盛んになり、安価な駄菓子類も種々生まれます。こうして「和菓子」の大衆化・多彩化が進みます。このように江戸期には、「京菓子」を始めとする高級な「上菓子」と庶民のための大衆的な「駄菓子」が併存し、多種多様な「和菓子」の世界が形作られます。その後明治・大正期の「洋菓子」流入を経て昭和・平成期には和洋折衷菓子も数々誕生しますが、同時に高級和菓子も素朴な和菓子も今なお伝統的な「和菓子」として存続しているのです。

● **周辺の話題…**

兵庫県の中嶋神社に祀られる田島間守命は、「お菓子の神様」といわれます。天皇の命により「橘」を苦心して海外から持ち帰った人として知られます。「橘」は古代最高の菓子とされ、後世まで「左近の桜、右近の橘」と称えられています。

①石焼き芋：ishiyaki-imo; stone-roasted sweet potatoes

　石焼き芋は、石を熱してその中で焼き上げるサツマイモのことです。屋台の石焼き芋は、関東大震災後に登場します。

● 英語で説明するなら…

　石焼き芋は、焼けた小石の中で焼くサツマイモのことです（ISHIYAKI-IMO means sweet potatoes roasted [baked] in hot pebbles.）。江戸後期にはサツマイモが流通するようになり、「焼き芋」があちこちで売られました（Baked sweet potatoes were sold here and there since sweet potatoes became circulated in town at the end of the Edo period.）。石焼き芋の屋台は、関東大震災後に現れました（Street vendors of ISHIYAKI-IMO emerged after the Great Kanto Earthquake.）。冬になると多くの街商がリヤカーをひいて売り歩いたものです（Many of them would sell stone-roasted sweet potatoes by pulling a cart in the wintertime.）。

● 食文化としての歴史…

　サツマイモの伝来には諸説ありますが、江戸前期に中国から琉球（沖縄県）へ、そして薩摩国（鹿児島県）に伝わったといわれます。栽培が容易で農地当たりの収穫量も大量であったため、その後各地に普及しました。特に江戸中期には相次ぐ飢饉の中8代将軍吉宗の命により、関東でサツマイモの栽培が試みられ、それに成功すると、サツマイモの流通量も激増しました。

　「焼き芋屋」は、その後の1793年、江戸に初めて出現します。それまでは芋は、「大蒸し（ふかし）」として「ふかし芋」が蒸して売られていました。「焼き芋屋」は、1793年の冬、栗に近い味という意味で「八里半」という行燈を出して売り出しました。後に「栗より（九里四里（くりより））うまい十三里」として、「十三里」などの看板も現れます。庶民的な味で大人気となり、焼き芋屋のない町はないというぐらい、見かけるようになりました。その後明治維新と文明開化の中でも工夫を凝らした焼き芋も登場し、さらに繁盛しました。関東大震災で焼き芋屋の店舗が激減すると、代わって屋台の「石焼き芋屋」が盛んになります。屋台の売り歩く声は、冬の風物詩でもあります。

● 周辺の話題…

　当時の焼き芋は、厚切りにして鉄板で焼いて塩とゴマをかけて売られていました。それが明治期には、柚子や海苔を振りかけるなど工夫され、新しい物好きの江戸っ子に評判となりました。そして熱した小石とともに蒸焼きする石焼き芋の屋台、さらに昭和10（1935）年代には壺の中で蒸焼きにする「壺焼き芋屋」も出現しました。

②ういろう：uiro; sweet rice jelly

ういろうは「ういろう餅」のことであり、上糝粉を蒸した棹状の棹物菓子です。当時普及していた薬の「外郎」からの名称といわれます。

● 英語で説明するなら…

ういろうは「ういろう餅」のことで、上糝粉に白玉粉や砂糖を加え、練り上げて蒸した餅菓子です（UIRO is sweet rice jelly made of rice flour and glutinous rice flour kneaded with water and sugar, and then steamed.）。棒状に作られる棹物菓子です（It is bar-like sweets made in the form of long blocks.）。「ういろう」は薬の「外郎」から名付けられました（UIRO was named after the medicine called UIRO.）。

● 食文化としての歴史…

ういろう（外郎）は、薬の「外郎」に因んで名付けられました。薬の「外郎」は、中国で「礼部員外郎」という官職にあった陳宗敬が室町期に来日して帰化し、その子孫の宗奇が製造販売した丸薬であり、もとの官職名が薬の名になりました。また貴人が冠の中に入れて珍重したことから、「透頂香」とも呼ばれました。痰切りや口臭消し、消化器系疾患に効くとされて普及し、旅先や戦時の救急薬ともなりました。

そして薬の「外郎」は、歌舞伎の演目『外郎売り』に登場します。歌舞伎役者の二代目市川團十郎が、この薬により持病の痰・咳が治ったため、お礼に1718年歌舞伎『外郎売り』を初演し、薬の「外郎」の効用や飲み方を早口で披露するセリフで有名となります。菓子の「ういろう」は、この歌舞伎の『外郎売り』に出てくる小田原の虎屋藤右衛門の店で、苦い薬の口直し用に作られたものだったという説があります。

● 周辺の話題…

菓子の「ういろう」は当初黒砂糖を用いていたので、その色合いもまた形も薬の「外郎」に似ているとして、この名が付いたともいわれます。その後「ういろう」は、黒砂糖から白砂糖を用いるようになり、現在のような白色になります。

「ういろう」は各地に伝えられますが、特に名古屋に定着して名物菓子となります。名古屋は日本のほぼ中央にありますが、名古屋を境にして東側が麺食文化、西側が糊食文化であったからという説もあります。江戸後期の名古屋では、尾張徳川家に「ういろう」が献上されていました。

第Ⅱ部 料理・食材・調味料・菓子などにまつわる和食を理解し英語で伝える　161

③おこし：okoshi; millet-and-rice cakes, millet brittle, a popped millet-and-rice candy

　おこしとは、糯米や粟（millet）を煎って膨らませたものを水飴と砂糖で固めた干菓子です。関西の「粟おこし」、関東の「雷おこし」が有名です。

● 英語で説明するなら…

　おこしとは、糯米や粟で作られた干菓子の一種です。蒸して乾かした糯米や粟などを煎って膨らませたものを、水飴と砂糖を加えて固めます（OKOSHI is a kind of dry Japanese sweets made from glutinous rice and millet, which are steamed, dried, popped and candied with starch syrup and sugar.）。クルミ（walnuts）、豆（beans）、落花生（peanuts）、ゴマ（sesame）などを加えたものもあります（Some OKOSHI include other ingredients such as walnuts, beans, peanuts, and sesame.）。

● 食文化としての歴史…

　おこしは「おこし米」の略で、近世になってから「おこし」と呼ばれるようになりました。中国古代の農書『斉民要術』にある「油炒餅」が原型とされ、日本へは遣唐使により唐菓子の「環餅（まがり）」としてもたらされました。平安期には、すでに「於古之古女（おこしこめ）」と称される乾米があったとされます。

　また「大嘗祭」などに米や麦を煎って膨らませたものを供える風習から、「膨らませて興すもの」として「おこし」と呼ばれるようになったともいわれます。なお大坂冬の陣で豊臣方の真田幸村が、戦い疲れた兵士を元気づけるための栄養食として用いたという逸話もあります。

● 周辺の話題…

　「おこし」は名物菓子として、江戸時代には各地で作られるようになりましたが、特に、関西の「粟おこし」や関東の「雷おこし」が有名です。「粟おこし」は、1752年に大坂道頓堀の国谷清兵衛が売り出した「おこし」で、蒸した粟を乾燥させ、黒砂糖を入れて固めたものです。「堅きこと石のごとし」といわれ、別名「岩おこし」とも呼ばれます。この粟おこしが評判になり、やがて江戸でも作られるようになったとされます。

　「雷おこし」は、1795年、再建された浅草寺総門の雷門に因んで門前にある店が売り出した「おこし」です。当時は風神・雷神がありましたが雷神が有名になり、「おこし」の中央に黒ゴマを付けて雷神のおへそとしました。

④かき氷：kaki-gori; shaved ice with syrup on the top

かき氷は氷を掻き削ったもので、各種シロップに、練乳やゆで小豆、フルーツ、大人用にはリキュールなども入れられ、多様化しています。

● **英語で説明するなら…**

かき氷は、氷を掻き削り雪状にしたもので、シロップなどをかけます（KAKI-GORI is ice shaved into fluffy snowy layers and topped with flavored syrup.）。氷にかけるシロップ（flavored syrup）は、砂糖水、イチゴ、レモンなどさまざまです（KAKI-GORI is flavored with such syrups as sugared water, strawberry, lemon, and so on.）。練乳やゆで小豆、抹茶なども人気です（Condensed milk, sweet adzuki beans, and powdered green tea are also very popular toppings.）。

● **食文化としての歴史…**

「氷」は、「氷室」での貯蔵が、5世紀前半の仁徳天皇の頃に始まっています。「氷室」は、山中に穴を掘り真冬に取った氷を貯蔵する室のことです。平安中期の法典『延喜式』には20か所以上の氷室、さらに500カ所以上の氷池の記録が残されています。そして毎年6月1日には宮中で「氷の節会」が催され、氷室の氷を群臣に下賜されたとされます。清少納言の『枕草子』にも、「あてなるもの。…削氷に甘葛入れてあたらしき金鋺にいれたる…」という節があり、「削り氷」を食した様子が示されています。

しかし当時の氷は献上品や上流階級の行事食であり、「かき氷」が一般化するのは機械製氷が始まった明治期以降です。幕末には「ひゃっこい、ひゃっこい」という売り言葉で、冷水や砂糖水も売られていましたが、明治に入ると、町田房造が明治2（1869）年かき氷屋の元祖「氷水店」を開店したり、中川屋嘉兵衛が函館の氷の横浜への出荷に成功して氷を売り出したりします。そして明治16（1883）年、東京築地に外国人経営の製氷会社が設立されて機械製氷が始まると、明治20年頃に「削り氷」が登場するのです。

● **周辺の話題…**

「かき氷」は「氷水」とも呼ばれますが、最初は「甘露水」と称して、煮詰めた砂糖に水を加え薄荷（ハッカ：ミント）を入れた「薄荷水」や肉桂（ニッキ：シナモン）を入れた「肉桂水」が売られていました。そこに「氷」が加えられ、明治20年頃に「削り氷」が登場します。

「かき氷」は、昔はカンナで削っていましたが、やがて各種の氷削り用の器械が登場しました。今日では家庭用の簡易氷削り器（Ice Shaver, Shaved Ice Maker [Machine]）も普及しています。

⑤柏餅：kashiwa-mochi; oak-leaf rice cakes

柏餅は、餅に小豆餡または味噌餡を入れ、柏の葉でくるんだ餅菓子です。5月5日の端午の節句に供えられます。

● 英語で説明するなら…

柏餅は、小豆餡を中に入れた餅を柏の葉でくるんだ餅菓子です（KASHIWA-MOCHI is a steamed rice cake with sweet adzuki-bean paste centers, wrapped in an oak leaf.)。味噌餡を入れた物もあります（Sweet white bean paste mixed with white miso is another choice for centers.)。「柏餅」は、江戸中期、5月5日の端午の節句（現在は子供の日）のために登場しました。（KASHIWA-MOCHI appeared for the Boys' Festival (Children's Day now) on May 5 in the middle of the Edo period.)。

● 食文化としての歴史…

「柏」の葉は古来食器として使われており、食物を包んで蒸すこともできました。食事を司る職名が「膳司(かしわでのつかさ)」と呼ばれていたことも、これに由来するといわれます。「柏餅」は、奈良期に唐菓子の1つとして伝来し、一般的になったのは室町末期という説、または江戸中期という説があります。

江戸中期の『歯がため』(1783年) に、江戸では5月5日の「端午の節句」(the Boys' Festival on May 5) に、「粽(ちまき)」の代わりに供えられるようになったと記されています。中国では5月は「悪月」とされ、特に5日には邪気を払うために薬草を摘む風習があり、また邪気を祓うものとして「粽」が食されました。これが日本にも渡来し、古くから「端午の節句」には「薬猟(くすりがり)」などの行事も行われ、「粽」が供えられました。それが江戸時代以降は男児のための行事となり、そして幕末には、男子誕生の初節句に「粽」を配り、二年目以降には「柏餅」を配るとされました。現在でも「端午の節句」には、関西方面では「粽」、関東方面では「柏餅」といわれます。

また柏餅には、小豆餡と味噌餡がすでにあったことも幕末の資料に記されています。餅の中に小豆餡なら柏葉の表側、味噌餡なら柏葉の裏を出して包むと書かれています。

● 周辺の話題…

柏の葉は、新芽が出るまで古い葉が落ちないので、男子の成長と子孫繁栄を願う武士の間で縁起物として珍重されました。また当時は糯米ではなく普通の米であるうるち米の糝粉で作られたので、正確には「団子」であり「柏団子」でしたが、「柏餅」と呼んだのは武士の見栄だったともいわれます。

⑥カステラ：kasutera; castella cake, Japanese sponge cake

　カステラは、卵、小麦粉、砂糖を混ぜて天火で焼いた日本風のスポンジケーキです。

● 英語で説明するなら…

　カステラは日本風のスポンジケーキです（KASUTERA is a Japanese sponge cake.）。泡立てた卵に小麦粉と砂糖などを混ぜて天火で焼きます（Beaten eggs, wheat flour and sugar are mixed and then baked to form a soft sponge cake.）。その製法が、もともと16世紀に南蛮人により長崎に伝えられましたので、「長崎カステラ」という呼び名もあります（Its recipe was originally brought to Nagasaki by early European traders in the 16th century, so KASUTERA is also called NAGASAKI KASUTERA.）。

● 食文化としての歴史…

　カステラは、安土桃山期にポルトガル人が製法を長崎に伝えた南蛮菓子の1つで、「長崎カステラ」とも呼ばれます。南蛮とは南方の地より来航するもの、ポルトガルやスペインからもたらされたものを示していました。「カステラ」の名は、ポルトガル語で pão de Castella「カスティーリャ王国のパン」といわれたのを、日本人が「カステイラ」に略したとされます。「カステイラ」が名称でしたが、江戸時代以降には「カステラ」の名も普及しました。

　日本で最初にカステラの製法をポルトガル人より学んだのは、油屋町の菓子商「福砂屋」初代の殿村寿助であり、また日本で最初にカステラを製造したのは長崎本博多町「和泉屋長鶴」本家といわれます。「福砂屋」も「和泉屋」「長鶴」も今日に続く長崎カステラの老舗です。カステラはやがて京都、そして江戸に伝わると次第に改良され、日本人好みの甘みの強い濃い味となり、江戸で人気の菓子となります。「カステラ」は、スポンジケーキをまねた、洋菓子と和菓子の中間の焼き菓子ともいえます。

● 周辺の話題…

　カステラは、材料も製法もそれまで日本ではなじみのなかったまったく新しいお菓子でした。当時貴重品であった砂糖や卵を多量に使い、オーブンで蒸焼きにするのです。そもそもスポンジケーキは小麦粉、砂糖、卵の配合が1：1：1ですが、カステラは1：2：2とさらに砂糖、卵が多く、黄色のねっとりした独特の風合いに焼き上がります。そしてスポンジケーキはオーブンで蒸し焼きにしますが、当時はオーブンもなく、鉄鍋の上下に炭火を置き上火・下火を調節したといわれます。ただカステラは国内産の小麦粉で作れるので、強力粉を使うパンよりも採用されやすかったともいわれます。

第Ⅱ部 料理・食材・調味料・菓子などにまつわる和食を理解し英語で伝える　165

⑦京菓子：kyo-gashi; Kyoto-style sweets [confectionery]

　京菓子は、「茶の湯」を始め、主としておもてなしのための京風和菓子をいいます。自然美と季節感を表した上品で洗練された「上菓子」です。

● **英語で説明するなら…**

　京菓子は、京都で製造された京風の和菓子ですが、「茶の湯」の菓子が中心です（KYO-GASHI means Japanese Sweets [Confectionery] produced in Kyoto, and especially served during the tea ceremony.）。「茶の湯」で「お濃茶」（thick powdered green tea）に合わせるのが「生菓子」、「薄茶」（thin [weak] powdered green tea）に添えられるのが「干菓子」とされます（Thick powdered green tea is associated with fresh [moist] sweets, and thin [weak] powered green tea with dry Japanese sweets.）。京菓子は、自然と季節を表現し精巧に造形されたもので、高い評価を受けてきました（KYO-GASHI, exquisitely crafted expressing the nature and season, has been highly appreciated.）。

● **食文化としての歴史…**

　「上方文化」といわれるように、上等なものは京都にあるというのは菓子類でも同様でした。「京菓子」は、茶道の茶菓子、宮中の献上菓子、大名の饗応菓子、社寺の餐饌（さんせん）菓子などから生まれたとされます。特に安土桃山期に千利休により「茶の湯」が大成すると、独特の京菓子が江戸期にかけて本格的に形作られました。

　その特徴は、山紫水明・花鳥風月など自然の美を表したもの、色彩・形状が控えめで上品なもの、素材本来の味を生かして甘みも抑えたもの、そして春夏秋冬にとどまらず1月から12月まで季節の微妙な移り変わりを表した季節感溢れるものなどです。「京菓子」は、「上菓子」ともいわれ、色も形も香りも味わいも、洗練された極上の京風菓子が数々登場していきます。

● **周辺の話題…**

　京菓子といえば、特に近世初期、「禁裏御用」を許された二十八軒の菓子舗の製造になる上菓子をいうことがあります。「禁裏御用」の「禁裏」とは、むやみに入ることを禁じられている場所のことで、「宮中」をさしますので、「禁裏御用」とはいわゆる「宮中御用達」といえます。こうした御用菓子屋は、御所や公家に加え、寺社や江戸幕府、有力武家・藩主などの上層階級を顧客としていました。

⑧ 金鍔（きんつば）：kintsuba; cubed sweet beans wrapped in a wheat-flour skin

金鍔は「金鍔焼き」であり、小麦粉の皮で餡を包んで焼いたものです。「金鍔」は刀の鍔のことで、名称はその形に似ているからです。

● 英語で説明するなら…

金鍔は、小麦粉を薄くのばして小豆餡を包み、油をひいた鉄板の上で焼いたものです（KINTSUBA is made of sweetened adzuki-beans wrapped in a wheat-flour skin, and baked on an oiled griddle.）。金鍔は、形が楕円形で平たく、刀の鍔に似ていることから名付けられました（KINTSUBA was named after a sword guard, KINTSUBA, because it was originally baked flat and round like a sword guard.）。金鍔は、今は四角い形になっています（KINTSUBA is now cubed.）。

● 食文化としての歴史…

金鍔より前に「銀鍔」なる菓子が、17世紀後半に京都で売り出されており、「金鍔焼き」の元祖といわれます。銀鍔は、うるち米の粉である「糝粉」を使って小豆餡を包み、油を敷いた金属板の上で焼いたものです。「銀鍔焼き」が18世紀初めに江戸に伝わると、米粉の代わりに小麦粉が使われ、「金鍔」と呼ばれるようになります。19世紀初めには江戸で人気の菓子となりました。またサツマイモの餡で作った「薩摩金鍔」も作られました。

名前の由来には、米粉を使った「銀鍔」は白っぽく、後に小麦粉を使った「金鍔」は黄色くなったからという説、上方では銀貨幣主体、江戸では金貨幣主体だったからという説、あるいは単純に銀より金の方がよいからという説もあります。

なお江戸中期には「銅鑼焼き」も誕生しており、金鍔は、銅鑼焼きを小さくしたものという説もあります。「金鍔」「銀鍔」「銅鑼焼き」で、「金、銀、銅」があったとされます。

● 周辺の話題…

現在は四角く切った餡を水で溶いた小麦粉の液に漬け、平鍋で焼くのが一般的です。現在もなお、丸型の「金鍔」を作っているのが、榮太樓總本鋪です。同社によれば、江戸時代、ある大名が刀鍔師に金無垢の鍔を注文したところ、外側だけ金で中は鉛の偽物を納めたため、それを見破り刀鍔師を打ち首としました。この「偽金鍔事件」に因んで、中の餡がはみ出ないように包んで鍔形にした菓子が売り出されたという逸話があるそうです。

⑨草餅：kusa-mochi; mugwort rice cakes

　草餅はヨモギの葉をすり込んだ餅菓子で、餡を包んだものや、切り餅などがあります。関東では「草餅」、関西では「ヨモギ餅」と呼ばれます。

● 英語で説明するなら…

　草餅は、ヨモギの葉入りの餅菓子です（KUSA-MOCHI is a mugwort-flavor sticky rice cake.）。ゆでてすりつぶしたヨモギの葉を、餅や上糝粉に入れて搗きます（Boiled and ground mugwort leaves are mixed with glutinous rice or rice flour, and pounded.）。餡を包んだり、切り餅にしたり、また3月3日の雛祭りに飾る菱形の（diamond-shaped）切り餅の「菱餅」の一段にもなっています（KUSA-MOCHI is stuffed with sweetened bean paste, turned into cut rice cakes, or one of the three-colored diamond-shaped rice cakes set up for the Girls' Festival on March 3.）。

● 食文化としての歴史…

　草餅は、特に3月3日の節句（the Girls' Festival）に供え物として用いられます。そもそも3月3日の節句とは、穢れを払う節句であり、子女のお祭になるのは江戸期に入ってからといわれます。もともと節句に草餅を食するのは、「厄除け」の願いを込めた中国の伝説によると考えられています。

　草餅には母子草やヨモギが入れられましたが、どちらも薬草の一種であり、そのため草餅は、疫病や邪気を追い払うと喜ばれました。ただ、古くは母子草の葉を用いましたが、母と子を同じ臼の中で搗き混ぜることを連想させて縁起が悪いとされ、室町中期頃より薬効のあるとされたヨモギを用いることが多くなりました。

　ヨモギは傷口に付けたり煎じて飲んだりして治療薬替わりになり、また灸療治用のもぐさにもなりますので、こうした薬効により、邪気を払えると期待されたのです。

● 周辺の話題…

　草餅は、関東と関西で呼び名が異なり、関東では「草餅」、関西では「ヨモギ餅」と呼ばれたとされます。餅を緑色に染める製法が異なっていたためです。江戸ではヨモギを混ぜることはあまりなく、高菜を乾かして粉にした「青粉」で染めていました。京都や大阪ではヨモギと、「青粉」とを使っていました。なお、現在では草餅を青粉で染めることはありません。

⑩葛きり：kudzu-kiri; strips of jellied kudzu starch, striped kudzu-starch jelly

葛切りは、葛粉を冷やし固め細切りにしたものです。透明感と冷涼感を夏に味わいます。黒蜜が添えられます。

● 英語で説明するなら…

葛切りは、固めて細切りにした葛粉です（KUDZU-KIRI is striped kudzu-starch jelly.）。水で溶いた葛粉を煮て冷やし固めたものです（KUDZU-KIRI is made from kudzu starch, which is dissolved in water, boiled, cooled, and jellied.）。短冊状に切り、黒蜜に漬けて食べます（It is cut into strips and eaten with brown sugar syrup.）。透明感が見た目にも涼しく、また葛の弾力と冷たさが熱い夏にぴったりの冷菓です（With its clear image and chewiness, KUDZU-KIRI, served chilled, is a cool refreshment, and perfect for a hot summer day.）。

● 食文化としての歴史…

葛切りに使われる「葛」は山野に自生する植物で、その根「葛根」からとったデンプンが「葛粉」になります。日本では古来、穀物の乏しい山間地で米や麦の代用食となり、また病人用や災害時用の食料でもありました。そこへ鎌倉・室町期に中国に留学した禅僧が中国料理の製法をもたらし、特に羊羹や饅頭など点心が紹介されると、葛の利用も工夫されていきます。

室町末期には葛切りの前身である「水煎」が登場し、江戸期に入ると「水仙」「水仙羹」と呼ばれるようになります。さらに葛を使うお菓子も増え、葛と砂糖と水をこねて焼いた「葛焼もち」、葛と水を練り、砂糖などをかける「葛餅」、葛に砂糖を加え湯で溶いた「葛湯」なども登場します。またお菓子だけでなく、「葛素麺」や「葛煮」「胡麻豆腐」「あんかけ」など調理にも活用されるようになりました。

● 周辺の話題…

葛粉は生産量が限られ高価なものとなり、最近は「葛切り」と記載された物でも、「馬鈴薯澱粉」などを主原料とするものが多くなりました。甘味処の「葛切り」でも、葛以外の澱粉が使われている場合が少なくありません。「葛餅」も、古来寺社門前の茶屋や街道筋で人気の菓子でしたが、今では「小麦粉澱粉」で作られるようになってしまい、表記も「くず餅」となっています。現在葛粉は、福岡県や鹿児島県でも生産されていますが、葛の産地として有名な吉野の葛は、混ざり物がなく純粋な葛粉として、「本葛」と謳うようになっています。

⑪桜餅：sakura-mochi; cherry-leaf rice cakes

桜餅は、小麦粉などを焼いた皮に餡を入れ、塩漬けの桜の葉で包んだ餅菓子です。桜色の皮が桜の花を感じさせるお菓子です。

● **英語で説明するなら…**

桜餅は、桜の葉で包んだ餅菓子です（SAKURA-MOCHI is a rice cake wrapped in a cherry leaf.）。小麦粉、白玉粉を水で溶いて薄く焼いた皮に小豆餡を入れ、食用の塩漬けにした（brined）桜の葉で包みます（SAKURA-MOCHI is made of a flat-baked wheat-flour and/or rice-flour cake rolling sweet red-bean paste in, and wrapped in an edible, brined cherry leaf.）。皮は桜をイメージして薄紅色に色が付けられます（The cake is pink-tinted to represent cherry blossoms.）。桜の花が咲き揃う時期にぴったりのお菓子です（SAKURA-MOCHI, associated with the season when cherry trees bloom, is very appealing.）。桜色の菓子を桜の葉の香りとともに楽しみます（Enjoy pink sweets with a fragrance wafted from a brined cherry leaf.）。

● **食文化としての歴史…**

桜餅は、江戸期に長命寺の門番山本新六が創作したものです。長命寺は江戸向島桜堤にあり、三代将軍の家光が鷹狩の最中に腹痛を起こし、境内の井戸水を飲んで治まったので、その水と寺を「長命水、長命寺」と名付けたといわれます。

長命寺の門番の山本新六は、境内の桜の落ち葉を集めて塩漬けにし、柏餅のように餅を包むことを思いつきます。1717年、「山本や」を創業して桜餅を売り出すとたちまち大評判となり、江戸向島の名物となります。始めは糯米で作りましたが、やがて葛粉に代えたことが『嬉遊笑覧』(1830年) に記されています。また当時は、塩漬けにした桜の葉2枚で1つを挟んでいました。

● **周辺の話題…**

関西の桜餅は、「道明寺糒（ほしい）」を用いて作られるので、「道明寺」と呼ばれます。「道明寺糒」の「糒」とは、糯米を蒸して天日干しにした保存・携帯用の飯のことです。「道明寺糒」は、大阪府藤井寺市の道明寺で作られたので、名付けられました。これを挽き割りにした「道明寺粉」を蒸して、桜餅が作られたのです。

⑫白玉：shira-tama; rice-flour dumplings

　白玉は、糯米を製した白玉粉を水でこね、ゆでて作った一口大の団子です（SHIRA-TAMA is a bite-sized dumpling made from glutinous rice flour after being kneaded and boiled.）。白玉粉は、室町期にはすでにあったとされています。白玉粉は、以前は糯米を冬期、寒水に晒して製造されていたので「寒晒粉」とも呼ばれます。また、河内の観心寺の名物でもあり、「観心寺粉」の名称もあります。現在では砕いた糯米に水を加え撹拌と沈殿を繰り返しながら精製し乾燥させます。白玉粉は、砂糖と水飴を加えて練り上げた菓子である「求肥」の材料でもあります。「白玉」は、砂糖や黄な粉、餡をかけて食べたり、汁粉やみつ豆、かき氷に入れたりもします。また甘味としてだけでなく、酢の物や汁の実などにも用いられます。

⑬汁粉：shiruko; a sweet bean-paste soup with rice cakes

　汁粉は小豆餡を水でのばし砂糖を加えて煮た甘い汁物です（SHIRUKO is a sweet soup [porridge] of adzuki beans diluted with water, sweetened and boiled.）。餅や白玉を入れて食べます（SHIRUKO is eaten with rice cakes or rice-flour dumplings in it.）。「御膳汁粉」はこし餡で作ったものです（GOZEN-JIRUKO is a sweet soup made of strained [sieved] adzuki-bean paste.）。「田舎汁粉」は粒餡で作ったものです（INAKA-JIRUKO is a country-style sweet porridge made of crushed adzuki-bean paste.）。

　汁粉は、「餡汁粉餅」から「汁粉餅」、そして「汁粉」になったとされます。江戸中期に甘くない汁粉が登場していますが、幕末には今の汁粉が創作されたといわれます。この頃「田舎汁粉」の屋台が現れます。汁粉の屋台には当時、看板や行灯に「正月屋」と書かれていました。呼び声も「正月屋でござい」が決まり文句でした。庶民にとって米や餅、小豆は貴重なものであり、正月や祝事などの「ハレの日」に食べる物であった故の名前でしょう。やがて明治維新以降「汁粉屋」が登場し、明治14（1881）年頃には御膳・田舎汁粉に加え雑煮も出す「雑煮屋・汁粉屋」が増えて繁盛します。

　汁粉は、関西では「善哉、善哉餅」といいます。「善哉」は、「神在餅」の「じんざい」が転訛したという説があります。「神在餅」とは小豆を煮て汁を多くし餅を入れて神に供えたもので出雲の風習です。出雲では旧暦10月の「神無月」を、出雲大社に日本の神々が集まる「神在月」と呼び、「神在餅」を供えるのです。一方江戸では「善哉」というと、椀の中の粟餅や白玉などの上に濃い目の粒餡かこし餡をかけたものをいいます。

第Ⅱ部　料理・食材・調味料・菓子などにまつわる和食を理解し英語で伝える　171

⑭素甘：suama; sweet rice cakes

　素甘は、甘い米粉の餅です。巻き簾（a bamboo rolling mat）で付けた筋目が特徴です。

● 英語で説明するなら…

　素甘は、米粉で作った柔らかくて甘い餅のことです（SUAMA is a sweet, soft rice cake.）。蒸した上糝粉に砂糖を混ぜ再び蒸して作った甘い餅を、巻き簾で巻いて筋目を付けます（Rice-flour dough is sweetened and steamed, and then rolled with a bamboo mat so that the mat pattern is pressed around it.）。

● 食文化としての歴史…

　もともと鎌倉後期に、「すはま」という名のお菓子が創作されていました。棹菓子の「州浜」のことで、黄な粉（大豆粉）に水飴・砂糖を混ぜて生地を作り3本の割竹を組み合わせて複数の棒状にし、「州浜形」に整えることからこの名前が付きました。「州浜形」とは、入り組んだ海岸線を模したもので、それをかたどったものを「州浜台」、また「島台」といいます。海岸線や島をかたどった台の上に松竹梅、鶴亀などを配した祝儀の飾り物で、宴席や祝い事で料理を盛り付ける台のことでした。その形を模した和菓子を「州浜」と呼んだのです。「州浜」は、糖分が多く日持ちがよいので、携帯食としても重宝されました。

　「素甘」は上糝粉を用いた餅状の菓子です。幕末に関東で創作されますが、最初は「州浜形」に作ったので「州浜」と呼ばれました。その後紅白の卵型の餅菓子である「鶴の子餅」「鳥の子餅」として、祝儀の引き出物に用いられるようになります。そしてその素朴な甘さから、「素甘」と呼ばれるようになります。糝粉を湯で練って蒸した後砂糖を混ぜ、さらに蒸して作ります。一般に粗目のすだれで巻き、棒状に延ばして形を整えるので、筋目が付くのが特徴です。

● 周辺の話題…

　「州浜形」は儀式・饗宴に登場するものでしたので、縁起のよい形とみなされ、工芸品などの「文様」としても定着します。その広がりから菓子の「州浜」も人気となり、やがて形は州浜ではなくても、黄な粉を材料とした生地のお菓子は「州浜」と呼ばれるようになりました。有名なのが、京都の名物「すはま団子」です。黄な粉の小さな団子が、黄・紅・緑の三色一組で楊枝に刺して箱入りで売られています。しかし時に「すあま」と呼ばれるので「素甘」と混同されます。

⑮煎餅：senbei; rice crackers, cracknels of wheat flour

煎餅には、米の粉を焼いた草加煎餅系（rice crackers）と、小麦粉を焼いた瓦煎餅系（cracknel）の2種類あります。

● 英語で説明するなら…

煎餅には粉により2種類あります（SENBEI has two types according to its flour.）。米粉を主材とした煎餅は、米粉を延ばし型で抜いて醤油などを塗り、金網に載せて焼いた草加煎餅系です（One of them is a rice cracker made from rice-flour dough, which is flattened for small round cut-outs (like cut-out cookies), flavored with soy sauce, and grilled on a wire net.）。一方小麦粉を主材とした煎餅は、小麦粉に水、砂糖、卵などを混ぜた生地（batter）を鋳型に流して焼いた瓦・亀の甲煎餅系です（The other is a wheat-flour cracknel, a crisp batter cake made from batter, which is poured into waffle-iron-like molds and baked tile- or tortoiseshell-shaped on them.）。

● 食文化としての歴史…

煎餅は、日本へは「唐菓子」として奈良期に中国から伝えられ、水でこねた小麦粉を油で煎った「小麦粉煎餅」であったとされます。あるいは平安初期に真言宗の開祖空海が中国から持ち帰った製法であり、それを伝えられた山城国の和三郎が工夫して「亀の子煎餅」を創作したという話もあります。江戸中期には神仏の縁日や町のあちこちで売り出されました。

その後小麦粉に代わり米粉を使った丸型の「塩煎餅」が登場します。塩煎餅は、日光街道沿いの草加の宿で、売れ残りの固くなった塩団子の処理に困った初代源兵衛が、平らにのばして天日干ししてから焼いたのが始めとされます。「草加煎餅」の誕生です。さらに江戸後期には醤油醸造の工業化で醤油が普及し、煎餅に塗って焼くようになります。油を使わないで焼いた醤油味の米粉煎餅は、その歯触りや焦げた醤油の香ばしい味が江戸庶民に受け、大衆菓子の代表となり、関東では米煎餅を「煎餅」と呼ぶようになります。

一方「小麦粉煎餅」も、幕末から明治にかけて下関の「亀の甲煎餅」、神戸の「瓦煎餅」などが人気となります。関西では小麦粉煎餅を「煎餅」と呼び、米煎餅の方は「おかき、かき餅」と呼びました。

● 周辺の話題…

煎餅は、中国の「煎餅（センヘイ）」からの名とされます。煎餅の「煎」はあぶり焼く事です。「餅」は、日本では「もち」またはもち状の物をいいますが、中国では「餅」は小麦粉製品全般のことをいいますので、饅頭、餃子、月餅なども「餅」になります。「煎餅」は小麦粉をあぶり焼いたものになります。

⑯大学芋：daigaku-imo; candied sweet potatoes

大学芋は、揚げたサツマイモに砂糖蜜を絡めた物です。学生街の名物菓子とされます。

● 英語で説明するなら…

大学芋は、蜜がけしたサツマイモです（DAIGAKU-IMO is candied sweet potatoes.）。乱切りにしたサツマイモを油で揚げ、砂糖蜜を絡めて黒ゴマを振りかけます（Sweet potatoes are chopped, deep-fried, and then candy-coated and sprinkled with black sesame.）。学生の間で人気であったことからの名前といわれます（It is said that DAIGAKU-IMO is named for its popularity among college students.）。

● 食文化としての歴史…

大学芋の名前の由来には諸説ありますが、大正期から昭和にかけて学生街で売り出され、学生に人気であったことからという説が一般的です。また東京大学の赤門前にあった氷屋の「三河屋」が、寒い冬の時期にサツマイモを揚げ蜜に絡めて売り出したところ、大学の教員や学生に大人気となり、「大学芋」と名付けられたという説があります。

もともと「焼き芋屋」が江戸中期には出現しており、江戸期から明治期を通して大人気となっていました。当時の「焼き芋」は、サツマイモを厚切りにし鉄板で焼いて塩とゴマを振りかけた物でしたので、「大学芋」の原型ともいえます。

● 周辺の話題…

「大学芋」と学生の関係は、「焼き芋」からも覗えます。焼き芋は明治初期には、「書生さんの羊羹」とも呼ばれました。書生とは学生のことです。安価なうえ腹持ちもよく主食代わりにもなる焼き芋は、またその独特の甘みで庶民の甘味としても定着していましたが、お金に余裕のない学生にとって、高価な羊羹代わりの「焼き芋」が大人気であった様子が覗えます。「大学芋」はこのような中で生まれ、学生に人気となったといえます。

⑰銅鑼焼き：dora-yaki; sweet bean "gongs," bean-jam pancakes

　銅鑼焼きは、小麦粉の生地を丸く焼きその2枚の間に粒餡を挟んだものです。形が「銅鑼」に似ています。

● 英語で説明するなら…

　銅鑼焼きは、丸い形に焼いた皮2枚の間に粒餡を挟んだものです（DORA-YAKI is made of two round pancakes sandwiching sweet bean paste [jam].)。その形が「銅鑼」に似ているところからの名とされます（It is named for its gong-shaped pancakes, as DORA means "gong."）。皮は小麦粉、卵、砂糖などを原料に、銅鑼のような形に焼きます（Pancakes are made from wheat flour, eggs and sugar, and baked like a gong.)。2枚の皮の間に粒餡を入れます（Sweet bean paste is put in between two pancakes.）。

● 食文化としての歴史…

　銅鑼焼きはもともと、昔戦場で武士が銅鑼の上で調理したことに始まるという説があります。また銅板の上で薄い衣を付けて焼くからという説もあります。そこで餡に薄い衣を付けて焼いたものも、「銅鑼焼き」と呼ばれていました。

　そのため銅鑼焼きは、「助惣のどら焼き」に始まるという説もあります。「助惣のどら焼き」は江戸前期から、「麩の焼き」を薄く焼き、餡を挟んで四角くたたんだものです。庶民に親しまれていましたが、この生地は薄く、金鍔のようなものだったといわれます。そのため、当時どら焼きと金鍔は同じものとみなされていました。その後幕末には江戸の助惣は閉業し、四角いどら焼きも姿を消します。そして明治初期に東京日本橋の梅花亭で、初めて丸形の銅鑼焼きが創作されます。銅鑼型の餡に薄い衣を付けて皮を焼いたものでした。それが今日の銅鑼焼きのようになるのは、明治末期から大正にかけてです。厚めに焼いた皮を二枚重ねにした「網笠焼き」や、皮をさらに厚くして三笠山の形を模した「三笠山」が登場します。

● 周辺の話題…

　銅鑼焼きは、京都では別型のものがあります。棹物菓子で、こし餡を銅鑼の上で焼いた薄い小麦粉の皮で何重にも巻いて筒形にしたものが、竹の皮に包んであります。輪切りにすると、皮が何層にも重なった切り口が現れます。弘法大師を祀る京都市の東寺からの依頼で江戸中期に創作されましたが、これがむしろ当初の銅鑼焼きに近いものといえます。弘法大師の命日である21日を挟んだ3日間のみ販売され、それが今日まで続いています。

第Ⅱ部　料理・食材・調味料・菓子などにまつわる和食を理解し英語で伝える　175

⑱饅頭：manju; bun stuffed with sweet bean paste

　饅頭は、小麦粉、米粉、そば粉（buckwheat flour）などで作った皮で餡を包んだ蒸し菓子です。

● 英語で説明するなら…

　饅頭は、中に餡を入れた蒸し菓子です（MANJU is a steamed bun with sweet bean paste centers.）。小麦粉、米粉、そば粉などで作った皮で餡を包み、蒸し上げたものです（It is made of wheat-flour, rice-flour, or buckwheat-flour dough, stuffed with sweet bean paste and steamed.）。

● 食文化としての歴史…

　「饅頭」の名前は中国の「饅頭（マントウ）」からとされますが、その系統には２つあるとされます。１つ目の系統は、鎌倉中期の1241年中国より帰国した聖一国師が、近くの茶店の主人（屋号：虎屋）に甘酒を混ぜて酒麹で作る「酒饅頭」の製法を伝えたというもので、後に「虎屋」系の「酒饅頭」が誕生します。

　２つ目の系統は、1349年中国から来日した林浄因が帰化して奈良で饅頭屋を開店し、「薬饅頭」を創作したというものです。当初は餡入りではなく塩味の菜饅頭でした。姓を塩瀬と改めたので、塩瀬系の「薬饅頭」「塩瀬饅頭」、また「奈良饅頭」と呼ばれるようになります。さらにその子孫がヤマノイモをすって皮に加えた「薯蕷饅頭（じょよまんじゅう）」を小豆餡入りで創作し、献上品として高い評価を受けます。そして足利８代将軍義政からは、「日本第一番の饅頭所」の称号を賜るまでになります。その後も代々御用を勤め、江戸幕府開府後江戸に移転しています。

　饅頭は菜饅頭から餡入り、そしてその餡も塩餡から砂糖餡に代わります。やがて「茶の湯」の菓子として人気となり、江戸期には関東で「塩瀬饅頭」、関西では「虎屋饅頭」が普及します。また「虎屋」を名乗る和菓子屋が各地に現れ、「饅頭切手」を売り出して蒸し立て販売が評判になる店も現れます。さらに全国へと広がり、各地で名物饅頭が作られていきます。

● 周辺の話題…

　饅頭は、上記の２説以前にも文献に登場しており、伝来はさらに遡るともいわれています。ただもともと中国で饅頭は、肉や野菜を包む「包子（パオツ）」と呼ばれていたもので、いわゆる「中華饅頭」といえます。日本でも室町期には「砂糖饅頭」と「菜饅頭」の両方が記載されています。砂糖が入手しやすくなった江戸中期には、甘い饅頭が全盛となりますが、肉入り「中華饅頭」が登場するのは、肉食解禁の明治まで待つことになります。

⑲みたらし団子：mitarashi-dango; grilled dumplings on skewers

みたらし団子とは、竹串に刺してタレを絡めて焼いた団子で、京都下鴨（下賀茂）神社発祥の名物菓子です。

● 英語で説明するなら…

みたらし団子とは、焼いた串団子です（MITARASHI-DANGO means grilled dumplings on skewers.）。米粉で作った小粒の球状の団子を竹串に刺し、砂糖醤油のタレを絡めて炭火で焼きます（Small ball-shaped rice-flour dumplings on a bamboo skewer are grilled over a charcoal fire with a basting of soy-and-sugar syrup.）。「みたらし団子」は、京都下鴨神社の名物団子です（MITARASHI-DANGO is a specialty of the Shimogamo Shrine in Kyoto.）。「みたらし団子」は、一本の竹串に5つの団子が刺してあります（There are five balls on a skewer.）。先端の一個が人体の頭部で、体を表す他の4個より大きくなっています（The ball at the tip represents a human head and is larger than the other four balls which are the body.）。「みたらし団子」は厄除けを願って神前に供えられる人体を模した団子なのです（MITARASHI-DANGO is a set of dumplings imitating a human-body, and offered to a god in the hope of warding off misfortune.）。

● 食文化としての歴史…

下鴨神社では「御手洗会」などの際、氏子が家々でお供え用の団子を作っていましたが、後に社頭の売店で売り出しました。「御手洗会」の「御手洗」とは、神社で参詣者が手や口を清めるところをいいますが、これが清流になっているのが下鴨神社の「御手洗川」です。下鴨神社では、毎年土用の丑の日に、御手洗川に足を付けて無病息災を祈る「御手洗会」という「御手洗参り」があり、この時境内の糺の森の茶店で、串に刺した団子が売られたのが「みたらし団子」の始まりでした。また安土桃山期の1577年、豊臣秀吉が北野の大茶会にこの団子を用いたので、有名になります。当初「みたらし団子」は醤油で付け焼きしたものでしたが、後に甘い醤油ダレになり、常時売られるようになりました。

● 周辺の話題…

みたらし団子はそもそも神饌の菓子であり、厄除けを目的としていました。人体の頭部を表す先端の1個が大きく、他の4個が手足とされて計5個ずつ刺してあり、人形になぞらえて作られていました。これは人形をした団子を神前に供え、祈祷を受けた後に持ち帰り厄除けに食べるためでした。

⑳蜜豆:mitsu-mame; agar jelly cubes with red beans in syrup

蜜豆は、寒天と豌豆、果物などに蜜をかけた冷菓の一品です。餡を入れれば「あんみつ」になります。

● 英語で説明するなら…

蜜豆は、さいの目に切った寒天とゆでた赤豌豆(あかえんどう)に蜜をかけた冷菓の一品です(MITSU-MAME is a chilled sweet dish of a mixture of agar [agar-agar] jelly cubes and boiled red beans.)。求肥や干し杏、果物なども盛り合わせます(Various things including Turkish delight-like paste, a dried apricot, and small pieces of fruit are also added.)。蜜は白砂糖か黒砂糖を煮詰めた物を上からかけます(Syrup made from white or brown sugar is poured over the top.)。「あんみつ」は餡を入れた「蜜豆」です(MITSU-MAME with sweet bean paste [jam] is called AN-MITSU.)。

● 食文化としての歴史…

蜜豆の原型は、「蜜豆ボール」とされます。「蜜豆ボール」は、寒天と豌豆を組み合わせ、蜜をかけたものです。明治31(1898)年、浅草「舟和」の初代小林和介が創作しました。すでに幕末には屋台で、糝粉で作った舟の上に豌豆と糝粉餅を載せ、蜜をかけた蜜豆が売られ子供たちに人気があり、明治期には駄菓子屋で売られるようになっていました。小林和介は、もともとイモや寒天、豌豆を売り歩く行商をしていたので、蜜豆の高級化・商品化を思いつき、銀座の喫茶店や芝居小屋の食堂で売り出すと大評判となります。その後餡を載せた「あんみつ」、白玉(rice-flour dumplings)も入れた「白玉あんみつ」、フルーツを入れた「フルーツ蜜豆」、アイスクリームを載せた「クリーム蜜豆」など、種類も豊富になりました。

● 周辺の話題…

蜜豆の具材である「寒天」の誕生は、偶然の賜物でした。江戸初期に薩摩藩主の島津光久が参勤交代の途中立ち寄った伏見の宿で、夕食に「ところてん」料理が出されました。その余りを宿屋の主人が冬の戸外に放置していたら、数日後、乾燥寒天ができ上がっていたのです。昼夜の寒暖差で凍結と解凍が繰り返された結果、偶然手に入った乾物であり、「テングサ」などの海藻食品である「ところてん」を保存できる方法が発見されたことになります。これを「寒ざらしのところてん」、略して「寒天」と命名したのが、禅宗の三大宗派の1つである黄檗宗の祖、隠元禅師でした。

㉑最中 : monaka; bean-jam-filled wafers, stuffed wafer cakes

最中は、糯米の粉を薄く焼いた2枚の皮に餡を詰めた物です。最初は皮だけでしたが、「最中饅頭」になってから餡が入れられました。

● 英語で説明するなら…

最中は、薄く焼いた皮に餡を詰めた物です（MONAKA is a wafer cake stuffed [filled] with sweet bean paste [jam].）。糯米の粉を薄く延ばして焼いた皮を2枚合わせ、その中に餡を詰めます（Glutinous rice flour is made into a very thin wafer. Two wafer-like cakes are filled with sweet bean paste.）。「最中」は日持ちがよいので、贈答品として人気となっています。（MONAKA keeps well for a long time, so it has been a popular gift.）。

● 食文化としての歴史…

最中は、江戸吉原の菓子商、武村伊勢が創作したとされます。もともとは、糯米の粉を水で練って蒸し丸く切って焼き、砂糖蜜の衣をかけて作った干菓子の一種でした。その形が円形で、陰暦十五夜の月を意味する「最中の月」に似ているところからこの名が付いたとされます。また「最中月」とも呼ばれていました。当初餡は入っていなかったのですが、その後「最中饅頭」として餡を入れるようになり、やがて「饅頭」が取れて「最中」となりました。

最中の名の由来には他にもさまざまあり、昔宮中での月見の宴で丸い白餅が出され、「中秋の名月」に例えられたからという説、また平安中期の和歌集にあった、「池の面に照る月なみを数うれば今宵ぞ秋のもなかなりける」という和歌からという説もあります。また江戸前期にすでに「最中の月」という「麩焼きせんべい」があり、後に餡も入れられたという説もあります。

最中はその後、餡も小豆だけでなく柚子やインゲン、黒砂糖など種類も増え、形状も色も多彩になりました。最中の餡には水飴が練りこんであるので日持ちがよいため、贈答品のロングセラーとなっています。また最近では中に栗や求肥、そしてアイスクリーム、チョコレートを入れたものまで登場しています。

● 周辺の話題…

三重県松阪市の銘菓に、「老伴(おいのとも)」という名の最中羊羹と、「鈴もなか」があります。「老伴」は、最中の皮に羊羹を入れて砂糖蜜を塗ったもので、皮には不老長寿を願う鶴の姿を入れ「延年」の文字が刻まれていました。幕末にこの名が命名されたといわれます。「鈴もなか」は白餡や柚子餡を入れた鈴の形の最中です。包装箱に陶製の鈴が1個添えられます。

第Ⅱ部 料理・食材・調味料・菓子などにまつわる和食を理解し英語で伝える　179

㉒羊羹：yokan; sweet adzuki-bean jelly, bar of jellied sweet bean paste [jam]

　羊羹は、餡、砂糖などで作る棹物菓子であり、蒸し固めた「蒸し羊羹」、寒天を加え練り固めた「練羊羹」、寒天を多くした「水羊羹」があります。

● 英語で説明するなら…

　羊羹は餡で作る棹物菓子の一種です（YOKAN is one of the bar-like sweets made of adzuki-bean paste.）。「蒸し羊羹」は、餡に葛粉などを加え蒸し固めたものです（MUSHI-YOKAN is steamed adzuki-bean jelly with flour or kudzu starch.）。「練羊羹」は、餡に寒天を加え練り固めたものです（NERI-YOKAN is jellied sweet bean paste with agar-agar.）。そして「水羊羹」は、練羊羹の寒天を多くし冷やし固めたものです（MIZU-YOKAN is soft and jellied sweet bean paste with extra agar-agar and served chilled.）。

● 食文化としての歴史…

　羊羹は、中国の羊肉の汁物である「羹（あつもの）」が原型といわれます。鎌倉から室町期にかけ中国へ留学した禅僧が帰国し、軽食を意味する「点心」の一品として伝えました。しかし動物性の食材を忌避する精進料理では材料を植物性の小豆に代え、それを蒸し固めて羊の肝に見立て、汁の実としました。その後蒸し物のまま出されるようになり、さらに室町後期には甘みも加えられ茶菓子となります。「蒸し羊羹」の始まりでした。蒸し羊羹は素朴な味わいで庶民の味となりますが、水分が多く糖分が少ないため日持ちがしません。そこで江戸期には餡、砂糖に寒天を混ぜて練りながら煮詰める「練り羊羹」が創作されます。練羊羹は水分が少なく糖度が高いので長期保存ができます。江戸後期には大人気となり、以後代表的な和菓子となります。

● 周辺の話題…

　現在では種類もさらに多彩となり、「栗羊羹」「柿羊羹」「芋羊羹」などが有名です。「栗羊羹」には2種類あります。1種は小豆餡を使わず栗餡で作る栗羊羹（jellied chestnut chunks and paste）で、江戸後期から作られており、長野県小布施町の名物です。もう1種は、練羊羹に栗を加えた栗入り羊羹（adzuki-bean jelly with chestnut chunks）です。「柿羊羹」（jellied dried-persimmon paste）は、岐阜県大垣市の名物菓子です。平安期より献上干し柿で有名だったこの地で、干し柿を素材に羊羹状の菓子が創作されます。干し柿をすりつぶし砂糖、水飴、寒天を混ぜてジャム状にし、竹の容器に流し込んで成形します。「芋羊羹」（jellied sweet-potato paste）は、サツマイモを使った蒸し羊羹です。明治35（1902）年、「舟和」は高級な練羊羹の代わりとしてサツマイモを使った庶民的な羊羹を創作し、現在に至っています。

9. 飲み物：nomimono; drinks

〔1〕甘酒：amazake; sweet sake, fermented rice juice

　漢字で甘酒と書く「あまざけ」ですが、酒という字が用いられているものの、甘酒に含まれるアルコールは微量なソフトドリンクです。

● **英語で説明するなら…**

　甘酒は名前の通り、甘い飲み物です。白く濁った色をしています。日本の伝統的な飲み物であり、『日本書紀』（720年）にも言及があります（Amazake, as its name suggests, is a sweet beverage. It is white and cloudy. It is a traditional Japanese drink which is mentioned in *Nihon Shoki* (translated as *Chronicles of Japan*).)。甘酒にはさまざまな作り方がありますが、基本的な材料は米と米麹（もしくは酒粕）です。(There are several recipes to make amazake, but the basic ingredients are rice and rice malt (or sake lees instead).)。

● **食文化としての歴史…**

　甘酒の起源は古墳時代に遡るといわれ、『日本書紀』に甘酒の起源とされる天甜酒（あまのたむざけ）に関する記述が見られるといわれます。この天甜酒は、アルコール分が少なく、甘酸っぱくてどろりとした飲み物だったそうです。後年中国の醴（れい）という酒が持ち込まれ、貴族の間で酒を飲む習慣を生むようになったといわれますが、この醴酒は甘酒であったようです。

　平安時代では、こうした甘酒は貴族の飲み物として、真夏に冷やして飲まれていたともいわれますが、室町時代になると一般でもお酒が売られるようになり、庶民の間でもお酒が飲まれるようになりました。当時の酒は、主に麹の糖化によって作られた甘い酒で、今日の日本酒とは異なるものでした。

● **周辺の話題…**

　甘酒にはアルコールを含まないものもありますが、酒粕を使っている場合はどうしても微量のアルコールは残ります。しかし、家庭で楽しまれる甘酒の多くはアルコール度数が1％未満です。酒税法上はアルコール度数が1％以上のものが酒類とされるため、甘酒はソフトドリンクです。ただし、アルコールは個人の体質により影響が異なり酒に極端に弱い体質である場合は、念のため運転前の甘酒は控えた方がよいかもしれません。

第Ⅱ部　料理・食材・調味料・菓子などにまつわる和食を理解し英語で伝える　181

〔2〕お茶：ocha; tea

　お茶は、家庭や職場で普通に飲まれる緑茶を丁寧にいう言葉です。しかし、その他に茶葉、茶の湯や茶道、緑茶に限らない紅茶やコーヒーなどの飲み物やそれを飲むことをも意味します。さらには、仕事の合間の小休止や友人との談笑の機会という意味までも含みます。茶は茶葉の品種、摘む部位、摘み方、製茶の方法の違いなどにより多くの種類に分けられます。

● 英語で説明するなら…

　お茶は日本茶とも言いますが、後者はあまり使用されない呼び方です。お茶は歴史的に、日本の家庭で大変好まれて飲まれ続けて来た飲料です。その中には主なタイプのお茶である緑茶、煎茶、玄米茶、そして番茶が含まれます（"Ocha" or, less commonly, "nihoncha", has historically been the most preferred and commonly served beverage of Japanese households. This includes the principal tea types of "ryokucha", "sencha", "genmaicha", and "bancha".）。

　外国人からグリーンティーと呼ばれるお茶は、日本全国どこへ行っても見られるもので、お茶は日本人にとってなくてはならない我が国固有の文化の1つです（Called "green tea" by non-Japanese, ocha is ubiquitous in Japan. It is an integral part of the homogeneous Japanese culture.）。なお、実際に伝統的なお茶の儀式（茶道と呼ばれています）を体験せずして日本文化を本当の意味で理解することは叶わないでしょう（As well, one cannot really comprehend the Japanese culture without having first-hand experience with the Japanese traditional tea ceremony (sadou), also referred to as 'the way of the tea'.）。この、お茶を飲みながら日本の菓子を味わう儀式は、本質は単純であっても意味はきわめて深く、日本文化の中心となっています（This ceremonious practice of imbibing tea along with the partaking of Japanese "okashi" (snacks), simple in nature but deep in meaning, is at the very core of the culture.）。

・お抹茶：omatcha; fine powder green tea

　通常は抹茶と呼ばれます。粉末状になっているので、その粉をお湯と混ぜ、お茶を作ります。抹茶には酸化を防止する成分が非常に多く含まれているため、健康によいと考えられています。また抹茶は、伝統的な日本の儀礼である茶道にも使用されているものです（This is usually called "matcha". Since it's in powder form the powder is mixed with hot water to make the beverage. This tea is extremely high in antioxidants, so it's considered to be very healthful. It is also the tea which is used in the traditional tea ceremony (sadou).)。

・煎茶：sencha; green tea

茶葉を丸ごと湯に浸けて、淹れられるお茶です。すでに作られたものが、日本中で売られています。日本で最も人気のある緑茶の一種です（The whole tea leaves are steeped in hot water. This tea is readily available anywhere. It is one of the most popular green teas in Japan.)。

・ほうじ茶：hoojicha; roasted tea

他の種類のお茶は蒸されますが、それとは異なり、ほうじ茶は焙煎されます（Differing from other green teas (which are steamed), "hoojicha" is roasted.)。

● <u>食文化としての歴史…</u>

お茶の起源は中国にあります。日本に伝わったのは8世紀から12世紀ごろであると言われています（時期については諸説あります）。現在では、日本全国でお茶が栽培されています。ほとんどのタイプのお茶は蒸されますが、焙煎されるほうじ茶だけは例外です。中国のお茶はフライパンで煎られるので、日本のやり方とずいぶん異なります。

● <u>周辺の話題…</u>

おおまかにいえば、お茶には4種類あります。紅茶、緑茶、白茶、そして青茶です。すべて同じツバキ科の常緑樹の葉である茶から作られます。紅茶は完全に酸化発酵させた後、乾燥させます。緑茶は酸化発酵させず乾燥させます。白茶は緑茶と似ていますが、蒸気乾燥させます。青茶は部分的に発酵させた後、乾燥させます。白茶以外は、日本で簡単に手に入ります。白茶は4種のお茶の中で最も酸化防止効果が高いといわれており、健康志向の人にとっては最善かもしれません。

上に紹介したお茶以外にも、さまざまなお茶があります。多くは緑茶ですが、高価なお茶として知られる玉露は煎茶です。お茶は高級な喫茶店でも飲むことができますが、コンビニエンスストアでペットボトルや缶のお茶を手軽に買い求めることができます（時々、缶入りの玉露も販売されています）。

お茶から派生した語に「おちゃひき」があります。その動詞は「お茶を挽く」と書き、芸者などが、自分に客がつかなくて暇でいることです。これは、江戸時代の遊郭で客に出すお茶を挽く（茶臼で葉茶を挽いて抹茶にする）仕事があり、それを客がつかない暇な遊女にさせていたことに由来しているといわれます。

(3) 日本酒：nihonshu; Japanese sake

　日本酒とは日本古来の酒のことであり、清酒・合成酒・みりん・白酒などを含みますが、今日では米から作った醸造酒のことで清酒のみをいう場合がほとんどです。日本酒の原料は基本的には米と水で、まず米の主成分であるデンプンを麹(こうじ)の作用により糖に変え、その糖をアルコールに変えて日本酒はでき上がります。使われる水・米・麹・酵母は何種類にもおよびます。

● **英語で説明するなら…**

　日本酒は発酵させたアルコール飲料です。使用されるのは米、酵母、麹です（Nihonshu is a fermented alcoholic beverage made from rice, yeast, and rice malt (called "kouji" in Japanese).）。英語では sake、もしくは米のワイン rice wine と呼ばれます。日本酒と酒を混同してはいけません。酒は日本においてアルコール飲料一般を指す言葉だからです（It is called sake, or rice wine, in the English language. This is not to be confused with the word "sake" (or "shu") in Japanese, which is a general term signifying "alcoholic beverages".）。

　外国人は酒を日本酒として理解しがちです。レストランやバーで酒を注文し、日本酒が出てくることを期待します。しかし日本で酒という言葉を使って注文する場合、それこそ日本酒からその他のものまで、およそメニューに載っているすべてのアルコール飲料が出てくる可能性があるのです（Non-Japanese are likely to understand "nihonshu" as 'sake'. They will ask for 'sake' at a restaurant or bar and expect to get 'sake' of course. But in Japan, if you say "Sake, please", you might get anything from 'sake' (the alcoholic rice-wine beverage) to a menu or list of alcoholic drinks.）。

　酒は日本中の多くの場所で入手可能です。全国におよそ 2,000 にもおよぶ蔵元と呼ばれる醸造所が存在します。それぞれの蔵元が、独自の製品を作っています（Sake is widely available throughout Japan. There are about two thousand brewers (called "kuramoto" in Japanese) nationwide, each one distilling its own particular products.）。酒造りにおいて重要なのは、次の 2 つであると言われます。まずは米の質、それから水の質です。各蔵元は最高の酒を造るために、それぞれ責任を持ちながら仕事に励んでいます（In sake production it is said that two things are important - the quality of the rice, and the quality of the water. Each brewer takes on the responsibility of producing the best sake possible.）。

9. 飲み物：nomimono; drinks

● 食文化としての歴史…

そもそもの酒の元となった飲み物の起源は古代中国の殷王朝（紀元前1600～1050年）にまで遡ると考えられます。日本においては、最初の本当の意味での酒（日本酒）が作られたのは、おそらく奈良時代でしょう（710～794年）。それ以来、酒は日本人の生活文化の奥にまで浸透し、今では不可分となっています。酒は日本において、伝統的に祭り、儀礼や催事、そして儀式などに振る舞われる飲み物です。

日本では主に純米と本醸造という2種類のタイプの酒があります。純米は漢字が示す通り、米、米麹、そして水が材料となっています。本醸造の酒には、さらなる香り付けのためにいくらか醸造アルコールが添加されています。日本酒には無色透明というイメージがありますが、それだけではありません。中にはにごり酒と呼ばれる、白濁したものもあり、人気があります。

日本には酒と食べ物を組み合わせる文化が根付いています。どのタイプの酒がどの料理と合うかと考えるのは、ソムリエがワインと料理を合わせようとするのと同じ営みです。日本酒は寿司や焼鳥といった日本食と合うのは当然ですが、最近ではチーズやハムといった欧米の食品との相性のよさに気づいている人も増えています。

近年、日本酒や焼酎といった日本文化を代表するアルコール飲料が海外から注目されるようになりました。貿易統計の上ではその輸出量はまだ小さなものですが、年々増加傾向にあります。例えばアメリカには日本酒を飲めるバーがありますし、最近は大手のみならず、日本の中小酒造メーカーの中にも日本貿易振興機構（JETRO）の支援を受け、積極的に海外市場に打って出ようとする企業があります。また、海外で酒や焼酎関係のイベントを開催して現地の人に日本の酒をPRするという活動も盛んなようです。

● 周辺の話題…

居酒屋と呼ばれる日本の飲み屋に行けば、実に数多くあるドリンクメニューに驚かされることでしょう。話を単純にすると、日本酒を飲んだことがある人ならば、ある程度の酒を飲む経験を積んでいるとみなすことができます。多くの人（特に外国人）にとり、日本酒の入った容器を次から次へと空ける芸当をすることは困難です。醸造酒に慣れていなければ、二日酔いになってしまうことでしょう。通常、日本酒はワインのようにそのまま飲むものですが、氷を入れてオン・ザ・ロックで飲む人もいます。時々これを邪道だという人もいますが、自分が飲みたいように飲むのが一番美味しい飲み方です。

第Ⅱ部　料理・食材・調味料・菓子などにまつわる和食を理解し英語で伝える

10. 調味料：chomiryo; seasoning

①塩：shio; salt

塩は食品に塩味を付け、食品の水分を取除き、酵素作用を抑え、ビタミンCの酸化を抑える料理には不可欠な、味の中心となる人類最古の調味料です。

● **英語で説明するなら…**

調味料として食用にされる塩（sodium chloride）は、大別すると海水を乾燥して作られる塩と、地中から産出する岩塩の2種類があります。自然界で入手可能な塩は、すべては海洋、塩湖、そして地中の塩の堆積から作られています（All salt found in nature ultimately comes from either the ocean, saline lakes or salt deposits.）。塩は日本語では食塩［食卓塩］といい、食用、料理用の塩という意味です（Table salt or common salt in Japanese is either 'shio' or 'shokuen [shokutaku-en]'. Shokuen literally means edible salt or salt used for food.）。日本では製塩された塩が数千年にわたり調味料として使われてきています（Shio as a specially produced seasoning has been around for thousands of years in Japan.）。

● **食文化としての歴史…**

日本で塩が使われるようになったのは、縄文時代の終わりから弥生時代にかけての頃といわれています。縄文人が狩りをして暮らしていた頃は、動物の肉だけではなく内臓や骨の髄まで食べていました。その内臓や骨の髄には多くの塩分が含まれていたので、特別に塩を取る必要はありませんでした。

その後、人々が農耕、定住生活を行うようになり、米などの穀物や野菜を主に食べるようになってくると塩分が不足しがちになりました。塩は人体の2/3を占める水分バランスを保つのになくてはならない栄養素です。そのために古代の人々は、原始的ながらも塩を作り、そのような粗製塩から大切な塩分を取るようになったといわれます。塩が最初に記録に現れたのは、712年に編纂され献上された我が国最古の歴史書『古事記』でした。

● **周辺の話題…**

塩の特殊な用途に、盛り塩と清めの塩があります。前者は縁起担ぎ、厄・魔除けのために、三角形に盛った塩を玄関先や家の中に置くものです。後者の好例は力士が土俵上に撒く塩まきです。古来より日本人は清潔面だけではなく、精神面での清らかさを保つために、お清めを実践していました。古代神社の祭りの中で始まった相撲は、どちらの力士が勝つかによって豊穣や豊漁を占う神事でした。占いの場は神聖な場所であり、そこから土俵に塩をまく風習が生まれたのです。

②醤油：shoyu; soy sauce

　醤油を字句のとおりに解釈すると「発酵（醤）した油」ということになりますが、日本の醤油は大豆と塩を主原料として発酵させて作る調味料です。

● 英語で説明するなら…

　醤油を表す soy［soya］sauce は、今や国際語となり、世界でその名を知らない人はいないほどによく知られた調味料といえます。醤油は、英語でsoy sauce といい、大豆、小麦、そして塩から作られる液状の調味料です（Shoyu is termed soy sauce (or 'soya sauce') in English. It's in liquid form, typically made from soybeans, wheat, and sea salt.）。醤油は漬け汁、かけ汁、そして味付けに使われますが、大豆が液体になるまで時間をかけて発酵されます（It can be used as a dipping sauce, topping, or flavoring. The beans themselves go through a fermentation process prior to becoming liquefied.）。この工程には、ニホンコウジカビという麹菌が使われます（This process involves the fungus Aspergillus oryzae (termed "kouji" in Japanese).）。

● 食文化としての歴史…

　醤油のルーツは、古代中国で始まった原料を塩漬けにして保存する醤であったといわれています。果実、野菜、海草などを材料にした草醤、魚や肉を使った魚醤、肉醤、穀物を原料とする穀醤などがありました。その中でも米・麦・大豆などを使用した穀醤が醤油の原型と考えられています。日本にこれらの醤が伝わったのがいつ頃なのかはわかりませんが、大宝律令（701年）によると、現代の醤油と味噌の中間のようなものが作られ、宮中宴会などで食卓にのぼっていたようです。その後、禅僧の覚心が1254年に中国から持ち帰った径山寺味噌の製法から、味噌作りが始まり、紀州・湯浅の村人にその製法を教えているうちに、この醤からしみ出す汁がとても美味しいことに気づき、今でいう「たまりしょうゆ」になったのが醤油の始まりでした。

● 周辺の話題…

　日本には主に、次のような製造法や特徴の異なる5種類の醤油があります。(1)最も広く使われている濃い色をした「濃口」、(2)薄い色の「薄口」、(3)愛知・岐阜・三重県に多い、大豆を主にして小麦をほとんど使わない濃厚な醤油で、特に刺身用として使われる「溜まり」、(4)二度にわたって醸造する色と味が濃厚で、刺身の漬け醤油に使われる「再仕込み」、(5)小麦を主原料に少量の炒った大豆を加えて作る愛知県特産の「白醤油」です。

第Ⅱ部　料理・食材・調味料・菓子などにまつわる和食を理解し英語で伝える　187

③味噌：miso; miso paste

　味噌も和食には欠かせない調味料です。大豆を主原料に、米または大麦、大豆の麹を塩と混ぜて発酵させて造ります。赤味噌・白味噌などがあります。

● 英語で説明するなら…

　味噌はなめらかなものから粗い手触りのものまでペースト状の伝統的な調味料で、主に大豆を塩と麹で発酵させて造ります（Miso is a traditional seasoning in the form of a paste, with a smooth to chunky texture. It is mainly made by fermenting soybeans boiled with salt and a fungus.）。また大麦や白米あるいは玄米を使って造られる場合もあり、異なる種類の味噌は主に2つの要素から分けることができます。1つには大豆の量が占める割合で、もう1つは発酵期間の長さです（It can be made by using grains such as barley, or even white or brown rice. Different varieties of miso are based on basically two factors. The first is the ratio of soybeans to grain, and the second is how long the fermentation period is.）。

● 食文化としての歴史…

　味噌の起源は4世紀ごろの中国で使われていた「醤」や「豉（大豆・雑穀・塩でつくる発酵食品）」だといわれます。大宝律令には「末醤」という文字が書かれていて、これが「みしょう」⇒「みしょ」⇒「みそ」と変化していきました。「味噌」という文字が文献に現れるのは平安時代ですが、その頃の味噌は、食べ物に付けたり、なめたりしてそのまま食べるものでした。また、地位の高い人の給料や贈り物として使われるなど、庶民の口には入らない貴重品でした。鎌倉時代に中国から渡来した僧がすり鉢を使っているのを見て、粒味噌をすりつぶしたところ、水に溶けやすいことがわかり、それから広く味噌汁として利用されるようになっていきました。味噌は調味料であるとともに、たんぱく源ともなる保存食であったため、武将たちは戦場での食料に干したり焼いたりした味噌を持って行きました。諸国の有力大名たちは自領内で盛んに味噌造りを奨励し、それが現代の信州味噌（武田信玄）、豆味噌（豊臣秀吉・徳川家康）、仙台味噌（伊達政宗）のもとになりました。

● 周辺の話題…

　味噌は大きく分けて米味噌、麦味噌、豆味噌、調合味噌の4種類に分類することができます。現在国内で生産されている8割が米味噌です。味噌を分類すると次のようになります。(1)原料による分類では、米味噌・麦味噌・豆味噌、(2)味による分類では、甘味噌・甘口味噌・辛口味噌、そして(3)色による分類では赤系味噌・淡色系味噌・白味噌となります。

④みりん：mirin; sweet sake condiment

みりんは、蒸したもち米（糯米）とこめこうじ（米麹）の両方を焼酎またはアルコールに混ぜて醸造し、かす（滓）を搾り取った調味用の酒です。

● 英語で説明するなら…

みりん（味醂、味淋）は、日本料理の調味料や飲用に用いられるアルコール飲料ですが、みりん風調味料と区別するため「本みりん」と呼ばれることがあります。みりんは、蒸したもち米から作られる伝統的で基本的な調味料です。酒のようですが、少し甘くてアルコール度数は低いものです（Mirin is a traditional condiment and primarily a cooking wine made from steamed glutinous rice. It is similar to sake, but it's a little sweeter, with lower alcohol content.）。野菜の煮物などに、甘さを加えるために使いますが塩辛い料理には相性のよいものです。

甘い汁は風味を増し、味わいをより豊かなものにしてくれます（It is usually used with vegetable dishes to add a little sweetness, which is a nice complement to the dish when used with saltier sauces. Sweetening broth adds flavor and makes the food taste more delicious.）。みりんは、調理用として使うだけではなく正月や祝い事の飲み物としても使われます（Besides all its uses in cooking, this wine, somewhat like sherry, can also be imbibed as a ceremonial drink at New Year's or at other festivities in Japan.）。

● 食文化としての歴史…

みりんの起源は、戦国時代に中国から「蜜淋（ミイリン）」という甘い酒が伝わったという説や、古くから日本に存在した「練酒」「白酒」に腐敗防止のため焼酎が加えられて本みりんになったという説があります。本みりんは、戦国時代（16世紀）の頃には、甘い飲用酒類として特に女性や下戸の人（お酒が苦手な人）に飲まれていました。江戸時代後期（19世紀）になるとウナギのタレやそばつゆに使われだし、調味料として活用されるようになりました。その後明治から戦前にかけては、一部一般家庭での使用が始まりますが、まだ贅沢品であり、日本料理店で使用されることが多かったようです。

● 周辺の話題…

みりんの用途は広く、煮物や麺つゆ、またウナギの蒲焼や魚の照り焼きのタレや汁にも使います。魚の生臭さを抑え、食材に味が浸みやすくし、また煮崩れを防ぐと同時に照り焼きのツヤを出し、よい匂いを生じさせるなど、本来の料理に甘みを加える以上の働きをします。

⑤その他：others

調味料とは、食べ物に各人の嗜好に合った味を付けて食事を美味しくする材料のことです。和食を美味しくする調味料は他にもたくさんあります。

● 英語で説明するなら…

今まで紹介した調味料以外のものをできるだけ多く紹介するために、この項に限り、食文化としての歴史と周辺の話題を省略します。

・砂糖：satou; sugar

砂糖は、だしに加えられて多くの色々な料理に使われます。そのため和食の多くは「塩っぱくて、かつ甘い」味がします（Satou is added to soup broth (dashi) when cooking many different foods. For this reason a lot of Japanese dishes may have a 'salty-sweet' taste.）。

・酢：su; vinegar

和食では、酢は主に寿司や酢の物を作るために使われます（In Japanese cuisine vinegar is used primarily to make sushi or sunomono (vinegared dishes).）。

・酒：sake; sake

酒は魚の生臭さを取り除くために、魚料理によく使われます（It is added to fish dishes to mask the smell of the fish.）。

・ソース：soosu; sauce

ソースは、りんご・トマト・その他の材料を絞ってジュース状にしたものを、酢・各種の香辛料・塩などを加えて発酵させて作ります（This sauce is made by liquidizing apple, tomato or other similar ingredients, then fermenting them after adding vinegar, spices, and salt.）。

・ぽん酢：ponzu; citrus-based sauce

ぽん酢は、橙や酢橘など柑橘類を絞った汁に醤油を加え、みりん・カツオ節・昆布を加えて旨みを出したものです（Ponzu is made of citrus juice mixed with soy sauce, mirin, dried bonito flakes, and kombu to add umami to many different cookings.）。

・つゆ：tsuyu; tsuyu-stock

つゆとは、魚や昆布のだしにみりん・醤油・砂糖などを加えて味付けしたもので、鍋料理・天ぷら・そばやうどんのつけ汁として使います（Tsuyu is a Japanese sauce made of mirin, soy sauce, sugar, and fish and / or kombu based soup stock (dashi). This is a dipping sauce. It is used in many different dishes, such as hot pots, tempura, and noodles.）。

11. だし：dashi; soup stock

①カツオ節：katuobushi; dried bonito

カツオの身を三枚におろし、ゆでるか蒸して、焙って乾かし、黴付（かび付け）を施してから天日干ししたもの。主に削ってだし汁に用います。

● 英語で説明するなら…

カツオ節は、カツオの切り身を煮た後に、乾かし、燻製にして、さらに黴付けをして作ります。できあがったカツオ節は英語で dried bonito といいます（Katsuobushi is the filleted bonito which is boiled, dried, smoked, and cured with mold. The finished product is called dried bonito in English.）。

カツオ節は削ったものをいう場合は削り節ともいいます。料理の風味を増したり、味噌汁や澄まし汁のもととしても使ったりしますが、旨みを出すためによくシイタケや昆布などと一緒に使われます（Katsuobushi is dried bonito which is shaved into thin flakes (Kezuribushi). It is used to flavor other foods or as a base for Japanese soup. It is often combined with shiitake mushrooms, and kombu (kelp) stocks to bring out umami flavor.）。

● 食文化としての歴史…

日本最古の書物である『古事記』（712年）に載っている堅魚（かたうお）がカツオのルーツで、その後の養老律令（718年）には堅魚煎汁（かたうおいろり）とあり、それが日本古来の調味料であるカツオ節の原型だといわれます。その後戦国時代になるとカツオ節が兵糧として戦場に携帯されました。その語感が「勝男武士」に通じることもあり、縁起のよいものとされていました。

江戸時代初期には紀州で作られたカツオ節が「熊野節」の名で一躍有名となり多くの料理本で紹介されることになりました。その製法を土佐国清水浦に伝えたのが紀州の国の漁師角屋甚太郎親子とその一統でした。その後延宝2年（1674年）には、甚太郎たちが考え出した「焙乾法」によって初めて、今日のようなカツオ節作りの基礎が作られたといわれます。それは、天日による乾燥を藁や薪を利用する方法に変え、煙と火熱を加えてできるだけ水分を取るように工夫したものでした。

● 周辺の話題…

カツオ節を削った削り節を「おかか」ともいいますが、そのままの形で色々な料理に使います。海苔弁当にかけたり、おにぎりの中に入れたり、たこ焼きやお好み焼きにはなくてはならないトッピングです。ピザにも載せたりします。湯豆腐や冷奴にもよく合い、見た目もきれいな万能調味料といえます。

②昆布：kombu; kombu kelp

　昆布は、海藻の仲間です。海藻は葉色により緑藻・褐藻・紅藻の3種類に分けられ、主に食用にされるのは昆布を代表とする褐藻です。

● 英語で説明するなら…

　昆布は、食用の大型褐藻の総称で英語では kelp といいます。外国人には「こ・ん・ぶ」よりは「こ・む・ぶ」という方が発音しやすいことでしょう。いろいろな食べ方があります。時には「こんぶ・ケルプ」という場合もあります（Kombu is edible kelp. You can also pronounce or spell 'kombu' as 'K-O-M-B-U'. This way of pronunciation is easier for a lot of non-native Japanese speakers. It is served in various forms. It's also often called 'kombu kelp'.）。昆布のだしは和食のだしの基本です。肉も魚も使わないだしですので菜食者向けということになります。もちろんカツオ節が入ってしまうとそうならなくなるので注意が必要です。（Kombu soup stock is the most basic soup stock available. Since there are no ingredients from meat or fish it is considered to be vegetarian. If mixed with katsuobushi, it will no longer be vegetarian, of course.）。

● 食文化としての歴史…

　昆布の歴史は古く、縄文時代の末期頃中国の江南地方から船上生活をしながら日本にやって来た人々が、昆布を食用としたり、献上品としたりしていたのではないかといわれています。その後鎌倉時代になると、昆布の交易船が北海道の松前と本州の間を、盛んに行き交うようになりました。昆布が庶民の口に入るようになったのは、そのころからです。海上交通が盛んになった江戸時代には、北前船を使い、下関から瀬戸内海を通る西廻り航路で、商業の中心地である「天下の台所」大阪まで運ばれるようになりました。昆布を運んだ航路の総称を「こんぶロード」というそうですが、こんぶロードは江戸、九州、琉球王国、またさらには清（中国）へと延びていきました。特に、琉球王国は薩摩藩と清との昆布貿易の中継地として、重要な役割を果たし、昆布貿易は琉球王国にとっても重要な資金源でした。

● 周辺の話題…

　昆布を使った料理は主に関西地方や沖縄に多く、大阪では醤油で煮て佃煮にしたり、沖縄では、豚肉や野菜といためたり、煮込んだりして食べます。しかし、関東地方は全国的に見て昆布の消費量が少ない地域で昆布料理の数も多くありません。これは、前述の「こんぶロード」の到達が遅かったためと考えられています。

③煮干し：niboshi; dried sardine

魚介類を煮熟して乾燥したものですが、普通カタクチイワシ・マイワシ・イカナゴなどの稚魚を煮て干したもので、だしをとるのに用います。

● 英語で説明するなら…

煮干しの煮は boil の意味で、干しは dried out を意味します。それを合わせて、煮て干したいわしという意味になります。煮干しに使う魚は小型のいわしで、干してあり噛めばバリバリと音がします。煮干しは、魚を主体としただしを作るのに用いられます（The first part of this Japanese word, 'ni', means 'boil'. The second part, 'boshi', means 'that which is dried out'. So, all of this put together means 'boiled and dried out (sardines)'. Niboshi are baby sardines, typically in dried form, and they are crunchy. Niboshi is mainly used to make a common fish broth called dashi.）。

● 食文化としての歴史…

日本人が魚を食べるようになったのは縄文時代以前からともいわれます。当時の貝塚などから貝殻の他にイワシなどの魚の骨も発見されていて、すでに魚介類を食べていたようです。飛鳥時代（6世紀末から7世紀前半）の文献にすでに煮干しらしいものが、生乾きの状態の「イワシ煮」という名前で朝廷へ献上されていたとする記録が残っています。地方から朝廷への献上には移動時間が長く、そのために地方でイワシを乾燥し献上していたためのようです。現在の煮干しに近いものが生産されるようになったのは18世紀の初め頃で、製塩が盛んに行われ、イワシがよく獲れる瀬戸内海地方だといわれています。煮干しがだしを取るために用いられるようになったのは、江戸時代からです。その前までは、カツオ節や昆布がだしを取るために用いられていました。当時はカツオ節や昆布は高級品とされていたため、一般家庭では手に入れることが難しい状態でした。そのため、カツオ節などの代用として煮干しを用いるのが一般的でした。

● 周辺の話題…

煮干を「いりこ」と思っている人が多いようですが、実は「いりこ」とは西日本で使われている方言で、小さな雑魚を炒って干した物のことです。いりこの語源は、「煎り煮干」から来ているようです。地域によって、たつこ・むし・蒸し田作り・じゃこ・いりじゃこ・いんなご・いわしかつお・煮だし・だしご・すべいわし・だいざこ、など呼び方はさまざまです。種類もカタクチイワシ・アジ・トビウオ・カマス・タチ・エソなどがあります。

④その他：others

　だしは、カツオ節・昆布・煮干しを煮出した汁で汁物や煮物などの旨みを増すために使います。もう１つ大事なだしは、干しシイタケです。

● 英語で説明するなら…

　干しシイタケは、乾燥させ、その後に水を加えてもとに戻したものです。それを戻した汁は流してしまうか他の容器に移され、シイタケだけが他の料理の食材として使われます（These are edible mushrooms which have been dried and then rehydrated. When boiled, the resulting soup stock is often drained off and just the rehydrated mushrooms are used as ingredients in other dishes.）。しかし、時にはこの干しシイタケを戻した後のだし汁は他のだしに足され、混ぜ合わせただしとして使います。これを日本語では「合わせだし」と呼んでいます（Upon occasion, however, this soup stock can be added to other types of stock to make a combination soup stock called 'awase dashi' in the Japanese language.）。

● 食文化としての歴史…

　中国人は古代より、生のものを乾せば保存によいばかりか、うま味が増すことを知っていたようで、乾物の多くは中国で生まれています。干しシイタケもその１つで、それを日本に伝えたのは唐から帰国した弘法大師（774～835年）であったといわれます。文献に干しシイタケが初めて登場するのは道元が著わした「典座教訓（1237年）」で、仏法を学ぶため留学していた道元が中国の老僧（典座）から日本産の干しシイタケについて教えを受ける話が残されています。その事実から当時すでに日本産の干しシイタケが中国へ輸出されていたことがわかります。中国でもシイタケは採れてはいたはずですが、高価な輸入品の日本産干しシイタケを求めたのは、その美味しさ、姿、形など品質面で、自国のものよりも格段に勝っていたからです。江戸時代に入るとシイタケの人工栽培が始まり、生産量は格段に増え、市中への出回りが多くなっていきました。この頃になると、干しシイタケは、盆、正月、法事など「ハレの日」の汁物、煮物、五目寿しなどに使われたようです。

● 周辺の話題…

　これまで紹介した主な４種類のだしを合わせて使うことは多くあります。一般的な合わせだしはカツオ節と昆布で味噌汁、おでん、肉じゃが、などに使われます。本格的な和食用の合わせだしを作るのは決して難しいことではありません。どのだしを合わせるかは料理次第ということになります。

12. 薬味：yakumi; spices, condiments

①辛子（からし）：karashi; Japanese mustard

カラシナの種子を粉にした黄色で強い辛味のある香辛料で、水を加えておくと酵素が働いてからし油ができ、それをサラダや各種の料理に用います。

● 英語で説明するなら…

辛子は日本式マスタードで、薬味としてだけではなく調味料としても使われ、ビタミンAとCそして鉄分をたっぷりと含んでいます。カラシナ種子を砕いたものをそのままで使うか、ワサビダイコンと混ぜて使う場合もあります（Karashi is 'Japanese-style mustard' and used both as a condiment and as a seasoning. It is also a great source of vitamins A and C as well as iron. It is either made of just-crushed mustard seeds or at times it is a mixture of mustard seeds and horseradish.）。辛子はペースト状のチューブ入りのものか粉末状ですが、おでん、とんカツ、ステーキ、納豆、しゅうまいなどの薬味として一緒に出てきます（Typically you can get this either in a tube or in dry powder form. It's often served as a condiment with oden, tonkatsu, steak, natto, shumai, etc.）。

● 食文化としての歴史…

西洋式マスタードと区別して和辛子と呼ばれる和辛子の歴史は古いものです。天平時代（729～749年）を中心に編纂された古文書の1つ（739年刊）にも、平安時代の法典である延喜式（927年）にも芥子（カラシナの古名）に関する記述が見られます。奈良時代から香辛料として朝廷・貴族の間で使われていましたが、鎌倉時代まではカラシナの葉をそのまま薬味として使っただけで、種子は使われていなかったといわれます。平安時代から今日まで伝わる『四条流庖丁書』（1489年）の中には、実（種子）の芥子に関する記述がみられます。当時は、芥子は僧侶の供養料として使われたり、芥子を7回火中に投じる護摩焚きの修法を芥子焼といったりしていることから、神仏宗教にも深く関わっていたようです。

● 周辺の話題…

日本で使われている辛子はほとんどがカナダからの輸入物です。和辛子も最近ではチューブ入りの練り辛子が主流ですが、使う度に粉から練り上げると鮮烈な香りと辛味が楽しめます。ぬるま湯で練ってから器を逆さまに伏せて5分ほどおくとアクが抜けます。練ってから白味噌や醤油などを少量加えると、辛味がやわらぎ味に奥行きが出ます。

②ガリ：gari; sweet pickled ginger

　ガリは、別の名を「甘味ショウガ」といい、ショウガを薄く切って甘酢に漬けたもので、魚の臭みを消してくれる寿司には欠かせない付け合わせです。

● 英語で説明するなら…

　ガリはショウガから作られ、英語で gari ginger あるいは sushi ginger と呼ばれる1種の漬物です。(This is a type of tsukemono (pickled vegetable) made of ginger, often called gari ginger or sometimes sushi ginger in English.)。別名を甘酢ショウガといい、ショウガを薄く刻んで酢に漬けたものです。ガリは、寿司を食べた後の口の中の香りを消し、次の寿司ネタを食べる時の口直しにぴったりのものです（Its other designation in Japanese is 'amazu shouga' meaning sweetened ginger. It comes thinly sliced and has been marinated in a sugar and vinegar solution. Gari or sweet pickled ginger neutralizes the fragrance that lingers on the tongue after eating sushi and is perfect for cleansing your palate between each sushi.）。

● 食文化としての歴史…

　ガリは、江戸時代後半に誕生した握り寿司とともに生まれましたが、その原料となるショウガは古くから食用、薬用とされていました。中国では紀元前から薬用に用いられていた記録もあり、日本には3世紀ごろにその中国から伝わったといわれます。最初は、主に薬用として栽培されていましたが、食用として広まったのは江戸時代でした。握り寿司は、最初は屋台で売られ始め、客は皆みな手づかみで食べていました。湿りっけのない手で寿司をつまめば米粒が指に付きますが、その指を洗うわけにもいきません。ところが寿司をつまむ前にガリをつまみ、指を濡らしておくと米粒が指に付かないことがわかりました。寿司をつまんだ後にもガリで手を拭くときれいになります。ガリは食べることができるお手拭きとして生まれたものといえます。

● 周辺の話題…

　ガリの名の由来は、ショウガを噛むときや削るときに出るガリガリという音にあるようです。ガリもわさびと並ぶ寿司には欠かせない薬味ですが、わさびがその強い辛みの働きで瞬間的に味覚や嗅覚を麻痺させ、魚の生臭さを感じさせない働きがあるのに対して、ガリは辛み成分であるジンゲロンやショーガオールなどの働きで魚の生臭み成分そのものを消してしまいます。そのため1つの寿司から他の寿司へと食べていく際に、ガリを口にすると前のすしの味を消し、口の中をさっぱりとさせてくれる口直し効果があります。

③七味唐辛子：shichimi togarashi; Japanese chili peppers

　唐辛子にゴマ・陳皮・芥子・青海苔かシソの実・麻の実・山椒などを砕いて混ぜた香辛料のことで、「七色とうがらし」や「七味」と略称されます。

● **英語で説明するなら…**

　七味唐辛子の七の後に来る味は味や風味を表し、七色とうがらしの色は色彩を表します。重要な点は、いずれの場合にもそれは7種類の素材から作られているということです (In the words 'shichimi togarashi' 'mi', following 'shichi', means taste or flavor, whereas 'iro', following 'nana (another way of saying seven)', indicates color. The important thing is you could either consider this as being made up of either seven different ingredients or alternatively seven different-colored ones.)。唐辛子は別の言葉なのですが、食卓の薬味について語るときは、七味や七色とともに使われます。七味唐辛子と聞いたらそれは、日本の刺激の強いチリと思えばよいでしょう ('Togarashi' is a separate word (but usually said together with 'shichimi' or nanairo) when talking about table spices. When you hear 'shichimi togarashi' you will need to think chili peppers of the Japanese variety.)。

● **食文化としての歴史…**

　七味の中身は店によりそれぞれ異なりますが、必ず入っているものが唐辛子です。唐辛子は南米アマゾン河流域が原産地とされ9千年前すでに栽培されていたといわれ、中南米では古くから薬用や食用とされていたことが知られています。これをコロンブスが持ち帰り、ヨーロッパに広まり、やがて南蛮船が東洋にもたらしたとされます。我が国には、1592年の秀吉による朝鮮出兵時にその種子がもたらされたとする説や、それ以前にポルトガルの宣教師が紹介したという説などいくつかの異なる説が存在します。

　日本に入った唐辛子が、七味唐辛子として普及したのは江戸時代初期の頃でした。現在の「やげん堀七味唐辛子本舗中島商店」の初代であったからしや徳右衛門が寛永二年 (1625年) に、漢方薬にヒントを得て、それまでの唐辛子に種々の材料を混ぜ合わせ、いわゆる七味唐辛子を作り出し、それが当時の江戸っ子の嗜好に合い、全国に広まったといわれています。

● **周辺の話題…**

　七味唐辛子の老舗は3軒あります。東京・浅草の「やげん堀七味唐辛子本舗」、京都・清水の「七味家本舗」、そして長野市・善光寺の「八幡屋礒五郎」ですが、それぞれ混合する7種類の素材も、味の特徴も異なります。

④大根おろし：daikon-oroshi; grated daikon

ダイコンをおろしがねですりおろしたもので、和食の付け合わせや薬味として使います。独特の辛味が魚料理などの臭みを中和する効果があります。

● **英語で説明するなら…**

大根おろしは grated daikon（下ろした大根）と訳されます。大根は太くて白い食用根で、「下ろした」はすりおろされた（grated）という意味です。和食には欠かせない、味わいのある根菜です（Daikon-oroshi is translated as grated daikon. Daikon means giant white radish and 'oroshi' means 'grated'. The daikon is a mild-flavored root vegetable, considered indispensable in the Japanese kitchen.)。大根おろしは、ダイコンを洗って下すだけででき上がります。ダイコンは水分が多いため水っぽいものになり、普通は水気の部分は捨てます。ただその液体自体はビタミンCをたっぷりと含んでいるので、そのままで飲む人もいます（Daikon-oroshi is a sauce which can be made by simply washing a daikon and grating it. You will get a kind of mush since daikon contains a lot of liquid, so usually the watery component is poured off. The liquid is quite high in vitamin C. And, if one is so inclined, it can be drunk as it is.)。

● **食文化としての歴史…**

食用ダイコン自体の歴史は古く、紀元前2500年頃にエジプトでピラミッドの建設に従事していた労働者たちが食べていたといわれます。我が国には、中国経由で伝来し、『古事記』（712年）にも、女性の腕を「大根根白（オオネネシロ）の白腕」と例える仁徳天皇の恋唄にもダイコンが登場していると伝えられます。室町時代に一般庶民の間に普及したダイコンは、江戸時代に入り栽培技術が進歩すると、品種改良が重ねられ、数多くの品種が栽培されるようになりました。「オオネ」あるいは「オホネ」と呼ばれていたダイコンが「ダイコン」と呼ばれるようになったのも、また大根おろしとして料理に利用されるようになったのも室町時代でした。

● **周辺の話題…**

ダイコンは、今や英語でもDAIKONとして通用するほど、日本の代表的な野菜となっていますが、ダイコンにはビタミンCを始めとする各種栄養素が豊富に含まれています。またダイコンにはジアスターゼ（アミラーゼ）と呼ばれる消化酵素が含まれており、胸焼け、胃もたれ、二日酔いなどに有効です。また、古くから魚の毒を消すものとして重宝され、焼き魚に添えられるのはこのためです。

⑤薬味ねぎ：yakumi-negi; spring onion for condiment

薬味ねぎはネギの種類をいうのではなく薬味用に使われるネギのことで、青ネギを若取りした小ネギ（細ネギ；万能ネギ）やアサツキが主なものです。

● **英語で説明するなら…**

薬味は和食の味をよくし、食欲をそそるのを助けるためのものです（Yakumi is a kind of spice or condiment that improves the taste of Japanese food and helps one work up an appetite.）。小ネギ（細ネギ）と呼ばれる若取りした青ネギ・ワケギ・アサツキなど色々なネギが小口切りされて使われます。薬味なしで和食を楽しむことはできません（Various kinds of negi (onions) are used for yakumi after they are finely chopped, such as young and small Ao-negi (Japanese green onion) called Ko-negi (small onion or scallion) or Hoso-negi (thin onion), Wakegi (a Welsh onion; a cibol; spring onion), Asatsuki (chives). You cannot fully appreciate Japanese food without yakumi.）。

● **食文化としての歴史…**

ネギの原産地については諸説あるのですが、中国の西部または西シベリア南部のアルタイ地方ではないかというのが有力です。中国では古代から栽培されていて、6世紀頃の書物には栽培法が記されているといわれます。ヨーロッパへは16世紀の終わり頃に伝わり、米国へは19世紀に入ったと考えられています。ただしヨーロッパではリーキ（leek）という西洋ニラネギが好まれたために、ネギは普及しませんでした。ちなみにリーキの原種は古くから存在し、古代エジプトやギリシャ、ローマなどで栽培されていたといわれています。ネギは、我が国へは西洋よりもだいぶ早くに伝わっていました。『日本書紀』（720年）に「秋葱（あきぎ）」という名前が出てくることから推察すると、いろいろな種類のネギがかなり古い時代から存在していたと考えられます。江戸時代にはすでに効率的な栽培法も確立し、日本各地で作られるようになりました。

● **周辺の話題…**

ネギは、東日本で出回っている白ネギ（根深ネギ・長ネギ）と西日本で一般的に食べられている青ネギ（葉ネギ・万能ネギ）に大別されますが、その他にも多くの種類のネギがあります。英語でいうところの leek は日本のネギとは異なり、生や少し炙ったくらいでは食べられないほど硬いもの、green onion はネギに近いもの、scallion・spring onion・Welsh onion・cibol はワケギに近いもの、そして chives がアサツキに近いものといえます。

⑥わさび：wasabi; Japanese horseradish

　渓流の水辺で自生あるいは栽培するアブラナ科の多年草、またその根茎で、すりおろして出る高い香気と辛みを寿司・刺身・そばなどに使います。

● 英語で説明するなら…

　アブラナ科の多年生植物であるわさびは、寿司、刺身、またそばにも欠かせない最高の香辛料で、生の魚にはよく合います（Wasabi, a perennial plant belonging to the Brassicaceae family, is also called *honwasabi* to distinguish it from European horseradish. It is an essential part of sushi, sashimi, and soba as well, and is the ultimate condiment and a perfect match for raw fish.）。寿司の味わいを高め、食欲をそそるだけではなく、殺菌効果があることが知られています。わさびは香り高く、サメ皮で下ろすと酵素ミロシナーゼの働きで辛みも香りも増します（In addition to enhancing the flavor of the sushi and stimulating your appetite, it has long been known for its effective sterilizing capabilities. Wasabi is fragrant and spicy, and is good when grated with a tool made of sharkskin.）。

● 食文化としての歴史…

　わさびは深山の冷たい清流に自生していたため、山地の多い我が国では古代から人々の生活の中で薬用や食用として利用されていたようです。奈良時代（710～794年）には、すでに薬用として利用されていたことを示す記録もあります。三重県には786年に弘法大師が高野山の自生わさびを中禅寺周辺に植栽したという伝説があります。山口県でも壇ノ浦の戦い（1185年）で敗れた平家の落人たちが木谷峡の自生わさびを採り、根茎をヤマメや鹿肉の刺身に使い、茎葉を漬物にして食べたと伝えられています。その後鎌倉時代になると庶民の間でも利用されるようになり、わさびの栽培は江戸時代、現在の静岡市有東木で始まったといわれています。

● 周辺の話題…

　わさびの学名は *Wasabia Japonica Matsum* といいます。*Wasabia* は Wasabi（ワサビ）に由来し、*Japonica* は「日本の」という意味で、まさに日本原産である事実が学名に生かされています。和名は、『本草和名』（918年）という薬草辞典によると、深山に生え、銭葵の葉に似ていることから山葵の名が生まれ、のちに和佐比の名前（漢名）が付いたといいます。わさびは、漢方生薬名でも「山葵」と呼ばれていますし、国語辞典においてもわさびは山葵と書かれています。

⑦その他：others

薬味は、その原材料から、野菜類、海藻類、根菜類、香辛料、柑橘類、種子類、果実類、魚介類のもの、と合計で8種類に分けることができます。

● 英語で説明するなら…

薬味は食欲をそそるために、普通細かく切り刻み、ごく少量で出されます。薬味の文字ですが、前者は薬を、そして後者は味を意味する漢字です。薬味は、昔は食用と薬用の両方に用いられていました。薬味は料理の味わいを増すために少量で用いるものです（Yakumi is a condiment used in Japanese cuisine which is normally chopped up and served in small amounts and acts to whet the appetite. The logographs for yakumi consist of 'yaku' (meaning medicine in English) and 'mi' (meaning taste). These condiments were originally used as both food and medicine. Condiments are used in small quantities to enhance the taste of the food.)。以下その他いくつかの野菜類と香辛料の薬味を英語で説明します。

- 紅ショウガ：Benishoga are strips of ginger pickled in 'umezu', the brine produced when making salted plums, often served with okonomiyaki, gyudon, etc.
- 茗荷：Myoga is a garnish for soumen or cold tofu (hiya-yakkou in Japanese). Only the buds are eaten.
- セリ：Seri or water dropwort can be added to meat dishes to mask the flavor. It is one of the 'seven herbs of spring' ('haru no nanakusa' in the Japanese language).
- 山椒：Sansho or Japanese pepper is sprinkled on top of kaiseki ryouri as well as broiled eel (unagi in Japanese) and adds an aromatic flavor to the dish.

● 食文化としての歴史…

薬味の始まりは江戸時代のうどんの食べ方に始まるといわれます。江戸時代初期にうどんが江戸っ子にも人気となり、この頃うどんを食べる時に薬味も使われるようになりました。その頃の料理の本に「薬味として梅干し、垂れ味噌汁、カツオの汁、胡椒、ダイコン、醤油汁がよい」と記録されているようですが、醤油や味噌は今日では薬味ではなく調味料に分類されます。上記のうち胡椒とダイコンが現代においても使っている薬味ということになります。鮎の塩焼きを食べる時に使う蓼酢がありますが、この蓼は江戸時代以前の古くから魚の臭みを消すために使われていた薬味であったようです。

第Ⅲ部

調理法(煮、揚、焼、蒸など)にまつわる和食を理解し英語で伝える

1. 煮物：Simmered [Stewed] Dishes

　「煮物」は食材をだし汁と塩分、甘みなどで調味して煮た食品の総称で、和食の代表的な家庭料理です。食材は魚介類や肉類、野菜、乾物も含めて調理されます。主な調理法には、魚を煮付ける「煮付け」、煮汁をしみ込ませる「煮染め」、甘みをきかせた「旨煮」、煮た後煮汁に漬けて味を含ませる「含め煮」、炒めてから煮る「炒め煮」などがあります。

● **英語で説明するなら…**

　「煮物」は、日本における最も一般的な家庭料理の１つです（NIMONO is one of the most common home cooking styles in Japan.）。だし汁に醤油、みりんや砂糖などの調味料を加えて煮た料理です（NIMONO also means a dish simmered in a broth with soy sauce and other seasonings such as mirin, sugar, etc.）。季節の旬の野菜、各土地で生産される地野菜から保存食の乾物、そして魚介類や肉類も含めてさまざまな食材が煮物になります（Various foods such as vegetables in season, local food, dried food, as well as fish and meat are cooked for simmered dishes.）。煮物の調理法には種々あります（There are several ways of simmering.）。魚を醤油、みりん、砂糖で煮て味を付ける「煮付け」（NITSUKE is for fish, cooked and seasoned with soy sauce, mirin and sugar.）、味がしみ込むよう煮汁がなくなるまで煮た「煮染め」（NISHIME means simmering food slowly in a broth until the liquid is almost gone.）、甘みをきかせた「旨煮」（UMANI is sweet simmered food.）、煮汁で煮た後数時間その煮汁に漬けて味を含ませる「含め煮」（FUKUMENI is for food simmered in broth and drenched until well-seasoned.）、また材料を炒めてから醤油、砂糖などで煮る「炒め煮」（ITAMENI is for food stir-fried and boiled down in sugar, soy sauce and others.）などがあります。煮物は日本の食卓に上る伝統的な料理なのです（NIMONO is a classic dish on Japanese home tables.）。

● **食文化としての歴史…**

　日本の伝統的な家庭料理は、本来「一汁一菜」を基本としましたが、煮物は、その日本の家庭料理の最も日常的な「菜」でした。菜はご飯の「おかず」のことであり、一汁一菜は汁１つに菜一種で、その菜は煮物または和え物が一般的でした。それにご飯類、香の物（漬物）が添えられた一汁一菜は、禅寺の「質素倹約」を重んじた食事形式でしたが、江戸期に贅沢を禁じる各藩の政策等により定着し、戦前まで続いていきました。

　そして煮物という料理を一般化させたのも、その禅寺の食事である「精進

料理」といわれます。禅寺では、食材の栽培から調理、食事に至る一連の行為も仏道の修行と位置付け、心身を精進させる精進料理が生まれました。また鎌倉期に広まった仏教の殺生戒律とも相まって、野菜類を中心とした調理を発展させます。そもそも日本では、魚介類を「真菜」、真の菜とし、野菜類を「蔬菜」、粗末な菜とみなしていました。そこに仏教伝来とともに殺生戒律が導入され、寺を中心に植物性食品のみの食事となります。そしてそれまで生食か乾物以外「焼く、ゆでる」が中心だった調理に、「煮る、和える」が加えられます。味付けされた汁で煮込み、熱い状態で配膳される煮物料理が、精進料理を通して広まっていくのです。精進料理は僧院料理として登場し、その後武士の食卓、そして一般庶民の食卓へと取り入れられていきました。

　煮物にはさまざまな調理法がありますが、特に江戸期に特徴のある煮方が生まれ、それが現在まで続いています。江戸期に一般に武士が食べていた江戸の武家料理を「江戸料理」といいますが、その特徴の1つに「土産付き」があります。江戸に定住していた地方の大名の家臣が、江戸屋敷の藩邸勤務の際、家族にこの土産の料理を持ち帰ったといわれます。この習慣のため特に煮物に特徴があり、煮汁が残らないよう煮切って折詰の料理として持ち帰りやすくしたものでした。また塩分とともに砂糖、みりんなどの甘みもきかせた濃厚な味付けで、保存もききました。このような煮物はお正月のおせち料理の主菜の一品でもあり、また今日でも弁当などに見られます。

　煮物の中にはまた、各土地で生まれた独特の調理法があり、その土地の名前を付けた煮物料理として一般に広まった物もあります。例えば、「筑前煮」「佃煮」「芝煮」「吉野煮」などです。

　筑前煮は、鶏肉を油で炒め、サトイモ、ニンジン、ゴボウなどの野菜を加えて煮た料理をいいますが、もともと「筑前」と呼ばれた今の福岡北西部の郷土料理です。佃煮は、小魚、貝、海藻などを醤油や調味料で濃い味に煮詰めて保存性を高めた物ですが、江戸佃島が発祥のため佃煮といわれます。芝煮は、キス・エビ・子ガレイなどを醤油とみりんでごく薄い味で煮てその煮汁ごと食べる煮物です。もとは芝浦近辺で獲れた魚をさっと煮る調理法で、江戸時代に駕籠かきの人夫などの休息場であった街道沿いの店で出された大衆料理でした。吉野煮は、白身魚や野菜に葛粉（kudzu starch）でとろみを付けて煮た料理をいいます。奈良県吉野が葛の産地であることからこの名が付いています。

　それぞれ独特の調理法として一般化していますが、このうち芝煮は、煮物の味の濃淡を表すのにも用いられました。特に関東料理で、味の淡い順に、

1. 煮物：Simmered [Stewed] Dishes

「芝煮」「沢煮」「小煮物」「旨煮」「煮染め」と5段階に分けて呼んだのです。なお旨煮は砂糖をきかせた煮物ですが、砂糖は古くは高価な調味料で、料理に使うのは大変な贅沢でした。江戸末期には町でも砂糖が手に入るようになりますが、貴重品のため、「甘煮」は「うま煮」と読ませるほど、甘い＝うまいことを意味していました。明治以降は一般の人も砂糖を口にできるようになり、甘い料理の旨煮が多く作られるようになっていきます。

　煮物に使われる調味料では味噌も特徴があります。味噌の登場には諸説ありますが、鎌倉期にはすでに味噌を使った味噌煮料理が禅寺で広まったといわれています。室町期には味噌汁も登場し、江戸期に入ると各地で醸造も始まりました。「手前味噌」という言葉も生まれるほど自家醸造の味噌も一般化し、身近な調味料として味噌煮など味噌を使った料理が発達していきます。味噌煮は、味噌で煮込むことで匂いの強い魚の生臭みを消すのに用いられるのですが、他にナスやこんにゃくにも合います。愛媛の郷土料理にサバとナスの味噌煮などがあります。

● 周辺の話題…

　煮物は、食材により加える調味料も調理法、調理時間もさまざまですが、多用される調理器具の1つに「落としぶた」（a drop-lid, a wooden lid that rests directly on the food inside a pot）があります。特に少ない煮汁で煮る時は必ず使われます。ヒノキの木製のふたですが、通常鍋の直径より一回り小さい物を選びます。落としぶたは、煮物調理中、煮物の具材を煮汁の中に沈める役割を果たします。落としぶたの下で各具材の動きも抑えられ、その結果煮崩れしにくくなります。また煮汁が落としぶたの下で対流し、具材に均等に熱が伝わるので味がしみ込みやすくなり、煮汁の表面から熱が逃げるのを防ぐこともできます。そのため調理時間の短縮につながります。材質は、プラスチックや金属製の物もありますが、具材がつぶれるほどの重さではなく一方で具材が動き回るほど軽すぎない、木製が最適といわれます。中央にある取っ手代わりの桟で上げ下げします。

　落としぶたがない場合、ベーキングシートやアルミホイルなどでも代用できます。ただし木製の落としぶたと違って必要な重さを具材に加えられないので、シートの場合は、シートを鍋の直径より大きめにして、具材と煮汁をしっかりと密着させ、煮汁が回るようにします。シートの中央に穴をあけると、煮汁の蒸気も抜けるので、具材と煮汁をより密着させやすくなります。

第Ⅲ部　調理法(煮、揚、焼、蒸など)にまつわる和食を理解し英語で伝える　205

〔1〕魚が主の煮物：Simmered Fish

　魚の煮物は、精進料理の影響を受けて一般化しました。海洋に囲まれた日本では、古来魚介類が食されてきましたが、煮物にすることで新たな味付けや他の食材との合わせ煮が料理に加わりました。調理法や調理時間は、魚の種類により異なります。

　魚は醤油仕立ての煮汁で、味がしみ込むまで煮ます（The fish is simmered in a soy-sauce flavored broth until well-seasoned.）。魚は古来、主に生食、または焼き魚や干物でしたが（The fish had been eaten raw, grilled, or dried.）、精進料理の広まりとともに魚の煮付けも一般化しました（The simmered fish became common as the vegetarian diet spread.）。

　魚の種類により薄味にしたり濃い味にしたり、調理時間なども調整されます。白身魚（white-fleshed fish）や甲殻類（shellfish）は薄味にして強火でさっと煮ます。脂の乗った魚（oily fish）や生食ぎりぎりの弱ってきた魚（borderline fresh fish）は、濃い味付けにして中火で完全に火が通るまでゆっくりと煮ます。淡水魚（freshwater fish）は、まず湯通し（blanching）して臭みを軽減してから濃い目の味付けでじっくりと煮込みます。魚の臭味を消すのに、ショウガや酒、酢なども用いられます。煮魚は醤油味が一般的ですが、青魚（bluefish）には味噌煮も合います。

①海老の旨煮：Simmered Prawns

　「海老」（エビ）は、その長い髭や折り曲げた身体の形から「老人」が連想され、長寿の象徴（symbols of longevity）となっています（The shrimp is a symbol of longevity, associated with an old man because of its long barbel [beard] and bent back.）。そこで海老料理は、正月や結婚式、神事など祝い事に最適とされます。祝いの料理なので、海老は有頭海老（prawns with heads）を使用します。

　「海老の旨煮」は、醤油、みりん、酒、砂糖で調味しただし汁で、強火でさっと煮た料理です。味がしみ込むよう冷めるまで煮汁に漬けておきます。「旨煮」は、砂糖が貴重な時代より「甘煮」と書いて「うま煮」と読ませるほど、甘く濃い味付けがうまいとみなされてきました。

　なお海老は米国では、車海老など泳ぐ海老類は shrimp、伊勢海老など歩く海老類は lobster といいますが、英国では小海老なら shrimp、車海老など中型海老は prawn、大型海老は lobster と呼びます。

②金目の煮付け：Simmered Red Snapper [Alfonsino]

　金目ダイは、眼が大きく金色に光るのでこの名が付いており、「金目」とも呼ばれます（KINME-DAI is so named because it has golden goggle eyes, and it is also called KINME.）。体色が鮮紅色で祝いに通じることから、尾頭付きで祝い魚に用いられることもありますが、タイとは別種の魚です（The whole red snapper is sometimes used as a celebratory fish because of its bright-red color like a sea bream's, though it is a different kind.）。

　金目ダイは白身魚（White-fleshed fish）ですが、たんぱく質、脂質、ミネラル類が豊富で、食べ応えのある魚です。冬が旬で、刺身、塩焼き、煮付け、照り焼き、鍋などにされます。煮付けは、酒、みりん、醤油で調味しますが、やや甘みを強くした味付けも合います。

③サバの味噌煮：Miso-Simmered Mackerel

　サバのように脂分の多い青魚には、味噌煮も合います（Oily fish like the mackerel fits in well with miso-flavor.）。サバは、だし、酒、砂糖、みりん、醤油、味噌、そしてショウガの薄切りも加えて煮込むと、青魚の生臭みも抑えられます（The mackerel is simmered in a mixture of stock, sake, sugar, mirin, soy sauce, and miso, together with chopped fresh ginger to mask the strong fishy smell.）。サバは、日本各地の沿岸で獲れる重要な食用魚で、新鮮なら刺身や寿司種でも楽しめますが、すぐに弱るので普通はしめサバか塩焼き、煮付けに調理されます。また干物、缶詰などにも加工されます。

④鯛の兜煮：Simmered Sea Bream Head Served Like a Helmet

　「鯛の兜煮」はタイの頭を醤油、みりんなどで甘辛く煮た料理です（KABUTONI is a dish of a sea bream head simmered in a stock flavored with soy sauce, mirin and other ingredients.）。「兜」は武士の頭の被り物のことです。（KABUTO means a warrior's helmet）。兜煮は、兜を置いたような盛り付け方からの名です（KABUTONI is so named because the cooked sea bream head is served with the mouth pointing up, which looks like a helmet.）。タイには多種ありますが、日本では一般にマダイをいいます（A red sea bream is usually used in Japan, though there are many similar kinds.）。

　タイは、「めでたい」の語呂合わせからも祝い事、神事に欠かせない魚で、日本では最上の魚とされます。調理も刺身から蒸し物、焼き物、汁物、味噌漬け、茶漬けなど多彩です。タイの頭も兜焼き、兜蒸などにも調理されます。

⑤ぶり大根：Simmered Yellowtail and Daikon Radish

「ブリ」（Yellowtail [Japanese Amberjack]）は、晩秋から春にかけての産卵期が脂の乗った美味しい時期です（The yellowtail is at its prime between late autumn and spring of its spawning season.）。寒ブリ（a yellowtail caught in midwinter）と呼ばれ、特に富山湾のブリが有名です（KAMBURI, a yellowtail caught in midwinter, especially caught in Toyama Bay, is famous.）。

ブリは、いわゆる出世魚（fish that get different Japanese names as they grow larger）で、その成長の大きさで関東圏ではワカシ（a young yellowtail of about 15 cm or less in length）、イナダ（about 40 cm）、ワラサ（about 60 cm）、ブリ（about 70 cm and more）、関西圏では同様の大きさ順にツバス（ワカナ）、ハマチ、メジロ、ブリと呼ばれます。養殖が盛んになり、最近は全国的に養殖ものをハマチと呼ぶようになりました。成魚はどこでもブリと呼ばれます。

ブリは脂肪分の多い赤身肉で、刺身、塩焼き、照り焼き、味噌漬け、煮付けなどにします。煮付けの場合、煮汁には魚の旨味が溶け出すので、野菜との合わせ煮も人気の煮物料理で、「ぶり大根」はその１つです。ダイコンがブリの旨味を吸うので、柔らかいブリの身と煮汁のしみたダイコンの美味しさで二重に楽しめます。ただしブリは熱湯で湯がいて氷水に付け、霜降り（blanching）にしてから調理します。霜降りをすると魚の血合い（dark red flesh）、生臭さ（fishy odor）、うろこ（scales）なども取れます。

⑥メバルの煮付け：Simmered Rockfish

「メバル」は、焼き魚にもしますが、煮魚の代表的な魚です（The rockfish is a representative fish simmered, though it is sometimes grilled.）。だしに酒、みりん、砂糖、醤油を合わせた煮汁で甘辛く煮ます（The rockfish is simmered in a stock flavored with sake, mirin, sugar, and soy sauce.）。魚の煮付けでは、他に平魚のカレイ・ヒラメ（flounder）、カサゴ（scorpionfish）、イサキ（grunt）、アイナメ（fat greenling, rock trout）なども定番です。

「メバル」は、日本近海の磯魚（rockfish）で、目が大きいこと、また水中から引き上げられると水圧で目が飛び出すことからこの名前が付いています。体色でクロメバル（black [dark-banded] rockfish）、アカメバル（red rockfish）などと識別されます。メバルは日本各地の沿岸で獲れますが、瀬戸内海産が有名です。

〔2〕野菜が主の煮物：Simmered Vegetables

「野菜」は、食用を目的として栽培されてきました（Vegetables have been cultivated for food.）。野菜は、その食する部位で、葉菜（edible leaves）、根菜（edible roots, root vegetables）、果菜（fruits, fruits and vegetables, fruit vegetables）に分けられます（According to its edible parts, it is divided into edible leaves, root vegetables, and fruit vegetables.）。

葉菜はキャベツやホウレンソウ、コマツナなど葉や柔らかい茎を食べる物、根菜はダイコンやニンジン、ゴボウ、サトイモなど根や地下茎を食べる物、そして果菜は、カボチャ、ナス、トマト、スイカなど果実を食べる物になります。葉菜は、その色を保つようさっと湯がく程度にして薄味にします。根菜は中火でゆっくりと甘めの味付けで煮込みます。果菜は種類により生食される物、葉菜のように調理される物、根菜のように調理される物があります。

和食の煮物料理には多種多様な食材が使われますが、魚介類や肉類は特別な食材であり、普段は野菜が主の煮物が、従来の日常的な日本の家庭料理でした。そして現代の動物性食品に偏りがちな食生活に対し、ビタミン類やカルシウム、カリウム、鉄分などのミネラル類、食物繊維などが豊富な野菜を主とした煮物は、健康的な和食の代表的な料理として見直されています。

①かぼちゃの煮物：Simmered Pumpkin [Squash]

「カボチャ」は、カロチン、ビタミン豊富な緑黄色野菜です。皮にも豊富な栄養があるので、通常皮ごと調理されます（The pumpkin is cooked with the rind on as it is very nutritious.）。煮物の場合は、味がしみ込みやすいようところどころ皮を剥き、だしと醤油で、弱火で煮ます（The pumpkin is simmered over a low heat in a soy-sauce flavored broth, with its rind being peeled partially to be well-seasoned.）。カボチャのほくほくした食感と自然な甘みが引立ち、定番の家庭料理となっています。

カボチャは、日本へは16世紀にポルトガル船がもたらしたといわれます。当初カンボジア原産と考えられたので、ポルトガル語で「カンボジア」を意味するこの名前が付きました。これが日本カボチャです。また中国を経て渡来したとされ、中国のナスの意味で「唐茄子」の別名もあります。その後明治以降には別種の西洋カボチャが米国から渡ってきました。

本来は夏の食材ですが、保存が可能で、昼間が最も短くなる冬至の日に、それ以降日照時間が延び生命力が復活する節日を祝うのに食されます。

②切干大根の煮物：Simmered Dried Daikon Radish Strips

「切干大根」は、千切りにしたダイコンを干して乾燥させたものです（KIRIBOSHI-DAIKON is dried daikon radish strips.）。乾物は、干すことで栄養分が凝縮されます（When dried, its nutritious components become condensed.）。切干大根は、生のダイコンの20倍のカルシウム、50倍の鉄分、23倍の食物繊維を含むとされます（KIRIBOSHI-DAIKON contains 20 times of calcium, 50 times of iron, and 23 times of dietary fiber compared to raw radish.）。戻した汁も栄養を含んでいるので有効に利用します（The water used to reconstitute dried daikon radish is also nutritious, so it is utilized in cooking.）。切干大根の煮物には、通常同じ乾物の干しシイタケ（dried shiitake mushrooms）も入れます。干しシイタケの戻し汁も栄養分豊富で美味ですので同様に利用します。

乾物は古来季節を超えて食材を保存し、また新鮮な食材の少なくなる冬に備えて蓄える保存食品です。調理の際には、時間をかけて戻すことで、独特の美味しさを味わえます。昔ながらの家庭料理の一品です。

③きんぴらごぼう：Sautéed Burdock

ゴボウ（burdock）は、古くから各地で栽培されてきた、根を食用とする重要な野菜「根菜」の1つです（Burdock is one of the important root vegetables and has been cultivated in various places since early times.）。「きんぴらごぼう」は、細く刻んだゴボウをゴマ油でいため、砂糖、醤油、酒、そして唐辛子を加えて炒り煮にした料理です（KIMPIRA-GOBO is a dish of chopped burdock roots stir-fried with sesame oil and boiled down in sugar, soy sauce, sake, and hot chili pepper.）。「きんぴら」は、具材を油で炒めてから、砂糖、醤油などで炒り煮をする料理をいいます（KIMPIRA means stir-frying ingredients and boiling down in sugar, soy sauce and others.）。ゴボウだけでなく、ニンジン（carrot）、レンコン（lotus root）、セロリ（celery）などの根菜類も用いられます。

もともとこの「きんぴら」とは、武勇に秀でた民話の主人公の名でした。金平浄瑠璃に、怪力豪勇で数々の優れた武功を立てた坂田金平という主人公がおりました。そこで強い物、立派な物、丈夫な物を「きんぴら―」と呼ぶようになったのです。この料理も、堅いゴボウ、辛味、また強精作用もあると考えられ、坂田金平の強さになぞらえて名付けられました。

④高野豆腐の含め煮：Simmered Freeze-Dried Tofu

「高野豆腐」は、保存用に凍結乾燥した豆腐です（KOYA-DOFU is freeze-dried tofu.）。和歌山県の高野山の宿坊で作り始めたことから「高野豆腐」の名が付いています（KOYA-DOFU is named after the monastic site on Mt. Koya in Wakayama where Buddhist monks invented the food.）。豆腐を凍結後解凍すると、たんぱく質が凝縮された海綿状のかたまりになります（When tofu is frozen and thawed, a very spongy protein-packed square is left.）。乾物になっているので、まずそれを熱湯で戻します（As it is dried, it is reconstituted in hot water for use.）。煮汁をたっぷりと吸いますので含め煮にします（It absorbs flavors nicely, so it is simmered in seasoned broth and drenched until well-seasoned.）。

高野豆腐は、もともとは、高野山の僧が冬の厳寒の夜、豆腐を戸外に置き忘れ、凍ったものを翌日煮て食べたことが始まりとされます。寒中に豆腐を屋外で凍らせて乾燥させたので、「凍り豆腐」「氷豆腐」、また「凍みる」の意味から「しみ豆腐」とも呼ばれます。煮物や汁の具、鍋物などに用いられる伝統的な保存食品です。

⑤さといもの煮っころがし：Taro Tumbles

「さといもの煮っころがし」は、サトイモをだし、酒、みりん、砂糖、醤油で煮た料理です（This is a dish of taros simmered in a broth with sake, mirin, sugar, and soy sauce.）。「煮っころがし（煮転がし）」は、煮ながら転がすことですので、サトイモが柔らかくなって来たら、鍋をゆすってサトイモを中で転がしながら煮詰めます（NIKKOROGASHI means tumbling around while simmering, so when the taros become tender, the pot is shaken so that the taros tumble around until the broth is simmered down.）。他にジャガイモやクワイ（arrowhead bulb）なども同様に調理されます。

サトイモ（[Japanese] Taro）は、熱帯アジアで広く栽培され重要な食材となっているタロイモ（taro）と同品種群にあたります。熱帯アジア原産で品種が多く、日本各地で古くから栽培されてきました。「イエツイモ」「ハタケイモ」「タイモ」などと呼ばれたりしましたが、ともに山で取れるイモ「ヤマノイモ」に対して、人里のイモ、栽培種である呼び名です。また親イモの回りに付く子イモを食用とするので、「コイモ」「イモノコ（芋の子）」とも呼ばれます。

⑥大豆の五目煮：Stewed Soybean Mix

「大豆の五目煮」は、大豆の煮物で、日本の家庭では日常的に食卓に出される常備菜の一品です（DAIZU-NO-GOMOKUNI is a dish of simmered soybeans, and one of the regular side dishes served on a Japanese home table.）。「五目煮」の「五目」とは五種の具材ですが、種々の具材も意味します（GOMOKU means five or various ingredients.）。通常は大豆に、ニンジン、ゴボウ、干しシイタケに昆布を加え、昆布のだし汁で煮ます（Generally, soybeans and small pieces of carrot, burdock root, dried shiitake mushroom, and kelp are simmered in a kelp broth.）。ただ大豆に昆布を入れて煮た「豆昆布」もあります。

大豆は、乾物で長期保存できる食品です。豆類では、さや付きで食べるもの以外、粒状で保存するものはすべて干して乾燥させます。大豆料理は、まず乾物の大豆を一晩水に浸して戻し、その戻し汁で柔らかくなるまでゆでます。大豆は、野菜中心の食事の中で貴重なタンパク源であり、また味噌、油、豆腐、ゆば、納豆、黄な粉などさまざまに加工され、和食の最も重要な具材の1つといえます。

⑦白菜と薄揚げの旨煮：Simmered Chinese [Napa] Cabbage with Thin Deep-Fried Tofu

「白菜と薄揚げの旨煮」は、白菜と薄揚げをだし、砂糖、みりん、醤油で甘く煮しめた料理です（This is a dish of Chinese cabbage and thin deep-fried tofu simmered in a broth with sugar, mirin and soy sauce.）。「白菜」は、明治期に中国から導入された野菜で、冬の代表的な葉物野菜です（HAKUSAI was introduced from China in the Meiji era, and now is a representative leaf vegetable of winter.）。鍋料理、煮物、炒め物、漬け物などさまざまに用いられます（It is used for hotpots, simmered dishes, stir-fries, pickles, and so on.）。

「薄揚げ」は、薄切りの木綿豆腐を油で揚げた油揚げのことです（USUAGE is made from coarse-grained tofu, thinly sliced and deep-fried.）。「薄揚げ」はよい風味が付くので、汁の実、煮物などの具材に広く用いられます（It gives a flavor to dishes so it is widely used as an ingredient of soups, simmered dishes and so on.）。薄揚げとは「厚揚げ」に対して使われる表現で、中に酢飯などを詰めた「いなり寿司」にも用いられますので、「いなり揚げ」ともいいますが、単に「あげ」とも呼ばれます。

⑧ひじきの煮物：Soy-Braised Hijiki Seaweed

「ひじきの煮物」は、ヒジキを使った常備菜の一品です（This is a regular side dish of hijiki seaweed.）。乾燥ヒジキを水で戻し、ニンジン、油揚げと一緒に炒め、だし汁、酒、砂糖、醤油、塩を加え煮汁がなくなるまで煮込みます（Dried hijiki, reconstituted in water, is stir-fried with thinly-sliced carrot and deep-fried tofu, and then simmered in broth with sake, sugar, soy sauce, and salt until the liquid is almost gone.）。

ヒジキは日本人が縄文時代から食べていた海藻（seaweed, sea vegetable）です。海藻類は低カロリーでダイエット用食材のため栄養価が低いと思われがちですが、実はカルシウム、鉄分が豊富で、さらにβカロテン、タンパク質、カリウム、食物繊維等を豊富に含む健康食品です。油に溶けると吸収されやすいβカロテンを摂取できるよう、炒め煮にします。家庭料理の定番です。

⑨ふろふき大根：Boiled Daikon Radish with Miso Sauce

「ふろふき大根」は、厚めの輪切り（thickly sliced）にしたダイコンをだし汁で軟らかくなるまで煮て、練味噌を付けたものです（This is a dish of thickly sliced daikon simmered in stock until tender and then served with sweet miso sauce on top.）。ふっくらとしたダイコンに甘いみそが合い、冬の人気の一品です。カブやトウガンなども同様に料理されます。

「ふろふき」という名は、伊勢の国の風呂の話、または漆器の作業場の風呂の話などが由来とされます。今の三重県の旧名である伊勢国では熱い蒸し風呂に入り、垢をとるのに体にフウフウと息を吹きかけていた話があり、熱いダイコンを食べるのに息をフウフウかける様がそれと似ているからという説、または漆器の塗師が漆を乾かすのに、作業場の風呂にダイコンのゆで汁で霧を吹くとよいと聞き実行した後、使った大量のダイコンを周囲に「風呂を吹いたダイコン」といって配ったことが始まりという説があります。

⑩若竹煮：Simmered Bamboo Shoots with Wakame Seaweed

若竹煮はワカメとタケノコを合わせた煮物です（This is a simmered dish of wakame seaweed and bamboo shoots.）。どちらも春を代表する具材であり、旬の香りを楽しめるよう薄めの味付けにします。ワカメは早春が旬ですので、生ワカメを用いてその食感と香りを味わいます。タケノコは京都が有名な産地で、京都の春を代表する具材です。ただしタケノコは、調理前にゆでてアク抜き（to remove harshness）をする必要があります。

〔3〕肉が主の煮物：Simmered Meat

　煮物では、鶏肉や牛肉、豚肉など、肉入りの煮物もあります。しかし日本では狩猟や漁労、採取が主体の原始・古代を除いては、農耕主体の生活の中で肉を手に入れられる地域も限られ、仏教の殺傷戒律の広まりもあり、肉食の比重は低いものでした。肉入りの煮物は、地方の郷土料理や、近代以降の料理として登場してきたものといえます。

①筑前煮：Chikuzen-Style Chicken and Vegetable Stew

　「筑前煮」は、鶏肉と、ゴボウ、レンコン、サトイモ、タケノコ、ニンジン、シイタケ、こんにゃくなどを炒めてから煮た料理です（This is a chikuzen-style stew of cubed chicken stir-fried with chopped burdock, lotus root, taro, bamboo shoot, carrot, shiitake mushroom, devil's tongue, etc., and simmered in broth.）。筑前煮は、旧国名で今の福岡の北西部に当たる「筑前」地方の郷土料理です。筑前煮は、細く長く生きる「ゴボウ」、穴が開いているので先の見通せる「レンコン」、親芋から子芋がたくさん増えるので子孫繁栄の「サトイモ」など、縁起のよい食材が種々使われた御馳走であり、祝事や祭事の時に作られます。旨煮に似ていますが、具材を油で炒めてから煮る点が異なります。筑前煮は、元は野生のスッポン（soft-shelled turtle）を煮込んだ料理だったので、「亀煮」「がめ煮」とも呼ばれます。スッポンは高価で扱いも難しいことから、鶏肉になったとされます。

②鳥の治部煮：Simmered Chicken, Jibu-ni-Style

　「治部煮」は、石川県金沢市の郷土料理です（This is a local dish of Kanazawa in Ishikawa.）。鶏、鴨などに小麦粉か片栗粉を塗し、金沢特産の麩やシイタケ、ゴボウなどと一緒に煮だし汁で調味します（Cubed chicken or duck, coated with flour or starch powder, is simmered in broth with Kanazawa-special wheat-gluten bread, shiitake mushroom, burdock, etc.）。セリ、ワサビ、柚子を添え、石川県特産の輪島塗の椀「治部椀」に盛られます（It is served with water dropwort, Japanese horseradish and yuzu rind in a Wajima lacquerware called JIBU-bowl produced in Ishikawa.）。治部煮の「ジブ」の語源は、「じぶじぶ」と煮える（the simmering liquid sounds like jibu-jibu as it bubbles）料理という説や、「治部右衛門」という名の家臣が作った料理という説などがあります。

214   1. 煮物：Simmered [Stewed] Dishes

③肉じゃが：Braised Meat and Potatoes

　「肉じゃが」は、肉とジャガイモを醤油仕立ての甘いだし汁で煮た物です（NIKU-JYAGA is a dish of beef and potatoes braised in sweetened soy sauce.）。もともとビーフシチュー（beef stew）をまねて作られた艦上食だったといわれます（It is said that NIKU-JYAGA was first cooked on a warship to imitate beef stew.）。旧海軍大将の東郷平八郎が英国留学時代にビーフシチューを気に入り、帰国後それに似た物を艦上で作らせたのが始まりとされます。「肉じゃが」の肉は、食文化上は牛肉（beef）ですが、豚肉（pork）も用いられます。概して西日本では牛肉、東日本では豚肉が多く使われているようです。通常ジャガイモに加え、タマネギも入れられます。「肉じゃが」は、「おふくろの味」の代表格の家庭料理です（It is the representative taste of Mom's home cooking.）。

④豚の角煮：Nagasaki-Style Braised Pork

　「豚の角煮」は、煮込んで口の中でとろけるくらいとろとろになった豚を味わう料理です（This is a satisfying dish with braised pork, which becomes so tender that it almost melts in the mouth.）。豚バラ肉の塊（slab pork belly, pork belly block [chunks]）をおから（tofu lees）と一緒に柔らかくなるまで2時間くらい下ゆでし、その後冷水で洗い、改めて煮汁に入れ、十分に味がしみ込むまで煮込みます（A chunk of pork belly is boiled with tofu lees for about 2 hours until tender, rinsed in cold water, and then simmered in broth until well-seasoned.）。おからを入れると、ゆで汁の濃度が上がり高温を保てるので早く調理ができるうえ、臭いと脂を吸収します。豚の角煮は長時間ゆでて脂抜きをし、残ったコラーゲンたっぷりのゼラチンを味わうのでとろとろの食感になるのです。

　「豚の角煮」は長崎県の郷土料理で、幕末以降日本人が豚肉を食べ始めたころに中国より伝来した調理法です。宋の中国の詩人、蘇東坡が好んだとされ、「東坡肉（トンポーロウ）」とも呼ばれました。

　豚肉は必須アミノ酸を含む良質の高たんぱく食品であり、ビタミンB群を始め、鉄、リン、カリウムなどが豊富です。豚肉の消費量が多い沖縄県は、長寿県で有名であり、良質なたんぱく質の摂取が長寿に関係しているといわれています。

2. 揚げ物：Deep-Fried Foods

「揚げ物」は、食材を油で揚げたものです。調理法には、「素揚げ」「空揚げ」「衣揚げ」の3種類があります。

● **英語で説明するなら…**

「揚げ物」は、野菜、魚介類、肉類を油で揚げたものです（AGE-MONO includes deep-fried vegetables, seafood, and meat.）。揚げ物の調理法には「素揚げ」「空（唐）揚げ」「衣揚げ」の3種類あります（There are three ways of deep-frying; SU-AGE, KARA-AGE, and KOROMO-AGE.）。「素揚げ」は、自然の色や形を保つため食材に何も付けずにそのまま揚げます（SU-AGE is deep-frying ingredients without any coating at all to preserve their natural colors and shapes.）。空揚げは、食材に小麦粉か片栗粉、葛粉を塗して揚げますが、醤油、酒、みりん、ニンニク、ショウガなどの漬け汁に漬けてから揚げることもあります（KARA-AGE is deep-frying ingredients lightly dusted [dredged] with flour, cornstarch, or kudzu starch, sometimes after being marinated in soy sauce, sake, mirin, garlic, ginger, etc.）。衣揚げは、食材に天ぷら粉やパン粉などの衣を絡ませて揚げるものです（KOROMO-AGE is deep-frying ingredients dipped in batter, or in batter and bread crumbs.）。

● **食文化としての歴史…**

「揚げる」という加熱料理はギリシア・ローマ時代に完成し、日本へは13世紀初頭に留学僧や僧侶により中国から伝えられ、「精進料理」の中に取り込まれたといわれます。最初は油で揚げた物をすべて「油揚げ」と呼んでいましたが、室町中期には油揚げは豆腐を油で揚げた物をさすようになります。

また室町後期、種子島にポルトガル船が漂着し、その後南蛮船が来航するようになると、油を使った「南蛮料理」や「南蛮菓子」も伝来します。そして江戸前期には、長崎で中華風日本料理の「卓袱料理」が創作され、「長崎天ぷら」なども生まれます。同時期に、やはり中華料理の調理技術を使った「普茶（黄檗）料理」も登場します。普茶料理は、来日した隠元禅師が開いた黄檗宗の料理で、禅宗の三大精進料理の1つであり、卓袱料理の精進版ともいわれます。油を巧みに使って料理にコクを出し、また植物性の素材だけで「がんもどき」など鳥獣肉の味を作り出しました。これらの料理が混じり合って、やがて「天ぷら」が現れます。1616年日本橋に魚河岸が開かれると、魚介類を使った串揚げ天ぷらの屋台がみられるようになります。そして新鮮な天種を生かす薄い衣に、からっと揚がった油の風味を天つゆで味わ

う日本独特の天ぷらが生まれます。江戸後期には天ぷらの屋台店が盛んになります。また植物油も普及し、魚のすり身を揚げた「薩摩揚げ」なども人気となります。そして揚げ物が大きく発展するのが、明治維新以降の西洋料理の流入です。

明治期に入ると、それまでの肉食禁止が解かれ、西洋料理ブームが起こります。まず「牛肉」を、慣れ親しんだ醤油や味噌で和風に味付けすることで、「牛鍋」が人気となります。その後、洋食料理店なども登場しますが、やはり西洋料理を日本人の嗜好に合わせた料理へと改良が進みます。中でも西洋料理の cutlet（カツレツ）は、豚肉の切り身に西洋風にパン粉を付け、日本の天ぷらのように多めの油で揚げて、醤油仕立てのウスターソースで食べる「とんカツ」へと変化します。とんカツは大人気となり、この調理法で他の食材も揚げた「フライ」や、さらにより庶民的な「メンチカツ」「コロッケ」なども誕生します。こうして明治以降昭和にかけて、産業の発展と都市生活者の増大とともに、西洋料理を日本風にアレンジした新たな揚げ物料理が生まれていったのです。

油を使った調理法は、中国や西洋から伝わってきたものでしたが、日本風にアレンジされ、新たな和食として存在感を増しています。そもそも和食の基本的な調理法は、「生食」「焼く」「煮る」「和える」「炊く（蒸す）」の五法でしたが、「揚げる」「炒める」など油を用いた調理法が、近年になって加えられたといえます。調理器具のフライパンも、明治維新後に伝えられ、また鍋に油を敷いて魚肉類を焼く調理法も、大正期以降に普及したといわれています。

● **周辺の話題…**

英語の fry は油を使った加熱調理全般をいいますので、日本語の「揚げる、炒める、焼く」も意味します。そこで「揚げる」deep-fry、「炒める」stir-fry、「焼く」pan-fry, shallow-fry, sauté と表します。

揚げ物調理では、「素揚げ」は油をそのまま吸収してしまうため、柔らかい物や水分の多い物には向きません。小魚やインゲン、小ナスなど、色や形を見せたい食材を調理します。「空揚げ」は、食材の表面を小麦粉などの薄い膜で覆うことになるので、高熱の影響を和らげられます。平魚、鶏肉、豆腐などを調理します。なお、素揚げと空揚げは同じ揚げ方で、食材を漬け汁で味付けしてから揚げる物が「唐揚げ」であるともいわれます。「衣揚げ」は、食材に衣を絡ませて揚げますが、適切な油の温度とできるだけ混ぜない衣により軽い食感が生まれます。外側はさくさくで中はジューシーな揚げ物になります。

①揚げ出し豆腐：Deep-Fried Tofu

「揚げ出し豆腐」は、揚げた豆腐に醤油味のだし汁をかけた料理です（AGEDASHI-TOFU is a dish of deep-fried tofu with a soy-based sauce.）。揚げ出し豆腐は、水気を切った豆腐に片栗粉か小麦粉を薄く塗して油で揚げます（Tofu, pressed and drained, is coated lightly with starch powder or wheat flour and deep-fried.）。だし汁に醤油、みりんで味付けしたものをかけ、大根おろしやショウガ、カツオ節などを添えます（Soup stock flavored with soy sauce and mirin is poured over the tofu, garnished with grated daikon radish, ginger, and dried bonito shavings.）。「揚げ出し」は具材を素揚げしてだし汁をかけたものをいいます。具材に片栗粉や小麦粉をまぶす場合もあります。具材には他に魚介類、野菜なども用います。薬味は紅葉おろし（grated daikon［giant white］radish with a bit of hot red pepper）も合います。

②海老しんじょ：Shrimp Paste Dumplings

「しんじょ」は、白身魚のすり身にすった山イモを入れ、塩、みりんなどで調味したものをゆでたり、蒸したり揚げたりしたものです（SHINJO is a boiled, steamed, or deep-fried mixture of white-fleshed-fish paste and grated yam seasoned with salt, mirin, etc.）。素材や調理法から、蒲鉾の変形といわれますが、蒲鉾とハンペンの間の柔らかさの物です。「しんじょ（糝薯）」は、ヤマノイモ（薯蕷）をすり込むという意味です。真上、真薯、糝蒸とも表されます。すり鉢ですりつぶすことで弾力と粘りが出ます。「しんじょ」は江戸前期に創作され、江戸後期に大人気となります。「海老糝薯」は、魚の代わりにエビのすり身を使ったもので、高級食材として明治・大正期頃に現れました（EBI-SHINJO, using shrimp paste instead of fish, was created as a high-class food in the Meiji or Taisho period.）。

③カレイのから揚げ：Deep-Fried Flounder

「カレイのから揚げ」はカレイに塩・胡椒し、片栗粉を塗して揚げ、レモンを添えます（The flounder, sprinkled with salt and pepper, and lightly dusted with starch powder or flour, is deep-fried, and garnished with lemon.）。カレイは、ヒラメ科とカレイ科の扁平な海魚を総称した呼び名です。どちらも両目が片側にあり、「左ビラメの右カレイ」としてヒラメ科は左側に、カレイ科は右側に目があるといわれますが、例外もあります。

④串揚げ：Deep-Fried Crumbed Skewered Cutlets

「串揚げ」は、串に刺した肉にパン粉の衣を付けて揚げる料理です。大阪で誕生し、関東では「串揚げ」、関西では「串カツ」と呼ばれます。

● 英語で説明するなら…

「串揚げ」は、具材を串に刺して揚げた物です。(KUSHI-AGE is deep-fried food on bamboo skewers.)。一口大の豚肉、ネギまたはタマネギを交互に串に刺し、パン粉の衣を付けて揚げます。(Bite-sized pieces of pork and green onion or onion skewered alternately are breaded and deep-fried.) 種々のたれソースを付けて食します。(KUSHI-AGE is served with various dipping sauces.) 串焼きと天ぷらが「フライ」と結び付いて、串揚げを生み出したといわれます (It is said that the grilling on a skewer and tempura were combined with deep-frying in breadcrumbs to form KUSHI-AGE.)。串揚げは大阪で誕生したといわれ、関西では「串カツ」と呼ばれます (KUSHI-AGE was born in Osaka, and is called KUSHI-KATSU meaning "skewered cutlets" in Kansai.)。

● 食文化としての歴史…

串に刺した料理では、たれを付けて焼いた鳥の串焼きが、すでに室町期に登場していたといわれます。そして江戸中期には、天ぷらの屋台で串揚げが登場し、庶民の御馳走的な料理として人気となります。その後明治期になり、とんカツやチキンカツなどパン粉を付けて天ぷらのようにたっぷりの油で揚げる「フライ」が創作されると、串焼きや天ぷらの串揚げの形態と結び付き、昭和初めに「串カツ」が生まれたとされます。

串カツは和風化された洋風料理ですが、串に刺した肉をパン粉の衣を付けて揚げる料理は、世界でも他にほとんど類がなく、日本独自の新たな料理の誕生といえます。そしてその手軽さと揚げたての美味しさが大阪で評判となり、大阪の名物となっていきます。

● 周辺の話題…

現在では、「串揚げ」の専門店が、何種類にも及ぶ串カツを提供しています。庶民的な店も多く、安くて旨いB級グルメの一品として定着しています。具材も肉だけでなく、魚介類、野菜、キノコ類（mushrooms）、ウズラの卵（quail eggs）などさまざまです。具材はすべて一口大にされるので、多種多様な串揚げを味わうことができます。揚げたての熱々を、和洋中好みのソースで楽しみます。

⑤コロッケ：Korokke; Croquettes

「コロッケ」は、挽肉や魚介類とジャガイモかホワイトソースを丸め、パン粉を塗して揚げたものです。

● **英語で説明するなら…**

「コロッケ」は、つぶしたジャガイモに他の具材を入れパン粉を付けて揚げたものです（KOROKKE is made from potatoes mashed and deep-fried in breadcrumbs with other ingredients.）。挽肉（ground meat）や野菜、または魚介類などを炒め、ゆでてつぶしたジャガイモかホワイトソース（ベシャメルソース）と混ぜ、小判形、俵形などに整えます。（Chopped-up meat, vegetables or seafood stir-fried, are combined with boiled and mashed potatoes or béchamel sauce, and formed into a log or patty.）小麦粉、卵、パン粉の衣を塗してきつね色になるまで油で揚げます（The log or patty is coated in crumbs, and deep-fried until golden brown.）。「コロッケ」は、フランス語の croquette が日本訛で発音された名前です（KOROKKE is the Japanese phonetic pronunciation of "croquette" in French.）。

● **食文化としての歴史…**

「コロッケ」は、西洋風揚げ物料理の1つで、日本では、明治初期の「鹿鳴館」の頃に現れ、明治30年代に普及し始めます。その後日本風のジャガイモコロッケになったとされます。明治28年雑誌『女鑑』にフランス風コロッケが紹介されますが、明治36年には『家庭料理法』にジャガイモだけのコロッケが紹介されます。このジャガイモだけのコロッケが現れると、安くてうまくて手軽な庶民的な料理として人気となります。またジャガイモコロッケは、屑肉を利用して関西の肉屋が創作したという説もあり、肉屋で販売される惣菜の定番となります。そしてさらに失業者が続出する大正中頃の不況期に大流行します。コロッケは、カツレツ、カレーライスとともに代表的な三大洋食となり、大衆的な洋風料理として各地に普及していきます。

現代ではコロッケの種類もさまざまですが、ポテトコロッケ、蟹クリームコロッケ（cream-crab [creamy crab] croquettes）など、材料の名を冠して呼ばれます。

● **周辺の話題…**

コロッケの人気には、CM ソング「コロッケの歌」が後押ししたともいわれます。大正6（1917）年東京帝国劇場で上演された「喜劇ドンチャダンネ」で歌われ、その後大ヒットしました。「いつも出てくるおかずがコロッケ、今日もコロッケ、明日もコロッケ…」と歌います。

⑥天ぷら：Tempura; Batter-Coated Deep-Fried Food

「天ぷら」は、魚介類や野菜類に小麦粉の衣を付けて油で揚げた料理です。天ぷらは、新鮮な旬の食材の風味を閉じ込める日本独特の技です。

● **英語で説明するなら…**

「天ぷら」は、魚介類や野菜の揚げ物料理です（TEMPURA is a deep-fried dish of seafood and vegetables.）。刻んだ野菜や小エビなど小さな材料をまとめて揚げた物を「かき揚げ」といいます（KAKI-AGE means tempura with a mixture of sliced vegetables and small pieces of seafood such as small fish, shellfish, and shrimp.）。野菜だけを揚げたものは「精進揚げ」といいます（SHOUJIN-AGE means tempura with vegetables only）。具材に水溶きした小麦粉、溶き卵の衣を付けて植物油で揚げます（Ingredients are dipped in a batter of wheat flour, water and beaten egg, and deep-fried in vegetable oil.）。天ぷらは熱々を、だしに醤油、みりんで味付けした「天つゆ」に付けて食べます（TEMPURA is eaten hot, dipped in a special sauce called TENTSUYU, a dipping broth flavored with soy sauce and mirin.）。薬味に、大根おろしやショウガなどを添えます（It is accompanied by grated daikon radish, ginger, and/or others）。

「天ぷら」の語源は定まっていませんが、ポルトガル語の調味料を意味するtemperoからともいわれます（It is not completely agreed on but often said that the word tempura comes from the Portuguese word "tempero" which means seasoning.）。

● **食文化としての歴史…**

室町後期、種子島にポルトガル船が漂着して以降、南蛮船の来訪とともに、南蛮料理も伝わりました。「天ぷら」は、その南蛮料理の肉のから揚げが変形したものといわれます。南蛮料理の中に、各種の鳥肉をたたいたものに小麦粉をまぶして油で揚げた「テンフラリ」がありました。一方卓袱料理には、「長崎天ぷら」があり、小麦粉に、片栗粉、卵黄、砂糖などを入れて味付けした衣で揚げたもので、フリッターのようなものでした。そこで南蛮料理に加え、中華風料理である卓袱料理の影響もあったといわれます。

17世紀には京阪に天ぷららしきものが現れます。小麦粉を濃い目に溶いた衣に卵、砂糖、塩、酒などで味付けをしたもので、「つけ揚げ」と呼ばれました。しかし関西にはすでに、魚のすり身を揚げたさつま揚げである天ぷらがあり、つけ揚げはあまり人気が出ませんでした。

一方江戸では、1616年日本橋に魚河岸が開かれ、新鮮な魚介類が容易に

入手できるようになると、立ち食い天ぷらの露店が現れます。天ぷらの名は江戸前期には各種文献に見られます。この頃は多くが立ち食いの串揚げでした。やがて、新鮮な天種、味付けせず天種の持ち味を生かす薄い衣に、からっと揚がった油の風味を加え、天つゆで味わう日本独特の天ぷらが生まれます。精進料理の中で油を使う「普茶料理」からの影響があったとされます。そして日本橋の屋台「吉兵衛」の天ぷらが、美味で低廉と評判になります。江戸後期には天ぷらの屋台店が盛んになり、昭和12、13年頃まで続いていきます。

　こうして天ぷらは、新鮮な魚介類が豊富で、屋台の立ち食いを好む江戸庶民に人気となり、江戸で発展していきます。天ぷらは、南蛮料理や卓袱料理の影響を受けながら、精進料理とも混ざり合って日本化された和洋中の折衷料理ですが、屋台を通して庶民が育んだ料理ともいえます。

● 周辺の話題…

　「天ぷら」の語源には諸説あります。ポルトガル語の「調味料、調理」を意味する「テンペロ」(tempero)といわれますが、同じくポルトガル語の「金曜日の祭り」をいう「テンポラ」(temporras)や、スペイン語の「四季の祭日」を意味する「テンポラ」(tempora)、あるいは「寺」の精進料理の意味で「テンプル」(temple)などの説もあります。また天ぷらに「天麩羅」の字が当てられた説の1つに、「天」は揚げること、「麩」は小麦粉、「羅」は薄い衣の文字を意味するからというのがあります。「天」竺の浪人が「ふら」りとやって来て、天ぷらの屋台を始めたことを表しているという話もあります。

⑦鶏のから揚げ：Deep-Fried Chicken (without Batter)

　「唐揚げ」は中華風の揚げ方をいいます（KARA-AGE means Chinese-style deep-frying.）。鶏肉をぶつ切りにし、醤油、酒、みりん、ニンニク、ショウガなど調味料で味付けしてから片栗粉を塗して揚げます（Chopped chicken is marinated in soy sauce, sake, mirin, garlic, ginger, and other ingredients, lightly dusted with flour, and deep-fried.）。

　鶏は、縄文時代には中国より朝鮮半島を経て日本へ伝えられていましたが、仏教の伝来とともに殺傷戒律により鶏肉を食べる習慣がなくなっていました。安土桃山期に南蛮人の渡来により、鶏卵・鶏肉を食するようになります。明治後期には関西で各種鳥料理が発達しましたが、戦後まで養鶏も鶏卵が主目的で、鶏肉の利用は量的には少なかったとされます。鶏肉の需要が伸びるのは、米国から食用種のブロイラー（broiler）が伝わり、若者にフライドチキン（fried chicken）が人気となる昭和30年代になってからでした。

⑧とんカツ：A Pork Cutlet, Deep-Fried (Breaded) Pork Cutlet

「とんカツ」は、豚肉を洋風にパン粉を付け天ぷらのように揚げた和風カツレツです。明治の肉食解禁後、最も人気となった料理の1つです。

● **英語で説明するなら…**

「とんカツ」は、西洋料理のカツレツを和風化したものです（TONKATSU is a Japanized pork cutlet.）。豚肉の切り身に小麦粉、溶き卵、パン粉を付けて油で揚げ、シャキシャキの刻み生キャベツが添えられます（A slice of pork, coated with a batter of flour, beaten eggs and breadcrumbs, is deep-fried and usually served with crunchy thinly-sliced cabbage on the side.）。とんかつの「とん」は「豚」であり、「カツ」はカツレツ（cutlet：仏語のcotelette から）のことです（TON of TONKATSU is pork, and KATSU is the Japanization of "cutlet" (*cotelette* in French).）。

● **食文化としての歴史…**

cutlet には牛肉、特に子牛肉、また鶏肉がよく使われますが、豚肉を使った「ポークカツレツ」が、明治28（1895）年東京銀座の洋食屋煉瓦亭で登場します。本来の cutlet は、薄切り肉を少量の油で炒め焼きしてからオーブンで焼くので手間がかかるのですが、煉瓦亭では天ぷらのように油で揚げることを思いつき、そして小麦粉の衣ではなく西洋風にパン粉を採用します。これが大評判となり、大正期には、コロッケ、カレーライスとともに三大洋食といわれるようになります。

やがて昭和4（1929）年に上野御徒町の洋食屋ポンチ軒が、多量の油で揚げた厚切りの「とんカツ」を売り出します。厚目の豚肉の切り身を揚げた現在の「とんカツ」の誕生です。上野・浅草界隈にとんカツ屋が増え、庶民の間に普及していきます。また、箸で食べやすいよう配膳の前に包丁で切り分け、醤油風特製ウスターソースと辛子を付けて食べる和風化も進みました。「とんカツ」は、日本の代表的な洋風和食となるのです。なお現在ではソースは、甘みが強く粘度の高い濃厚な「とんかつソース」が用いられます。

● **周辺の話題…**

今ではとんカツに付き物の刻み生キャベツですが、生まれたのは料理人のとっさの思い付きだったといわれます。西洋料理では通常温野菜が添えられますが、煉瓦亭では「ポークカツレツ」の相次ぐ注文に温野菜がなくなり、急きょ刻み生キャベツを脇に添えてそのまま出したところ、これが脂っこいとんカツにさっぱりとして合うと非常に好評を博します。その後他店も模倣し、定番の添え野菜となりました。

⑨茄子のはさみ揚げ：Deep-Fried Stuffed Eggplants

「茄子のはさみ揚げ」は、鶏ひき肉をナスに挟んで揚げた物です（This is a dish of deep-fried eggplant stuffed with ground chicken.）。小ナスの場合は4分割で切り込みを縦に部分的に入れ、鶏肉を中に詰めて空揚げします（A small eggplant partially cut in quarters lengthwise is stuffed with ground chicken, lightly dusted with flour and deep-fried.）。大きなナスの場合は平らに切って間に鶏肉を挟んで衣揚げにします（A larger eggplant is sliced flatly to sandwich ground chicken in between, batter-coated and deep-fried.）。

⑩練り物：Fish Paste Products

「練り物」は魚のすり身を使った練り製品です。海に囲まれた日本では魚介類の加工は必然で、「蒲鉾」に始まり種々の「練り物」が次々と生まれます。

● 英語で説明するなら…

練り物は、主に魚のすり身を使った加工食品で、「練り製品」ともいいます（NERI-MONO is processed food made mainly from fish paste, and is also called "fish paste products."）。練り物は、大漁に対処するために生まれました（NERI-MONO was produced to process fish caught hugely.）。

● 食文化としての歴史…

平安後期に、まず蒲鉾が登場します。当時の蒲鉾は、竹串にナマズなどのすり身を塗りつけて焼いたもので、その形が蒲の穂に似ていたのでその名が付いたと室町後期には記されています。また安土桃山期には、魚のすり身にヤマノイモを混ぜて蒲鉾より軟らかくした「ハンペン」も登場します。さらに江戸期には多種多様の練り物が出現し、以前の形状の蒲鉾は「竹輪」となり、新たに板にすり身を塗りつけて焼いたり蒸したりする「板蒲鉾」が登場します。江戸中期には、魚のすり身に卵白などを混ぜた生地をつまんで入れる「ツミレ（ツミイレ）」が、「ツミレ汁」などで現れます。そして植物油が普及し、調理にも使えるようになる幕末には、魚のすり身に豆腐や野菜などを混ぜて揚げた「薩摩揚げ」が作られます。こうして日本独特の水産加工により蒲鉾、竹輪、ハンペン、ツミレ、薩摩揚げなどが生まれたのです。

● 周辺の話題…

現在、日本の練り製品の消費量は大量で、日本の全漁獲量の4分の1が練り製品になっています。魚を原料とする練り製品は、良質のたんぱく質とカルシウムに恵まれ、栄養価が高いうえ、低カロリー・低脂肪の健康食品です。

⑪フライ：Deep-Fried Crumbed Food

「フライ」は、具材に小麦粉、溶き卵、パン粉を付けて揚げた物です（FURAI is food coated with flour, beaten eggs and breadcrumbs, and deep-fried.）。「ポークカツレツ」を生みだした煉瓦亭の料理長木田元次郎が創作した料理といわれます（It is said that FURAI was originated from the chef, Motojiro Kida, who also thought up TON-KATSU.）。木田は、西洋料理の cutlet を和風に調理したのですが、その調理法を他の具材にも採用したとされます。この調理法は、西洋料理風にパン粉を具材に付けますが、和風の天ぷらのように多目の油で揚げるもので、当時は「洋天（洋風天ぷら）」と呼ばれました。木田は、さらに日本人好みにするため、具材に肉だけでなく魚介類や野菜なども採用して、同じように調理したといわれます。「エビフライ」（Deep-fried crumbed prawns）、「カキフライ」（Deep-fried crumbed oysters）は、当時より今日までメニューに載っている人気の品です。

⑫メンチカツ：Deep-Fried Cakes of Minced Meat

「メンチカツ」は、minced + cutlet の和製語です（MENCHI-KATSU is the Japanization of "minced" and "cutlet."）。メンチカツは、パン粉を付けて油で揚げた挽肉のカツレツです（MENCH-KATSU is a minced meat cutlet deep-fried in breadcrumbs.）。挽肉（minced meat）にみじん切りのタマネギ（chopped onion）などを加え、小判型にまとめて小麦粉、溶き卵、パン粉を付けて油で揚げます（Minced meat and finely-chopped onion are formed into a patty, coated with a batter of flour, beaten eggs and breadcrumbs, and deep-fried.）。いわばハンバーグステーキの生地を揚げたものといえます（It is something like a deep-fried crumbed hamburger patty.）。

メンチカツは、日本で創作された和風洋食の一品で、「ミンスカツ」「メンチコロッケ」などとも呼ばれました。明治36（1903）年の『食道楽』に、牛挽肉、タマネギにジャガイモも入れて小麦粉・パン粉で揚げたものが登場しています。メンチカツはとんカツと似ていますが、割安な牛挽肉を使う料理なのでとんカツよりは手頃で経済的であり、一方でコロッケほど安いものではなく牛肉を味わう満足感もあるので、婦女のコロッケに対し、男性向けの家庭料理としても人気の品となりました。また明治40（1907）年、肉屋が肉挽器を備えたので「メンチボール」「メンチビーフ」が登場と新聞にも掲載され、以降肉屋の定番の惣菜となります。

3. 鍋物：One-Pot [Hot-Pot] Dishes [Meals]

「鍋物」は、食卓の上で調理しながら食事もする料理です。1つの共用鍋で調理し各人が自由に取って食べます。冬の寒い時期の料理ですが、家族や仲間など同じ鍋を囲んで食事をする間柄であることが、身体だけでなく心まで温かくする料理といえます。典型的な鍋物料理は、土鍋や鉄鍋を使い醤油や味噌仕立ての煮汁で具材を煮込みます。

● 英語で説明するなら…

鍋物は、食卓の上に鍋を置き調理しながらそのまま食事もする料理です（NABE-MONO is a dish cooked and served in one pot at the table.）。具材は1つの共用鍋で、食卓上で携帯用ガスコンロや電気コンロを使って調理し、鍋を囲む各人が自由にその鍋から取って食べます（Ingredients are cooked in a communal pot heated on a small electric or gas stove at the table by the diners, who help themselves to and from the pot.）。

日本各地に独特の鍋物料理があります（There are a variety of unique one-pot dishes all over Japan.）。典型的な鍋物料理は、土鍋や鉄鍋に醤油仕立てや味噌仕立ての汁を煮立てます（Typical one-pot dishes are cooked in an earthenware pot or a cast-iron pot filled with a soy-sauce-flavored or miso-flavored broth.）。そこに魚介類や肉類、豆腐、キノコ、野菜などさまざまな具材を入れて、火が通ったものを口にしていきます（Various ingredients such as seafood and/or meat, tofu, mushroom, and vegetables are added to the boiled broth in the pot and eaten from the pot just as they are cooked.）。別に漬けダレに、紅葉おろし（Red maple radish, grated giant white radish with a bit of hot red pepper）や刻んだネギなどの薬味が用意される鍋もあります（Some one-pot dishes are accompanied by dipping sauces and spicy condiments such as grated giant white radish with a bit of hot red pepper, and finely-chopped green onions.）。

冬の寒い時期に1つの鍋を囲み、家族や仲間と談笑しながら熱々の具材を口にすれば、鍋物は身体だけでなく心まで温かくなる料理といえるでしょう（Sit at the table with your family, friends, or comrades, and enjoy chatting and eating a hot dish cooked in a communal pot on the table during the cold season. A one-pot dish will warm you both physically and spiritually.）。

● 食文化としての歴史…

鍋の語源は、「肴（な）」を煮る「瓮（へ）」とされます。「肴」は酒や飯に

添える野菜・魚・肉などのおかずで、「瓮」は食べ物や飲み物を入れる容器のことです。鍋は、食材の煮炊きに用いられる調理器具ですが、もともと古代より、米を炊くのにも、また雑穀やイモ、野菜を混ぜた粥・雑炊を作るのにも利用され、最小限の生活道具として欠かせないものでした。すでに縄文時代には素焼き土器の「土師器（はじき）」が存在していたといわれます。それがやがて奈良期には陶器の鍋となり、平安期には鉄製の鍋も現れます。江戸期には大小の鍋や平鍋を含めたさまざまな鍋が普及し、種々の調理に活用されていきました。しかし調理器具であった鍋が、食卓での調理兼配膳用の容器となり、鍋を囲んだ人々が鍋から直接食事をする鍋物料理が一般化するのは、近代になってからでした。

この食事形式は、長崎で創作された「卓袱料理（しっぽく）」の影響を受けたとされます。長崎には、江戸幕府の鎖国時代も中国やオランダ、ポルトガルから人々が出入りしていましたので、食膳に数々の中華風・西洋風料理が取り入れられていました。卓袱料理とは中国風の日本料理であり、この「卓袱」は、中国で「食卓の覆い」のことで、そのまま「食卓（卓袱台：ちゃぶだい）」のこととなりました。卓袱料理では、１つの食卓で同じ皿から料理を取り分ける中国式の食事形式を採用しています。日本料理では本来各人に膳が配られ、個々の膳にそれぞれの料理が並べられていましたので、主人と客が同じ食卓に着くことも、また同じ器に盛られた料理を各自の箸で取ることもそれまではなかった様式でした。

同じように中国式の食事形式を採用していたのが、日本の和食の基礎となった精進料理の１つの「普茶料理」です。精進料理には３つの禅宗の宗派がありますが、普茶料理は中国の明から来日した隠元禅師が広めた黄檗宗（おうばく）の料理です。普茶料理は、寺院で行事・法要後にみなに普く（あまね）茶をふるまいその後に取る食事という意味で、やはり同じ食卓に大皿で出された料理を小皿に取り分けて食べる中国式の食事形式を採用しており、その点で、普茶料理は卓袱料理の精進物といえます。普茶料理は精進料理ですので食材は植物性のみですが、中国料理の影響を受け油を使うのが特徴です。そして「がんもどき」など、後に鍋物を豊かにする新たな食材や調理法を生み出しました。

卓袱料理でも中華風の調理法を用いましたが、こちらは精進料理ではなく肉類も魚介類も用いられますので、豊富な食材で「豚の角煮」など多彩な料理が生み出されました。そして１つの食卓で同じ器から食事をする食事形式を紹介したことが、鍋物の生まれるもとになったといえます。しかし卓袱料理はなかなか広まらず、江戸中期以降京都・大阪などでは知られるようになりましたが、江戸では一般化しませんでした。やはり１つの器に盛られ

第Ⅲ部　調理法(煮、揚、焼、蒸など)にまつわる和食を理解し英語で伝える　227

た料理を各自の箸で取る食事は、礼を失するとして好まれなかったのです。

　その後文明開化の世を迎え、肉食解禁とともに「牛鍋」が登場します。すでに江戸時代にも一部では「薬食い」として肉食も行われていたためか、醤油や味噌など和風の味付けをした牛鍋は人気となり、次々と牛鍋店が開店していきました。それまで台所で煮炊きに使われていた鍋を食事の場に持ち込み、そこで調理するという料理が一般化したのです。ただしこの牛鍋は、1つの鍋を皆で囲むのではなく各々に鍋が用意されていましたので、鍋物とはいえないとされます。

　もともと日本各地で、イノシシやシカなどの「しし鍋」、イワシの鍋の「ひきずり」、カキ鍋の「土手焼き」など、その土地の特産品や季節の食材を調理した鍋料理も食べられていましたし、囲炉裏を設けた家屋では、囲炉裏にかけた鍋を囲んで食事もしていました。しかし、各自がその鍋に直接箸を入れて料理を取るのではなく、基本的には主婦が「杓子権」を持ち盛り分けていましたので、鍋物とはいえないとされます。確かに、鍋で調理されたものを鍋物と呼ぶと、「煮物」との区別があいまいになります。そこで鍋物を、1つの鍋を囲んで調理しながら各自が好きなものをとって食べる料理とすると、昭和30年代以前の食卓にはほとんどなかったといわれます。

　しかし、1つの食卓で、皆で1つの器から料理を取って食べる食事様式を紹介した卓袱料理、油を使って風味豊かな具材・調理法を新たに生み出した普茶料理、そして本来なら調理器具である鍋を食事場所に持ち込んだ「牛鍋」が登場したことこそ、やがて鍋物が誕生するもととなったといえるでしょう。日本各地で作られている名物の鍋料理は、台所や囲炉裏での煮物料理から、食事の場へ鍋を持ち込んでの調理、そして食卓を囲んだ人々が各自直接鍋から取って食べる食事形式が一般化したことで、鍋物という料理分野へと類別されていったのです。

● **周辺の話題…**

　鍋料理では、「闇鍋」(a hodgepodge [hotchpotch], mixed stew cooked and eaten in the dark just for fun) という楽しみ方もありました。「闇汁」「闇の夜汁」ともいわれます。各自が食材を持ち寄り (ingredients are brought secretly by each member of a party)、明かりを消して (with the lights off) 鍋にそれを入れて煮ながら食べます。何を食べているのかわからないこと、また食べた物の名を言い当てたり、驚いたりするのを楽しむのです。下駄と思われたトウモロコシの餅、わらじと思われた干し瓢箪、縄と思われた湯葉など、楽しい驚きを演出しました。

①石狩鍋：One-Pot Dish of Salmon and Vegetables

「石狩鍋」とは、北海道石狩地方の郷土料理で、サケを主体にした鍋料理です（ISHIKARI-NABE is a local one-pot dish of the Ishikari district in Hokkaido, using salmon mainly.）。サケを骨ごとぶつ切りにし、豆腐や野菜などと一緒に昆布だしの味噌または醤油仕立ての汁で煮込みます。（Chopped salmon, skin, bones, and all, with tofu, vegetables, and other ingredients are cooked in a broth flavored with kelp and miso or soy sauce.）。具材には、白菜、ネギ、春菊などの野菜、他にはシイタケ、こんにゃくなども使われます（Ingredients are Chinese cabbage, green onion, edible leaf chrysanthemum, shiitake mushrooms, devil's tongue jelly, and so on.）。

北海道の石狩川河口の石狩市は、江戸期よりサケ漁が盛んでこの鍋の発祥の地といわれます。明治期に入り北海道の開拓が本格化すると、秋に川を遡って登場するサケは開拓者たちにとっても貴重な食材でした。石狩鍋は、サケの旬の秋から冬の時期に極寒の地方で身体を温めてくれる料理なのです。

②おでん：Oden Stew, Hodgepodge Stew

「おでん」は、豆腐に味噌を付けて焼いた「田楽」から生まれた鍋料理です。関東風と関西風があります。

● 英語で説明するなら…

「おでん」は、「田楽」の略称の「田」に、接頭語の「御」を付けたものです（ODEN means DENGAKU, which was shortened to just DEN, with the honorific "O".）。「田楽」は、串に刺した豆腐に甘味噌を付けて焼いたものです（DENGAKU is skewered tofu slathered with a sweet-spicy miso paste.）。「おでんは田楽から変化した煮込み料理です。（ODEN is a hodgepodge stew transformed from DENGAKU.）関東では、さまざまな具材を薄い醤油味でゆっくりと煮込み、練辛子を付けて食べる料理となりました（In Kanto, various ingredients are simmered in a soy-based broth in one pot for a long time and eaten with mustard paste.）。

● 食文化としての歴史…

「田楽」は、室町期に現れたとされます。もともと田楽とは、民間信仰の舞楽であり、田植えのときに、高足に乗り白袴姿で歌い踊った田楽法師の姿が、豆腐を串に刺した形と似ていることから付けられた名前です。

江戸初期には、こんにゃくに甘味噌を付け焼いた「こんにゃく田楽」も現れ、その後江戸中期に焼かずに煮込む「煮込み田楽」となり、「おでん」は

その略称となりました。煮込み田楽は、豆腐、こんにゃく、サトイモなど、田楽の具材を薄味で（in a lightly seasoned broth）煮込んだ後、甘味噌を付けて食べる「みそおでん」です。おでんの屋台も江戸に出現します。そして幕末には醤油味でゆっくりと煮込む「煮込みおでん（江戸おでん）」が人気となり、関西に伝わると「関東煮（関東炊き）」と呼ばれました。関西風おでんは味噌ではなく、練辛子（mustard paste）を付けて食べます。

● 周辺の話題…

現在では具材もさらに豊富になり、ダイコン、ハンペン（hanpen white boiled fish paste）、がんもどき、薩摩揚げ、竹輪（hollow bamboo-shaped and grilled fish-paste cake）、ツミレ（fish-paste balls）、ちくわぶ（tube-shaped wheat paste）、ゆで卵（hard-boiled eggs）、きんちゃく（deep-fried bean curd with rice cake）など、また地域によっても異なる具材を入れます。おでんは酒のつまみに、また家庭料理にと、冬の寒い時期に登場する庶民的な鍋物として定番の料理です。

・がんもどき：Deep-Fried Tofu Cake with Vegetables

「がんもどき」は、崩した豆腐に（mashed tofu）、すり下ろしたヤマイモ（crushed Japanese yam）を混ぜ、細かく刻んだ野菜やこんにゃく（devil's tongue jelly, konjak）、昆布（kelp, tangle, kombu）などで作られます（GANMODOKI is made from mashed tofu mixed with crushed Japanese yam, minced vegetables, devil's tongue jelly, kelp, etc.）。それらを丸めて油で揚げます（They are formed into balls and deep-fried.）。

もとは麩またはこんにゃくを油で揚げたものとされます。その後南蛮菓子の「フィリョース：filhos（ポルトガル語）」という揚げ菓子の影響を受け、江戸中期にはすり身やヤマイモなどを混ぜたがんもどきが登場します。関西では「飛竜頭（ひりょうず、ひろうす）」と呼ばれますが、この菓子の名前からとも、あるいは揚げる際油に落ちる生地が空飛ぶ竜に似ているからともいわれます。肉食禁止の精進料理で、調理の工夫により鳥獣肉の味に似せて考案された一品です。がんもどきは、「雁擬き」（remembrance of wild geese）であり、鳥の「雁（wild goose）」の肉の味に似せたものです（created to copy the taste of fowl）。中国の精進料理には「擬製料理」というものがあり、植物性の食材を使って見た目、味、歯ごたえなどを本物そっくりに作ります。これが伝わり、「－もどき」が数々生まれました。

3. 鍋物：One-Pot [Hot-Pot] Dishes [Meals]

・昆布（コブ）：Kelp, Tangle

「昆布」は、海藻の総称です。日本では、「コブ」と「コンブ」の両称が古くから昆布に用いられています。なお英語では海藻類を seaweed（海の雑草）と呼んでいましたが、最近は低カロリーで栄養価の高いことから sea vegetable（海の野菜）とも呼ぶようになってきました。

昆布は、カツオ節と同様和食の「だし」を取る基本の食材ですが、多くの和食料理の食材でもあります（KOMBU, as well as dried bonito, is one of the two essential ingredients of the Japanese basic soup stock, and also an ingredient of various Japanese dishes.）。

昆布は日本では北海道を中心に分布しており、古くから食用とされてきましたが、中世末頃からだしとしても用いられ始め、その独特の旨味が和食の基盤となりました。またおでんなどの煮物、佃煮（salt-sweet preserves）、昆布巻き（roll of tangle containing dried fish）、酢昆布（vinegared kelp）や揚げ昆布（deep-fried kelp）などの他、とろろ昆布（shavings of kelp）、昆布茶（drink seasoned with tangle）などにも利用されます。

昆布は古来慶祝の儀礼にも用いられてきました。栄養価の高い食物としてめでたく、また1つの根から枝分かれするので繁栄を意味するとされます。そして昆布は「よろこぶ」とかけて縁起物であり、さらに「子生婦（こんぶ）」として子宝に恵まれる希望をも意味しました。おでんを始め煮物類など料理の具材として用いる時は、「結び昆布」（knotted kelp, kelp with a knot tied）にします。「結び昆布」は、「むつびよろこぶ」として、家族睦まじく幸福であることを意味する祝意の食材とされ、正月の雑煮などにも用いられます。

・ごぼう巻き：Burdock Roll

「ごぼう巻き」はおでんの具材にする薩摩揚げの一種です（GOBO-MAKI is a kind of deep-fried fish paste used in an ODEN stew.）。細く切ったゴボウを芯に魚の練り物で巻き、油で揚げた物です（It is a fish paste rolled with burdock stick centers and deep-fried.）。

他にもニンジンや銀杏（ginkgo [gingko] nut）、ウズラ卵（quail egg）を芯に入れたものなど種々あります。揚げ物ですので、煮物にする時は下処理として、「油抜き」（blanching）します。調理前に熱湯をくぐらせ余分な油を落とします（remove excess surface oil）。

・こんにゃく：Konnyaku; Konjak, Devil's Tongue Jelly

「こんにゃく」は、おでんの具材としても定番です（KONNYAKU is one of the regular ingredients of ODEN.）。栄養価は低いですが、整腸作用があります（KONNYAKU has a low nutritional value, but it has much dietary fiber effective in calming intestinal disorders.）。「こんにゃく」は、「こんにゃくいも」の粉末を石灰乳で固めた物です（KONNYAKU is a cake of devil's tongue starch coagulated by milk of lime.）。畑で栽培されるサトイモ科の多年生作物で、地下に大形の球茎の「こんにゃくいも」（devil's tongue yam）ができます。このイモを粉状にしたもの（starch）を煮て石灰乳（milk of lime）で固めると、ゼラチン状の食品（gelatinous paste, jelly [gelatin]-like food）になります。

日本へは6世紀頃に中国から伝えられたとされます。鎌倉期には精進料理に取り入れられ、江戸初期には「味噌田楽」が創作されて庶民に人気となりました。調理では、味がしみ込みやすくなるよう、網の目のような切れ目を入れ、30秒ほど湯通しして（parboil）下ごしらえをします。おでんを始め煮物にする時は、味をしみ込ませるため最初に入れる具材の1つです。

・薩摩揚げ：Satsuma-Age; Deep-Fried Fish Paste

「薩摩揚げ」は、魚のすり身を揚げた物です（SATSUMA-AGE is a deep-fried fish paste.）。魚のすり身に塩・砂糖等、また豆腐やおから（tofu lees [refuse]）、細かく刻んだニンジンなどの野菜を混ぜて練り、成型後に揚げて作ります（The paste, salted and sweetened with tofu, tofu lees, and minced vegetables such as carrots, is kneaded, formed and deep-fried.）。薩摩揚げは揚げ立てが美味しいですが、改めて焼いて食べるか、煮物、鍋物の具材にも用います。おでんの具材としても欠かせません。

薩摩揚げは、幕末頃に江戸の薩摩藩邸辺りから広まったとされます。琉球料理の「チキアーギ」が原型という説、薩摩藩主の島津斉彬が蒲鉾やハンペンから創作したとする説などもあります。鹿児島（薩摩）では「つけ揚げ」の名でしたが、関東では「薩摩のつけ揚げ」が詰まり、「薩摩揚げ」と呼ばれるようになりました。関西では「てんぷら」と呼ばれました。

・白滝：White Stringy Konjak Noodles

「白滝」とは、こんにゃく粉から作られた素麺状の極細のこんにゃくで、千切りにされた糸こんにゃくよりさらに細い物です（SHIRATAKI is made from Devil's tongue [konjak] starch, and very thin noodles, like vermicelli, thinner than ITO-KONNYAKU, string konjak.）。白滝は、その細麺状の形体により煮汁を中に含みやすくまた独特の食感も楽しめるので、

3. 鍋物：One-Pot [Hot-Pot] Dishes [Meals]

煮物や「おでん」などの鍋物に加えられます。なお「すき焼き」にも入れますが、肉を固くする成分があるので鍋の中では肉から離します（SHIRATAKI is also used for SUKIYAKI, but it contains an ingredient that makes meat tough, so it should be kept apart from the meat.）。

・大根：Japanese Radish, Giant White Radish, Daikon (Radish)

「大根」は、おでんの具材の中でも一、二を争う人気の具材です（DAIKON is one of the most popular ingredients of ODEN stew.）。おでんに入れるダイコンは、厚めの輪切りにし、煮崩れしないよう面取りして（bevel the edges）、米のとぎ汁で下ゆでします（Daikon for ODEN is cut into thick and round slices, with the edges beveled, and parboiled in the water used for washing rice.）。弱火でだし汁に醤油、みりんを合わせたおでんの煮汁でゆっくりと煮ます（Daikon is simmered in the Oden stew broth flavored with soy sauce and mirin over a very low heat for a long time.）。煮汁のしみた熱々のダイコンは絶品です（Daikon, soaked very well with the flavor of the broth, is superb.）。なお、日本の「ダイコン」をただ radish と表すと、小粒の丸くて皮が赤いハツカダイコンになります。

③しゃぶしゃぶ：Shabu-Shabu

「しゃぶしゃぶ」は、薄切りの牛肉を使った水炊き料理の一種です（SHABU-SHABU is a hotpot dish of thinly-sliced beef boiled plain.）。極薄切りの牛肉（paper-thin slices of beef）や野菜を昆布のだし汁に入れ、さっと湯がいて取り出し（swished [parboiled]）、ゴマダレやポン酢などに漬けます（Paper-thin slices of beef and vegetables are swished [parboiled] in the steaming kelp broth and dipped in a sesame-flavored sauce, or citrus-flavored sauce.）。肉を「しゃぶしゃぶ」と煮汁の中で泳がすのでこの名前になっています（The name imitates the sound of swishing the meat in the broth.）

もとは中華の鍋物料理の「涮羊肉：シュワンヤンロウ」といわれます。厳寒の中屋外に置いた羊肉が凍ったので溶かそうと、薄く切り湯に入れたところ美味だったことが最初で、熱いスープに羊肉の薄切りや野菜を洗うように入れ、火が通ったらタレを付けて食べる料理になりました。第二次世界大戦後に大阪で始まり、人気が出て全国に広まりました。日本では牛肉または豚肉、時には魚介類も用いられます。

④すき焼き：Sukiyaki

「すき焼き」は、薄切り牛肉と野菜の鍋料理です。肉食解禁後、明治期の西洋化の流れの中で登場し、大人気となります。

● 英語で説明するなら…

「すき焼き」は、薄切り牛肉と野菜を使った醤油風味の鍋料理です（SUKI-YAKI is a hotpot dish of sliced beef and vegetables cooked in soy-flavored sauce.）。浅い鉄鍋で薄切り牛肉と焼き豆腐、ネギ、白滝などを、関西では砂糖、みりん、醤油などで味付けしながら、関東では煮汁で調理します（Thin slices of beef, grilled tofu, green onion, white stringy konnyaku noodles, and other ingredients are cooked in a shallow cast-iron pan with seasonings of sugar, mirin and soy sauce in Kansai, and in the sweet soy-based broth in Kanto.）。関西風でも関東風でも、生の溶き卵に漬けて食べます（SUKI-YAKI is served with beaten raw eggs in both regions.）。肉食解禁後最初に大人気となった肉料理です（It was the first meat dish which became very popular after the ban on meat-eating was lifted.）。

● 食文化としての歴史…

すき焼きの名称の由来には、野鳥肉を農具の「鋤」の上で焼いたからという説、薄切りの肉である「すきみ（剥身）」の肉を焼くからという説などがあります。関西では、江戸期から鳥獣肉を焼いて食べる「鋤焼き」という焼肉料理があったといわれます。また魚を焼いた「魚すき」もあり、それが肉になったという説もあります。「すき焼き」の呼び名は関西で使われ、明治初頭には関西に牛肉すき焼きの専門店が開店しています。関東でも明治の文明開化の中、東京に「牛鍋」が登場しました。すでに江戸時代に「ももんじい屋」という獣肉の鍋物料理屋があり、その牛肉版が牛鍋となったといわれます。関西のすき焼きも関東の牛鍋も庶民の間で大人気となりました。しかし関東大震災で関東が大打撃を受けると、関西のすき焼きが関東に進出します。関東でも「すき焼き」の呼び名が使われるようになりましたが、関東では「牛鍋」風のすき焼きへと変容します。

● 周辺の話題…

すき焼きは、「焼き肉」のような関西風と、煮汁で煮込む関東風の二種類があります。関西風は、牛脂（beef lard）で薄切りの牛肉を焼き、ざらめ（brown sugar）、酒、醤油などを別々に加えて味付けする焼き肉料理です。関東風はだし汁に砂糖、醤油、酒、みりんなどで味付けした煮汁である「割下」を用いて具材を煮込みます。

⑤ちゃんこ鍋：Sumo Wrestlers' Hotchpotch

「ちゃんこ鍋」は、相撲力士のための寄せ鍋で、料理当番の力士が作ります。相撲部屋の名物料理です。

● 英語で説明するなら…

「ちゃんこ鍋」とは、相撲界独特の料理で、朝稽古の後各相撲部屋で出される朝・昼兼用の食事です（CHANKO-NABE is a traditional hotchpotch dish for professional sumo wrestlers, and served as a brunch after their morning practice.）。「ちゃんこ鍋」には特に決まった具材や調理法はなく、大鍋で大量の魚介・肉、野菜をぶつ切りにして煮ます（CHANKO-NABE requires neither specific ingredients nor recipes, but chopped seafood, meat, vegetables and other ingredients are cooked in bulk in a huge pot.）。

● 食文化としての歴史…

「ちゃんこ鍋」の名前の由来は、「ちゃん」が料理を担当する力士の呼び名で、「こ」は親しみを表す接尾語とする説、江戸時代に長崎に伝わった中華風の鍋料理「鏟鍋（チャンクオ）」からの名前とする説などがあります。実際相撲界では、食事当番の力士が作る料理はすべて「ちゃんこ」といい、当番の力士は「ちゃんこ番」と呼ばれます。「ちゃんこ鍋」の登場時期は定かではありませんが、通常の寄せ鍋よりも具材が豊富で自然の味が生かされ、栄養的にも優れているとして明治30年代に新聞などで話題になり、やがて東京の名物鍋料理になりました。

● 周辺の話題…

「ちゃんこ鍋」には、四脚動物の肉を使わないのが伝統です。四足を突くことは、相撲では負けることを意味するからです。

⑥ちり鍋：Hotpot Dish of Fish and Vegetables

「ちり鍋」とは、新鮮な魚と野菜や豆腐などを土鍋の昆布だしで煮た鍋料理です（CHIRI-NABE is a hotpot dish of fresh fish with vegetables, tofu and other ingredients simmered in a kelp-flavored broth in an earthenware pot.）。魚の切り身を熱湯に入れると「ちりちり」と身が縮むことからの名前とされます（The name imitates the sound of fish skin and flesh shrinking when fish is put in the boiling broth.）。魚の種類で「タイちり」「タラちり」「フグちり」などと呼びます。なおフグちりは、別名「てっちり」ともいいます。「てっ」とは「鉄砲」のことで、フグの毒に当たると命が危ないことからフグを鉄砲に見立てた名称です。ポン酢醤油と薬味で食べます。

⑦鶏の水炊き：Chicken Hot Pot

「鶏の水炊き」は、鶏肉を味付けしない湯で煮た鍋料理です。具材に野菜なども加え、ポン酢醤油などに付けて食します。博多の名物料理です。

● 英語で説明するなら…

「鶏の水炊き」は、鶏肉の鍋料理です（MIZUTAKI is a chicken hotpot.）。鶏肉を骨ごとぶつ切りにし、コクのある煮汁ができるまで長時間湯炊きします（Chopped chicken, skin, bones and all, are parboiled for a long time in hot water until the thick chicken broth is made.）。煮汁を濾し、改めて土鍋で鶏肉を煮たら、食卓で紅葉おろし（white radish grated with red pepper）などの薬味を添え、ポン酢醤油（citrus-flavored soy sauce）を付けて食します（Chicken is simmered again in the strained broth in an earthenware pot, and then dipped in a citrus-flavored soy sauce with such condiments as white radish grated with red pepper.）。

● 食文化としての歴史…

「鶏の水炊き」は、中国料理の影響を受けて考案された、長崎の鶏の塩煮が原型という説があります。もとは中国料理の「火鍋子」ともいわれます。明治44（191）年、博多の「新三浦」の初代本田次作が、鶏肉を塩水だけで煮る「鶏の水炊き」を創作し、その後大正6（1917）年には東京に「治作」を出店します。こうして「博多水炊き」の専門店が登場し、その後鶏肉の簡単な鍋料理として各地に普及していきます。

本来は鶏肉そのものを味わう料理でしたので、鶏からとったコクのある乳白色の煮汁に具材は鶏肉のみでした。その後ハクサイやシュンギク（shungiku chrysanthemum）などの野菜やシイタケ、エノキ（winter mushrooms）、豆腐、葛切り（Kudzu filaments）なども加えられるようになりました。さらに魚、エビ、貝類なども用いられることもあります。食べ終わった後の煮汁には、鶏肉を始め具材からしみ出ただし汁がたっぷりありますので、ご飯か餅あるいはうどんを入れ、煮汁の最後の一滴まで味わうのも定番です。

● 周辺の話題…

「水炊き」とは、調味しない湯で煮た鍋物のことであり、「湯豆腐」や「しゃぶしゃぶ」もこの鍋物といえますが、一般には博多の「鶏の水炊き」をさします。「博多煮」「博多水炊き」とも呼ばれ、博多の名物の鶏料理です。正式には、鶏肉を全部食べてから野菜を入れます。一方関東では、澄んだ煮汁を用い、最初から鶏肉、野菜を一緒に鍋に入れます。

⑧湯豆腐：Boiled Tofu [Bean Curd]

「湯豆腐」は、昆布を敷いた土鍋で四角型に切った豆腐を煮る料理です。同じ鍋の中で温めた醤油に薬味が添えられます。

● 英語で説明するなら…

「湯豆腐」は、昆布だけで調理できる豆腐の簡単料理ですが、素材の味を生かした京料理の真髄でもあります（YU-DOFU is a simple dish of tofu cooked with a sheet of kelp only, but it is the quintessence of Kyoto-style cooking that brings out the taste of the ingredients.）。

● 食文化としての歴史…

豆腐は大豆の加工品で、大豆から熱湯で取り出した豆乳にニガリ（塩化マグネシウム）やすまし粉（硫酸カルシウム）を入れると固まり、豆腐ができます。豆腐の製法は、鎌倉から室町期に中国から伝わったといわれます。高たんぱくの栄養食品として肉食禁止の精進料理では重要な食材であり、その後武家の食卓にも取り入れられ、江戸期には庶民の間にも普及します。特に京都を中心に豆腐料理が作られていきますが、京都は質の良い水に恵まれていたこと、淡白な味が京料理に適していたこと、新鮮な魚介類が入手しにくい土地柄で高たんぱく源として需要が高まったことなどが理由とされます。安土桃山期には、木の芽味噌を塗った田楽豆腐「祇園豆腐」なども創作されます。

湯豆腐は、江戸前期には湯豆腐屋「高津豆腐」が高津神社の傍に誕生し、江戸中期には南禅寺門前に「順正」なども現れます。幕末には名高い豆腐屋「嵯峨豆腐森嘉」も創業します。

● 周辺の話題…

「湯豆腐」は、夏の副菜「冷奴（ひややっこ）」に対し、「湯奴（ゆやっこ）」とも呼びます。「奴」とは、四角い豆腐と同様、衣装の紋所が四角だった江戸期の「槍持奴（やりもちやっこ）」が由来といわれます。

⑨寄せ鍋：All-in-One-Pot Dish, Hodgepodge

「寄せ鍋」は、その名の通り、材料を何でも寄せて作る鍋料理です（YOSE-NABE is a hodgepodge using any ingredients as the name means.）。具材に決まりはなく、もともとは調理場の残り物で作った鍋物でした（YOSE-NABE requires no specific ingredients and was originally a dish made from leftovers in the kitchen.）。肉類から季節の魚介類や野菜類、また豆腐などの材料を取り合わせ、醤油仕立ての煮汁で煮ながら食べます。さまざまな具材の味を楽しむ、日本の冬の代表的な家庭料理の一品です。

第Ⅲ部　調理法(煮、揚、焼、蒸など)にまつわる和食を理解し英語で伝える　237

4. 焼き物：Grilled Dishes [Foods]

「焼き物」は、煮物と並ぶ和食の代表的な料理です。調理法には、直火・あぶり焼き、炭火焼き、フライパン焼き、蒸焼きなど、また調味法としては、塩焼き、タレ（漬け）焼き、照り焼きなどがあります。表面はカリッと中は柔らかくなるよう、熱が内部にほとんど届かないくらいで調理を止めるのが秘訣です。食材は、魚介類肉類から、卵や野菜、粉物まで及びます。

● 英語で説明するなら…

焼き物は、最も頻繁に用いられる調理法の1つです（Grilling [broiling] is one of the most frequently employed cooking methods.）。調理法には種々あります（There are a variety of grilling methods;）。直火焼・あぶり焼き（grilling, broiling）、炭火焼き（charcoal-grilling）、フライパン焼き（pan-frying, pan-searing）、蒸焼き（pot-roasting, casserole-baking）などです。料理の焼き物は、直火、グリル、炭火、フライパン、キャセロールで調理されます（Foods are cooked over an open fire [flame], over or on a grill, over a charcoal fire, in a frying pan or in a casserole.）。

調味では、最も単純な「塩焼き」(salt-grilling)、タレに浸してから焼く「タレ焼き」(broiling after marinating)、焼くときにタレを塗って照りを付ける「照り焼き」(glazing [teriyaki, luster grilling]) などがあり、それぞれの料理は、塩焼き（foods sprinkled with salt and grilled）、タレ焼き（foods marinated in miso, soy sauce, or other seasonings and grilled）、照り焼き（foods basted in soy sauce with mirin, sake, and sugar while being grilled）です。

● 食文化としての歴史…

人類が火を使って最初に行った調理は、「焼き物」であったことでしょう。焼き物は、火を使った最も単純な調理であり、串焼きにすれば特別な器具がなくても調理できます。そして焼くことで簡単に柔らかく、食べやすく、また細菌感染などの危険を下げることもでき、保存性も高まります。古来日本でも、狩猟による食料の確保も行われ獣肉も食されていましたので、「焼く」ことは、最も日常的な調理であったといえます。その後「稲作」を始めとする作物栽培も始まり、中世には狩猟と肉食が忌避されるようになると、焼き物といえば、魚介類中心になります。一方で漁猟のための道具や技術も発達し水揚げ量も増えてくると、生食しきれない魚介類には、干物（air-dried fish）、塩漬け（fish preserved in salt）などの加工技術が発達します。奈良・平安期に貴族の間で発達した料理形式「大饗料理」では、生ものの他に

4. 焼き物：Grilled Dishes [Foods]

数々の干物や加工品が並べられました。この時期の料理は、種々の食材を並べ、食事の時に塩や酢、醤(ひしお)などの調味料を付けて食べる形式でしたので、味付けして煮たり焼いたりする調理は、鎌倉期以降禅宗の「精進料理」が普及するまでは一般的ではありませんでした。

　肉食を避け植物性の食材のみを用いる精進料理では、調理の過程で醤油・味噌、だしなどを合わせて食材を調味し、鶏獣肉に近い味を出します。室町期から戦国期には精進料理も広まり、一般では魚介類も含めた料理となりました。「焼き物」も単に焼くだけでなく、あらかじめ調味料に漬けて味をしみ込ませたり、味付けしながら焼いたりするようになります。また茶の湯文化が成立して、茶会での料理「懐石」料理が、もてなしの料理として登場します。茶人の千利休や幽庵が考案した「利休焼き」「幽庵焼き」なども一般化します。利休焼きとは、すりゴマに醤油、酒、みりんを合わせた漬け汁に魚介類や鶏肉を漬けてから焼く調理法です。千利休がゴマを好んだことから、ゴマを使った料理に「利休─」と名付けられたものが多くあります。幽庵（祐庵、柚庵）焼きは、醤油、みりん、酒に柚子を入れた漬け汁に、魚の切り身などを漬け込んでから焼く調理法です。茶人の北村幽庵（祐庵）が客人にもてなした料理であり、醤油、みりん、酒を合わせた漬け汁は「柚庵地」と呼ばれます。また通常は柚子を入れるので、「柚庵」とも表記されます。

　そもそも焼き方には、火、水、木、金、土（地）の方法があるとされました。「火焼き」は、そのまま火で焼くこと、「水焼き」は、水に材料を入れ、水の上に出ている上部分だけを焼くこと、「木焼き」は板に材料を挟んで焼くこと、「金焼き」は鉄・銅板、金網で焼くこと、「土（地）焼き」は、川辺などで石を囲み、火を起こしてその上で焼くことです。それぞれ直火焼き、蒸し焼き、板焼き、鉄板・網焼き、石焼き・炮烙焼きなどをあげることができます。

　このうち「板焼き」とは、鴨肉や鶏肉などを薄切りにし、みりん醤油などに浸し、杉板に載せて焼く料理で、「へぎ焼き」ともいいます。また豆腐を薄く切り、味噌を塗った薄い杉板に挟んで両面から焼いた料理は「板焼き豆腐」といいます。「鉄板焼き」は、現代ではお好み焼きや焼きそばなど、庶民の軽食を提供する屋台や軽食堂があり、一方高級食材を客の前で調理する贅沢な料理店もあります。調理人が目の前で調理することから、調理人の焼き物の技術や、時にはパフォーマンスとしてのナイフ捌きを目でも楽しむことができ、そしてでき立てを味わえるので人気があります。特に海外で評判になり、teppanyaki という料理分野が確立しています。「炮烙焼き」の焙烙は素焼きの平らな土鍋で、炮烙焼きとは、炮烙の中に塩を敷き、魚などを入

第Ⅲ部　調理法(煮、揚、焼、蒸など)にまつわる和食を理解し英語で伝える　239

れてふたをして蒸し焼きにすることです。古代には食材を入れ、ふたをして粘土や泥で塞ぎ、燃えさしや炭の中に入れて焼いたとされます。

　このように直火焼きで始まった焼き物は、調味料や調理方法の工夫により多彩な料理へと発展します。一方で、素材本来の風味や香りを楽しむ最も単純な調理方法としても存続していきます。日本では焼き物にするのは主に魚介類、時に鶏肉、野菜類で、それぞれ小片か一口サイズにしましたので、単に火で焼くだけで、風味豊かな料理を短時間で仕上げることができます。世界の諸国では具材を丸焼きできる煉瓦や粘土製の大型オーブンが作られ、熱気による蒸焼き調理も広まっていきましたが、日本では現代に至るまで、大型のオーブンより、ガスレンジ（gas stove）のバーナー（stove-top gas burners）が、多くの家庭の日常的な調理器具となっています。

● 周辺の話題…

　「焼き物」で最適といわれるのが、短時間で調理でき、素材本来の風味や香りを保てる「炭火焼き」です。しかし炭火焼きが一般的になるのは近世以降で、日本で長い間中心的な調理設備だったのは、台所の「かまど」と居室の「囲炉裏」でした。日本ではすでに古墳時代より、煮炊きをする設備として竪穴住居の中に出現しています。かまどは、石、粘土、煉瓦などで囲い、下に薪や藁などで火を焚く焚口、上に釜や鍋を載せる口があります。かまどは、焚口からの煙が室内に充満するので、通常は台所の土間の壁際などに設けられました。囲炉裏は、屋内の床を四角に切り抜き、灰を敷いて設けられた煮炊き用の炉です。上から自在かぎに吊るされた鍋で煮炊きしたり、火床の周囲で串焼きしたりするだけでなく、暖房、照明、乾燥用にも使われ、食事をする場所、来客を通す場所でもありました。

　かまども囲炉裏も据え付け型の火所でしたが、囲炉裏は、居室の中に比較的大きな一画を必要としますので、主として農家で設けられていました。町の住民は、移動可能な代用品として暖房用には「火鉢」、煮炊き用には「七輪」を利用するようになります。どちらも木炭を燃料としました。七輪は、小型のコンロで、家の外に出して調理することもできました。七輪とは七厘のことで、調理するのに値が七厘ほどの炭で間に合うという意味の名です。近世から用いられ始め、明治期には各家庭に普及しました。木炭は臭いも煙も出さずに高熱を発して燃え続けるので、調理も素早くできます。囲炉裏も土間のかまどと異なり屋内の一画にありましたので、臭いも煙も出さずに長時間燃やせる木炭は理想的な燃料でした。こうして「焼き物」の調理で最適とされる炭火が、各家庭で利用されるようになっていったのです。

　炭で最も良質といわれるのが「備長炭」です。備長炭は和歌山のウバメ樫

が材料で、江戸時代、紀州の備中屋長左衛門が創製したことがその名の由来とされます。備長炭は非常に堅く黒曜石のような輝きを持っており、火力も強く8時間もの長時間燃え続け、昼食と夕食両方の煮炊きに使えると言われます。しかし備長炭は生産量が限られ、非常に高価ですので日常使いされず、また都市ガスやプロパンガスなどが普及したため、近年には炭火調理は各家庭では見かけなくなりました。現代では囲炉裏を模した「炉端焼き」や、木炭を燃料にした「炭火焼き」などの専門店で味わうのみとなっています。

①鰻の蒲焼：Broiled Eel

「鰻の蒲焼」は、ウナギを開いて骨を取り、串に刺して醤油仕立ての甘いタレを付けながら炭火焼きします（This is a dish of eel opened up, boned, skewered, and grilled over a charcoal fire and basted with a sweet soy sauce.）。もともとはウナギを開かずにそのまま縦に串刺しにして焼いたので、その形と色が「蒲」の穂に似ていることからこの名が付いたといわれます。開いてから焼くようになったのは、江戸期とされます。関東圏では一度蒸してから焼きますが、関西圏では蒸さずに焼きます。他にアナゴやドジョウ、ハモなども同様に調理されます。

ウナギは水神の使いとして神聖視されていましたが、江戸期に平賀源内が夏の暑さに負けないよう精の付く食材として、土用の丑の日に栄養価の高いウナギを食べることを推奨したといわれています。もともと土用の丑の日には、梅干しやうどんなど水神を表す「う」の付くものを食すという風習もあり、その一品としてウナギが食べられるようになりました。

②海老の鬼殻焼き：Grilled Whole Shrimp [Lobster, or Prawn]

「海老の鬼殻焼き」は、エビを尾頭付きで焼く料理です（This is a dish of a whole shrimp grilled without removing the shell.）。エビは焼くと身が赤くなり、日本の民話に出てくる鬼のようであること、また殻ごと焼くのでこの名があります（It is so named because the flesh turns bright red like "oni", an ogre of Japanese folklore, and also because it is grilled with its shell on.）。エビで最も美味しい部分は殻に一番近い身であり、それを味わうことができます。小型エビなら香ばしく焼かれた殻まで食べられます。みりん、醤油などで味付けしますが、新鮮な具材なら塩焼きも絶品です。

③お好み焼き：Okonomiyaki; "As-You-Like-It" Pancakes

　お好み焼きは、好みの具材を小麦粉の生地と一緒に鉄板で焼いた料理です。具材はイカ（squid, calamari）や海老などの魚介類、豚肉や牛肉、キャベツなどの野菜類に中華麺（Chinese noodles）までさまざまです。焼き上がったら削りカツオ節（dried bonito shavings）や青海苔（green nori laver flakes）、ソースにマヨネーズなどで仕上げます。

● **英語で説明するなら…**

　お好み焼きは、水で溶いた小麦粉に卵を加えた生地を、好みの具材と一緒に焼いたものです（OKONOMI-YAKI is a pancake made from a batter of flour with water and eggs cooked with "whatever you like."）。日本式の塩味の利いたパンケーキで、客の好きな肉や魚介類、刻んだ野菜と一緒に鉄板で焼きます（It is a Japanese-style savory pancake fried on a hot iron plate with bits of meat or seafood and chopped vegetables the customer likes.）。削り節や青海苔、ソースとマヨネーズで仕上げます（OKONOMI-YAKI is served with dried bonito shavings, green nori laver flakes, spicy sauces, and mayonnaise.）。大阪名物として知られます（It is well known as one of the famous products of Osaka.）。

● **食文化としての歴史…**

　お好み焼きの原型には諸説ありますが、安土桃山期、茶人の千利休が創作した茶懐石用の菓子「麩の焼き」という説があります。「麩の焼き」は、水で溶いた小麦粉を薄く延ばして焼き、味噌を塗って巻いたものです。その後江戸期には味噌の代わりに餡をくるんだ「助惣焼き」という大衆菓子も生まれます。

　さらに水溶き小麦粉を焼いた料理の「もんじゃ焼き」も登場します。「もんじゃ焼き」は、江戸期に広まった「文字焼き（もんじ焼）」がなまったものです。水溶きし味付けした小麦粉のたねで文字の形を焼くもので、それが遊戯菓子・軽食として、明治期には子供相手に人気が高まっていきます。太鼓をどんどんと叩いて屋台で売り歩いたので、「どんどん焼き」とも呼ばれました。「どんどん焼き」は、明治・大正・昭和と東京下町の屋台で評判になっていきます。具材も豚肉、牛肉から干しエビ、イカ、キャベツ、タマネギ、こし餡までさまざま用いられ、これが後のお好み焼きに発展したともいわれます。

　また、「一銭洋食」という名の小麦粉の平焼きが、お好み焼きの原型ともいわれます。「一銭洋食」とは、大正期から昭和期に関西を中心に売り出さ

れた水溶き小麦粉と具材の薄焼きで、小麦粉の生地に豚肉やイカ、エビ、キャベツ、ネギ、ショウガ、天かすなど好みの具材を混ぜて鉄板で焼き、ソースを塗って青海苔をふりかけ、2つ折りにして出されたもので、子供の小遣いの一銭で食べられる洋食として流行します。どんどん焼きは、この一銭洋食の別名とする説もあります。

お好み焼きとしての登場は、関東大震災後の東京だったといわれます。食糧難で主食代わりとなり、やがて子供相手の屋台・駄菓子屋から、大人相手の店舗・座敷へと移っていきます。東京ではその後あまり発展しませんでしたが、第二次世界大戦後に再び注目されます。戦後の焼け野原で、廃材を利用した鉄板焼きの屋台がお好み焼きを売り、その後お好み焼き店舗が登場していきます。

大阪でも大戦後の混乱の中お好み焼き屋が出現し、1946年には「ぼてぢゅう総本家」が生まれます。「ぼてぢゅう」とは、生地を「ぼてっ」と落として「ぢゅう」と焼くのでこの名になったお好み焼き店とされます。関西風・大阪風のお好み焼きとして、その後この店舗のチェーン展開や、追随する他の店舗も次々と現れます。お好み焼きは豊富な具、独特の甘いソース、カウンター式店舗などとともに、安い、美味しい、ボリュームがある、という庶民性が大阪で大人気となり、お好み焼きといえば大阪が本場と言われるほど大発展します。

● 周辺の話題…

お好み焼きは特に関西方面で人気を博し、各地にお好み焼きが広まりました。その中で広島のお好み焼き（Okonomiyaki, Hiroshima-style pancakes）は、小麦粉の生地と具材を混ぜずに載せて焼くのが特徴です。小麦粉の生地を薄く延ばしその上に大量のキャベツなどの具材を載せ、また中華麺と黄身を崩した目玉焼きを入れます。「大阪風」を始め多くのお好み焼きが、小麦粉の生地にキャベツなどの具材を混ぜて焼くのに対し、広島のお好み焼きは独特であり、またいわゆるお好み焼きと焼きそばを同時に味わうことができるので、ボリューム満点、食べ応えのある一品となっています。「広島風」のお好み焼きは「広島焼き」とも呼ばれ、「大阪風」のお好み焼きとともに二大お好み焼きともいわれます。

なお大阪独特のお好み焼きでは、「葱焼き」も好まれます。「葱焼き」は、キャベツではなく大量の青ネギを入れ、卵を真ん中に落として仕上げます。消化促進・発汗などネギの薬用効果が期待される中、「葱焼き」は、ネギの大量摂取ができる料理の1つとして人気となっています。

④牛肉の照り焼き：Beef Steak Teriyaki

　牛肉のステーキを、甘い醤油のたれで照り焼きにした料理です（This is teriyaki-style beef steak grilled with a sweet soy sauce.）。「照り焼き」は、本来、魚や鶏肉などの調理法でしたが、その美味しさに、海外のレストランでもステーキに teriyaki-style というメニューが、見かけられるようになりました。和食の中でも最も世界に知られる調理法の１つとなっています。

　牛肉は、幕末に至るまで肉食禁止の時代には食用とされなかった肉です。鶏肉や一部で薬食いとされた肉食もありましたが、一般には牛肉は、文明開化とともに普及していくことになります。西洋文化の流入とともに西洋料理も紹介されますが、西洋風のバターを多く使用したステーキなどは受けいれられにくく、「肉鍋」を始め醤油や味噌を用いた日本風の肉料理が工夫されていきます。一方で西洋風に焼いた牛肉のビーフステーキも、フランス語の「ビフテキ（bifteck）」あるいは「ビステキ」として西洋料理店やホテルの食堂から、明治・大正期には家庭料理にまで登場するようになります。その後関東大震災や二度の大戦での食糧難・栄養失調、さらには高度成長期を経て、日本料理と西洋料理を融合した和洋折衷料理も発展していくことになるのです。

⑤さざえのつぼ焼き：Turban Cooked in Its Own Shell

　「さざえのつぼ焼き」は、サザエを殻のまま醤油などを加えて焼きます（This is a turban［wreath］shell flavored with soy sauce, etc., and broiled in its own shell.）。前もってサザエの身を取り出して刻み、蒲鉾、銀杏、三つ葉などと一緒に殻に戻して醤油などで味付けして焼く調理もあります。サザエは沿岸の岩礁に棲む巻貝で、刺身、寿司ネタか「つぼ焼き」にして食されます。春から夏が旬で美味しい時期です。

⑥鰆の西京焼き：Grilled Miso-Marinated Spanish Mackerel

　「鰆の西京焼き」とは、西京味噌に漬けておいたサワラを焼く料理です（This is a dish of Spanish mackerel marinated in sweet white miso, Saikyo-style miso, and grilled.）。西京味噌は京都周辺で作られる甘い白味噌のことで、西京は、東の東京に対し、西の京で京都のことをいいます。白味噌をみりんで溶いて味噌床を作り、それに和紙や寒冷紗などに包んだ魚の切り身を数時間から数日漬けておきます。切り身を取り出し、味噌が焦げ付かないよう弱火で焼きます。具材にはサワラのほか甘タイ（tilefish）、タラ（cod）、生サケ（fresh salmon）、マナガツオ（butterfish）なども合います。

⑦さんまの塩焼き：Salt-Grilled [Pacific] Saury

「塩焼き」は、焼き魚の定番です。脂の乗った旬の魚を味わうため、塩をまぶすだけで焼くので新鮮さが肝心です。

● 英語で説明するなら…

「さんまの塩焼き」は、生きのよいサンマに塩を塗し、炭火で焼く料理です（This is a dish of fresh saury sprinkled with salt and grilled over a charcoal fire.）。胸びれや背びれ、尾に化粧塩を塗すと焦げ付きにくくなります（The decorative salting on the pectoral fins, dorsal fins and the tail will prevent them from scorching.）。サンマは秋口に脂が乗って美味しい焼き魚の定番です（The saury is a very popular grilled fish with plenty of fat tasted in autumn.）。

● 食文化としての歴史…

サンマの語源は、「狭真魚(さまな)」であり、体が細長いゆえの名前とされます。サンマは回遊魚ですが、ちょうど三陸から九十九里沖を回遊する秋口には脂が乗って20パーセントもあり、最も美味しい時期となります。秋を代表する食用魚です。刀状の細長いその体型から「秋刀魚」と表記されます。その本来の脂分を利用して、塩を振っただけで調味して焼きます。七輪で炭火焼きされる秋のサンマは、季節の風物詩でもありました。

サンマといえば、落語の「目黒のサンマ」に因んで、焼きサンマの無料配布を行う「目黒のサンマ祭り」が有名です。落語の「目黒のサンマ」とは、ある大名が外出先の目黒で百姓家から分けてもらった、脂の乗った焼き立てのサンマの美味しさが忘れられず、親戚の家でサンマを所望しご馳走になったところ、身体を気遣った料理人が脂を蒸して抜いてしまったサンマを出したので美味しくなかったため、どこのサンマかと問うて「日本橋魚河岸」と聞いたので、「それはいかん、サンマは目黒に限る」と答えたという噺です。

● 周辺の話題…

この「サンマ＝目黒」のイメージを利用して、毎年「目黒のサンマ祭り」が開催されていますが、実際には品川区の目黒駅前商店街によるものと、目黒区の「目黒区民まつり（目黒のSUNまつり）」の中のイベントの1つと、2つのサンマ祭りがあります。品川区の祭りは岩手県宮古市産のサンマであり、目黒区の祭りでは宮城県気仙沼産のサンマのため、水揚げ時期が異なり例年開催日が1〜2週間ずれています。どちらのお祭りでも炭火で焼いた新鮮なサンマが無料で振る舞われるので、例年大変な人出となり、3時間待ちなどの長い行列も有名です。

第Ⅲ部　調理法（煮、揚、焼、蒸など）にまつわる和食を理解し英語で伝える　245

⑧たこ焼き：Octopus Balls [Cakes]

「たこ焼き」は、タコ入りの小麦粉の生地を一口大に焼いたものです。大阪を中心に、全国に広まっています。

● 英語で説明するなら…

「たこ焼き」は、タコを入れた小麦粉の生地をボール型に焼いたものです（TAKO-YAKI is a ball-shaped pancake baked with octopus.）。鉄板の丸い穴に小麦粉の生地を入れ、刻んだタコ（a bit of octopus）や揚げ玉（tempura bits）、ネギ、削り節（dried bonito shavings）、紅ショウガ（red pickled ginger）などを加えて球形に焼き上げます（TAKO-YAKI is made of wheat-flour batter baked ball-shaped in a special round mold with a bit of octopus and other ingredients such as tempura bits, green onion, dried bonito shavings, and red pickled ginger.）。仕上げに青海苔、ソースをかけて楊枝で刺して食べます（TAKO-YAKI is served with green nori laver flakes and spicy sauces, and eaten with a toothpick.）。一口大の団子状の軽食であり、大阪で、また日本各地で人気です（TAKO-YAKI is a bite-sized dumpling-like snack, and very popular in Osaka and in various other parts of Japan.）。

● 食文化としての歴史…

たこ焼きの由来には、第二次世界大戦後に大阪で生まれたという説、駄菓子屋の「チョボ焼き」から発展したという説、明治期にタコの名産地「明石」で創作された「明石焼き」が原型という説などがあります。「チョボ焼き」とは、銅（鉄）板の小さな窪みに水溶き小麦粉をチョボっと入れ、刻みネギ、紅ショウガを加えて醤油を垂らし焼いたものです。

「明石」説では、たこ焼きを「明石焼き」と呼びます。「明石焼き」は、もともとは玉子焼きの一種でした。江戸期に鼈甲細工師が明石に立ち寄り、卵白を利用して柘植の木から「明石珠」を作って評判となり、明治・大正期と掛け軸やかんざしなどに用いられて発展していきます。その過程で大量に余った卵黄を使って、この明石玉子焼きが創作されます。水溶き小麦粉に卵黄とタコを入れ、だし巻き玉子のように焼きます。具材は始めこんにゃくでしたが、後に名物の明石タコが入れられるようになりました。この明石タコ入り玉子焼きが、たこ焼きの原型という説です。

● 周辺の話題…

タコの入らない「ラジオ焼き」と呼ばれるものもありました。キャベツや揚げ玉、紅ショウガ、ネギなどを具材に、大きなラッパを付けたラジオを鳴らしながら売り歩いたので、この名が付いています。

⑨だし巻き玉子：Rolled Omelets Flavored with Stock

「だし巻き玉子」は、溶き卵にだし汁を加えて、巻き込みながら焼いた玉子焼きです（This is a rolled omelet flavored with dashi stock.）。何度も巻いて1本のだし巻き玉子に仕上げ、薬味に大根おろしを添えます（It is rolled several times in the frying pan during cooking, and served with grated daikon radish.）。形よく仕上げるのに専用の四角い玉子焼き器（rectangle omelet frying pan）を使用します。だしの風味がしみ込み、口の中でとろけるような柔らかさで人気があります。

⑩豆腐田楽：Tofu-Dengaku; Broiled Tofu with Flavored Miso

「豆腐田楽」は、豆腐を短冊形に切って竹串にさし、調味された味噌を塗って焼いたものです（TOFU-DENGAKU is a dish of tofu cut into rectangles, skewered, dressed with a flavored miso topping, and grilled.）。もともと「田楽」とは、平安期頃の民間信仰舞楽であり、田楽法師が田植えのときに、高足に乗り笛太鼓を鳴らしながら白袴姿で歌い踊ったものです。その姿が豆腐を串に刺した形と似ているので、田楽豆腐の名が付きました。その後江戸期には腰掛け茶屋の菜飯の付け合わせとして定着し、「こんにゃく田楽」や京都祇園豆腐の「木の芽田楽」なども評判になります。江戸末期にはダイコンやカブ、イモ、レンコンなどを素材とした「野菜田楽」や、タイ、ヒラメ、ウナギ、ハゼ、アユなどの魚介の田楽「魚田」も現れます。現代では他にナス（eggplant）なども同様に調理されます。

⑪豚肉の生姜焼き：Grilled Ginger Pork, Ginger Pork Sauté

「豚肉の生姜焼き」は、ショウガのすりおろしに醤油、酒、砂糖、みりんを合わせたタレで豚肉を焼く料理です（This is a dish of sliced pork stir-fried and flavored with grated ginger, soy sauce, sake, sugar, and mirin.）。

豚肉は、長い間の肉食忌避のため、一般にも食用とされたのは幕末以降ですので、和食の中でも比較的新しい食材といえます。一方ショウガは、すでに3世紀には中国から渡来し、その風味と強い芳香性が魚肉などの臭味を消すうえ、辛み成分に優れた殺菌力があり食中毒の予防に効果がありますので、料理に多用されてきました。また発汗作用、保温効果、消化促進など薬効の高い香辛料でもあります。豚肉の生姜焼きは、ショウガが肉の臭味を抑えそして肉の消化を促進するので、相性のよい料理です。フライパンで簡単に調理できるうえ、甘めのショウガ醤油のタレが豚肉に絡み、誰もが好む定番のおかずです。

⑫ぶりの照り焼き：Yellowtail Teriyaki

「ぶりの照り焼き」は、ブリを、甘めの醤油ダレで照りを付けながら焼きます（This is a dish of yellowtail grilled and blazed with sweet soy-sauce-based glaze.）。タレは、醤油、みりん、酒、砂糖や氷砂糖などを合わせ、とろりとなるまで煮詰めます（The glaze is made from a mixture of soy sauce, mirin, sake, sugar, rock candy, etc., and is boiled down until it thickens.）。具材によっては、あらかじめタレに漬けてから焼く調理法もあります（Some ingredients are grilled after being marinated [soaked] in the sweet soy-based sauce.）。フライパンを使うと簡単に調理できます。具材には、ブリの他に銀ムツ、カジキマグロ、鶏肉なども用いられます。

ブリは、出世魚で、成長につれて呼び名が変わりますが、それぞれ関東圏と関西圏でも異なります。大きさ順に関東圏ではワカシ、イナダ、ワラサ、関西圏ではツバス（ワカナ）、ハマチ、メジロ、成魚はどこでも「ブリ」と呼ばれます。近年では養殖が盛んになり、養殖物を全国的に「ハマチ」と呼ぶようになりました。ブリは脂肪分の多い魚ですが、特に冬には脂が乗っているので、焼き始めに余分な脂分をふき取り、タレの味付けは濃い目にします。ご飯に最適なおかずの一品です。またブリは出世漁で縁起がよいうえ、照り焼きは保存性もあり、お正月のおせち料理の定番でもあります。

⑬焼き鳥：Yaki-tori; Skewered Grilled Chicken

「焼き鳥」は、一口大にした鳥の肉などを竹串にさし、甘めの醤油仕立てのタレや塩などを塗りながら炭火であぶり焼きにした料理です（YAKI-TORI is a dish of bite-sized chicken on a bamboo skewer, grilled over a charcoal fire and basted with sweet soy-based sauce or sprinkled with salt.）。近世までは、雁、鴨、雉、山鳥などの野鳥の調理でしたが、現代では主として鶏肉が用いられます。家庭料理にもなりますが、居酒屋や屋台での酒のつまみでもあり、また本格的な専門店の料理でもあります。

焼き鳥の起源は、江戸期に屋台が現れたという説、明治期に東京に現れたという説、関東大震災後の焼け跡に現れたという説などがあり、定まっていません。鶏肉を醤油、砂糖、みりんで調味し炒めた料理は江戸初期にはすでに出現しており、また当時おでんや天ぷらなども串刺しで供されていました。そこで一般には、串に刺した焼き鳥は明治以降にはあったといわれます。

⑭焼きなす：Grilled [Roasted] Eggplants

「焼きなす」は、ナスの表面が黒くなるまで焼いてから氷水に取り皮をむきます（The eggplant is grilled until the skin is charred, and plunged momentarily into cold water to peel off the charred skin.）。醬油、ショウガ汁を入れただし汁をかけ、おろしショウガやカツオ節を添え、よく冷やせば夏の冷菜の一品です（YAKI-NASU is served chilled in summer with soup stock flavored with soy sauce and ginger juice, and garnished with grated ginger and dried bonito shavings.）。手軽に用意できる人気のおかずです。

⑮焼き蛤：Grilled Clams

「焼き蛤」は、蛤を炭火で貝のまま焼きます（YAKI-HAMAGURI is clams broiled on the shell over a charcoal fire.）。まず靭帯（the black hinge ligament）を切り、金網の上に並べて火にかけます（After the black hinge ligament is cut off, the clam is placed on a grill over a charcoal fire.）。貝から泡が噴き出したら焼き上がりです（The clam is done when bubbles are coming out of the shell.）。他にショウガを加えて煮た「時雨蛤」も有名です。蛤は、縄文時代の貝塚からも出土しており、古くから食されてきました。蛤の有名な産地は、伊勢の桑名です。木曽川、揖斐川、長良川の三川が伊勢湾に向けて流れ込む河口にあり、海水と淡水が合流する内湾の浅瀬で貝類に適したところなので、肉厚で柔らかく大きな蛤がとれます。

⑯焼き豚：Roast Pork

「焼き豚」は、豚肉のかたまりを、醬油、酒、砂糖、ショウガ、ニンニクなどを合わせた漬け汁で味付けし、天火かフライパンで蒸焼きにした料理です（YAKI-BUTA is a chunk of pork seasoned in a broth of soy sauce, sake, sugar, ginger, garlic, etc., and roasted in an oven or a covered pan.）。通常薄切りにされます（It is usually sliced and served.）。

中国料理で cha-shao-rou、日本ではチャーシューとも呼ばれます。「豚」は古代にも日本で飼育されていたという説もありますが、本格的には江戸初期に中国から薩摩に伝えられたといわれます。薩摩で「薩摩汁（豚汁）」が作られ、また長崎でも豚肉や鶏肉が調理され、肉食禁止の時代でも薩摩や長崎などでは豚肉が食されていました。その後明治・大正期には欧風化政策の中、家庭料理にも用いられるようになり人気を得ていきました。焼き豚は、中華料理の一品でもあり、また中華麺や中華飯料理の具材にもなります。

第Ⅲ部　調理法（煮、揚、焼、蒸など）にまつわる和食を理解し英語で伝える　249

5. 汁物：Soups

　和食には「汁物」が付き物です。主にだしまたは醤油仕立ての「澄まし汁」と、味噌仕立ての「味噌汁」があります。

①澄まし汁、お吸い物：Clear Soup

　「澄まし汁」は、カツオ節、昆布で取っただしを薄味で調味した汁物です。だしに野菜などを加え、澄まし（醤油）仕立てにした汁物のこともいいます。

● **英語で説明するなら…**

　和食の基本は、「一汁一菜」とも「一汁三菜」ともいわれます（It is said that a Japanese meal basically consists of "one soup and one dish" or "one soup and three dishes" besides rice.）。いずれにせよ、日本の食事には少なくとも一杯の汁が必ず付きます（In other words, no Japanese meal is complete without at least one soup.）。和食の汁物は、一般的に「澄まし汁」と「味噌汁」の二種類に分けられます（Soups in a Japanese meal can be generally divided into two types; SUMASHI-JIRU, clear soup, and MISO-SHIRU, miso soup.）。「澄まし汁」は、カツオ節、昆布で取った一番だしを塩、醤油、酒、みりんで薄く味付けした透明な汁です（SUMASHI-JIRU is a clear soup made from the first brew of freshly-shaved dried bonito, and/or kelp stock, and thinly seasoned with salt, soy sauce, sake or mirin.）。「お吸い物」ともいいます（It is often called (O)SUI-MONO.）。

● **食文化としての歴史…**

　お吸い物は、本来「酒菜」であり、酒を飲むための「肴」とされます。お吸い物は、もてなしの客膳料理でもあり、食べる人が椀のふたを開けた時に風味と季節感を感じる演出が求められました。そこで酒菜のお吸い物には、お椀の主役の「椀種」、脇役の「椀づま」、季節の葉菜の「青み」、おつゆの「吸地」、そして柚子など季節の香辛料の「鴨頭」が揃っている必要がありました。江戸期に普及し始めた料理屋では、最初にお吸い物が出され、その一品で店の板前の腕が判断されたといわれます。

● **周辺の話題…**

　日本人が「一汁一菜」でも健康を維持できたのは、ご飯に足りない栄養素を補うのに、「汁物」が大きな役割を果たしてきたからといわれます。澄まし汁でも具だくさんの汁物は、「惣菜」でもありました。旬の野菜や乾物、魚介などを種々加えれば、汁物は「一菜」にも相当する「菜」となったのです。

・海老団子の澄まし汁：Clear Soup with Shrimp Balls

「海老団子の澄まし汁」は、エビのすり身に片栗粉を混ぜ丸めてゆでた団子の入った汁です（This is a clear soup with a boiled ball made from shrimp paste mixed with cornstarch.）。ゆでたシメジやホウレンソウなどが添えられます（Small pieces of parboiled shimeji mushrooms and spinach are added.）。塩、酒、醤油で薄く調味しただしを一煮立ちさせ、海老団子や他の具材入りのお椀に注ぎます（The stock, thinly flavored with salt, sake, and soy sauce, is brought to a boil, and poured into a soup bowl containing a shrimp ball and other ingredients.）。

・けんちん汁：Vegetables and Tofu Soup, Kenchin-Style

「けんちん汁」は、「けんちん」を具材にした汁物で、「けんちん」とは、細切りの野菜類と崩し豆腐をいいます（KENCHIN-JIRU is a soup with ingredients called KENCHIN, meaning a mixture of chopped vegetables and crumbled tofu.）。細かく切ったニンジン、ゴボウ、ダイコン、シイタケなどを崩し豆腐と一緒に油で炒め、だし、塩、醤油で味付けします（Julienned carrot, burdock root, white radish, mushrooms and other ingredients are sautéed with well-drained and crumbled tofu, and cooked in a soup stock flavored with salt and soy sauce.）。「けん（巻）」は巻くこと、「ちん（繊）」は細かく切ることです（KEN means "rolling" and CHIN means "julienne."）。本来は細切りの材料を湯葉や油揚げで巻いて揚げ、それを具材にして料理します。もともとは中国から禅僧が伝えた卓袱料理であり、油を用いて料理するのが特色です。

・蛤の潮汁：Clam Clear Soup [Consommé]

「蛤の潮汁」は、ハマグリの旨みが溶け出た澄まし汁です（This is a clear soup with the rich flavor dissolved out of the clam.）。「潮汁」は、だしを使わず塩のみで仕立てた汁物で、白身魚や貝類から作ります（USHIO-JIRU is a non-stock-based clear soup, thinly salted, made from boiled white-fleshed fish or shellfish.）。魚では、マダイ、オコゼ、スズキなどが用いられます。

「蛤の潮汁」は、結婚披露宴に供される料理でもあります。江戸幕府の八代将軍吉宗が発案したといわれます。「ハマグリ」の貝殻は、数百数千集めても同一の物以外合わないので、結婚した二人の末永い幸せを祝うのにふさわしいと、祝膳の料理としたのです。

②味噌汁：Miso Soup

「味噌汁」は、季節の野菜や豆腐などを組み合わせ、味噌仕立てにした汁物です。肉食禁止の時代には庶民にとって貴重なたんぱく源でした。

● **英語で説明するなら…**

「味噌汁」は、季節の野菜や豆腐、魚介・肉類などをだし汁に入れて煮、仕上げに味噌で味付けします（MISO-SHIRU is a basic Japanese soup cooked with vegetables in season, tofu, seafood, meat, or other things in the stock, and then flavored with miso as a finishing touch.）

● **食文化としての歴史…**

味噌の祖型は、すでに奈良期には中国より渡来したとされます。日本では平安後期に稲作が広まると、米麹を添加した日本特有の米味噌が作られます。そして鎌倉期には、禅宗寺院を中心に料理に味噌を用いるようになり、その後大豆の生産量が増加すると、室町期には味噌が庶民にも普及し始めます。

当時の味噌は粒状でしたので、鎌倉期にすり鉢・すり粉木が普及すると、室町期にはそれらを使って味噌をすりつぶして作る「味噌汁」「御実御汁食（おみおつけ）」が登場します。また味噌汁は、特に兵食として重用されました。戦乱期に人々は、丈夫で柔軟性があるサトイモの茎を味噌で煮込んで乾燥させて紐を作り、戦場に持ち込んでいました。そして食料が尽きるとそれをお湯に入れて汁を作ったのです。やがて江戸期には各地で味噌の醸造が始まり、麦味噌、豆味噌、八丁味噌なども作られ、調合味噌や自家醸造も盛んとなります。味噌はご飯にないたんぱく質を含み、必須アミノ酸に加えミネラルなども豊富でしたので、味噌汁は庶民の重要な日常食となります。

● **周辺の話題…**

関東以北の寒冷地では、塩分濃度が高く長期保存可能な「赤味噌」が主に醸造されました。一方関東以西の西京・讃岐など温暖地域では、塩分濃度が低く保存性にこだわらない精進料理向きの甘い「白味噌」が発達します。

・**じゃがいもの味噌汁：Potato Miso Soup**

「じゃがいもの味噌汁」は、タマネギと一緒に作ります（This potato miso soup is usually cooked with onion.）。ジャガイモは、乱切りにしてだし汁で柔らかくなるまで調理し、それからくし形切りにしたタマネギを加えます（The potato is chopped and cooked in the stock until it becomes tender, and then the onion, cut into wedges, is added.）。味噌は最後に汁に混ぜます（Miso is mixed in the soup stock at the end.）。ジャガイモの甘

みとタマネギの甘みがともに汁に溶け出し、人気の味噌汁です。

・ダイコンの味噌汁：White Radish Miso Soup

「ダイコンの味噌汁」は、細切りのダイコンと油揚げで作ります（This is a miso soup made of slices of white radish and "abura-age", deep-fried tofu.）。味噌とダイコンの葉を、配膳の直前に加えます（Miso and minced white radish leaves are added just before the soup is served.）。ダイコンの葉は、ビタミン C, A, B1, B2、カルシウム、鉄分など栄養価が高く、ぜひ利用したい部分です。

・豚汁：Pork and Vegetable Miso Soup

「豚汁」は、豚肉と根菜で作る味噌仕立ての汁物です（TON-JIRU is a miso soup with pork and root vegetables.）。一口大の豚肉、ニンジン、レンコン、ゴボウ、ダイコン、ジャガイモ、こんにゃくなどの野菜を炒め、それからだし汁で具材が柔らかくなるまで煮込みます（Bite-sized pieces of pork and vegetables such as carrot, lotus root, burdock root, white radish, potato, and devil's tongue jelly, are stir-fried well, and then simmered in the broth until they become tender.）。味噌は最後に入れます（Miso is added at the end.）。みじん切りのネギに粉唐辛子を振りかけて出します（TON-JIRU is served with minced green onion and sprinkled with ground red pepper.）。豚汁が作られるようになるのは、江戸初期に中国から琉球を経て豚肉が薩摩に伝えられてからであり、「薩摩汁」と呼ばれました。

・ワカメと豆腐の味噌汁：Wakame and Tofu Miso Soup

ワカメと豆腐を具材にした味噌汁は、最も基本的な味噌汁の一品です（This is a miso soup with bite-sized wakame seaweed and cubed tofu, which make the most basic combination for miso soup.）。共に火が通りやすい具材なので、すぐにでき上がります（As both ingredients are easily cooked, this soup is quickly prepared.）。安土桃山期からの人気の組合せです。

ワカメは、ほぼ全国的に収穫される日本特産の海藻で、奈良期にはすでに食されていました。ビタミン、ミネラルも豊富で、天日干しして乾燥させますが、湯通ししてから塩をまぶす「湯通し塩蔵ワカメ」や、また徳島の鳴門ワカメのように灰を塗して乾燥させる「灰ワカメ」などがあり、長期保存できます。また「灰」を使うとアルカリ性のため、長時間緑色と弾力が保たれます。「豆腐」は大豆の加工品で、鎌倉から室町期に中国から製法が伝わりました。高たんぱくの栄養食品として精進料理、武家の食卓、そして江戸期には庶民の間に普及します。

第Ⅲ部 調理法（煮、揚、焼、蒸など）にまつわる和食を理解し英語で伝える 253

6. ご飯物：Rice Dishes

　日本では米を主食としてきたとされますが、実際には米は特別な食材であり、米だけの白いご飯は滅多に食べられませんでした。日常的には水分を多くした「御粥」「茶漬け」、麦や雑穀、野菜などを加えた「かて飯」「雑炊」、また麺類やイモ類の代用食により米を食べつないできました。米飯をたっぷり食べる「丼物」などは、米の生産が安定する江戸後期以降に登場します。

〔1〕御粥と重湯：Rice Porridge and Thin Rice Gruel

　「御粥」は、普通より水分を多くして炊いたご飯です。「重湯」はお粥を炊いた際にできる上澄みで、糊状の汁をいいます。

● 英語で説明するなら…
　「御粥」の「御」は尊敬語の接頭辞、「粥」は水分の多いご飯です（O-KAYU is the honorific O and KAYU, which means rice porridge.）。米が十分ではなかった時代は、普通より水分を多くして炊いていました（Rice was cooked in much more water than usual in former times when rice was not plentiful.）。重湯は水分を多くしたお粥の上澄みで、病人・乳児用です（OMOYU is the liquid part of rice porridge and usually served to the sick and babies.）。

● 食文化としての歴史…
　米は、古代には土器で蒸していました。それが平安期には陶器を用いて煮るようになります。そして室町期には鉄鍋が登場し、飯と粥が区別されます。蒸籠で蒸したものが「強飯・堅粥」、鍋に湯を入れて煮た物が「食湯（けゆ）」です。この「けゆ」が「かゆ」になったとされます。「粥」は、上流階級で朝飯となり、また「節」の日の食べ物になります。その名残が、1月7日の七草粥（rice porridge mixed with the seven spring herbs）や1月15日の小豆粥（rice and adzuki porridge）です。

　江戸期には、関東では粥は病人や老人、妊産婦の食べ物であり、一般にはあまり好まれませんでした。一方関西では米の節約のために、朝の茶粥（rice porridge boiled with tea）が普及します。これは一日一度の炊飯の習慣が、江戸では朝炊きだったのが京阪では昼炊きだったため、京阪で前日の冷や飯を食べる工夫として茶粥が発展し、その後定着していったといわれます。

● 周辺の話題…
　御粥は水加減で区別されます。「全粥」は米の5倍量の水（rice cooked with five parts of water and one part of rice）、「七分粥」は7倍量、「五分粥」は10倍量、「三分粥」なら15倍量で炊きます。

〔2〕おにぎり：Rice Ball

「おにぎり」は、「握り飯」のことであり、ご飯に塩味を付け丸や三角形、俵型に握ったものです。具材はさまざまです。「（お）むすび」とも呼ばれます。

● 英語で説明するなら…

「おにぎり」とは、手でご飯を丸め、塩を振りかけて海苔で巻いたものです（ONIGIRI is a hand-rolled rice ball sprinkled with salt and wrapped in a sheet of dried laver.）。ご飯は丸形、俵形、三角形に握られ、通常梅干しや塩鮭などが中に入ります（Boiled rice is hand-molded into the shape of a ball, a log, or a triangle, which is usually stuffed with a pickled plum, salted salmon flakes or other ingredients in the center.）。

● 食文化としての歴史…

おにぎりはすでに弥生時代にはあったとされますが、具を入れる物の祖型は、古代中国の「屯飯(とんじき)」とされます。「屯飯」は、握り飯に魚や鳥獣の干し肉を添えた携帯食で、平安期頃に渡来しました。「屯飯」は、日本では蒸し米の「強飯(こわいい)」を使った握り飯となり、神前に供えられました。そして平安後期に武士が台頭すると武士の携帯食として、煮た米の「姫飯(ひめいい)」の握り飯になります。その後握り飯弁当も一般化し、江戸中期頃には「握り飯」、幕末には「（お）むすび」の呼び名も一般化します。

おにぎりは、幕末の記録によれば京阪地域では俵型で表面にゴマを振ったものが主でしたが、江戸では円形または三角形でゴマなし、そして炙ったものが主でした。また江戸では「木型」に入れて押したものもありました。

歌舞伎が人気になると、「おかず付き握り飯」が登場し、歌舞伎の演目の合間に食べられる弁当として「幕ノ内」と呼ばれるようになります。握り飯にイモ、焼き豆腐、蒲鉾、こんにゃく、玉子焼きなどが添えられていました。

そして明治18（1885）年、握り飯にたくあんを添えた「駅弁」の第一号が宇都宮駅で誕生します。「おにぎり」は、ご飯が冷えてもボロボロにならず、また米粒を密着させるので空気との接触が少なくなり腐りにくく、そして携帯しやすいことから、弁当の定番となりさらに全国へ普及していきました。

● 周辺の話題…

おにぎりの変種に、中に海老の天ぷらを入れた「天むす」があります。「天むす」の発祥は昭和30年代、三重県の天ぷら定食の店でした。店が忙しい中せめて夫に栄養のある昼食を用意しようと、妻が車海老の天ぷらを切っておにぎりの中に入れたのが最初でした。「意外とおいしい」と喜ばれたため、味付けに工夫をし、「天むす」（a rice ball with tempura）が誕生します。

〔3〕皿物：One-Plate Meal

「皿物」は、ご飯を飯茶碗ではなく皿に盛った料理です。日本風にアレンジされた西洋料理が盛り付けられ、ご飯は「ライス」と呼ばれます。

● 英語で説明するなら…

「皿物」は、一皿に盛られたご飯料理です（SARA-MONO is any of the rice dishes served on a plate.）。明治期以降流入した西洋料理であり、その後日本人の嗜好に合わせて変えられ、ご飯と一緒に出されるようになりました（The dishes imported from the West in the Meiji era were adapted to the Japanese taste, and began to be served with cooked rice.）。

● 食文化としての歴史…

「皿」は、食物を盛り付ける平らな浅い器で「盤」とも表されます。縄文期には石の皿が用いられ、その後木製皿や葉盤、銀盤なども登場しますが、お供え物用でした。料理用には肴皿や刺身皿、菓子皿などが用意されましたが、一般にはご飯を盛り付ける物ではありませんでした。

皿物は、ご飯とともに盛り付ける西洋料理として登場します。西洋料理は、江戸末期の開港後、多くの外国人の来日とともに流入しました。横浜などの港町にあるホテルには外国人の料理人も雇われ、日本人の料理人たちに西洋料理の知識を授けました。また日本の軍隊でも富国強兵策の一環として、兵食に栄養価の高い西洋料理を取り入れ、外国の兵士たちから西洋風の料理を習ったとされます。そして西洋料理の栄養価とともに調理法を伝えた西洋料理書も次々に刊行され、西洋料理屋も出現します。明治30年代には洋食店が東京だけでも1500店もあったといわれます。

● 周辺の話題…

日本では、ご飯は一般にご飯用の茶碗に盛られるものでしたので、皿にご飯が盛られる「皿物」は、西洋風のご飯料理の特徴といえます。明治19（1886）年の『西洋手軽絵入料理指南』では、皿の上に、丸く輪にしてご飯を盛り、その中にカレーを入れるという盛り付け方が紹介されています。

①オムライス：Omelet Rice

「オムライス」は、チキンライス入りのオムレツです（OMU-Rice is a dish made of an omelet with chicken pilaf.）。オムレツに日本風にケチャップで味付けした鶏肉入り炒めご飯が入っています（An omelet is stuffed with Japanese-style fried rice cooked with chicken and flavored with ketchup.）。1900年頃、洋食屋のまかない料理から人気料理となりました。

6. ご飯物：Rice Dishes

②カレーライス：Curry and Rice, Curried Rice

「カレーライス」は、カレーソースで煮込んだ肉や野菜を、ご飯にかけたインド風料理です。和風化された三大洋食の1つといわれます。

● **英語で説明するなら…**

「カレーライス」は、肉と野菜を煮込んだカレーソースをかけたご飯料理です（This is a dish of rice with curry sauce cooked with meat and vegetables.）。もとはインド料理ですが、日本へは英国料理として伝わりました（It was originally an Indian dish, but brought to Japan as a British one.）。カレーライスは和風化された外国産食品ですが、日本で最も人気のある料理の1つになっています（Curried rice was a Japanized foreign-origin food and has become one of the most popular dishes in Japan.）。

● **食文化としての歴史…**

「カレー」は、もともとカレー粉に使われるさまざまな香辛料の産地・集積地であったインドで発達した料理です。カレーは英国に伝わり、やがて世界初のカレー粉製造会社C&Bも設立されます。

日本へは当初英国料理としてC&Bのカレー粉とともに伝わり、明治5（1872）年、西洋料理の料理書に初めてカレー料理が紹介されます。当時は小麦粉を用いないスープのようなカレーでしたが、明治20年代になると、少量の肉にジャガイモ、ニンジン、タマネギを加え、小麦粉のルーでとろみを付ける日本独特の「ライスカレー」が誕生します。また福神漬けやラッキョウも添えられ、日本人好みへと和風化が進みます。「ライスカレー」は西洋と日本の味が1つに盛られ、文明開化の香りがすると庶民に評判になります。明治後期には、ご飯の上にカレーソースをかける形になり、大正期には「カレーライス」の呼び名も現れました。また即席カレーなども輸入され、さらに東京新宿中村屋の高級インドカレーなども話題となります。そして戦後、カレー粉と小麦粉を加えたカレールーが商品化されたことから急速に広まり、「カレーライス」の名称で大人気の日常食となりました。本来インドの料理であるカレーが、日本独自の料理として定着したのです。カレーライスは、最も普及した和風化された外国食の1つといわれています。

● **周辺の話題…**

カレーの普及には旧日本海軍も関与しました。英国海軍の水兵より調理法が伝わり、大人気となりました。現在では海上自衛隊の各艦で、インスタントコーヒーやチョコレート、チーズなど独自の具材を加えた自慢の「海軍カレー」が生み出され、金曜日の定例メニューとなっています。

③チキンライス：Chicken Pilaf Seasoned with Ketchup

「チキンライス」は「ピラフ」のことですが、日本では、鶏肉と野菜、ご飯を炒めてトマトケチャップ、塩、コショウで味付けしたものです（"Chicken Pilaf" in Japan is a dish of rice boiled and stir-fried with pieces of chicken and vegetables seasoned with ketchup, salt and pepper.）。バターで炒めた米と具材をスープで炊く方法もあります（It is also a dish of rice butter-fried, then boiled in the soup stock with other ingredients.）。

「ピラフ」は本来、米をバターで炒めてから肉や魚介類を加えてスープで炊く、中近東の米飯料理ですが、トマトケチャップを使っているのが日本風です。これを薄焼き玉子で包めば「オムライス」になります。なお、「チキンライス」（× Chicken rice）は和製英語です。

チキンライスは、大正7（1918）年、バターで炒めた鶏肉と米を裏ごしトマトなどで調味し鍋で煮た物が料理本に紹介されました。また大正15（1926）年には、『主婦の友』1月号に、「ハムライス・オムライスの素」の広告が掲載されました。ハム、鶏肉、タマネギなどの野菜に調味料の入った缶詰で、あとご飯があればすぐに美味しい洋食ができると謳っています。

④ハヤシライス：Rice with Hashed Beef

「ハヤシライス」は、ハッシュドビーフ・ウィズ・ライス（hashed beef with rice）が日本語で転訛したものです（HAYASHI-Rice is the Japanization of "hashed beef with rice."）〔但し、諸説もあります〕。「ハッシュドビーフ」とは、薄切りの牛肉、タマネギなどを炒め、ブラウンソースで煮込んだものです（"Hashed beef" is a dish of sliced beef, onion, and others stir-fried, and simmered in demi-glace sauce.）。ハヤシライスはそれに小麦粉のルーを加えてカレーのようにとろみを付け、ご飯に添えた料理です（HAYASHI-Rice is a dish of rice with Japanese-style hashed beef thickened by roux like curry done in Japan.）。これも和風化された洋風料理です（It is another Japanized Western-style dish.）。明治18（1885）年、『手軽西洋料理』に細切れの牛肉とジャガイモを塩・コショウ・バターで調味し、鍋で焼いた「ビーフハッシ」が紹介されます。これが後にハヤシライスになったといわれます。そして関東大震災後の大正13（1924）年、東京神田に開店した大衆食堂の「須田町食堂」では、ハヤシライスは「カレーライス」とともに庶民的な料理として人気となります。

〔4〕雑炊 : Porridge of Rice and Vegetables

「雑炊」は、魚介類や野菜を加え、塩、味噌、醤油などで調味した粥です。雑炊の名は、種々の具材を入れることからといわれます。

● 英語で説明するなら…

「雑炊」は、魚介類や肉、卵、野菜、その他の具材を塩、味噌あるいは醤油で味付けしただし汁で料理した固めの粥です（ZOSUI is a thick porridge of rice cooked with seafood, meat, egg, vegetables, and/or other ingredients in a broth flavored with salt, miso, or soy sauce.）。米から炊くこともありますが、多くは残り物のご飯から作ります（It is sometimes boiled from uncooked rice, but often made from leftover cooked rice.）。鍋物の残り物やそのコクのある汁にご飯を入れて作る「雑炊」が人気です（ZOSUI cooked with rice in the richly flavored soup and ingredients remaining from NABE-MONO, one-pot dishes, is very popular.）。雑炊は、「おじや」とも呼ばれます（It is also called OJIYA.）。

● 食文化としての歴史…

雑炊は、もともとは穀物を挽いた粉に水を加えて炊いた「糝（こながき）」のことで、補食や薬食用でした。米が十分手に入らなかった弥生期には、すでに水で増量した粥や雑炊が食べられていたとされます。平安末期には味噌で味付けした「七草粥」が登場し、「味曽水（みそうず）」と呼ばれました。そして室町期には水を増して作ることから、「増水」と書かれた記録があります。

その後戦国期以降は、「雑炊」と呼ばれるようになります。その名の通り、あり合わせの材料を何でも入れて作られました。米を節約するため、麦や雑穀、野菜、イモ類、さらには残り物の麺類、すいとんなども入れられました。また江戸期には、「手前味噌」と呼ばれるほど味噌造りが各家庭にも普及したため、雑炊の味付けも味噌が多くなります。

やがて米の供給が安定すると、雑炊が食卓に登場する回数は少なくなりますが、戦中戦後の食糧難の状況下では、有用な調理法ともなりました。

● 周辺の話題…

雑炊は、従来、米を食いつなぐために水で伸ばして増量するだけでなく、残り物を入れて作った庶民の食べ物でした。現代ではフグ、カニ、タイ、すっぽんなど贅沢な具材から、アユや鴨、兎の肉など地域の特産物まで具材とされ、各地に特有の雑炊があります。なお、「おじや」とも呼ばれます。

〔5〕炊き込みご飯：Rice Cooked with Various Ingredients

　「炊き込みご飯」は、魚介類や野菜、季節の産物を米や麦と一緒に、味付けして炊き込んだご飯料理です。特別な日のもてなし料理の1つです。

● **英語で説明するなら…**

　「炊き込みご飯」は、魚介類や肉類、野菜などを醤油で味付けして炊いたご飯料理です（TAKIKOMI-GOHAN is a dish of rice seasoned with soy sauce and boiled with seafood or meat, vegetables and other ingredients.）。祭りや年中行事、祝い事や地域の集まりなどに用意される特別な料理です（It is a special dish prepared for festivals, annual events, congratulatory banquets, community gatherings, etc.）。具材を別に調理して、炊き上がったご飯に混ぜる場合は、「混ぜご飯」と呼ばれます（A dish of boiled rice mixed with various precooked ingredients is called MAZE-GOHAN.）。

● **食文化としての歴史…**

　「炊き込みご飯」の歴史は比較的新しく、明治期以降といわれます。ご飯料理ですので、米そのものの供給が安定し、また庶民が入手できる価格となってから生まれたご飯料理といえます。

　祭りや祝事などの「ハレ」の日、また田植えなど人の集まる行事等で振る舞われました。もてなし料理であり、貴重品の醤油で味付けしたものが多く作られています。江戸期以降、各家で味噌造りが盛んになり自家製の味噌が一般的になりましたが、それに対し醤油は購入しなければならない調味料でしたので、特別感があったのです。

　魚介類や野菜、季節の産物などを具材に、各地で特有の「炊き込みご飯」が作られていきました。魚介類では、タイを丸ごと炊き込んだ広島の「鯛飯」、アサリを炊き込んだ東京の「深川飯」、カキを炊き込んだ石川の「牡蠣飯」、またタコを炊き込んだ兵庫明石の「たこ飯」などが知られるようになりました。一方野菜や季節の産物などを具材にした炊き込みご飯は、各地で作られています。

● **周辺の話題…**

　季節感のある代表的な炊き込みご飯には、春季の「筍ご飯」（bamboo rice, rice boiled with sliced bamboo shoots and soy sauce）や、秋季の「栗（chestnuts）ご飯」「松茸（Matsutake mushrooms）ご飯」「銀杏（ginkgo nuts）ご飯」などがあります。

①お赤飯：Red Rice

「お赤飯」は、小豆かササゲの赤い煮汁で糯米を染め豆と一緒に蒸した強飯で、主に祝い事に用いられます。小豆は関西、ササゲは関東で好まれます。

● 英語で説明するなら…

「お赤飯」は、糯米を下煮した赤小豆またはササゲと一緒に蒸籠で蒸したお祝い料理です（O-SEKI-HAN is a celebratory dish of glutinous rice steamed with pre-cooked red adzuki beans or cowpeas ("sasage") by a steaming basket.）。「おこわ」とも呼ばれます（It is also called OKOWA.）。「赤飯」は文字通り「赤色のご飯」であり、それに尊敬語の接頭辞「お」が付いたものです（O-SEKI-HAN literally means red rice with an honorific "O.")。米は小豆を煮た赤い煮汁に浸すと淡紅色に染まりますので、それから蒸します（Uncooked rice, soaked with the reddish water in which the beans had been boiled, is tinted pink, and then steamed with beans.）。通常ゴマ塩を振りかけていただきます（O-SEKI-HAN is usually eaten with sesame-salt sprinkled on top.）。

● 食文化としての歴史…

お赤飯は、お祭りの日やお祝いの席の料理ですが、それは赤い色に邪気を払う力があるからとも、また古代の米が赤米で神前に赤米を供えた名残からともいわれます。また小豆が、『古事記』に五穀の１つとしてあげられ古くから非常に好まれた豆類であり、重要な作物の１つで、他の作物と混ぜて食べた食習慣から赤飯が生まれたという説もあります。糯米の赤色は、小豆のゆで汁を使って染めます。

鎌倉末期には宮中で、端午、重陽などの節句に赤飯が供された記録がありますが、民間に広まったのは近世になってからといわれます。古くは凶事に用いられたこともありましたが、やがて祝事に用いられ、赤ちゃんの誕生から初宮参り、百日のお食い初めから七五三、入学・卒業、成人式、婚礼、また還暦や古希などの年祝まで、人生の節目を記念する料理となっています。

● 周辺の話題…

祝儀用のお赤飯に対し、「不祝儀」用の強飯もあります。やはり糯米を蒸して作りますが、小豆ではなく黒豆や青大豆を用います。「白蒸し」と呼ばれ、米には色が付かず白いご飯に黒い豆で白黒の色合いとなり、特に関西方面での不祝儀用とされます。以前は吉事に「白蒸し」、凶事に「お赤飯」の風習だったのを、凶を返して吉にするため逆転したともいわれます。そのため、今でも仏事に「お赤飯」を出す地域もあります。

②かやくご飯：Mixed Rice

「かやくご飯」とは、野菜や油揚げなど数種類の具を醤油味で炊き込んだご飯料理のことです。関東では「五目ご飯」と呼びます。

● 英語で説明するなら…

「かやくご飯」は、野菜、魚や肉、その他の具材を季節により加え、醤油味で炊き込んだご飯料理です（KAYAKU-GOHAN is a dish of rice flavored with soy sauce and cooked with vegetables, fish, meat, or other ingredients depending on the season.）。「かやく」とは、料理に加える種々の具材をいいます（KAYAKU means various ingredients added to dishes.）。ニンジン、ゴボウ、油揚げ、こんにゃく、シイタケがよく用いられます（Carrots, burdock roots, thin deep-fried tofu ("abura-age"), devil's tongue jelly ("konnyaku"), and shiitake mushrooms are often used.）。鶏肉、竹輪、チリメンジャコなども加えられます（Small pieces of chicken, cylindrical fish sausage, dried young sardines, etc. are also added.）。関東では「五目ご飯」と呼ばれます（KAYAKU-GOHAN is called GOMOKU-GOHAN in Kanto.）。

● 食文化としての歴史…

「かやくご飯」の「かやく」とは、飯、麺類、茶碗蒸しなどに加える、肉や野菜などの諸種の具材をいいます。もともとは、漢方薬で主要薬の効果を増したり、飲みやすくしたりするために加えること、またその補助薬を「加薬」といいました。その文字のように「薬を加える」ことから、料理の「付け合わせ」「薬味」の意味となり、やがて料理で、量を増やすために加えた「混ぜ物」も意味するようになります。

米料理の混ぜ物の具材には、一般的にニンジン、ゴボウ、油揚げ、こんにゃく、シイタケが用いられ、さらに鶏肉などを炊き合わせる「ご飯料理」となります。そして関西ではこれらの具材を米と一緒に味付けして炊いたものを「かやく飯」と呼ぶようになりました。

● 周辺の話題…

米料理以外にも、そばにさまざまな具材を載せれば「かやくそば」になります。江戸中期、鶏肉、竹輪、シイタケ、かんぴょう、麩などを載せたそばが登場します。長崎発祥の「卓袱料理」の影響を受けているので「しっぽく」と呼ばれました。他にも具材により、海苔を加えた「花巻」、合鴨とネギを入れた「鴨南蛮」、海苔の髪や蒲鉾の頬、シイタケの口などおかめの顔に見立てて具材を載せた「おかめそば」などが創作されます。

③きのこご飯：Mushroom Rice

「きのこご飯」は、シメジやマイタケ、シイタケなどと米を、酒、塩、醬油、みりんで味付けて炊き上げたご飯料理です（KINOKO-GOHAN is a dish of rice flavored with sake, salt, soy-sauce, and mirin, and boiled with various mushrooms, such as shimeji, maitake, and/or shiitake.）。ニンジンや鶏肉、油揚げなども加えられます（Small pieces of chicken, "abura-age", carrots, etc. are also added.）。日本では古来キノコを食用としており、世界有数のキノコ好き民族とも称されます。キノコはノーカロリー、食物繊維も豊富でその他の栄養素や健康効果もあり健康食品として注目されています。

④栗ご飯：Chestnut Rice

「栗ご飯」は、栗とご飯を塩で味付けて炊いたものです（KURI-GOHAN is a dish of rice salt-flavored and cooked with chestnuts.）。秋の味覚を楽しむ料理として、栗ご飯は大人気です（KURI-GOHAN is a very popular dish to enjoy as one of the delicacies of fall.）。

「栗」は狩猟採集の石器時代より重要な食料であり、遺跡からも出土しています。また江戸期には、9月9日に「栗ご飯」を食する「栗節句」という風習がありました。9月9日は、陽数とされる9の重なるおめでたい日として「重陽の節句」と呼ばれますが、この日に中国では、高所に登って菊酒を飲みながら、長寿を願い災厄を払う風習がありました。これが奈良期には日本に伝わり「菊の節句」として宮廷では「菊花の宴」が開かれ、その後江戸期には五節句の1つとして民間でも盛んになります。この日には菊酒を飲み、栗餅や「栗ご飯」で祝ったので、「栗節句」ともいわれました。

⑤鯛飯：Sea Bream Rice

「鯛飯」は、尾頭付きのマダイを丸ごと、ご飯と一緒に炊いた料理です（TAI-MESHI is a dish combining boiled rice and a whole grilled sea bream with its head and tail intact.）。マダイは、うろこと内臓を取り除いて軽く焼いた後、米と一緒にだし、塩、醬油、みりんで味付けして炊きます（The sea bream, scaled and gutted, is lightly grilled, and then cooked with rice flavored with stock, salt, soy sauce, and mirin.）。伝統的には土鍋で調理し、そのまま食卓に運ばれる料理です（It is traditionally cooked in an earthenware pot, DONABE, and brought directly to the table.）。マダイの他に、スズキ（sea bass）やマス（sea trout）、サケなどを使っても美味です。

⑥櫃まぶし：Chopped Grilled-Eel and Rice

　「櫃まぶし」は、ウナギの蒲焼を細かく切ってご飯にまぶし飯櫃に入れた料理です（HITSU-MABUSHI is a dish of rice in a rice tub called HITSU with slices of eel grilled with a sweet soy sauce.）。名古屋の名物料理です（It is a specialty dish of Nagoya.）。「櫃」は「飯櫃」であり、余分な水分を吸い取る楢材製でご飯を美味しく保ちます。「まぶし」はウナギをまぶしたご飯です。関西ではウナギ飯のことを「まぶし」「まむし」といいます。1杯目はそのまま、2杯目は薬味を載せ、3杯目はお茶漬けにして食べます。

⑦松茸ご飯：Matsutake Rice

　「松茸ご飯」とは、ご飯に薄く切った松茸を入れ、醤油や酒で味付けて炊き込んだものです（MATSUTAKE-GOHAN is a dish of rice and thinly sliced matsutake mushrooms cooked with seasonings of soy sauce and sake.）。日本の秋の味覚を代表するキノコ料理の一品です（It is one of the mushroom dishes representing delicacies of fall in Japan.）。「松茸」は、日本赤松の根元に発生し、香り豊かな食用キノコとして古来知られてきました（MATSUTAKE has been well known as a fragrant edible mushroom growing at the foot of Japanese red pine trees.）。しかし現代でも人工栽培が難しく天然物しかありません。松林も減少して国内収穫量も少なく高価な貴重品であり、日本の食用キノコの王様となっています。さらに近年では食用キノコでは突出したがん予防効果との報告もあり、注目の食材でもあります。

⑧豆ご飯：Green Pea [Bean] Rice

　「豆ご飯」とは、枝豆や空豆、えんどう豆などの豆類を炊き込んだご飯です（MAME-GOHAN is a dish of rice mixed with beans or peas such as green soybeans ("edamame"), fava [broad] beans ("soramame"), or green peas, etc.）。枝豆は、未熟なうちに枝ごと切り取った青い大豆のことです。夏のおつまみの定番であり、最近は海外でも "edamame" で知られています。大豆は、『古事記』に五穀の1つとして記されるほど古くから利用されてきましたが、空豆は江戸期、えんどう豆は明治期になってから中国より伝来しました。豆類は良質なたんぱく質に富み、乾燥させて保存食としたり、豆腐や納豆、味噌、醤油、また菓子用などに加工したり、油脂の原料となったり飼料や肥料ともなる重要な食材です。それを未熟なうちに食用とするのは夏季のみであり、白いご飯に緑色の豆がよく映えて、目でも楽しむ夏の味覚となっています。

(6) 茶漬け：Rice with Green Tea

「茶漬け」とは、熱い湯や茶をかけたご飯のことです。簡便な食事法として普及したものですが、今ではタイやサケなどを載せた嗜好食でもあります。

● 英語で説明するなら…

「茶漬け」とは、ご飯に熱いお茶をかけたものです（CHAZUKE is a dish of boiled rice with hot green tea poured over it.）。「鮭茶漬け」は、生または焼いたサケをご飯に載せ、緑茶を注いだものです（SAKE-CHAZUKE is boiled rice with fragments of raw or grilled salted salmon soaked in green tea.）。「鯛茶漬け」は、タイの刺身をご飯に載せ、緑茶をかけたものです（TAI-CHAZUKE is boiled rice with slices of raw sea bream soaked in green tea.）。梅干しや昆布の佃煮、海苔なども用いられます（A pickled plum, kelp boiled down in sweet soy sauce, or nori, etc. is also used.）。また薬味に少量のワサビやゴマが添えられます（CHAZUKE is often garnished with a dab of "wasabi," Japanese horseradish, and/or sesame.）。茶ではなく醤油や塩で味付けした薄味のだし汁をかけたりもします（Soup stock flavored with soy sauce and/or salt is poured over rice instead of tea.）。

● 食文化としての歴史…

茶漬けは、奈良期にお米の節約術として、お米を水で薄めて炊いた「粥」に始まり、やがて調理の手間を省いてご飯に湯をかける「湯漬」になったといわれます。夏にはご飯に水をかけた「水飯」「水漬け飯」も食されました。特に平安期に貴族の間では、氷水をかけた「水飯」が夏のご馳走とされていました。鎌倉期以降は武士の間で、ご飯に湯をかける「湯漬」が冬の食事の定番とされ、織田信長も桶狭間の戦の時、夜中に湯漬けを食べて出陣したといわれます。

その後茶道の流行とともに、江戸期には煎茶も普及し「茶漬け」となります。当初は、冷や飯に熱い番茶をかけた粗末な食事でした。その後種々の茶や具材、そして薄味のだし汁をかけた「茶漬け」が登場していきます。

● 周辺の話題…

茶漬けは、冷や飯を食べる簡素な食事でしたが、現在ではタイの刺身を載せた「鯛茶漬け」や鰻の蒲焼（broiled eel）を載せた「うな茶」など地方の名物となり、人気の料理ともなっています。他にも新鮮な生魚の刺身を熱いご飯に載せ、醤油や煮魚の汁などで味付けして熱湯をかけたり、熱いだし汁をかけたりする物を、「茶漬け」と呼ぶ地域もあります。

〔7〕丼物：One-Bowl Meal, Donburi Dish

「丼物」は、丼のご飯に食材を載せた物で「どんぶり飯」ともいいます。食材により種々の丼物があります。時間に追われる人に大人気です。

● 英語で説明するなら…

「丼物」とは、食材を丼のご飯の上に載せた物です DONBURI-MONO or DON-MONO is a rice dish in a big bowl topped with a choice of various foods.）。食材は、生でまたは調理・加工されてご飯に載せられます（Raw, cooked or cured ingredients are piled on top of rice.）。丼1つで食事が完結するので、家庭でも店でも人気の料理ですが、特に忙しい人には大人気です（As this is a single-bowl meal, it is very popular both at home and at restaurants, especially among busy people.）。

● 食文化としての歴史…

「丼物」は、江戸初期に流行する「けんどんそば屋」から始まったとされます。「けんどん」の「けん」はけちで物惜しみをすること、「どん」は貪欲なことです。「けんどんそば切り屋」を始めた仁右衛門は、無愛想で商売っ気のない人でした。そばも盛り切り一杯出すだけでおかわりも勧めないので、「けんどん」と呼ばれましたが、一杯が掛け値なしで安値であり、倹約になるので庶民に人気となります。この器を「けんどんぶりの鉢」と呼び、そこから「どんぶり」へと変化したといわれます。それまで皿盛りで出されていたそばも江戸中期には「丼」が用いられ、やがて汁物の麺から、「汁かけご飯」も出されるようになります。丼物は、現在でもそば屋で提供されていますが、メニューの「麺類」に「ご飯物」として加わったものでした。

一方丼物の祖型は、室町期の「芳飯」という説もあります。「芳飯」とは、クチナシの実で色を付けたご飯の上に味付けした魚介や野菜、海藻などを載せ、汁をかけた汁かけご飯です。もとは精進料理でしたが、上流階級の間で客膳・茶事に用いられ、魚介類や鶏肉、卵なども具材として色鮮やかに載せたので、その後の「ちらし」や「五目」の祖型ともいわれます。

● 周辺の話題…

「丼」の文字は、もとは井戸を表し、中の点は「釣瓶」を表していました。それが日本に伝わると井戸の中に小石を落とす、「ドンブリ」という音を表すようになります。そして「丼」は、「陶製の鉢、器」であり、またそうした器に盛った「ご飯」のことであり、さらに職人の「腹掛け・胴巻き」、すなわち小銭入れも意味するようになりました。そこで無計画に持ち金を使って支払いをすることを、「どんぶり勘定」というようになったとされます。

①うな重とうな丼：A Broiled Eel on Rice

「うな重」も「うな丼」も、ご飯にウナギの蒲焼を載せた物で、「うな重」は、重箱、「うな丼」は丼に入っています。

● 英語で説明するなら…

「うな重」は、重箱に入れたご飯にウナギの蒲焼を載せた物です（UNA-JU is a dish of broiled eel on rice in a lacquered meal box with a lid.）。また「うな丼」は、丼のご飯にウナギの蒲焼を載せた物です（UNA-DON is a dish of broiled eel on rice in a big bowl.）。ウナギは開いて骨を取り、串に刺して、炭火で甘醤油のタレを付けながら焼きます（An eel, split down, boned, and skewered, is broiled over a charcoal fire, and basted with a sweet soy sauce.）。ご飯に盛ったらタレをかけ、粉山椒をふりかけて出されます（Both are served on hot rice with the basting sauce poured over the top and powdered Japanese pepper sprinkled on top.）。

● 食文化としての歴史…

「鰻」は、奈良・平安期には「むなぎ」と呼ばれ、すでに栄養価の高い食品として夏の食材とされていました。室町期には鮓や蒲焼に調理されています。そして江戸期に平賀源内が、夏の暑さに負けないよう精の付く食材として土用の丑の日に食べることを勧めてから、土用の丑の日にウナギを食べる習慣が定着したといわれています。「うな丼」は、江戸中期、日本橋の芝居小屋界隈で誕生したといわれます。ウナギの蒲焼は、もともとは重箱入りの「うな重」で、重箱の上の箱に蒲焼、下の箱にご飯が詰めてありました。芝居小屋への金貸しだった大久保今助は、ウナギが大好きでしたが、蒲焼は冷たくなると味が落ちるので、温かい蒲焼が食べたいと思いました。そしてウナギ屋の「大野屋」に、重箱ではなく瀬戸物の丼のご飯にウナギを載せ、ふたをして持ってきてくれるよう頼んだのです。こうして「うな丼」が生まれ、葺屋町のウナギ屋「大野屋」はうな丼の元祖となります。

● 周辺の話題…

関西ではウナギをご飯の上と間にも挟むので、ウナギを飯に混ぜ入れる「まぶす」の意から「まぶし」「まむし」と呼ばれ、うな丼は「まむし丼」といいます。また蒲焼をご飯の間に挟んで蒸らすので、「魚蒸し（まむし）」からという説もあります。関西風のウナギ飯でもあり、器に熱い飯の半分を入れて蒲焼を載せ、残りのご飯を入れてタレをかけます。なお蒲焼は、関東ではウナギを背開きにし、白焼きして蒸してから改めてタレを付けて焼きますが、関西ではウナギを腹開きにし蒸さずに素焼きしてタレを付けます。

②親子丼：Chicken and Egg on Rice

「親子丼」は、鶏肉と卵を煮て丼のご飯にかけた物です。「親子丼」は、親である鶏肉と子である卵を使うことからの名です。

● **英語で説明するなら…**

「親子丼」は、鶏肉と卵を丼のご飯に載せた丼ものです（OYAKO-DON is a bowl of rice served with chicken and eggs on top.）。鶏肉、ネギなどを醤油、みりん、砂糖で味付けただし汁で煮て、卵でとじます（Pieces of chicken, thinly-sliced green onion, etc. are cooked in stock flavored with soy sauce, mirin, and sugar, and held together by a beaten egg.）。丼に盛ったご飯にかけ、三つ葉を散らします（They are poured over hot rice in a bowl garnished with trefoils.）。

親子丼は、親である鶏肉と子である卵を使うことからの名です（As the two main ingredients are chicken and eggs, this dish is named OYAKO (-DON) which means "parent and child".）。鶏肉以外の肉を用いたものは、「他人丼」といいます（Rice topped with meat other than chicken with eggs is called "TANIN (-DON)", which means unrelated people.）。

● **食文化としての歴史…**

親子丼は、東京日本橋人形町の「玉ひで」が創作した丼もの料理の一品とされます。「玉ひで」の前身はシャモ専門店の「玉鐵」で、将軍に仕える御鷹匠の山田鐵右衛門が 1760 年に創業しました。その後「シャモ鍋」の店として営業を続け、明治初期には有名な人気店となります。そのような中、鶏のすき焼きの締めに割り下と肉を卵でとじる客が続出し、「親子煮」と称されました。しかし当時は、丼に盛ったご飯に汁をかけるのは不作法なことでした。

こうした厳しい武家時代の作法も明治中期にはくずれ始め、5 代目秀吉の妻山田とくが、「親子煮」を食べやすいようご飯の上に載せる「親子丼」を創作するのです。ぶつ切りにしたシャモ肉、だし汁に醤油とみりんの甘い味付け、そして固まる寸前のとろけるような卵と、その親子丼の美味しさは大評判となり、今日に至っています。

● **周辺の話題…**

「親子丼」が創案された当時は、盛り切り丼の汁かけ飯は作法に反するものでしたので、料理としては軽んじられていました。そこで「親子丼」は、「出前」としてのみ提供されたのですが、ちょうど繁忙を極めていた兜町、日本橋界隈で、時間短縮のための食として大歓迎されました。

③カツ丼：A Pork Cutlet on Rice, Pork Cutlet Bowl

「カツ丼」は、人気のとんカツを煮て卵でとじ、丼ご飯に載せたものです。カツ丼は、学生街が生み出した料理とされます。

● 英語で説明するなら…

「カツ丼」は、とんカツを卵でとじご飯に載せたものです（KATSU-DON is a bowl of rice topped with a pork cutlet mixed with beaten eggs.）。とんカツを薄切りのタマネギと一緒に甘辛く煮て、それから溶き卵を流し入れます（A slice of pork, breaded and deep-fried, is cooked with sliced onion in soy sauce-sweetened dashi, and then lightly-beaten eggs are poured over them.）。丼に盛った温かいご飯の上に、とろとろの卵も含め汁ごとすべて載せます（Everything including all the liquid and runny eggs is put on hot rice in a bowl.）。「カツ丼」は早稲田の学生または料理店が創作したといわれています（It is said that this dish was originated by a school boy or at a restaurant in Waseda.）。和洋折衷料理であり、最も人気のある丼物料理の1つです（KATSU-DON, a combination of Japanese and Western cuisine, is one of the most popular Donburi dishes.）。

● 食文化としての歴史…

「カツ丼」は、1921年、早稲田高等学院の学生の中西敬二郎が創作したといわれています。行きつけの喫茶店で作って店主に勧めたところ、客にも大人気となったとされます。「カツ丼」の由来には、他の説もあります。早稲田のある店で、直前にキャンセルされた宴会用の大量の豚カツを利用するため、親子丼から考案したという説、同じ早稲田で高畑増太郎が考え出した「ソースカツ丼」が原型という説などです。いずれにしても、学生の街の早稲田界隈から生まれた料理といわれます。食べごたえもあり満腹感も得られるので、学生に人気であり、そして「勝つ」食べ物として験を担いで受験前に食べたり、運動部の選手などが試合前に食べたりもします。とんカツの専門店は勿論、一般の料理店やそば屋などでも定番の料理です。

● 周辺の話題…

「ソースカツ丼」は、カツレツをソースで調味して丼に載せた物です。高畑増太郎が1913年に創作したとされます。高畑はベルリンの日本人倶楽部で料理修行の後、東京早稲田鶴巻町に西洋御料理ヨーロッ軒を開店します。そして当時人気だったカツレツをドイツ仕込みの特製ソースで調味し、「ソースカツ丼」を売り出したのです。関東大震災後に郷里の福井市で再開し、今では福井名物になっています。「ハイカラ丼」とも呼ばれます。

第Ⅲ部　調理法(煮、揚、焼、蒸など)にまつわる和食を理解し英語で伝える　269

④牛丼：Cooked Beef on Rice, Beef Bowl

「牛丼」は、牛肉とネギを醤油など和風の味付けで煮てご飯に載せた丼物です。牛丼のチェーン店、「吉野家」が有名です。

● 英語で説明するなら…

「牛丼」は、牛肉をネギかタマネギとともに、醤油などで甘辛く煮てご飯の上に載せた丼物です（GYU-DON is a donburi dish of rice topped with slices of beef and onion or green onion cooked in soy-sauce-sweetened broth.）。「吉野家」のチェーン展開とともに普及していきました（It has spread well along with the chain expansion of the restaurant YOSHINOYA.）。

● 食文化としての歴史…

明治20（1887）年頃、「牛めしぶっかけ」が登場します。細切れ牛肉にネギを入れて煮込み、丼飯の上にかけた物で、東京に現れたとされます。材料に食肉処理場から買い入れた牛肉の内臓、腹皮、腸などを使ったため、仕入れは安く売り上げは大きかったのですが、一方で硬くて噛みきれないとの苦情も殺到したといわれます。明治32（1899）年、当時魚河岸のあった東京日本橋に牛丼の「吉野家」が開店します。その後魚河岸の築地移転とともに築地へ移り、昭和33（1958）年には株式会社「吉野家」が誕生します。そして昭和43（1968）年にはチェーン展開を開始、新橋に店舗を出店します。「吉野家」は「はやい、うまい、やすい」のコンセプトで大人気となり、各地に次々と店舗を出店し海外にも進出、また追随店も現れ、「牛丼」は手軽な丼物和食として広まりました。

● 周辺の話題…

「牛丼」は、「牛鍋」の残りをご飯にかけたところ美味しかったことから誕生したという説があります。

⑤そぼろ丼：Minced Chicken, Shrimp, and Egg on Rice

「そぼろ」は、鶏肉などの挽肉、ゆでてほぐしたエビや白身魚類を、砂糖や塩などで調味して炒り付けた物です（SOBORO means crumble topping made from minced chicken or meat, as well as shredded, boiled shrimp or white fish, which are lightly parched and seasoned with sugar and salt.）。通常炒り卵も含まれます（Scrambled egg is usually included too.）。「そぼろ丼」は、これらのそぼろを別々の位置に色鮮やかに載せた丼物です（SOBORO-DON is a donburi dish in which each ingredient of SOBORO is separately and beautifully placed on top of rice.）。

⑥鉄火丼：Tuna Sushi Bowl, 海鮮丼：Fresh Seafood on Rice

　「鉄火丼」はマグロを載せた物、「海鮮丼」は種々の魚介を載せた物ですが、普通のご飯ではなく寿司飯を使った丼物です。

● 英語で説明するなら…

　「鉄火丼」は、丼の寿司飯に味付けしたマグロを載せたものです（TEKKA-DON is a bowl of vinegared rice topped with marinated tuna.）。寿司飯を盛りもみ海苔を散らした上に、醤油仕立ての漬け汁に漬けたマグロの刺し身を花びらの形に載せます（On sushi rice topped with shredded nori seaweed, the raw tuna slices soaked with soy-based sauce are arranged in a rosette pattern.）。ワサビを添えます（It is garnished with grated wasabi horseradish.）。鉄火丼の「鉄火」とは生マグロのことで、熱した鉄の色のように赤いことからといわれます（TEKKA of TEKKA-DON means raw tuna, which is so named because its color is as red as tekka-molten iron.）。

● 食文化としての歴史…

　鉄火の名称の由来には他にも諸説あり、マグロが中身の巻物寿司が鉄砲筒から発射される赤い火のようなので鉄火巻きと呼んだという説、身持ちを崩したやくざを鉄火ということから身を切り崩したマグロを鉄火と呼ぶようになったという説、鉄火場と呼ばれる賭博場で賭博をしながらマグロ入りの細巻きを食べることが多かったからという説もあります。鉄火丼は幕末から明治初期頃に創作されたといわれます。幕末にマグロが江戸近海で記録的な大漁となったことがありました。当時価格が急落したマグロを大量に仕入れたある寿司屋が、鮮度が落ちるのをごまかすために醤油に漬けて安価な寿司種にしたところ、評判になり「づけ」と呼ばれるようになりました。やがてそのマグロのづけの寿司種を具材にして丼物が生まれたといわれます。

● 周辺の話題…

　「海鮮丼」は、寿司飯の上に種々の新鮮な海産物を載せた丼物です（KAISEN-DON is a bowl of vinegared sushi rice topped with various kinds of fresh seafood.）。本来は寿司職人により握り寿司となる寿司種を、丼の寿司飯に載せたもので、寿司を握る技巧がなくても作れることから、魚市場の脇の出店などでも提供されます。安価で獲れ立ての新鮮な海産物を食することができる、庶民的な料理として人気があります。各地の産物を中心とした各種海鮮丼があり、北海道の海産物である生サケやホタテ、イクラ、ウニなどを載せた「北海丼」などが有名です。

⑦天丼：Tempura on Rice

「天丼」は、丼に盛った熱々のご飯の上に、揚げ立ての天ぷらや精進揚げを載せ、丼用のつゆをかけた物です（TEN-DON is a bowl of hot rice topped with tempura made from freshly batter-fried seafood and/or vegetables, on which sweetened soy-sauce broth is poured.）。

ご飯の上に天ぷらを載せた「天丼」を創作したのは、1831年創業の江戸新橋の「橋善」という説があります。「橋善」は、魚河岸でアナゴの優先選択権を持ち、東京で一番古い天ぷらの老舗といわれます。小エビや貝柱などを厚めの衣で揚げた巨大なかき揚げが有名です。屋台として出発した「橋善」は、幕末の1865年には店舗になったとされます。また、1837年創業の「三定」が創作したという説もあります。三河（現愛知県）から上京してきた初代定吉が「天ぷら屋台」を始め、「三定」と称します。そして当時人気の天ぷらを、食べごたえのある丼物にすることを思いついたといわれます。

現在では天丼は、その具材により、「海老天丼」「アナゴ丼」「かき揚げ丼」などと呼ぶものもあります。

⑧ネギトロ丼：Toro with Green Onion on Rice

「ネギトロ丼」は、マグロの「トロ」をたたいて刻みネギと混ぜ合わせ、丼に盛った寿司飯に載せた物です（NEGI-TORO-DON is a bowl of vinegared sushi rice topped with a mixture of Toro, the minced fatty flesh tuna, and finely chopped green onion.）。

「トロ」はマグロの腹側の脂の多い部分、ハラミをいいます。口当たりがトロっとしているので「トロ」と呼ばれます。マグロは傷みやすく江戸・明治期には「下魚」「安魚」とされ、生食の寿司種としても、醤油に漬けた「づけ」以外は人気がありませんでした。脂の多いハラミは、むしろネギと一緒に煮込む鍋料理「ねぎま鍋（葱鮪鍋）」に用いられ、安価なご馳走でした。やがて大正中期に、日本橋の「吉野鮨」がマグロのハラミを「トロ」と命名し寿司ネタとして提供すると、注目されるようになります。そして第二次世界大戦後、冷凍技術が発達して鮮度のよい状態で入手できるようになり、日本人の嗜好も脂の多い物へと変わると、高級な寿司ネタとなっていきます。

「ネギトロ丼」は、そんな高級寿司ネタを、マグロのハラミの切れ端を使って手頃な価格で食べられる丼物にしたものです。脂の多いトロに、さっぱりとした刻みネギがよく合います。

7. 蒸し物：Steamed Dishes

「蒸し物」は、蒸気で具材を調理したものです。「酒蒸し」「かぶら蒸し」「信州蒸し」「茶碗蒸し」などがあります。

● 英語で説明するなら…

「蒸し物」は、蒸気を中まで通して具材を調理したものです（MUSHI-MONO means dishes of ingredients cooked through to their center by steam.）。「蒸し調理」には、酒を振りかけた「酒蒸し」、かぶらのすりおろしを加えた「かぶら蒸し」、そばと一緒に蒸した「信州蒸し」、味付けした卵液を使った「茶碗蒸し」、またアルミホイルを使った「ホイル蒸し」など種々あります（There are several methods of steaming; SAKA-MUSHI with a liberal amount of sake, KABURA-MUSHI with grated turnip, SHINSHU-MUSHI with buckwheat noodles, CHAWAN-MUSHI with savory egg custard, Foil-MUSHI with aluminum foil, and so on.）。「蒸し物」は、仕上げに濃い目の熱々の餡をかけたり、みじん切りのネギやショウガ、またはワサビなどの薬味を添えたりもします（MUSHI-MONO is sometimes served with hot thick soy-flavored sauce, and garnished with finely-chopped green onion, ginger or grated wasabi as a finishing touch.）。

● 食文化としての歴史…

水の豊富な日本では、「ゆでる、蒸す」など水を使った調理法は早くから発達し、既に古墳時代には盛んになっていたとされます。蒸し料理の中心的な食材は米であり、米を蒸した「強飯」は、古代貴族の饗応の飯ともなります。米を蒸すのには、瓦製のかめ形で底に小穴が空いた「甑」が用いられました。蒸し器は後に、「蒸籠」と呼ばれる木製のものが登場します。

弥生期以降には外洋の網漁が発展し、大漁となって加工・調理技術の必要が生まれ、魚介類の蒸し加工も進みます。平安期の貴族の大饗料理の中でも、生ものや焼き物、強飯などとともに、「蒸し物」も用意されました。また食材を包むのには、古くは竹の葉や柏の葉、後には和紙なども用いられました。

● 周辺の話題…

蒸し料理は、煮汁を使わないので食材の水溶性の栄養素も保てるうえ、食材を密閉するので食材の水分が蒸発しにくく中で対流し、柔らかな食感を保てます。さらに水や酒を加えてその水蒸気で蒸焼きしたり、他の具材を加えることでより風味を増したりすることもできます。密閉性を高めるのに、現代ではアルミホイルやラップも使われます。ホイルで蒸し焼きやラップで電子レンジ調理もされています。

①あさりの酒蒸し：Sake-Steamed Short-Necked Clams

　「あさりの酒蒸し」は、アサリを酒と一緒に蒸した料理です（This is a dish of Japanese short-necked [littleneck] clams steamed with sake in a covered pan.）。「酒蒸し」は、具材の量により、酒を振りかけてあるいは具材を酒に浸してから蒸す調理法です（SAKA-MUSHI means steaming the ingredients after sprinkling sake on them or after steeping them in sake, depending on their volume.）。食材の臭みを取り除き、また芳香を増し旨みを引き出すことができます（This recipe can remove odors, and increase the fragrance and flavor of the ingredients.）。貝類や白身魚、鶏肉はこの料理にピッタリの具材です（Ingredients such as shellfish, white-fleshed fish, or chicken are suitable for this cooking.）。

②鰻のかぶら蒸し：Steamed Turnip and Eel in Amber Sauce

　「鰻のかぶら蒸し」は、「鰻の蒲焼」を、卵白を混ぜたかぶらのすりおろしと一緒に蒸した料理です（This is a dish of grilled eel steamed with a mixture of grated turnip and beaten egg white.）。エビやシメジ、ギンナンなど他の具材も加えます（Other ingredients such as shrimp, shimeji mushrooms, gingko nuts, etc. are also added.）。仕上げには、だしにみりん、砂糖、醤油で味付けて片栗粉（葛粉）でとろみを付けた熱々の餡をかけ、ワサビを添えます（It is served with hot sauce made from stock, mirin, sugar, and soy sauce, thickened by a starch-water mixture, and garnished with grated wasabi horseradish.）。この餡はその色から「べっ甲餡」と呼ばれます（The sauce is called BEKKO-AN meaning "Tortoiseshell sauce", because of its amber color.）。アマダイやサワラ、マダイなども用いられます。

③牡蠣のホイル蒸し：Foil-Steamed [Broiled] Oyster

　「牡蠣のホイル蒸し」は、カキをアルミホイルで包み、蒸した料理です（This is a dish of oysters wrapped in aluminum foil and steamed.）。カキは甘めの味噌ダレで味付けし、トースターで蒸し焼きできます（Oysters, flavored with sweetened miso sauce, can be broiled in a foil wrapper using a toaster.）。アルミホイルを使うと直火の影響を軽減しながら、食材の持つ水分や栄養素、また風味も閉じ込めることができます。

　カキは古来食用とされ、日本では室町以降養殖も試行されてきました。広島や宮城、石川の冬ガキ、秋田の夏ガキなどが美味で有名です。

④金目鯛の姿蒸し：Steamed Whole Alfonsino

　キンメダイ（alfonsino, golden eye snapper）を、そのままの姿で蒸した料理です（This is a dish of an alfonsino steamed in its original shape.）。尾頭付きのキンメダイに酒を振りかけて蒸し器で蒸します（A whole alfonsino is steamed in a preheated steamer with sake sprinkled on top.）。千切りにした長ネギとショウガを上に載せ、仕上げに熱々のサラダ油を上からかけて香りと風味を出します（It is served with the toppings of shredded green onion and ginger, on which high-temperature vegetable oil is poured as a finishing touch to add a nice aroma and flavor.）。他にタイやカレイ、スズキ、イサキ、タラなどの白身魚が合います。

⑤せいろ蒸し：Basket-Steamed Dish

　「せいろ」とは、木製の伝統的な日本の蒸し器です（SEIRO is a traditional Japanese type of steamer made of wood.）。湯を沸かした釜の上に、小孔の空いた四角い板と角型の「框」（＝枠）を載せ、その框の底には竹製の簀の子を敷き、その上に食材を置いて蒸します（Placed on top of a pot of boiling water are a square board with holes and a square frame with a bamboo mat set in the bottom, in which food is put to be steamed.）。木製の四角のふたを置きます（The square wooden lid is put in place.）。框は複数段載せることもできます。せいろは魚介・肉類、野菜やイモ類から糯米、団子、饅頭まで種々の食材を蒸すのに用いられてきました。他に丸形の中華蒸籠や、そば・蒸し菓子などの配膳用小型蒸籠もあります。

⑥鯛の信州蒸し：Sea Bream Steamed with Buckwheat Noodles

　「鯛の信州蒸し」は、そばと一緒に蒸したタイ料理です（This is a dish of sea bream steamed with buckwheat noodles.）。そばの繊細な風味が、淡白な白身魚に染みます（The subtle flavor of the buckwheat is added to the delicate white-fleshed fish.）。仕上げにだし汁や醤油、みりん、削り節で作った熱いタレを上からかけ、みじん切りのネギと海苔を添えます（It is served on top with hot soup stock seasoned with soy sauce, mirin, and dried bonito flakes, and garnished with finely chopped green onion and nori seaweed.）。信州蒸しとは、そばと一緒に具材を蒸すことです（SHINSHU-MUSHI is to steam ingredients with buckwheat noodles.）。「信州」は、長野県の旧名信濃国の異称ですが、そばの名産地ですのでこの名が付いています。

⑦茶碗蒸し：Cup-Steamed Egg Custard

「茶碗蒸し」は、だし汁を入れた溶き卵と、魚介、鶏肉、蒲鉾などの具材を茶碗に入れて蒸した料理です。

● 英語で説明するなら…

「茶碗蒸し」は、ふた付き茶碗で蒸した卵汁の料理です（CHAWAN-MUSHI is an egg custard dish steamed in a lidded teacup bowl.）溶き卵に軽く塩、醤油、みりんで味付けただし汁を混ぜ、エビ、鶏肉、蒲鉾、シイタケ、ギンナンなどと一緒にふた付きの茶碗で蒸します（A blend of beaten egg and soup stock flavored lightly with salt, soy sauce, and mirin is steamed in a lidded teacup bowl containing various ingredients such as shrimp, chicken, sliced fish paste, shiitake mushrooms, gingko nuts, etc.）。

● 食文化としての歴史…

「茶碗蒸し」の祖型は、江戸初期の「卵ふわふわ」という料理といわれます。溶き卵にだし汁を入れて蒸した物でした。また具材を入れた物では、江戸中期に「長崎パスデイラ」が現れます。卵に薬味を入れて固めに仕上げ茶碗を割って中身を取り出す物で、それが江戸後期に「長崎茶碗蒸し」となったとされます。長崎茶碗蒸しは、松山藩士の吉田宗吉が開いた長崎料理店「吉宗」の料理で、白身魚、鶏肉、蒲鉾、ギンナンなどを入れた物です。

● 周辺の話題…

「茶碗蒸し」の類型に、「苧環（小田巻）（おだまき）蒸し」や「空也蒸し」もあります。「苧環蒸し」は、「茶碗蒸し」にうどんを入れた物で、器の中でうどんが糸巻きの「苧環」のようなので名付けられました。「空也蒸し」は、豆腐に溶き卵と調味しただし汁をかけて蒸しその上に葛餡をかけた料理で、平安中期の僧「空也」の一派の僧侶が創作したことからの名とされます。

⑧蒸し鮑：Steamed Abalone

「アワビ」は、軟らかくするのに中火で2、3時間蒸す必要がありますが、その風味と軟らかさを味わうにはそれだけの価値があります（An abalone needs steaming for 2 or 3 hours over moderate heat to tenderize the meat, but it is worthwhile due to its subtle flavor and tenderness.）。「アワビ」は、その生命力から不老長寿の象徴であり、またたんぱく質に富み味わい深い食材です。「アワビ」は古来伊勢神宮の神饌として供され、また吉例として武士の出陣や帰陣の祝儀や贈り物に添えられました。その名残が熨斗であり、本来は「熨斗鮑」といってアワビの肉を薄くはいで乾燥させた保存食品で、祝儀用に贈答する慣習が起こり、それが簡略化されて包み紙になった物です。

付録

和食の周辺の英語表現

1. シーン別・和食のマナー Q&A

シーン（1）料理屋やレストランにおけるマナー

質問：日本の料理屋で食事をするときに外国人として知っておかなければならない一番大事なことは何ですか？

As a non-Japanese, what are the most important things to know when dining at a restaurant in Japan?

答え：何よりもまず日本で外食をするということが、あなたのお国で外食をするようなものではないことに早く気づくべきでしょう。

First of all, you should realize quickly that dining in public in Japan will not be anything like dining out in your home country.

（続）：つまり、してはよいことと、してはいけないことの文化的限度というものが存在していて、その限度は文化によって異なっているわけです。換言すれば、ニューヨークやロンドンでは受容されることが東京では受け入れられない場合もあるということです。

That is to say, there are cultural limits that exist, and those limits vary from culture to culture. In other words, what might be acceptable in New York or London may not be acceptable in Tokyo, and vice versa.

質問：もしそういうことであれば、日本で外食をする際に心がけておかなければならない一番重要なことは何であるとお考えですか？

That being the case, what would you say are the most important things to be aware of when eating out in Japan?

答え：重要だと思われることはいくつかあります。例えば、日本語の知識、ボディーランゲージ、料理屋の係の人たちや他の客たち、そして周りの人々たちにどう挨拶し、ことばを交わしたらよいのか、また立つ方がよいのか座っている方がよいのかという立ち居振る舞いを知ることです。

There are several things that might be considered important, such as knowledge of the Japanese language, or body language, or how to greet and interact with the restaurant staff and other guests and people in general, or even one's personal posture whether standing or sitting.

質問：それでは、具体的な知識や技能の面では、何が一番重要なのですか？

In terms of specific knowledge or a skill, what, then, is most important?

答え：和食は、基本的には椀のような器に入って出てきて、箸を使って食べるものですので、何といっても基本的な箸の使い方をマスターしておくことが一番大事ということになります。箸を正しく使えることがよいマナーであり、正しく使えないということは、マナーが悪いということとみなされます。

Since Japanese food is typically served in a bowl and eaten by using chopsticks, it follows that developing some basic proficiency in using chopsticks should be at the top of the list. Using chopsticks correctly is considered "good manners", and using them incorrectly is considered "bad manners".

質問：それでは、もし前に一度も箸を使ったことがないような場合、生まれて初めて箸を使うときどうしてそれを正しく使うことができるというのでしょうか？

So, if you've never used chopsticks before, how can you be expected to use them correctly the very first time you try to use them?

答え：幸いなことに、誰もあなたが正しい使い方をするであろうとは思っていません。実際のところ、日本人は、外国人が箸を何とか少しでも使っているのを見てよくびっくりしたりします。日本人の30代と40代の大人たちの約30％だけが箸を正しく使っているとさえ伝えられています。

Fortunately, no one expects you to. In fact, Japanese people often marvel at foreigners who actually have even a little control over their chopsticks. It has been reported that only around 30% of Japanese adults themselves in their 30s and 40s actually use chopsticks correctly.

質問：箸を使わなければなりませんか？それともフォークとナイフをお願いすることはできますか？

Do I have to use chopsticks, or can I just ask for a fork and knife?

答え：もしあなたが和食を心の底からその素晴らしさを堪能したいとお望みならば、箸の使い方を習得するよう最大努力を払うべきだと思います。

If you want to enjoy Japanese cuisine to its fullest, you should definitely make every effort to learn how to use them.

(続)：簡単にいってしまえば、寿司を食べるのにナイフやフォークを使う人は誰もいないということです。実際に、高級なお店で寿司を食べる時には箸が最も使われる用具なのですが、そのようなお店でも時にはその箸を使わずに、手で寿司をつまむこともあります。

As a simple case in point, you will never see anyone using a knife and fork to eat sushi. While chopsticks are the most commonly used utensil when eating sushi, in some high end establishments, you will use no utensil at all and pick up the sushi with your bare hands!

(続)：料理店や料理の種類によっては、フォーク、ナイフ、スプーンの類が用意されていないこともままあります。そのようなこともありますので、どのようなものが出されても箸でそれをつかみ、食べられるようになっておいた方がよいでしょう。

Depending on the restaurant and the type of cuisine, forks, knives, and spoons may or may not be available, so for that reason as well you should be able to pick up and eat whatever is served with chopsticks.

質問：日本式の箸は使いやすいですか、それとも難しいですか？

Are Japanese-style chopsticks easy or hard to use?

答え：あなたが料理を食べる時の主な用具が箸である中華料理など世界の料理に接してきた経験により、最初に日本の箸を使うのが易しいか難しいかは変わってきます。日本では、よく塗りものではない木製の使い捨ての箸に出会うことでしょう。それは割り箸と呼ばれるものです

が、箸を2つに割るところからそう呼ばれています。

Depending on your experience with world cuisines such as Chinese, where the main eating utensil is a pair of chopsticks, they may be easy or hard to use at first. In Japan you will often encounter chopsticks made out of unpainted wood which are disposable. They are called 'waribashi' in Japanese because you have to split them in two before use.

(続)：日本語の「割り」は「半分に分ける」という意味です。他の、例えば滑りやすい樹脂製の使い捨ての箸よりも、その肌あいから使いやすいものです。ただ、使う前に2つに割らなければなりませんが。

'Wari' means 'half-spilt' in Japanese. Due to their texture they are easier to use than ones often made from other slippery materials such as resin-disposable chopsticks. They must be broken apart before being used, however.

質問：割り箸の割り方に何か決まりはありますか？

Is there any rule or a correct way to split waribashi chopsticks?

答え：割り箸を2つに割る一番いい方法は、（箸を横にして）右手で下の部分をしっかりとつかみ、左手で上の部分を静かに持ち上げていくことです。

The best way to split the waribashi chopsticks is to firmly grasp the lower chopstick with the right hand and gently lift up the upper chopstick with your left hand.

質問：先ほど寿司を手でつかんで食べることもあるとおっしゃっていましたが、どのようにすればよいのか教えてくれますか？

A little while ago you said that you would use no utensil at all and pick up the sushi with your bare hands. Please let me know how to do it.

答え：まず、寿司を少し傾けて、人差し指と中指をすし飯側に添えます。そして親指で寿司ネタ側を挟むようにして持ちます。次に、寿司ネタ側に醤油を少しだけ付け、そのまま口に運びます。

First, tilt the sushi slightly on its side, with your index finger and middle finger on the rice and your thumb on the sushi topping.

Then, dip the sushi topping lightly in the soy sauce and bring it straight up to your mouth. Try to eat the sushi in one mouthful rather than biting it in half.

質問：箸はどこへ置けばいいですか？

Where should you place your chopsticks?

答え：あなたの真ん前に、そして料理や食器とあなたとの間に並行して、箸の先（尖っている方）を左側にして置きます。もし箸置きがあれば、衛生上から料理を取る箸の先が食卓にじかに触らないようにするため、その部分を箸置きの上に置いておきます。

You should place your chopsticks directly in front of you in parallel between you and your food and tableware (bowls, plates, etc.), with the tip to the left. If there is a chopsticks holder (hashioki), then for good sanitation the tip which is to come into contact with the food should be placed on it to keep it off the table surface.

質問：箸を使う上でしてはならないことは何でしょうか？

What should you NOT do with your chopsticks?

答え：箸の先端を持たないこと、そして箸を交互に重ねないことです。箸を料理に刺してはいけません。また、どのような時でも、絶対に箸をご飯にまっすぐに突き刺してはいけません。それは、周りの人に、ご飯に箸を突き刺して死者の枕元に供える仏事を連想させるからです。

You should not hold your chopsticks near the tip end, and you should never cross them (lay them over one another). You should not stick a chopstick into food. Especially, in no case whatsoever should you stick a pair of chopsticks into rice straight up. To the Japanese this would conjure up images of chopsticks stuck straight up in a rice bowl - an offering to departed souls.

（続）：箸と箸で人から人へ料理を渡してはいけませんし、箸を振ったり、握りしめたりしてもいけません。それらはみな品がない振る舞いとみなされます。

You shouldn't pass food to another person with them nor wave nor shake them - it is considered rude.

> **質問**：鍋料理、一緒盛り、また大皿料理からみなで料理を取り合うときに衛生面で安全にしたいのですが、どのようにすればいいですか？
>
> What should you do to ensure there is a proper level of hygiene when sharing a hotpot or common dish?

答え：一番安全なのはそのような料理には手をつけないことです。もし取り合わなければならないときは、それ専用の箸を頼むことができます。この箸は食用の箸よりも長く、菜箸とか取り箸と呼ばれます。

The safest thing would be not to share any common dishes. If you must share, you could request a special set of chopsticks for the sole purpose of serving food. They are longer than regular chopsticks used for eating and are called 'saibashi' and 'toribashi'.

（続）：日本では、この衛生上の常識を無視する人は多くいます。それができない場合には、箸を持つ方の端で料理をつかむ方法があります。これにより病気の感染を防ぐことができるでしょう。

In typical situations in Japan many people ignore this common-sense approach to hygiene. Failing these, you could also turn your chopsticks around and grab the food with the grip end. This may reduce the risk of some diseases being transferred from person to person.

> **質問**：多くの料理屋にはテーブルナプキンがありませんが、どうすればいいですか？
>
> In many restaurants in Japan there are no table napkins. What should you do?

答え：料理屋やレストランの多くでは、おしぼりを出してくれます。おしぼりは手を拭くためだけに使います。テーブルナプキンやウエットティッシュを頼むこともできます。

A lot of restaurants offer 'oshibori'. You would use oshibori only to cleanse your hands. You can also request table napkins as well as wet tissues.

質問：日本料理屋で食事をするときの正しい座り方はどのようなものですか？

What is the correct sitting posture in a Japanese restaurant?

答え：それはそのお店では、どのような着席方法になっているかということになります。和式の席しかないところも少しはありますが、ほとんどの料理屋が西洋式の座席を用意しています。

That would depend on what kind of seating arrangement there is. Most restaurants provide western-style seating, while only a few provide Japanese-style seating only.

（続）：もし、それが和食料理の正餐ということであれば、足を組む正座をしなければなりませんし、すべきです。ただ、数分で辛くなりますが。

If it's a formal Japanese dining establishment, you may be required or strongly encouraged, at least, to sit 'seiza-style' (with your ankles crossed). This would become quite uncomfortable after a few minutes.

付録　和食の周辺の英語表現　285

シーン（2）日本人家庭へ招待された場合のマナー

質問：日本人家庭での夕食に招待された場合、何か贈り物を持って行くべきでしょうか？

Should you bring a gift if you were invited to a Japanese home for dinner?

答え：ぜひそうすべきです。それが、おもてなしに対する感謝の意味にもなります。ただ、その贈り物は店で買う菓子類のような簡単なもの、あるいはワインや酒、またはその家のご主人や奥さんへの個人的なもので十分です。日本語ではこれを「手みやげ」といいますが、「手」で持って行く「土産」という意味です。

Of course you should. This is to say "thank you" for the hospitality. This can be just a small item such as some sweets purchased at a store. Or, a bottle of wine or sake. Or, a personal gift for the host and hostess. This is called a 'temiyage' in the Japanese language, literally meaning 'hand souvenir'.

質問：招待してくれた家の方へはどのように挨拶したらよいでしょう？

How should you greet your host and hostess?

答え：このような場合の定型表現としては "Thank you for inviting us." ですが、英語で伝える方がよい場合が多くあります。招いた側は実際に英語を聞いたり、話したりできる少ない機会を大事にしたいと思うからです。

One typical phrase in this situation is "Thank you for inviting us." Speaking English is often received better by Japanese because most Japanese value highly the few chances they have to actually hear and speak English themselves.

（続）：もしどうしても日本語で話したいと感じるのであれば、"Thank you for having us over today." の意味を表す「今日はお呼びいただき有難うございます」か、もう少し丁寧な「今日はお招きいただきまして有難うございます」といえばよいでしょう。

If you feel like you 'must' speak Japanese, one thing you could say is "Kyo wa oyobi itadaki arigatou gozaimasu". This translates roughly as "Thank you for having us over today". A more polite way to say this is "Kyo wa omaneki itadaki mashite arigatou gozaimasu".

質問：家の中に入り玄関にいるとします。そこでは何と言い、何をすればよいのでしょう？

When you've just come in the house and are in the entry what should you say and do?

答え：最初に「お邪魔いたします」と日本語で言い、玄関のしつらえ（飾り付けや置物など）や家の全般についてご主人や奥さんに賛辞を贈ります。英語でよいでしょう。玄関から家の中に入るには履物を脱がなければなりません（まず例外はありません）。

First you should say "Ojama itashimasu". Then you should compliment the host and hostess on their entry decor, or their house in general. You can speak English in this instance. Before moving from the entry into the house itself, you must remove your shoes (almost without exception).

質問：家の方が日本茶を運んできてくれた時には何と言えばよいでしょうか？

When the host or hostess brings you Japanese tea how should you respond?

答え：「有難うございます」と日本語で言えばよいでしょう。ほとんどの場合英語は問題なく受け入れられますから英語で "Thank you very much." と言ってもかまいません。もしお辞儀の仕方を習っていたら、上体を少しかがめるだけで最も礼儀正しい挨拶になります。

You should say "Arigatou gozaimasu" in Japanese, or since English is totally acceptable in most instances and situations, you can just say "Thank you very much". If you have learned how to do so already it would be most polite to bow your upper body slightly as well.

付録　和食の周辺の英語表現　　287

> **質問**：茶托が食卓に運ばれてきました。客側の一人として何をすべきでしょうか？
>
> After the tea tray is brought to the table, what should each guest do?

答え：客は一人ひとり「いただきます」と日本語で言います。その時、両手は胸の前あるいは膝の上に置いておきます。数秒経ってから客は、左手で茶碗の下を支えながら、右手で茶碗を取り上げます。

Each guest should say "Itadakimasu" in Japanese. Both of your hands should either be in front of your chest or else on your lap at that moment. A few seconds or so after that, each guest can then pick up the tea cup with their right hand, while gently supporting the underside of the tea cup with their left hand.

> **質問**：なぜ客は「いただきます」というのですか？
>
> Why do you say "Itadakimasu" as a guest?

答え：「いただきます」は字義的には「このお食事をあなたと一緒に食べさせていただきます」という意味です。もとの意味は、自然に（あるいは万物の神々に）対してこれから分かち合う食事に感謝するというものでした。その後これが、食事を用意してくれたり、給仕してくれたりする人に感謝するという意味になりました。

"Itadakimasu" literally means "I partake (of this meal)". Its original meaning was to say 'thank you' to nature (or by extension, Gods in nature) for the food one is going to partake of. Later this came to mean a way to thank whoever prepared or served the food.

> **質問**：茶碗を持ち上げた後、どのようにして茶を飲めばよいのですか？
>
> After picking up the teacup, how should the tea be drunk from the cup?

答え：両手で茶碗を抱えながら、上体はまっすぐにしたままでその茶碗を口のところまで運びます。もし茶が熱すぎる場合には、しばらくそのまま茶碗を持っているか、もとの位置へ戻して冷めるのを待ちます。

While continuing to hold the cup with both hands, the cup should be brought up and toward the mouth without moving one's upper body. If the tea is too hot to drink, then it is okay to either hold the cup a short time more before drinking from it or set it back down until it has cooled down a little.

(続)：絶対に吹いて冷ましたりしてはいけません。それは無作法なこととみなされます。茶を飲むときにはズルズルと音を立ててすすらず、静かに飲むべきです。

Never try to blow on it, which is considered rude. While drinking, it is also considered rude to slurp the tea, or otherwise make noise, so the tea should be drunk quietly.

質問：客として茶を飲み終わる前に何をしなければなりませんか？

Before finishing the tea, what should the guest do?

答え：「おいしいです」と言えばよいでしょう。"The tea is delicious." という意味ですが、そのまま英語で言ってもかまいません。茶をいただいている間に何度かこのように述べるのは大変に丁寧です。

He or she should say "Oishii desu". This means "The tea is delicious" (it's also fine to say this in English). Saying this a couple of times while sipping or drinking the tea is considered to be very polite.

(続)：日本の文化規範に照らしても、それはもてなす側の人に対する賛辞ともなります。食事をしているときほど必要ではないとはいうものの、この習慣を身に付けていくことはよいことです。それは、また招いた側の家の人々に対しても、食事に出した料理や酒類を客が喜んでくれたということの証にもなるからです。

It is also complimentary to the host or hostess, simply for the reason that it is the norm in Japanese cultural behavior. This is not quite as necessary when drinking as when eating, but it is a good habit to develop. It also reassures the host or hostess that everything is fine with the traditional beverage or food which has just been served.

質問：茶を飲み終わった後に客は何をどうすればよいですか？

After finishing the tea what should the guest do?

答え：茶碗をもとの位置に戻します。そして、「ごちそうさまでした」あるいは英語で "The tea was delicious." と言います。

The guest should return the cup to its original place, then say "Gochisou sama deshita" or "The tea was delicious." in English.

質問：茶や料理が全部終わった後にのみ「ごちそうさま」というのはいったいなぜですか？

Why is it you say "Go-chisou-sama" only after the tea is completely consumed, or after any meal as well?

答え：招いてくれた主人や奥さんに感謝の意を表すためです。昔々、日本では料理を用意したり給仕したりするのは今よりも大変なことでした。料理を用意する側は、その食材をあちらこちから集めてこなければなりませんでした。日本語で「馳走」はその行動を意味する動詞で、それに丁寧語の接頭辞「ご」を付けてこの丁寧な3語からなる表現が使われるようになりました。

This is said to thank the host or hostess. A long time ago in Japan it was more difficult to prepare and serve a meal. The person preparing the meal had to gather all the ingredients from this place and that. In the Japanese language there is the verb 'chisou' to describe that action, hence 'gochisou' (with the polite prefix "go" preceding 'chisou') came to be used in this polite three-word expression.

シーン（3）ラーメン屋でのマナー

質問：ラーメンは普通熱々で出されます。どうしてみなは舌がやけどしてしまうかもしれないのにその熱々のラーメンをすぐに食べ始めるのですか？

When ramen is served it is usually piping hot. Why does everyone start eating it right away even though it might scald your tongue?

答え：ラーメンを美味しく食べる鍵はスピードにあります。5分以内に完食するようにすべきです。さもないと、麺が汁を吸いすぎてその量がやたらに大きくなるからです。

The key to eating ramen is speed. You should try to finish your bowl within 5 minutes. Otherwise the noodles will absorb too much fluid and become overly big.

質問：なぜラーメンを食べる時にズルズルと音を立てるのですか？

Why is it you should slurp the noodles when you eat ramen?

答え：それはラーメンを早く食べるのを助けるためです。またこの方法ですとラーメンの持てる味のすべてを味わえるからです。

This helps you eat it faster. You can also get the full taste of the ramen dish this way.

質問：日本のよいラーメン屋の店内は、ラーメンをすするズルズル音の他には普通静かですよね。いったいそれはなぜなのでしょうか？

In a good ramen shop in Japan it is usually quiet (except for the sound of slurping). Why is this?

答え：先ほど述べたのと同じ理由からです。また、自分たちのラーメンを食べてきた経験則を最大限生かすためです。麺をすするときに空気を混合することでラーメンの香りがより多く楽しめるのです。

For the same reasons mentioned above, and also so as to maximize one's ramen-eating experience. Mixing air in (by slurping) brings out more of the aroma of the ramen.

> **質問**：もし客がラーメンを音も立てずに食べていたら、ラーメン店のシェフはその人のことをどう思いますか？
>
> What will a Japanese ramen chef think of you if you don't constantly slurp the noodles?

答え：彼はきっとその客が彼の作ったラーメンを嫌いなのだと思い、多分気分を害することでしょう。

He will probably get offended and think that you don't like the ramen dish he made.

> **質問**：ラーメン丼からスープを直接に飲んでもかまいませんか？
>
> Is it okay to drink the soup from the bowl?

答え：はい、スープは飲んでかまいませんし、それはラーメンの一部と考えられています。ただそのスープは塩分を多く含んでいますから、塩分を摂りすぎないように、スープを残すこともできます。

Yes, the soup can be drunk and is considered part of the meal. Since the ramen soup tends to contain a lot of salt, to avoid taking in too much salt the soup can be left in the bowl.

> **質問**：スープを飲む時には、ラーメンドンブリを口に持ってくるべきですか、それとも口をドンブリに持っていくのですか？
>
> Should the bowl be brought to the mouth or should the mouth be brought to the bowl when drinking soup?

答え：ラーメン店へ行くと両方のケースを見ることができます。しかし、ドンブリを両手で持ち上げて口へ運ぶのが正しいマナーであり、また品よくみえるものです。

You can see both cases at a ramen shop, but really correct manners is to bring the bowl up to the mouth without moving your upper body（with two hands is considered more elegant）.

2. 食材の英語表現一覧表（五十音順）

〈 日本語 〉　　　　　　　　〈 英語表現 〉

ア
青柳（あおやぎ）	a surf clam
赤貝（あかがい）	an ark shell
鯵（あじ）	a horse mackerel
小豆（あずき）	adzuki beans, small brownish-red beans often used to make sweets
厚揚げ	thickly-sliced deep-fried tofu
穴子	a sea eel
油揚げ	deep fried tofu
甘海老（あまえび）	a deep-water shrimp, a northern shrimp
甘鯛（あまだい）	a tilefish
あらめ（荒布）	a type of edible seaweed
鮑（あわび）	an abalone
餡（あん）	a sweet, mashed paste made from beans or nuts
イクラ	salmon roe
一夜干し	any fish which has been dried for one night
いりこ（炒子）	dried sardines
鰯（いわし）	a sardine
薄揚げ	thinly-sliced deep-fried tofu
独活（うど）	an edible plant (the Japanese spikenard)
海胆（うに）	a sea urchin
小倉あん	a sweet adzuki bean paste containing both mashed and whole beans

カ
貝	general word meaning shellfish
海藻	edible seaweeds
貝割れ	daikon sprouts
柿	a persimmon
牡蠣	oysters
片栗粉	a fine vegetable starch used as a coating for fried foods

〈 日本語 〉	〈 英語表現 〉
鰹（カツオ）	bonito, skipjack, oceanic bonito
鰹節（かつおぶし）	dried bonito, dried bonito flakes
かまぼこ	fishcake
カレイ	flounder, flatfish, sole
皮剥（かわはぎ）	thread-sail filefish
間八（かんぱち）	great amberjack
かんぴょう	finely cut dried gourd used for sushi
生地（きじ）	batter
鱚（きす）	a Japanese whiting
牛すじ	fibrous beef
牛肉	beef
牛乳	milk
銀杏	a ginkgo
栗	chestnuts
栗あん	a sweet, mashed paste made from chestnuts
車海老（くるまえび）	a Japanese tiger prawn, kuruma prawn
芥子の実	white poppy seeds
麹（こうじ）	cooked rice and/or soy beans inoculated with a fungus
こしあん	a sweet, mashed paste of adzuki beans with skins removed
鮗（このしろ）	a Konoshiro gizzard shad
牛蒡（ごぼう）	burdock root
ごま	sesame
ごまダレ	sesame dipping sauce
小麦	wheat
小麦粉	wheat flour, wheat farina
米	uncooked rice
米粉	rice flour
こんにゃく	konjac, devil's tongue, konnyaku potato
サ さつまいも	a sweet potato
鯖（さば）	a mackerel

2. 食材の英語表現一覧表（五十音順）

〈日本語〉	〈英語表現〉
針魚（さより）	a Japanese halfbeak
秋刀魚（さんま）	a Pacific saury
紫蘇（しそ）	aromatic green leaf used in salads
しまあじ（縞鯵）	striped jack, white trevally
蝦蛄（しゃこ）	a squilla
出世魚	a fish which as it matures changes in name
春菊	garland chrysanthemum, chop suey greens
生姜	ginger
上新粉	top-grade rice flour made from non-glutinous rice
白魚（しらうお）	a Japanese ice fish
白玉粉	ground uncooked glutinous rice often used to produce confectionaries
白あん	a sweet, mashed paste made from white beans
酢	vinegar
鱸（すずき）	Japanese sea bass
墨烏賊（すみいか）	a Japanese spineless cuttlefish
タ 大根	a daikon（a long, white radish-like vegetable）
大豆	soy, soya, soya bean, soybean
大豆粉	soybean flour, soy flour
平貝（たいらがい）	a razor clam
蛸（たこ）	an octopus
だし	a base broth for soups
竹輪（ちくわ）	grilled fish sausage
ちりめんじゃこ	semi-dried very small sardines
粒あん	whole red beans boiled in sugar
豆腐	tofu, bean curd
鳥貝（とりがい）	a cockle
鶏肉	chicken（meat）
とんこつ	pork bones in broth
ナ 海苔	edible seaweed
ハ はったい粉	a flour made from roast barley

付録 和食の周辺の英語表現 295

〈 日本語 〉	〈 英語表現 〉
花かつお	small shavings of skipjack tuna
馬肉	horse meat
ハーブ	herbs
蛤（はまぐり）	a common orient clam, a hamaguri (a type of Japanese clam)
パン粉	breadcrumbs (without crusts) often used as a coating for deep-fried foods
はんぺん	a mild-tasting, soft and fluffy fishcake made of ground fish
ひしお（醤）	a semi-solid made of soybeans and salt, from which soy sauce was developed
ひじき（鹿尾菜）	hijiki, a kind of edible seaweed
ヒラメ	a Japanese flounder
麩（ふ）	wheat gluten
ふぐ	the toxic pufferfish (also blowfish, globefish) and its meat
豚肉	pork
鰤（ぶり）	a Japanese amberjack
帆立（ほたて）	a scallop
牡丹海老（ぼたんえび）	the Botan shrimp
北寄貝（ほっきがい）	a Sakhalin surf clam
ポン酢	a citrus-based sauce used in Japanese cuisine
本マグロ（黒マグロ）	bluefin tuna
鮪赤身	bluefin tuna akami
鮪大トロ	bluefin tuna otoro
鮪中トロ	bluefin tuna chutoro
眞子鰈（まこがれい）	a marbled flounder
真鯛	a red sea bream
松茸	a type of edible mushroom
水菜	a cool season mustard green
味噌	bean paste
三つ葉	a type of Asian herb with a mild flavor and crisp texture, trefoil

マ

2. 食材の英語表現一覧表（五十音順）

〈 日本語 〉	〈 英語表現 〉
みょうが	a myoga, a Japanese ginger (buds and stem)
海松貝（みるがい）	a Pacific gaper
もち粉	glutinous rice flour, sticky rice flour
糯米（もちごめ）	ground cooked glutinous rice
糯米粉	ground cooked glutinous rice flour
もやし	bean sprouts
もろみ	a mash
ヤ 槍烏賊（やりいか）	a pear squid
ゆず	a tart citrus fruit (and juice) used as an ingredient in seasonings and sauces
羊肉	mutton or lamb (meat)
ワ わさび（山葵）	wasabi, Japanese-style horseradish

3. 料理（調理）器具の種類

〈 日本語 〉	〈 英語表現 〉
揚げ物の道具	agemono no dougu; deep-frying equipment
揚げ物鍋	agemono-nabe; deep-frying pot, which has to be heavy enough to retain heat well and also deep enough to hold sufficient amounts of oil.
網杓子	ami-shakushi; a net ladle, a scoop made of fine wire mesh for skimming bits of batter from the oil and keeping oil clean.
油切り	abura-kiri; an oil drainer, a shallow pan fitted with a rack for draining freshly fried foods
金属製の箸	long metal chopsticks with wooden grips
土鍋	donabe; earthenware casseroles. The Japanese donabe can be used in an oven as well.
箸	hashi; chopsticks. Chopsticks are essential in both the kitchen and at the dining table. A long pair (or two) of cooking chopsticks (called saibashi) along with chopsticks for eating (called hashi or ohashi).
串	kushi; skewers
巻き簾	makisu; a bamboo mat which is made by weaving strips of bamboo into a mat with strong cotton string, an indispensable utensil for rolled sushi.
巻き焼き鍋	makiyakinabe; omelette pans for omelettes or egg rolls
蒸し器	mushiki; metal steamers
蒸籠	seiro; bamboo steamers, a set of round wooden tiers placed over a boiling pot
落し蓋	otoshi-buta; a wooden drop-lid which is a necessity in preparing simmered dishes
おろし金	oroshigane; craters. There are two kinds of Japanese graters. The grater for daikon (giant white radish) gives a somewhat coarser result than the grater used for ginger or wasabi horseradish.

〈 日本語 〉	〈 英語表現 〉
すり鉢	suribachi; a grinding bowl (mortar), a sturdy high-fired pottery bowl textured with a combed pattern on the unglazed inside.
すりこぎ	surikogi; a pestle. A set of suribachi and surikogi is designed to crush and grind seedy materials with speed and little exertion.
ざる	zaru; bamboo draining baskets which are used for draining off liquids and rinsing foods, for arranging, sorting and tossing, for salting, and for many other steps of food preparation.
そばざる	soba-zaru; a draining mat for zarusoba
包丁	hocho; Japanese knives. There are three Japanese knives that do most of the work as follows:
1. 出刃庖丁	deba-bocho; a kitchen carver. This is basically a fish knife, but it is used for basic cutting of fish, chicken (through light chicken bones, too), and meat. It is very versatile and can do delicate work.
2. 菜切包丁	nakiri-bocho; a vegetable knife. It is much lighter than any cleaver and used for paring vegetables, for slicing, chopping, and mincing.
薄刃包丁	usuba-bocho; a vegetable knife for professional use having a number of shapes.
3. 刺身包丁	sashimi-bocho; a fish slicer, which is long, thin-blade knife developed to cut boned fish fillets. Its second use is to cut prepared foods.
柳刃包丁	yanagi-ba bocho; a fish slicer. This knife is pointed and is known as a 'willow-leaf blade' (yanagi-ba bocho) in Osaka.
蛸切り包丁	tako-biki bocho; a fish slicer. This knife has a blunt end, not a point, and is called and 'octopus cutter' (tako-biki hocho) in Tokyo.

4. 和食器の種類

①和食器の基本用語

〈 日本語 〉	〈 英語表現 〉
茶碗	chawan – a rice bowl
猪口	choku – a sake cup
丼	donburi – a bowl slightly bigger than a rice bowl
鉢	hachi – a deep dish
箸	hashi – a pair of chopsticks, chopsticks (in general)
箸置き	hashioki – a chopsticks rest
急須	kyuusu – a teapot
升	masu – a wooden box used as a vessel for drinking cold sake
塗り箸	nuribashi – lacquered chopsticks
杯（盃）	hai (or, sakazuki) – a sake cup
皿	sara – a plate
徳利	tokkuri – a sake flask
割り箸	waribashi – disposable chopsticks (made of wood)
ヤカン	yakan – a tea kettle
湯呑	yunomi – a tea cup
湯冷し	yuzamashi – a vessel for cooling hot water

②和食器の分類

〈 日本語 〉	〈 英語表現 〉
椀類	wanrui – bowls
汁椀	shiruwan – a soup bowl
箸洗椀（はしあらいわん）	hashiaraiwan – a chopstick cleansing bowl
小吸椀（こすいわん）	kosuiwan – a small soup bowl
吸い物椀	suimonowan – a large-size soup bowl
雑煮椀	zoniwan – a bowl for New Year's rice cakes
煮物椀	nimonowan – a bowl for simmered foods
平椀	hirawan – a shallow bowl

4. 和食器の種類

〈 日本語 〉	〈 英語表現 〉
飯器・飯椀	hanki (meshiwan) – a rice bowl
茶漬椀	chazukewan – a bowl for boiled rice soaked with tea
蒸し椀	mushiwan – a bowl for steamed foods
茶碗蒸し椀	chawanmushiwan – a cup for steamed egg custard hotchpotch
土瓶蒸し椀	dobinmushiwan – an earthenware tea pot for mushrooms in clear broth
料理箱類	ryoribakorui – food boxes
重箱	juubako – a tiered food box
うな重	unajuu – a food box for grilled eel
松花堂弁当箱	shoukado bento box – a box for shokado bento
幕の内弁当箱	makunouchi bento box – a box for makunouchi
鉢	hachi – a bowl
大鉢	oubachi – a large-size bowl
中鉢	chuubachi – a middle-size bowl
小鉢	kobachi – a small-size bowl
めん鉢	menbachi – a bowl for noodles
菓子鉢	kashibachi – a bowl for sweets and cakes
平鉢	hirabachi – a shallow bowl
皿	sara – a plate; a dish; a platter; saucer
大皿	oozara – a platter; a dinner plate
天皿	tenzara – a plate for tempura
前菜皿	zensaizara – a plate for appetizers
銘々皿	meimeizara – a small plate for individual servings
小皿	kozara – a small plate
のぞき	nozoki – a peep (glass) plate and cup
猪口	choku – a deep cup for sashimi, sunomono, etc. which looks like a sake cup
小付	kozuke – a small-size choku

〈 日本語 〉	〈 英語表現 〉
中付	nakazuke – a middle-size choku
珍味入	chinmiire – a choku for chinmi
酒杯	shuhai – a winecup; wine glass
杯・盃	hai (sakazuki) – a sake cup
ぐい飲み・猪口	guinomi – a large sake cup
その他	others
そばせいろ	soba seiro – a soba plate with takesu
そば千代子（そばちょこ）	sobachoko – a soba soup cup

5. 料理方法の種類

①料理方法の英語

〈 日本語 〉	〈 英語表現 〉
あくをおたまですくう	to skim off scum with a ladle
油で揚げる	to deep fry
揚げる	to fry
バーベキューにする	to barbecue
ゆがく	to blanch
湯通しする	to scald [parboil]
沸騰させる、煮る	to boil
発酵させる	to ferment
半熟にする	to half-cook
浸す	to steep [infuse]
干す	to dry
煎り付ける	to broil
炒める	to pan-fry
炙る	to lightly roast [toast]
ソテーにする	to sauté
マリーネにする	to marinate
蒸し煮にする	to braise
蒸す	to steam
生で添える	to serve raw
煮込む	to stew
煮立てる、煮たつ	to simmer
塩漬けにする	to salt
燻製にする	to smoke
旨みを閉じ込める	to sear
焼く（天火などで）	to bake
焼く（肉などを）	to roast
焼く（直火で）	to broil [grill]
焼く（焼きながら食す）	to barbecue

②揚げ物：agemono – deep-fried foods

〈 日本語 〉	〈 英語表現 〉
天ぷら	tempura – vegetables or fish dipped in batter and deep fried
エビの天ぷら	ebi-no-tempura – a prawn tempura
穴子の天ぷら	anago-no-tempura – a conger eel tempura
野菜の天ぷら	yasai-no-tempura – a vegetable tempura
かき揚げ	kakiage – a type of tempura made with mixed vegetable strips and shrimps and/or scallops
とんかつ	tonkatsu – breaded, deep-fried pork cutlets
カキフライ	kaki-furai – breaded, deep-fried oysters
アジフライ	aji-furai – deep-fried horse mackerel
カレイのから揚げ	deep-fried sole (karei flounder)
鶏のから揚げ	tori-no-karaage – crispy fried chicken
コロッケ	korokke – a croquette
メンチカツ	menchi-katsu – a beef and pork croquette
串揚げ	kushiage – deep-fried delicacies on bamboo skewers

③蒸し物：mushimono – steamed dishes [foods]

〈 日本語 〉	〈 英語表現 〉
茶碗蒸し	chawan-mushi – an egg custard steamed with chicken and vegetables
土瓶蒸し	dobin-mushi – delicate clear soup with mushroom made in an individual miniature dobin (an earthenware tea pot)
金目鯛の姿蒸し	kinmedai-no-sugata-mushi – steamed whole alfonsino (golden eye bream)
酒蒸し	saka-mushi – steeping in sake and steaming
タラのホイル蒸し	tara-no-hoiru-mushi – an aluminum foil-steamed cod
アサリの酒蒸し	asari-no-saka-mushi – sake-steamed clams
玉子豆腐	tamago-dofu – an egg tofu

〈 日本語 〉	〈 英語表現 〉
かぶら蒸し	kaburamushi – steamed fish and grated turnip
しんじょ	shinjo – a kind of fish-cake made from ground fish or prawns combined with grated yam, flavored and steamed or boiled; shinjo
海老しんじょ	ebishinjo – a shrimp [prawn, lobster] shinjo

④煮物：nimono – simmered [stewed/boiled] dishes

〈 日本語 〉	〈 英語表現 〉
筑前煮	chikuzenni – a Chikuzen-style chicken and vegetable stew
きんぴらごぼう	kinpiragobo – stir-fried [sautéed] carrot and burdock roots
豚の角煮	butanokakuni – a braised pork belly
さばの味噌煮	sabanomisoni – a mackerel simmered in miso sauce
肉じゃが	nikujaga – braised meat and potatoes
ひじきの煮物	hijikinonimono – braised hijiki seaweed with chicken, deep-fried tofu, etc.
若竹煮	wakatakeni – simmered bamboo shoots and seaweed
里いもの鶏あんかけ	satoimonotoriankake – taros with thick chicken dressing
かぼちゃの煮物	kabochanonimono – simmered pumpkin
ふろふき大根	furofukidaikon – a giant white radish with white miso sauce
メバルの煮付け	mebarunonitsuke – a simmered rockfish in soy sause
海老の旨煮	ebinoumani – simmered prawns

⑤鍋物：nabemono – one-pot [hot-pot] dishes [meals]

〈 日本語 〉	〈 英語表現 〉
すき焼き	sukiyaki – a sukiyaki (beef-based hotpot) featuring thin slices of beef, cooked with various vegetables in a table-top cast-iron pan
鶏の水炊き	torinomizutaki – a chicken one pot
寄せなべ	yosenabe – an all-in-one pot
湯豆腐	yudofu – boiled bean curd
しゃぶしゃぶ	shabushabu – a one-pot dish featuring thin slices of beef with vegetables
おでん	oden – an oden stew; vegetables, fish dumplings and various other articles of food stewed in a thin soy soup, and served hot
鱈ちり	tarachiri – a tarachiri cod hot pot

⑥汁物：shirumono – soups

〈 日本語 〉	〈 英語表現 〉
味噌汁	misoshiru – a miso soup
すまし汁	sumashijiru – a clear soup
豚汁	tonjiru – a pork and vegetable miso soup
ぶりのかす汁	burinokasujiru – a lees and yellowtail soup
けんちん汁	kenchinjiru – tofu with burdock and sesame oil soup
いわしのつみれ汁	iwashinotsumirejiru – sardine tsumire-jiru; minced

⑦焼き物：grilled [broiled] dishes [foods]

〈 日本語 〉	〈 英語表現 〉
塩焼き	shioyaki – fish salted for a short time, then broiled
鉄板焼き	teppanyaki – any food cooked on a tabletop grill

〈 日本語 〉	〈 英語表現 〉
照り焼き	teriyaki – fish or meat first marinated in a sake and soy sauce mixture, then broiled
だし巻玉子	dashimakitamago – a rolled dashi omelet
豚肉の生姜焼き	butanoshougayaki – a grilled ginger pork
焼き餃子	yakigyoza – grilled pork dumplings
焼き鳥	yakitori – chicken first marinated and then broiled
ブリの照り焼き	burinoteriyaki – a grilled yellowtail with teriyaki sauce
お好み焼き	okonomiyaki – a savory pancake; an "as-you-like-it" pancake
アジの塩焼き	ajinoshioyaki – a salt-grilled horse mackerel
うなぎの蒲焼	unaginokabayaki – eels split, broiled and basted with a sweet sauce
鶏肉のつけ焼き	torinotsukeyaki – a chicken sauté
串焼き	kushiyaki – grilling [broiling] on a skewer

⑧ 生もの：raw foods

〈 日本語 〉	〈 英語表現 〉
真鯛の薄造り	madainousuzukuri – a thinly-sliced madai red sea bream
マグロの刺身	maguronosashimi – sliced fresh raw tuna
アジの刺身	ajinosashimi – sliced fresh raw horse mackerel
カツオのたたき	katsuonotataki – skipjack grilled and garnished with an array of condiments
握り寿司	nigirizushi – a hand-formed sushi
太き寿司	futomakizushi – thick sushi rolls
手巻き寿司	temakizushi – a hand-rolled sushi
ちらし寿司	chirashizushi – a garnished sushi
いなり寿司	inarizushi – deep-fried tofu stuffed with vinegared rice

6. 味の表現＋オノマトペ

①五味と渋み

〈 日本語 〉	〈 英語表現 〉
塩辛い	salty
甘い	sweet
酸っぱい	sour
苦い	bitter
旨みがある	having a strong meaty or savory taste
渋みがある	having a nasty astringent taste

②食事時の表現

〈 日本語 〉	〈 英語表現 〉
ガツガツ	gobble; devour
ガヤガヤ	talk loudly while eating
モクモク	munch
モリモリ	eat with gusto or zest
ムシャムシャ	munch and crunch on (something)
パクパク	eat with one's mouth flapping open and shut
ペロペロ	lick (ice cream, etc.)
わいわい	cheerfully and boisterously

③飲む時の表現

〈 日本語 〉	〈 英語表現 〉
チビチビ	take small sips
ガブガブ	guzzle
ゴクゴク	gulp (something) down
グビグビ	gulp (an alcoholic drink) over and over
しみじみ	feelingly; heartily; fully
しんみり	quietly; softly
にぎやか	lively; cheery; merry

〈 日本語 〉 〈 英語表現 〉

日本語	英語表現
コクがある	having a body; rich; full-body
キレがある	having sharpness; giving a sharp finish
浴びるように(飲む)	swill [guzzle]; drink like a fish
怒り上戸	a quarrelsome drinker
泣き上戸	a maudlin drinker
笑い上戸	a merry drinker

④料理と飲み物の一般的表現

日本語	英語表現
甘口の	sweet (ish); mildly sweet
脂が乗っている	fatty (and good)
脂っこい	oily; greasy
あっさり	lightly flavored
うまい	delicious
うすい	light (not oily)
薄味	bland-tasting; simple-tasting
美味しい	delicious
熱々	very hot
硬い	hard
辛口の	dry; spicy; hot; strong
きりっと	giving off a tight [crisp, trim, sharp] flavor
爽やか	refreshing
サックリ	light
すっきり	feeling refreshed
さっぱり	light; refreshing
渋い	sharp and penetrating
渋みがある(外観)	aesthetically simple and pleasing
じっくり	thoroughly
ジューシー	juicy
だしが出ている	brothy (and good)
なめらか	smooth

付録 和食の周辺の英語表現

〈 日本語 〉	〈 英語表現 〉
香ばしい	having a slightly burnt, crisp aroma
超うまい	very delicious
生臭い	smelly; fishy
ねっとり	sticky and thick
ぱりっと	crispy
美味	delicious
べっとり	sticky; plastered with oil
頬が落ちる	heavenly delicious
やわらかい	soft

⑤おいしさを感じさせるオノマトペ

〈 日本語 〉	〈 英語表現 〉
ことこと(1)	simmering lightly
ことこと(2)	chopping lightly (on a chopping board)
フカフカ	soft; fluffy
フワフワ	fluffy
ふっくら	puffy; fluffy
ホカホカ	warm; piping-hot baked
じゅわー	exploding; bursting
ジュージュー	with a sizzling sound
カリカリ	crisp; crunchy
コリコリ	crisp(y) and crunchy
こってり	thick; rich; heavy
モチモチ	stretchy; chewy; glutinous
プリプリ	bursting with juiciness
プルプル	wobbly; wiggly
サクサク	crispy and light (freshly cooked)
しこしこ	chewy; springy; al dente
シャキシャキ	crisp
じゅうじゅう	frizzling; sizzling
つるつる	slurp down somen; eat somen with a noisy slurp

310   6. 味の表現＋オノマトペ

〈 日本語 〉	〈 英語表現 〉
とろとろ	stewing; simmering; braising
ホクホク	hot and flaky; fluffy; soft and crumbly
もっちり	puffy; springy

⑥味わいや肌合いを感じさせるオノマトペ

〈 日本語 〉	〈 英語表現 〉
ベタベタ	sticky; gooey; stringy
ベトベト	sticky and gummy
ブヨブヨ	swollen and soft
チュルチュル	with the sound of slurping or sipping
ドロドロ	with the sound of something highly viscous flowing; oozing
ギトギト	greasy; oily
サクサク	crunchy; crispy
ジャリジャリ	gritty
カラカラ	parched; dried up
コテコテ	thick; heavy; rich
こんがり	beautifully browned; perfectly fried
ネバネバ	gooey; viscous; mucilaginous
ヌルヌル	slimy; slippery
パサパサ	dried up; stale
ピリピリ	hot; spicy
ポリポリ	(quietly) crunchy
トロトロ	rich; creamy; melty
ツブツブ	having very small seeds, grains, or balls
ツルツル	slippery; smooth
ザラザラ	coarse
ズルズル	slithering; having a slippery surface
ヌメヌメ	very slimy
ピチピチ	splatter; fresh; vigorous
サラサラ	flowing

〈 日本語 〉	〈 英語表現 〉
ねとねと	sticky and thick
べちゃべちゃ	(too) sticky
ぼそぼそ	dry; crumbly
しゃりしゃり	having a hard and thin texture, crunchy

参考文献

- 阿部孤柳『日本料理の真髄』講談社、2006
- 池田書店編集部編『英語訳付き 寿司ガイドブック』池田書店、2009
- 石毛直道・奥村彪生・神崎宣武・山下諭一『日本の郷土料理5 東海』ぎょうせい、1986
- 井戸理恵子「季節の移ろいを知る食の和ごよみ」『料理王国』2014年2月号、Cuisine Kingdom
- 今田洋輔『英語で紹介する寿司ハンドブック』ナツメ社、2013
- 江原絢子・石川尚子・東四柳祥子『日本食物史』吉川弘文館、2009
- 岡田哲『食べ物起源事典 日本編』筑摩書房、2013
- 奥村彪生監修『郷土に根ざした伝承の技と味に学ぶ:和食の基本がわかる本(和食アドバイザー検定公式テキスト)』日本実務能力検定協会、2015
- 川上文代『英語で作る料理の教科書:四季のある日本の家庭料理を楽しむ』新星出版社、2012
- 神崎宣武『47都道府県・伝統行事百科』丸善出版、2012
- 熊倉功夫『日本料理の歴史』吉川弘文館、2007
- サーシャ・アイゼンバーグ著、小川敏子訳『スシエコノミー』日本経済新聞出版社、2008
- 清水喜久男『(英文版)江戸前鮨』講談社インターナショナル、2011
- 主婦の友社編『英語でつくる 基本の和食』主婦の友社、2011
- 本多京子他監修『食の医学館』小学館、2002
- 高橋かおる編『Sushi 鮨 バイリンガル版』パイインターナショナル、2011
- 鶴岡公幸・牛原琴愛『食べ物で知る英語百科』三修社、2006
- 中村幸平『新版 日本料理語源集』第五版、旭屋出版、2006
- 中山圭子『和菓子ものがたり』朝日新聞社、2001
- 成瀬宇平『47都道府県・伝統百科』丸善出版、2009
- 成瀬宇平・堀知佐子『47都道府県・地野菜/伝統野菜百科』丸善出版、2009
- 畑耕一郎・近藤一樹『英語で日本料理 100 Recipes from Japanese Cooking』講談社、1997
- 服部幸應監修、永井一彦・鈴木喜久恵『日本語から引く「食」ことば英語辞典』小学館、2004
- 服部幸應・服部津喜子監修『和食のすべてがわかる本②郷土料理を知ろう──日本各地の和食』ミネルヴァ書房、2014
- 濱田伊織『英語で伝える和食:Eat and Speak Washoku』マガジンランド、2015
- 藤田裕子・ナヴィ インターナショナル編著『オールカラー 英語でつくる和食 完全版』ナツメ社、2012
- 堀知佐子・成瀬宇平『和食の常識Q&A百科』丸善出版、2015
- マイケル・ブース著、寺西のぶ子『英国一家、日本を食べる』亜紀書房、2013
- マイケル・ブース著、寺西のぶ子『英国一家、ますます日本を食べる』亜紀書房、2014
- マシュー・アムスター=バートン著、関根光宏訳『米国人一家、おいしい東京を食べ尽くす』エクスナレッジ、2014
- 村田吉弘『英語でかんたん和食』講談社、2011
- 山上徹『食ビジネスのおもてなし学』学文社、2015
- 山口百々男『和英:日本の文化・観光・歴史辞典』改訂版、三修社、2014

＊　＊
- 旺文社編『日本史事典』三訂版、旺文社、2000
- 角川学芸出版編『俳句歳時記:合本』第4版、角川学芸出版、2008
- 角川学芸出版編集『角川俳句大歳時記:春/夏/秋/冬/新年』角川学芸出版、2013

参考文献　313

- 日本史広辞典編集委員会編『山川日本史小辞典』新版、山川出版社、2001
- 北原保雄『明鏡国語辞典』第二版、大修館書店、2011
- 國廣哲彌他編『ランダムハウス英和大辞典』第2版、小学館、1994
- 市川繁治郎他編『新編 英和活用大辞典』研究社、2006
- 井上永幸・赤野一郎『ウィズダム英和辞典』第3版、三省堂 2013
- 講談社編『日本食材百科事典』講談社、1999
- 小西友七・岸野英治『ウィズダム和英辞典』第2版、三省堂、2013
- 小西友七・南出康世編『ジーニアス英和大辞典』大修館書店、2011
- 竹林滋他編『新英和大辞典』第六版、研究社、2011
- 小学館国語辞典編集部編『日本国語大辞典』精選版、小学館、2006
- 新村出編『広辞苑』第六版、岩波書店、2011
- 野村恵造他編『オーレックス和英辞典』旺文社、2008
- 花本金吾他『オーレックス英和辞典』旺文社、2008
- ブリタニカ・ジャパン編著『ブリタニカ国際大百科事典』ブリタニカ・ジャパン、2011
- 渡邊敏郎他編『新和英大辞典』第五版、研究社、2008
- 松田徳一郎編『リーダーズ英和辞典』第2版、研究社、2008
- 松田徳一郎他編『リーダーズ・プラス』研究社、2008
- 松村明・山口明穂・和田利政『旺文社古語辞典』第10版、旺文社、2008
- 『百科事典マイペディア』電子辞書版、日立ソリューションズ、2011

【洋書】
- Andoh, E., *Washoku: Recipes from the Japanese Home Kitchen*, Ten Speed Press: Berkeley, 2005
- Aoyagi, A., Shurtleff, W., *The Book of Miso*, Autumn Press, 1976
- Belleme, J., Belleme, J., *The Miso Book: The Art of Cooking with Miso*, Square One Publishers, 2004
- Booth, M., *Sushi and Beyond: What the Japanese Know about Cooking*, Vintage Books, 2010
- Downer, L., *At the Japanese Table*, Chronicle Books, 1993
- Harper, P., Matsuzaki, H., *The Book of Sake: A Connoisseur's Guide*, Kodansha International, 2006
- Hosking, R., *A Dictionary of Japanese Food: Ingredients and Culture*, Tuttle Publishing, 2015
- Ishige, N., *The History and Culture of Japanese Food*, Routledge, 2001
- Love Food Editors, *Ramen, Soba & Udon: Plus Other Noodle Dishes*, Parragon Books, 2014
- Ono, T., Salat, H., *Japanese Hot Pots: Comforting One-Pot Meals*, Ten Speed Press, 2009
- Ono, T., Salat, H., *Japanese Soul Cooking: Ramen, Tonkatsu, Tempura, and More from the Streets and Kitchens of Tokyo and beyond*, Ten Speed Press, 2013
- Orkin, I., Ying, C., *Ivan Ramen: Love, Obsession, and Recipes from Tokyo's Most Unlikely Noodle Joint*, Ten Speed Press, 2013
- Robinson, M., Kuma, M., *Izakaya: The Japanese Pub Cookbook*, Kodansha USA Press, 2012
- Shurtleff, W., Aoyagi, A., *Amazake and Amazake Frozen Desserts: Industry and Market in the North America*, The Soyfoods Center, 1988.
- Tsuji, S., *Japanese Cooking: A Simple Art*, Kodansha USA, 2012

*　*

- *Longman Dictionary of Contemporary English*, 5th ed., Pearson, 2009
- *Longman Language Activator*, New ed., Pearson, 2002
- *Oxford Advanced Learner's Dictionary*, 8th ed., OUP, 2010
- *Oxford Collocations Dictionary for students of English*, 2nd ed., OUP, 2009
- *Oxford Dictionary of English*, 2nd ed. rev., OUP, 2005
- *Oxford Dictionary of Proverbs*, 4th ed., OUP, 2004
- *Oxford IDIOMS Dictionary for learners of English*, 2nd ed., OUP, 2005
- *Oxford Learner's Wordfinder Dictionary*, OUP, 1997
- *Oxford Phrasal Verbs Dictionary for learners of English*. 2nd ed. OUP, 2007
- *Oxford Sentence Dictionary*. OUP, 2008
- *Oxford Thesaurus of English* 2nd ed. OUP, 2004
- *The New Oxford American Dictionary*. 2nd ed. OUP, 2005

【ウェブサイト】（※いずれも 2016 年 8 月末時点での閲覧）
- お寿司屋さんの歩き方「寿司の歴史」　http://www.sushiwalking.com/history/#topanc
- 元祖大学芋の由来「味の良三郎」
  http://members2.jcom.home.ne.jp/ryozaburo/main/history01.html
- 全国すし商生活衛生同業組合連合会ホームページ
  http://sushi-all-japan.com/index_b2_1.html
- 手前板前　http://temaeitamae.jp
- 鳥料理玉ひで「親子丼誕生物語」http://www.tamahide.co.jp/gansooyakodon.html
- 農林水産省「日本食の歴史」
  http://www.maff.go.jp/j/keikaku/syokubunka/culture/rekishi.html#honbun
- 農林水産省「日本の伝統的食文化としての和食」
  http://www.maff.go.jp/j/keikaku/syokubunka/culture/wasyoku.html
- ハウス食品(株)「カレーこんな話あんな話」
  https://housefoods.jp/data/curryhouse/know/column/column07.html
- 目黒駅前商店街振興組合青年部「目黒のさんま祭り」
  http://www.asahi-net.or.jp/~xq7k-fsm/sanma.htm
- 目黒区民まつり実行委員会「目黒区民まつり（目黒の SUN まつり）」
  http://sunfest.emeguro.com/
- 吉野家　https://www.yoshinoya.com/index.html
- Japanese Food　http://www.japan-guide.com/e/e620.html
- Synergy Marketing, Inc.「日本文化いろは事典」
  http://iroha-japan.net/iroha/B02_food/22_misoshiru.html

　　　　　　　　　　　　　　　＊　＊
- eSake　http://www.esake.com/index.html
- gourmetsleuth　http://www.gourmetsleuth.com/
- JAPANESE FOOD AND SAKE DICTIONARY　http://japanesefooddictionary.blogspot.jp/
- JustHungry　http://www.justhungry.com/
- Japanese Food by Kojiki　https://kojikisan.wordpress.com/
- NAGOYA-INFO　http://nagoya-info.com/
- National Research Institute of Brewing　http://www.nrib.go.jp/English/
- NIHONshock　http://nihonshock.com/
- The Kyoto Project　http://thekyotoproject.org/
- Pinterest「Japanese Food」https://jp.pinterest.com/eikyo/japanese-food/
- Soy Infocenter　http://www.soyinfocenter.com

索　引

あ

和え物	144
アオヤギ	94
アオリイカ	90
アカガイ	94
赤身	82
秋の和食	22
揚げ出し豆腐	217
揚げ物	215, 303
あご野焼き	44
あさりの酒蒸し	273
アジ	99
アジの刺身	70
味の表現とオノマトペ	307
穴きゅう巻き	105
アマエビ	92
甘酒	180
アマダイ	86
アワビ	98
イカ	90
いかめし	52
イクラ	103
石狩鍋	30, 228
石焼き芋	159
炒めそば	129
いとこ煮	43
稲荷寿司	110
イワシ	99
ういろう	160
うずみ	43
うどん	114
うどんの種類	115
鰻の蒲焼	240
鰻のかぶら蒸し	273
うな重	266
うな丼	266
ウニ	103

駅弁	50
江戸料理	34
エビ	92
海老しんじょ	217
海老団子の澄まし汁	250
海老の旨煮	205
海老の鬼殻焼き	240
大阪ずし	111
大トロ	84
大晦日	28
御粥	253
沖縄そば	48
沖縄料理	48
おこし	161
お好み焼き	241
押し寿司	112
お正月	29
お吸い物	249
お赤飯	260
お茶	181
お月見と秋の行楽	25
おでん	228
おにぎり	254
おばんざい料理	41
お盆	20
オムライス	255
重湯	253
親子丼	267
おろしそば	119

か

貝	94
懐石料理	62
会席料理	63
加賀料理	36
かき氷	162
かき酢	150
牡蠣（カキ）の土手鍋	42

牡蠣のホイル蒸し	273	きんぴらごぼう	209
格式による分類	56	金目鯛の姿蒸し	274
菓子類	157	金目の煮付け	206
柏餅	163	草餅	167
カステラ	164	串揚げ	218
かつおのたたき	46, 70	葛きり	168
カツ丼	268	栗ご飯	262
かっぱ巻き	105	クルマエビ	92
家庭料理	66	軍艦巻き	103
カニ鍋	44	けんちん汁	250
かぶらずし	37	高野豆腐の含め煮	210
かぼちゃの煮物	208	このわた	155
釜揚げうどん	114	小柱	94
鴨南蛮そば	119	コハダ	101
かやくご飯	261	ご飯物	253
辛子（からし）	194	昆布じめ	38
からすみ	154	ごぼう巻き	230
ガリ	195	ごま和え	146
カレイのから揚げ	217	コロッケ	219
カレーうどん	114, 116	こんにゃく	231
カレーライス	256	昆布	191, 230
カワハギ	87		
カンパチ	87		
かんぴょう巻き	108		

さ

寒ブリ	38	西京漬	131
がんもどき	229	魚が主の煮物	205
きしめん	122	魚の刺身［お造り］	70
キス	87	桜餅	169
季節による分類	14	酒	189
きつねうどん	116	酒粕漬け	131
きのこご飯	262	さざえのつぼ焼き	243
牛丼	267	薩摩揚げ	231
牛肉どまん中	52	さといもの煮っころがし	210
牛肉のたたき	76	砂糖	189
牛肉の照り焼き	243	サバ	100
京会席料理	40	サバの味噌煮	206
京菓子	165	サヨリ	100
京料理（京都料理）	40	皿うどん	129
きりたんぽ鍋	32	皿物	255
切干大根の煮物	209	ざるうどん	116
金鍔（きんつば）	166	ざるそば	120
		皿鉢料理	46

索　引　317

鰆（サワラ）の西京焼き	243
山椒	200
サンマ	100
さんまの塩焼き	244
塩	185
塩ラーメン	124
しじみ汁	44
七五三	24
七味唐辛子	196
柴漬け	135
治部煮	36
シマアジ	87
じゃがいもの味噌汁	251
シャコ	93
しゃぶしゃぶ	232
精進料理	40, 60
醤油	186
醤油ラーメン	125
食材の英語表現一覧表	292
シラウオ	101
白滝	231
白玉	170
汁粉	170
汁物	249, 305
白身	86
ジンギスカン鍋	30
酢	189
素甘	171
すき焼き	233
寿司	78
スズキ	87
酢の物	149
澄まし汁	249
スミイカ	90
ズワイガニ	38
せいろ蒸し	274
瀬戸内料理	42
セリ	200
煎茶	182
煎餅	172
せんべい汁	32
千枚漬け	138
雑炊	258
そうめん	123
ソース	189
ソース焼きそば	129
そば	118
そぼろ丼	267

た

大学芋	173
大根	232
大根おろし	197
ダイコンの味噌汁	252
大衆料理	64
大豆の五目煮	211
鯛そうめん	47
鯛の兜煮	206
鯛の唐蒸し	37
鯛の信州蒸し	274
鯛めし	42, 262
タイラガイ	95
炊き込みご飯	259
たくあん	139
タコ	90
たこ酢	151
たこ焼き	245
だし	190
だし巻き玉子	246
端午の節句	17
力うどん	117
チキン弁当	52
チキンライス	257
筑前煮	213
茶漬け	264
茶碗蒸し	275
ちゃんこ鍋	234
チャンプルー	48
中国料理（山陰・山陽料理）	44
中トロ	85
調味料	185
ちらし寿司	113

ちり鍋	234	生食	70
珍味	153	なます	151
月見うどん	116	生もの	306
づけ	72	奈良漬	140
漬け物(魚介・肉類)	130	熟れ鮨	109
漬け物(野菜)	134	南蛮漬け	147
つゆ	189	握り寿司	82
釣瓶鮨	109	肉が主の煮物	213
鉄火丼	270	肉じゃが	214
鉄火巻き	106	煮干し	192
てっさ	72	日本酒	183
鉄砲和え	145	日本人家庭へ招待された場合のマナー	
手巻き寿司	104		285
天丼	271	煮物	202, 304
天ぷら	220	糠漬け	132
天ぷらうどん	116	ぬた和え	145
天ぷらそば	120	ネギトロ丼	271
動物の刺身	76	ねぎとろ巻き	106
豆腐田楽	246	練り物	223
東北料理	32	野沢菜	141
土佐料理	46	能登料理	38
土地による分類	30	飲み物	180
土用の丑の日	21	海苔巻き	104
銅鑼焼き(どらやき)	174		
トリガイ	95	**は**	
鳥刺し	76	白菜と薄揚げの旨煮	211
鶏のから揚げ	221	馬刺し	76
鳥の治部煮	213	バターコーンラーメン	125
鶏の水炊き	235	ハマグリ	95
とろろそば	120	蛤(ハマグリ)の潮汁	250
とんカツ	222	ハヤシライス	257
とんこつラーメン	125	早寿司	82, 103, 104
丼物	265	はりはり漬け	135
		春の和食	14
な		半生菓子	157
茄子のはさみ揚げ	223	干菓子	157
夏の和食	18	光り物	99
鍋物	225, 305	ひじきの煮物	212
鍋焼きうどん	115	櫃まぶし	263
生菓子	157	ひな祭り	16
なまこ酢	151	紐きゅう巻き	106

冷やしうどん	116		饅頭	175
ヒラメ	86		味噌	187
ふぐ料理	42		味噌汁	251
豚肉の生姜焼き	246		味噌漬け	132
豚の角煮	214		味噌ラーメン	126
太巻き	105		みたらし団子	176
鮒鮨	109		蜜豆	177
冬の和食	26		茗荷	200
フライ	224		みりん	188
ブリ	87		ミルガイ	96
ブリ大根	207		蒸し鮑	275
ぶりの照り焼き	247		蒸し物	272, 303
ふろふき大根	212		メバルの煮付け	207
べったら漬け	136		メンチカツ	224
紅ショウガ	200		麺類	114
ほうじ茶	182		最中	178

や

ほうとううどん	115			
干しシイタケ	193			
細巻き	105		やきそば	128
ホタテガイ	96		焼き鳥	247
ボタンエビ	92		焼きなす	248
北海道料理	30		焼き蛤	248
ホッキガイ	96		焼き豚	248
ほや	155		焼き物	237, 305
ぽん酢	189		薬味	194
本膳料理	56		薬味ねぎ	198
			野菜が主の煮物	208

ま

			ヤリイカ	90
巻き寿司	104		有職料理	58
マグロの刺身	71		幽霊寿司	43
マダイ	86		湯豆腐	236
マダイの薄造り	71		ゆば	148
松茸ご飯	263		羊羹	179
抹茶（お抹茶）	181		寄せ鍋	236
マナー（日本人家庭へ招待された場合の）	285			

ら

マナー（ラーメン屋での）	290		ラーメン	124
マナー（料理屋やレストランにおける）	278		ラーメン屋でのマナー	290
			料理（調理）器具の種類	297
マナー（和食の）	278		料理方法の種類	302
豆ご飯	263		料理屋やレストランにおけるマナー	278

わ

和菓子	157
若竹煮	212
ワカメと豆腐の味噌汁	252
わさび	199
和食のマナー	278
和食の魅力	9
和食器の種類	299
ワニ料理	43

和食の英語表現事典

| 平成 28 年 10 月 10 日　発　　行 |
| 令和 2 年 10 月 30 日　第 5 刷発行 |

著作者　亀　田　尚　己
　　　　青　柳　由紀江
　　　　J. M. クリスチャンセン

発行者　池　田　和　博

発行所　丸善出版株式会社
〒101-0051 東京都千代田区神田神保町二丁目 17 番
編集：電話(03)3512-3264／FAX(03)3512-3272
営業：電話(03)3512-3256／FAX(03)3512-3270
https://www.maruzen-publishing.co.jp

© Naoki Kameda, Yukie Aoyagi, John Martin Christiansen, 2016

組版印刷・株式会社 日本制作センター／製本・株式会社 星共社

ISBN 978-4-621-30066-4　C 0582　　　　Printed in Japan

JCOPY 〈(一社)出版者著作権管理機構 委託出版物〉
本書の無断複写は著作権法上での例外を除き禁じられています．複写される場合は，そのつど事前に，(一社)出版者著作権管理機構(電話03-5244-5088, FAX03-5244-5089, e-mail：info@jcopy.or.jp)の許諾を得てください．